本书出版得到中国社会科学院学科建设"登峰计划"的资助

国际中国学研究丛书

海外中国学研究学科建设论文集

唐磊 何培忠 主编

中国社会科学出版社

图书在版编目（CIP）数据

海外中国学研究学科建设论文集/唐磊，何培忠主编. —北京：中国社会科学出版社，2021.12

（国际中国学研究丛书）

ISBN 978-7-5203-9393-5

Ⅰ.①海… Ⅱ.①唐…②何… Ⅲ.①汉学—学科建设—世界—文集 Ⅳ.①K207.8-53

中国版本图书馆 CIP 数据核字（2021）第 255973 号

出 版 人	赵剑英
责任编辑	喻 苗　乔镜蕾
责任校对	韩天炜
责任印制	王 超
出　　版	中国社会科学出版社
社　　址	北京鼓楼西大街甲 158 号
邮　　编	100720
网　　址	http://www.csspw.cn
发 行 部	010-84083685
门 市 部	010-84029450
经　　销	新华书店及其他书店
印　　刷	北京明恒达印务有限公司
装　　订	廊坊市广阳区广增装订厂
版　　次	2021 年 12 月第 1 版
印　　次	2021 年 12 月第 1 次印刷
开　　本	710×1000　1/16
印　　张	20.25
插　　页	2
字　　数	332 千字
定　　价	109.00 元

凡购买中国社会科学出版社图书，如有质量问题请与本社营销中心联系调换
电话：010-84083683
版权所有　侵权必究

目　　录

学科发展篇

"国外中国学研究"学科创立初期回顾 …………………… 何培忠（3）
学界对海外中国学的研究：回顾与思考
　　——以对海外中国近现代史研究的历史考察为例 ……… 张注洪（15）
筚路蓝缕，泽被后人
　　——孙越生国外中国学研究之回顾 ……………………… 唐　磊（23）
中国学者对海外中国学研究的百年回顾
　　——进程、特点和若干问题的思考 ……………………… 朱政惠（37）
中国（大陆地区）国际中国学（汉学）研究三十年 ……… 严绍璗（61）
改革开放以来中国海外汉学（中国学）研究的
　　进展与展望（1978—2019）……………………………… 张西平（85）
新时代海外中国学学科发展的四重维度 ………………… 吴原元（103）

学科定位篇

作为专门学科的国际汉学研究 …………………………… 李学勤（119）
对"国际Sinology"学术性质的再思考
　　——关于跨文化学术视野中这一领域的基本特征的
　　　　研讨 …………………………………………………… 严绍璗（122）
国外中国研究的发展及学科的称谓 ……………………… 何培忠（133）
海外中国学研究的学科建设刍议 ………………………… 朱政惠（144）

狭义的汉学和广义的汉学 …………………………… 刘 东（171）
简论中国学研究和汉学研究的统一性和区别性 ………… 张西平（179）
从学术史看汉学、中国学应有的学科定位 …………… 侯且岸（193）
改革开放以来"海外汉学/中国学研究"学科的自我建构
　——基于文献计量结果的考察 ……………………… 唐 磊（208）
新时代海外中国学研究需要注重的几个问题 ………… 梁 怡（228）

理论与方法篇

汉学家的洞见与偏见 …………………………………… 葛兆光（241）
国外中国学再研究：问题意识、知识立场与研究进路 …… 唐 磊（248）
中国知识的归类：脉络的拼凑、累读与开展 ………… 石之瑜（266）
国际中国文化研究的哲学本体
　——关于这一学术的几个问题的思考 ……………… 严绍璗（288）
比较文学视野下的海外汉学研究 ……………………… 张西平（293）
跨文化形象学的观念与方法
　——以西方的中国形象研究为例 …………………… 周 宁（301）
编后记 ………………………………………………………………（322）

学科发展篇

"国外中国学研究"学科创立初期回顾

何培忠

"国外中国学研究"（也称"海外中国学研究"）是以海外的中国研究为关注对象的学术领域。随着"中国学"在海外成为一门显学和我国学术界对海外中国研究的关注，这项多学科的综合研究越来越受到人们的重视，成为伴随中国改革开放的步伐和中国国力的增强，发展最为迅速的学科领域之一。学界普遍承认，该学科领域是20世纪70年代中后期由中国社会科学院倡导和推出的。回顾这一学科的创立初衷、学科定位和最初成果，对于我们记录其发展轨迹很有意义。

一 "国外中国学研究"学科创立的时间与初衷

中国是世界文明古国，海外有关中国的研究始自中外文化交流，源远流长，在东方有上千年的历史；在西方，中国研究作为一门学科的设立，人们通常认为始自19世纪初，至今已有200年的历史。对于国外所进行的有关中华文明的研究，我国的学者虽早有关注，但将其作为一种专门学问加以研究，学界认为其起步是在20世纪70年代中期。那么，70年代中期的什么事件可以看作是"国外中国学研究"起步的标志呢？众所周知，中国社会科学院的前身是中国科学院哲学社会科学部。1977年，哲学社会科学部从中国科学院独立出来成立中国社会科学院时，情报研究所是最早建立的研究机构之一。"国外中国学研究"就是由情报研究所富有开创精神的老一代研究人员创立的学科领域。

中国社会科学院的情报研究①所在新时期中国社会科学的发展中发挥过重要影响。它的前身是中国科学院哲学社会科学部的情报研究室，成立于1957年，以收集、研究和传播国外人文社会科学最新动向为主要工作内容。1963年，情报研究室更名为学术资料研究室。1977年，那时中国社会科学院还未正式成立，为了更好地收集国外的学术资料信息，哲学社会科学部就在学术资料研究室的基础上组建了情报研究所，中国社会科学院成立后，成为最早的一批所级研究单位。情报研究所在改革开放初期的20世纪70年代末至80年代初，是我国学术界了解国外学术进展的重要窗口，系统介绍了国外社会科学的最新动态和许多新兴学科。改革开放后大陆许多学科的恢复与发展离不开情报研究所的这些介绍性研究的基础。

情报研究所成立时设有"欧美""苏东""亚非拉"和"国外中国学"四个研究室。这四个研究室，三个按区域划分，分别收集和研究相应区域的国家的社会科学学术信息。"欧美研究室"由精通英语、法语、意大利语、德语等语种的研究人员组成；"苏东研究室"主要由精通俄语的研究人员组成；"亚非拉研究室"由精通日语、朝鲜语、泰语、西班牙语、罗马尼亚语、斯拉夫语等语种的研究人员组成。"国外中国学研究室"不同于上述三个以区域为研究对象的研究室，而是以各国的中国研究为对象，收集、译介各国的中国研究信息，包括有关中国研究的整体情况、研究机构、学者、论文、著作、学术会议等。其成员中不仅有精通英语的人才，也有精通俄语、日语和朝鲜语等语种的人才。这个研究室的工作，为进入改革开放新时期后渴望了解国外有关中国看法的我国学术界打开了一扇窗口，也为一个新学科的诞生做了开拓性、奠基性的工作。由于这个原因，这个研究室也作为我国第一家以"中国学研究"命名的机构载入了学术发展的史册，当然，这个研究室的出现，可以看作是创立该学科研究的标志性事件。不过，从某种意义上讲，"国外中国学研究"学科的创建甚至早于中国社会科学院的诞生。因为中国社会科学院是1977年5月从中国科学院独立出来的。此前，作为其前身的中国科学院哲学社会科学部已有了经济研究所、哲学研究所、世界宗教研究所、考古研究所、历史研究所、近代史研究所、世界历史研究所、文学研究所、外国文学研

---

① 现为中国社会科学院文献信息中心。——编者注

究所、语言研究所、法学研究所、民族研究所、世界经济研究所和情报研究所。当禁锢人们思想的十年"文化大革命"宣告结束后,学术界也随即迎来了思想解放的时代。在这个时代开启之初,研究人员对国外学术界最新研究动向和研究成果的渴望、对国外学术界有关中国社会发展看法的渴望,成为国外中国学诞生的社会背景和巨大推动力。中国社会科学院"国外中国学研究"学科的创立是从介绍海外各国的中国研究动向开始的,1977年4月出版的三辑《国外中国研究》,可以看作这个学科起步的标志性出版物,开我国学术界介绍国外中国研究丛书的先河之作,虽篇幅不大,但意义非凡。

这三辑《国外中国研究》中,第一辑和第二辑标明由"中国科学院哲学社会科学部情报研究所编",第三辑改为"中国社会科学院情报研究所编"。关于国外中国学研究学科的起始时间还有一个更为明确的记载,那就是该学科的领域的主要创始人孙越生(1925年2月1日—1997年11月29日)先生于1986年1月15日留下的一段文字。他在名为《工作汇报》的总结中说:"初步填补了国外中国学介绍与研究的空白,希望能收'他山之石,可以攻玉'的效果。这个综合性学科的系统介绍是我和叶文雄同志1976年开始计议的,中间有过挫折和叶文雄不幸瘫痪,但我始终坚持下来,现已组织编写出版了350万字的系统资料。"

这段寥寥百余字的记述,展示了新时期大陆开展国外中国学研究最初的情况:首先是在学者头脑中孕育已久,1976年学者之间开始"计议"如何开展这一方面研究,随即有了实际行动,在1977年4月推出了《国外中国研究》。

孙越生先生将该学科领域的创立归结为中国学术界对"严重的挑战"的回应。他在1994年出版的《世界中国学家名录》的前言中讲述了他开拓这方面研究的初衷:"现代海外中国学的发展规模与成就,已经达到了绝对不容国人忽视的地步,甚至达到了足以对国人自己的中国研究提出严重挑战的程度。"第一,海外已有了一支数量可观的研究中国的学者队伍,这支队伍"每年以数百名中国研究硕士和上百名中国研究博士的规模在扩充自己,这一增量,决不少于我们自己每年毕业的中国研究硕士与博士的数量"。第二,有众多的国家和机构在大力推进中国研究。1971年美国的一项调查显示,在20世纪60年代末,全世界具有充足设备和力量，有计划地研究中国的国家有 12 个，另有 19 个国家和地区在高等教研系统中设置若干机构，进行一定限度的中国研究。而后，鉴于中国实施了改革开放政策，在 80 年代至少有 40 个国家和地区设有一定规模的中国研究机构，若把政府、军界、企业界的中国研究机构包括在内，海外至少有上千个研究中国的机构。第三，海外研究中国的领域广泛，研究成果丰富，"凡举社会科学和人文科学的所有部门，中国古代和现代自然科学与技术的各个领域，都在它们的研究视野之内"。第四，"海外中国学的研究优势除了表现为绝少禁区限制和有现代化的经验外，首推有丰富的中文藏书和先进的服务设施"。这些情况提醒我们，我们必须对海外的中国研究动向加以重视，了解他们是如何研究我们的。孙越生说："如果说，海外中国学对于我们自己的中国研究来说已经是一个严重的挑战的话，那么，它对于中国的海外研究来说，就更是一面使国人相形见绌的镜子了。所以，充分介绍海外中国学的情况，不仅可以促进我们自身的研究，而且也可以激励我们加强对海外的研究。"[1]

二 关于"国外中国学研究"的学科特色与称谓

为了回应"严重的挑战"而创立的"国外中国学研究"学科有什么样的特点呢？这首先要从国外中国研究的特点说起。首先，国外的中国研究是个涵盖面很广的说法，从宏观上说，它包括国外所有有关中国的研究，既包括人文科学各领域，也包括社会科学各领域，还包括自然科学、军事科学、医药学、建筑学等，即凡涉及有关中华文明的各个领域的研究，都可以称为中国研究。因而，国外的中国研究，或曰中国学是一个跨学科、多学科、跨文化的研究领域。在国外，第二次世界大战之后，人们大多把它划归在区域研究（regional studies）之内，就当代中国研究来说，研究的热点则在于与中国社会发展及变化密切相关的社会科学的各领域和方面。而国外从事中国研究的学者，主要是由有异于当代中国文化教育背景、政治背景、生活环境的人士组成，他们"生活在与中国文化很不相

---

[1] 中国社会科学院文献信息中心与中国社会科学院外事局合编：《世界中国学家名录》，社会科学文献出版社 1994 年版，"编者前言"，第 3—6 页。

同的文化语境中，他们所受到的教养，包括价值观念、人文意识、美学理念、道德伦理和意识形态等，和我们中国文化很不相同。他们是在由他们的文化铸成的'文化语境'中从事'中国文化'的研究，通过这些研究所表现的价值观念，从根本上说，则是他们的'母体文化'观念的一种形态。"① 因而，他们从事的有关中国问题的研究，往往带有比较研究的特点，体现出比较文化的特质。

就国外学者开展的中国研究而言，正如孙越生先生指出的那样："任何国家的中国研究，客观上都受本国和中国社会历史发展状况和两国关系的制约，同时，也受科学本身的内在发展逻辑和传统特点的影响。对这两方面的认识，正是理解该国中国学发展特点与水平的钥匙。"② 就当代的国外中国研究来说，笔者曾从宏观的角度将其发展分为两个阶段，第一个阶段是从1949年中华人民共和国成立到20世纪70年代末，在这一阶段，美国中国研究领域的观点对各国的中国学都有重大影响。第二个阶段是20世纪80年代之后，这一阶段同以前相比，是当代中国学获得全面发展、取得丰硕成果的阶段。在第一阶段，政治因素较强，左右着中国学的发展。在第二阶段，政治因素后退，经济因素占据上风。中国经济的快速发展，使西方国家的大多数学者摘下了有色眼镜，站在较为客观的立场上探索中国问题，引发了国外中国学的种种变化，使中国学进入蓬勃发展的大好时期。③ 这些就是国外中国研究的特点。即国外的中国研究，除了孙越生先生提出的制约与影响因素外，还受国际大环境、国际政治等因素的干扰。国外中国学研究学科是我国学术界针对国外有关中国研究作出"回应"的反研究。它是由具有当代中国文化教育背景、在当代中国政治环境、生活环境中成长起来的学者群开展的反映及深入分析外国学者如何看待中国文化的研究。

就研究内容来说，有的探讨外国学界接触中国文化的历史人物，中国文化域外延伸的过程、途径、对当地文化产生的影响以及相关历史事件

---

① 严绍璗：《北京大学20世纪国际中国学（汉学）研究文库》"前言"，见 http://forum.china.com.cn/thread-653-1-1.html。

② 孙越生：《俄苏中国学概况》，载中国社会科学院文献情况中心编：《俄苏中国学手册》，中国社会科学出版社1986年版，第1页。

③ 何培忠：《当代国外中国学研究》，商务印书馆2006年版，第14、20、31页。

等，有的关注外国学界研究中国文化的角度、焦点、观点、成果等，在这样的研究中，作出积极"回应"：一方面吸纳国外学者的优秀观点，丰富我们对中华文明的理解；另一方面同国外学者展开交流，在不同观点的碰撞中，增进中外不同文化背景的人对中华文明的理解，推进人类文明的进步。在这一过程中，我们不仅体会到中华文明的世界性意义，同时也体会到中华文明的复兴与发展必须保持开放性。

需要指出的是，国外中国学研究学科也同国外的中国学一样，不可避免地受到中国政治环境和我们对学科本身意义的认识的影响。例如，直至现在，国外中国学研究学科的研究对象许多人还认识不清，学科的称谓没有统一，有时，连中国学和中国学研究的区分也有些模糊不清。在中国社会科学院的学者开创这一学科时，对学科的称谓已有了很好的论述。孙越生先生在《世界中国学家名录》"编者前言"的第一部分就提出了"正名的必要"这样一个命题。他指出：

> Sinology，旧译汉学，系指海外的中国研究（Chinese Studies）。这是一门以汉族的语言文学，中国的古代哲学、伦理思想、典章制度和文化风习等为主要研究对象的综合性学问，译为汉学，即关于汉族的学问，也指关于中国的学问。旧译译名倾向于以文化来代表中国文化，所以，名实之间不免有一定矛盾。随着时间的推移，"汉学"的内容日益扩大，涉及的学科愈来愈多，名实矛盾更加突出。编者认为，除非历史文献中已然使用和国外机构自译名之外，一般不宜再沿用"汉学"这一旧译，而宜定译为"中国学"。理由如下。
>
> （1）"汉学"本来指汉代的训诂之学，又称"朴学"，如今又用来指汉族学和中国学，易生混淆。
>
> （2）中国研究的对象现在已经扩及中国的各个方面，涉及自然科学、社会科学和人文科学的所有部门，已远非"汉族的"一词词义所能涵盖，有许多研究对象根本与"汉或非汉"的问题无关。例如，外国研究中国能源问题的著作，就难以称之为"汉学"；又如，把论述中国统计制度、人口问题等全国性问题的文章称之为"汉学"，就使人感到龃龉不入，远不如称为"中国学"来得贴切。
>
> （3）需要强调的是，居住在中国境内的民族，由于千百年来长

期融合的结果，早期形成一个不可分割的整体——中华民族。新中国成立之后，各民族一律平等，汉族虽然是其中最大的一支，但不能等同替代中华民族。如果把汉族和中国画等号，这一方面犯了大汉民族主义的错误，另一方面又会授人以柄，给那些认为中国领土限于汉族居住地的人提供借口。所以，把研究中国的事物称为"中国学"，而不再称为"汉学"，把 Sinology 的中译名订正为"中国学"，其必要性绝不应等闲视之。

（4）"汉学"这一译名的色彩，令人发思古之幽情有余，而给人以时代感则大有不足。当今世界中国研究的重点，虽说传统中国的魅力不减，但已明显由古代中国转移到现代中国，其热点是中国的现代化问题，是中国当代政治、经济、社会、文教、科技等体制的改革问题，倘若仍然把这类研究称为"汉学"，把这类研究者称为"汉学家"，就好像硬要小脚女人充当现代时代模特儿，看起来很别扭。

（5）国外中国学是一种区域研究、国别研究，它不仅仅是对中国境内各民族研究的机械总和，也不仅仅是研究中国的各种专门学科的机械总和，除此之外，还应该是对中国社会各方面研究的有机总和，以整体地把握或局部综合地把握中国为自己的最终目标或功利目标，这是任何一个专门的学科单独研究中国时难以追求的目标。所以，中国学不仅仅需要各学科的专家学者通力合作，而且也需要通才。世界的中国学，从狭隘的汉学演进到今天包罗万象的中国学，完全符合科学在频繁分化中同时进行广泛综合的新趋势。[①]

笔者在此引用近 20 年前孙越生先生的论述，是想指出，国外中国学研究在其创立时期就已确立了该学科的名字，而且在所有推出的出版物中，无论是追述历史，还是介绍各国有关中国研究的现状、学者、机构等，都是用"中国学"，没有使用"汉学"。可惜的是，后来投身于这一学科研究的学者，并未完全把握这一学科的新变化，也没有理会孙越生先生有关这一学科名称的论述，尽管每届世界中国学论坛都有学者呼吁，应

[①] 中国社会科学院文献信息中心与中国社会科学院外事局合编：《世界中国学家名录》，社会科学文献出版社 1994 年版，"编者前言"，第 3—6 页。

该统一学科的称谓，因为名不正则言不顺、言不顺则事不成。将学科称谓统一起来，就可以为这一学科进入中国学术体系创立基本条件。但直至现在，这一学科的称谓仍未统一，这是一个需要学术界深刻反思的问题。

三　国外中国学研究创建初期的出版物与影响

中国社会科学院的国外中国学研究室在探索、开创国外中国学研究过程中出版了上千万字的成果，这些成果可大致分为丛书、名录、书目索引、专题研究和手册五大类。

丛书是介绍世界各国中国研究动向的系列读物，一共有两种。前文提到的《国外中国研究》丛书是一种，另一种是《外国研究中国》丛书。

《国外中国研究》第一辑于1977年4月出版，88页，以介绍美国的中国研究动向为主；第二辑于1977年5月出版，92页，以介绍苏联的中国研究动向为主；第三辑于1977年6月出版，110页，以介绍英、法、德、波兰的中国研究动向为主。

值得回味的是，这一套丛书仍带有"文化大革命"时期出版物的一些痕迹，例如第二辑是以"马克思恩格斯列宁论沙皇俄国对中国的侵略"为开卷，介绍苏联的中国研究时，题目中多次使用"苏修"的说法，而且是作为"内部参考资料"出版的。尽管如此，这套丛书仍受到读者的欢迎。商务印书馆是具有严谨作风的出版社，由于其出版流程的规范性要求，出版周期较一般出版社要长。但《国外中国研究》却是一个月推出一本，足以显示商务印书馆对该出版物的重视。

《外国研究中国》是为了更好地介绍国外中国研究的状况，增大信息量而推出的，是32开本。第一辑由已出版的《国外中国研究》一、二、三辑合并而成，于1978年8月出版，254页；第二辑于1979年6月出版，292页；第三辑于1979年7月出版，335页；第四辑于1980年5月出版，315页。

名录是介绍各国中国学家的工具书，有《美国的中国学家》《日本的中国学家》《世界中国学家名录》等，这些工具书的出版，为后来的学科发展提供了有力的支持。

《美国的中国学家》是一系列中国学家名录中的第一部，32开本，

326页。该书于1977年4月出版，是由中国社会科学院历史研究所翻译组黄巨兴"根据贾克斯·卡特尔出版社编辑并与美国学会理事会合作出版的《美国学者传记指南》四卷挑选和翻译的"，全书共收录600条，收录标准是："在历史、语言、哲学、宗教、经济、法律各学科研究中国的美国学者，一律收录。中国血统美国籍学者全收。在中国出生的美国学者选收。凡学历、专长、著作任何一方面涉及中国的，以及研究范围包括亚洲、太平洋、西伯利亚等，研究题目涉及共产主义、马克思主义、门户开放政策的，均在收录之列。"①

《日本的中国学家》是由北京大学的严绍璗教授主编的。严绍璗教授为编辑这部工具书，一头扎进图书馆，经过一年多的努力，从1500余种日本学者研究中国文化的专著、人物志、百科事典中汇集、编译了1105位副教授以上的日本研究中国问题的学者资料，分政治与法律、经济、文学与语言、历史、哲学与宗教、考古与艺术六大部类，介绍了每位学者的生卒年代、专长、现职、曾任职、学位、学衔、社会身份、学历、工作履历、学术活动、国际交往、获奖项目、代表著作等，通过此书，中国读者基本上可以了解日本研究中国的规模、研究课题及其研究成果。该书32开本，708页。该书出版后，在中日两国都获得强烈反响，严绍璗教授后来多次提及这本书的影响力，说该工具书不仅为中国学术界提供了很大的便利，而且中国海关的工作人员在辨识入关的日本人时也使用，日本学者也以被录此书为荣。

《世界中国学家名录》1994年6月出版，32开本，446页。涵盖澳大利亚、奥地利、加拿大、捷克、斯洛伐克、丹麦、法国、德国、匈牙利、以色列、意大利、日本、朝鲜、韩国、马来西亚、荷兰、挪威、俄罗斯、瑞典、瑞士、英国、美国22个国家的中国学家1434人。当然，所收录学者的资料和译名从现在来看可能会有不足，但在互联网尚不发达、了解这一领域的专业人员很少的时代，能编辑出20余个国家的学者名录，编者所付出的心血可想而知。

至于书目索引，只出版了一册《国外研究中国问题书目索引

---

① 中国科学院哲学社会科学部情报研究所编：《美国的中国学家》，中国社会科学出版社1977年版，"编者说明"，第1页。

(1977—1978)》，由北京图书馆、中国社会科学院情报研究所合编，于1981年7月出版，16开本，367页。这部工具书收集了1977年至1978年国外研究中国问题的书目，为改革开放初期我国学术界了解国外中国研究动向提供了宝贵的资料。令人遗憾的是，20世纪80年代初期是学术成果出版艰难的时期，这个工作由于缺少资金的支持，只好中断了。

在专题研究方面，中国学研究室推出的成果是《国外西藏研究概况》。这是因为，中国西藏问题一直是国外学者关注的领域，并投入很大精力进行研究。而我国对国外有关中国西藏问题研究的了解并不深入，为了增强学术界对国外信息的掌握，作为国外中国学研究初创时期的专题研究，该选题意义重大，也具有挑战性。《国外西藏研究概况 1949—1978》1979年7月由中国社会科学出版社出版。编者在1978年2月的"序言"中说：该书是对 1949—1978 年国外"西藏学"（Tibetology）和有关中国西藏研究发展情况的介绍，共分五章，第一章为引言，对国外藏学的研究历史作了简要说明；第二章是国外藏学研究概况，分政治、经济、历史、地理、宗教、文化、民族学与人类学、考古、语言文字等学科和版本目录学、中印边界问题、喜马拉雅地区的地理、民族与政治等专题，对国外的西藏研究状况做了介绍；第三章介绍了日本、美国、英国、法国、德国、意大利、荷兰、瑞典、匈牙利、苏联、捷克、斯洛伐克、波兰、印度等国的藏学研究机构、会议、出版物和代表人物；第四章是有关达赖叛国集团的藏学研究机构和出版物的介绍；第五章是结语，指出："国外的藏学研究情况虽然错综复杂，但是绝不应把它看作单纯的学术研究，而是整个政治斗争的一部分。这就是国外藏学研究的主要倾向。"①

需要强调的是，《国外西藏研究概况》的出版迄今已有30多年了，直至现在，这本书仍是介绍国外西藏研究最全面、最重要的著作之一。

"手册"系列是对国外中国学界的整体描述和论述，其中有中国学家、中国研究机构、学会、出版物及大事记的介绍，是一种综合介绍国外中国学界整体情况的读物。"手册"系列的出版从20世纪80年代一直持续到2004年，几代学者为此付出了艰辛的努力，以至于最后一部《欧洲中国学》问世时，为此付出了大量心血的孙越生先生、王祖望等学者已

---

① 冯蒸：《国外西藏研究概况 1949—1978》，中国社会科学出版社1979年版，第315页。

逝世多年了。

在"手册"系列成果中，《美国中国学手册》是第一部，32开本，699页，1981年9月由中国社会科学出版社出版。孙越生先生在前言中首先论述了美国中国学的七大特点，然后对美国中国学发展的历史和现状进行了分析，为学术界全面了解美国的中国研究提供了非常宝贵的基础资料。除前言外，该书分美国的中国学家，美籍华裔中国学家，美国研究中国的机构，美国资助中国研究的基金会、奖学金和补助金，美国收藏中文资料的图书馆，在美出版的中国学书目，美国经常发表研究中国问题文章的期刊，美国中国学大事记（1776—1979）八个部分。

1993年，《美国中国学手册》出版了"增订本"。"增订本"除校订初版利用过的资料外，增加了1979—1989年的资料，使各章内容在数量上较前倍增。著名学者杨振宁先生还曾特意致函社科院文献信息中心领导，肯定出版《美国中国学手册》在学术上的重要意义。

《俄苏中国学手册》分上下册，32开本，共1050页。这种形式在"手册"系列中是独有的。1986年7月由中国社会科学出版社出版。该书由"俄苏中国学概况（代前言）""俄国的中国学家""俄国中国学主要机构""发表中国问题文章的俄国报刊和收藏中国学家手稿、档案与所获文物的主要机构名录""苏联的中国学家""苏联中国学主要机构""苏联中国学重要会议（1970—1985）""苏联发表中国问题文章的期刊""苏联中国学书目（1940—1983）"以及"主要参考文献"等部分组成。

《欧洲中国学》是孙越生先生等中国社会科学院情报所老一代学者为学术界贡献的最后一部学术成果，也是规模最大、耗时最长、出版最为艰辛的一部著作，该书在孙越生先生的计划中，书名是《欧洲中国学家手册》[①]，但在孙越生先生去世后，这本书在出版时被改为《欧洲中国学》。

《欧洲中国学》为16开本，1211页，近200万字，黄长著、孙越生、王祖望主编，2005年9月由社会科学文献出版社出版，附有光盘。该书分"法国篇""英国篇""荷兰篇""德国篇"等17个部分，对所述对象

[①] 笔者在撰写这篇文章时，查阅了孙越生先生的档案，发现了孙越生先生1986年1月15日写的《工作汇报（注）》，其中提到"今后除继续编写《欧洲中国学手册》等基础资料外，要把重点转移到分科理论介绍上"。

的中国研究的缘起、后期的发展和现状、代表学者、重要机构、期刊、藏书等情况一一做了介绍。

上述五大类出版物，可以说为国外中国学研究学科的创立和发展提供了奠基性的资料，直至现在，学界仍然认为，这些成果对于开展国外中国学研究的人员来说，仍旧是"案上必备"，由此看出这些出版物的影响力。

（原文载于《国外社会科学》2013年第4期，收入本文集时略有调整）

学界对海外中国学的研究：回顾与思考
——以对海外中国近现代史研究的历史考察为例

张注洪

海外中国学或国外中国学①，概略言之，是指由国外学者参与的、以中国为研究对象的学科或研究领域，其范围至为广泛。其渊源可溯及汉学，其内涵由原来侧重古代，到20世纪以来则侧重近现代。国外对中国近现代史的研究，实际上逐渐成为国外中国学研究的重要组成部分。这里拟以国内学界关于国外中国学特别是中国近现代史的研究为例，谈谈国外中国学研究的发展进程与问题，或可算作对"国外中国学"的一点个案"探索"吧。

一 发展进程

国内学术界对国外中国学研究特别是中国近现代史研究进行历史的考察，大概经历了如下阶段。

在以1840年为开端的中国近现代史发展进程中，很早就有了国内学者对中国近代现代史的研究，同时也有了国外学者对这段历史的研究，并产生了国内学者对国外学者于这段历史研究状况的了解和成果评析。而真正有组织、有计划地称得上对国外中国近现代史研究的状况进行了解和成

---

① 海外即国外，见《辞海》对"海外"的解释："古人认为我国疆土四周环海，故称中国以外地方为海外。"语言习惯，有"海外"和"国外"之称。

果评析的,还是中华人民共和国成立以后(此时一度把1840—1919年称为近代,1919—1949年称为现代,而随着时间的推移,特别是改革开放后也普遍地把1840—1949年称为近代,而将1949年以后称为现代或当代)。大体可分四个时期。

第一时期,1949—1966年初始阶段。此时仅有对个别国外中国近现代史研究者如裨治文(Elijah Coleman Bridgman,1801—1861年)、柔克义(William W. Rockhill,1854—1914年)、马士(Hosea Ballou Morse,1855—1934年)、丹涅特(Tyler Dennett 1883—1949年)、赖德烈(Kenneth Scott Latourette,1844—1968年)、费正清(John King Fairbank,1907—1991年)等人部分著作的翻译和对国外研究中国近现代史状况的零星介绍和评价。比较重要的国外学者论述汇编有内部出版的《外国资产阶级怎样看待中国历史的》《外国资产阶级对中国现代史的看法》等;而史学信息中有关中国近现代史研究部分主要发表在中国社科院的《史学译丛》《国外史学动态》等刊物上。这些论述汇编和信息报导很不全面,评论则立足于批判,且多以内部参考读物的形式仅在较小范围内流传。

第二时期,1966—1976年的沉寂阶段。"文化大革命"十年期间中国对外联系骤然减少。尽管个别大型图书馆的外文书刊仍可见到,但很少有学者可能对国外中国学的研究进行评析。仅北京大学图书馆所订国外书刊尚较齐全,北京大学创办的《哲学社会科学动态及资料》(内部,1973)刊发了多篇国外中国学研究动态及资料的文章,如韦慕庭(Clarence Martin Wilbur)的《中国和怀疑者的眼光》、张注洪等人的《十年来美国对中国历史的研究》和《1972年美国对中国历史的研究》,一时颇受同行研究者的重视。

第三时期,1976—1999年的勃兴阶段。"文化大革命"结束后改革开放,始有国外中国学译著大量出版。专门的动态译丛和书刊,有中国社科院出版的《国外中国研究》(1977年,4册)、《国外中国近代史研究》(1980—1995年,共27册),中共中央党史研究室的《国外中共党史研究动态》,中共中央党史研究室编译组的《中共党史译丛》。此时开始有了专门论述国外研究中国的专著出版,如侯且岸的《当代美国的"显学"——美国现代中国学研究》(人民出版社1995年版)、张注洪、王晓秋的《国外中国近现代史研究述评》（中国文史出版社 1998 年版）[1]、《英、法、德、澳、加对中国近现代史的研究》[梁怡，《北京联合大学学报》1997（4）、1998（2）、1998（4）、1999（2）、2000（2）]等；工具书方面则有冯蒸的《近三十年国外"中国学"工具书简介》（中华书局 1981 年版）、杨诗浩的《国外出版中国近现代史书目（1949—1978）》（上海人民出版社 1980 年版）、《美国中国学手册（增订本）》（中国社会科学出版社 1993 年版）、《俄苏中国学手册》（中国社会科学出版社 1986 年版）等陆续面世。

第四时期，2000 年至今的发展阶段。此时，对国外研究的关注范围更加扩大，调研内容更加全面，提供信息更加新颖，分析渐趋深入。综合性的研究成果有何培忠的《当代国外中国学研究》（商务印书馆 2006 年版）、何寅的《国外汉学史》（上海外语教育出版社 2002 年版）、黄长著主编的《欧洲中国学》（社会科学文献出版社 2005 年版）、张海惠的《北美中国学》（中华书局 2010 年版）等。专题研究则有陈君静的《大洋彼岸的回声——美国中国史研究考察》（中国社会科学出版社 2003 年版）、王建平等的《美国战后中国学》（东北大学出版社 2003 年版）、朱政惠的《美国中国学史研究》（上海古籍出版社 2004 年版）等。凡此大都主要或涉及中国近现代史内容。应该说，对国外研究信息的了解和成果评析方面，中共党史学科的成绩特别突出，在专著方面有梁怡、李向前的《国外中共党史研究述评》（中共党史出版社 2005 年版）[2]；论文方面从 2008 年起，《中共党史研究》翟亚柳、陈鹤、乔君每年撰写一篇《国外中共党史研究述评》，还有一些对国外学者关于中国改革开放、经济改革、党校教育、干部政策以及中国"入世"问题研究的专门述评文章等。另外国家社会科学基金"十五""十一五"规划等也有多项关于海外马克思主义

---

[1] 此为本人主持的国家社会科学规划基金"七五"课题项目"国外研究中国革命史的历史考察"的研究成果，由张注洪、王晓秋、徐万民、王美秀、梁怡共同完成，获得教育部普通高校优秀教材二等奖。

[2] 此为梁怡主持的国家社会科学规划基金"九五"课题项目，由梁怡、李向前、马贵凡（特邀）、张会才（特邀）、韩凤琴（特邀）、王爱云、张强、巫云仙、韩秀丽共同完成，获得北京市第九届哲学社会科学优秀成果二等奖。

中国化和毛泽东、邓小平研究的课题①已经或者正在完成。至于国外中国学研究的国际会议近年来更是多次召开。

二 成就与不足

总体而言，多年来我国学术界对国外中国学特别是近现代史研究的述评，做了大量工作，已开始由情况介绍和成果评析向国外中国近现代史研究学术史过渡。就目前情况而言，正如几年前有的同志所说："一种新的学科——国外中国学，正在呼之欲出。"其成就如下。

1. 对研究理论的初步探索。有的研究"国外汉学史"的著作对国外"汉学""中国学"（包括国外中国近现代史研究），做了学术发展脉络上的梳理，提出国外对中国的研究不仅在研究对象上发生了重大变化，在研究范式上也发生了巨变，国外"中国学"的发展在很大程度上改变了过去所说"汉学"的范畴，并有取代的趋势。而国外中国学研究的现状实际上还是以国外中国近现代史研究为重心的。

2. 对研究状况的重点考察。已经发表的论著，多属中国近现代史时期且其重点逐渐有向当代史转移的趋势。在国别方面，对诸如美国、苏联（俄国）、日本，还有英、法、德、澳、加等各国研究的历史渊源、当代状况以及发展的全貌做了不同程度的考察。特别对美国、俄国、日本的中

---

① 其他有关海外马克思主义中国化和毛泽东、邓小平研究的项目还有：1. 国家社会科学规划基金项目：中共广东省委党校成龙主持的国家"十五"课题"海外关于马克思主义中国化研究"；南京大学尚庆飞主持的国家"十一五"课题"当代中国马克思主义的实践特色、民族特色和时代特色研究"；梁怡主持的2011年第三批国家社科后期资助课题"国外马克思主义中国化研究评析"。2. 省部级社会科学基金项目：梁怡主持的北京市"十一五"重点课题"国外马克思主义中国化研究评析"；成龙主持的广东省项目"国外马克思主义中国化研究"；马启民主持的教育部项目"国外邓小平理论研究评析"；陕西省项目"国外马克思主义中国化研究"；尚庆飞主持的教育部一般项目"国外毛泽东学研究"、教育部项目"国外毛泽东研究的方法论批评"；成龙主持的教育部人文社会科学重点研究基地项目"海外邓小平研究新论"等。3. 其他来源的人文社会科学研究规划项目：除国家级、省部级之外，一些省级党校、高校和研究单位加大了对国外中国学研究的支持力度，为高级别课题的研究奠定了前期基础，我们大致了解到的情况是：中国社会科学院何培忠的"当代国外中国学研究"；中国人民大学萧延中的"国外毛泽东研究的历史、现状与现实意义"；南京大学杨丹伟的"国外毛泽东思想研究：方法、观点和评价"；西北政法学院杨永康的"国外著名学者视野中的毛泽东、邓小平社会主义观评析"等。另外，2013年韩强还发表《海外中共党建研究的几个问题》的文章。

国学研究，尤其是中国近现代史方面作了分时期、分作者、分专题的比较系统的评析。至于国外中国学所涉及的经济、文化、军事也都有概略的分析和研究。

3. 对研究进程的大体梳理。随着改革开放的深入，中外文化交流频繁，这方面有了越来越便利的条件，研究者不仅从宏观上归纳整理国外20世纪80年代以来中国近现代史研究的重大变化，而且具体介绍了各国研究中国特别是中国近现代史的动向、趋势和特点，如中共党史学界对国外研究不仅有整体研究，还有论点摘编、目录大全，并且出版过定期的刊物，还有每年一次的述评及对现状等诸多问题的及时评论，堪称这方面的范例。

4. 对研究专题的个案探讨。这类的探讨专题，从国外对毛泽东、邓小平、周恩来等思想的研究述评到五四运动、抗日战争、解放战争、共和国各个时期的研究述评以及对国外马克思主义中国化、中国特色社会主义、干部制度、党史教育研究的述评，都能就其研究热点、重点、观点、视角方法及其局限等方面作了详尽的梳理和评析。以国外对邓小平研究来说，针对其关于"南方谈话""二十八字外交方针"的研究发表专门评述文章，既肯定其论述的价值，也指出其理解的不足。

5. 对研究方法的引进。研究者进行国外研究信息了解和成果评析的同时，注意到他们搜集史料和把握复杂背景等方面的长处，诸如比较史学、数量史学、溯源史学、口述史学的运用，多文化的研究视角和明确的问题意识等研究方法的运用。还出版了有助于中国近现代史研究采用的比较、口述史学方法的专著。与此同时，国外学者研究著作题录、人名辞典、国别研究手册、国外研究论点摘编等工具书，也陆续出版。另外，多年来随着互联网的发展，研究者可通过它广泛、及时地收集到国外研究机关、刊物、论著的信息，并可与国外研究者展开直接的联系和交流。

当然，对国外中国学的研究也有不足，大体表现在以下方面。

1. 对研究理论的探讨还较滞后。多年来对国外中国学研究的各种思想、流派及其观点，都有过不同程度的评价。但对于渗透于各种史学成果（比如多种中国近现代史的著作）中的理论基础（如中国史观、历史哲学、方法论），往往未作或缺乏全面、深入的评价。又如谓"冲击—回应"的模式，国外学者已对这种没有"以中国内部来探索中国近代社的变化的途径"的错误予以分析,我国并未从理论上及时予以论评。

2. 对研究的状况反映不够全面。对国外中国近现代史研究的状况,多集中于政治史的了解,政治史中仍以中共党史为主,其他经济、社会、文化等方面则显得太少。研究信息虽有一定的介绍,但提供的评论甚少。至于反映的国别和地区也不够全面。除美、俄、日、英、法、德、澳、加外,对于东南亚地区以及拉丁美洲和非洲地区的中国研究则很少介绍,其实这些国家和地区,也是很关心和研究中国问题的。

3. 对研究的历史考察未尽系统。要深入研究国外中国学,就不能不考察它的历史演变。如有的学者认为国外中国学"最初是在英国发展兴起的",忽视了"传教时期葡、法传教士对海外中国学所做的贡献"。就是对国外中国学在各个国家发展的历程,研究也不平衡。"对国外与我们观点不同的意见介绍不够,这样不利于我们批判地看待国外学者的观点,也丧失了进一步展开交流切磋的机会"。[①]

4. 对研究的个案分析还欠普遍。对国外中国学研究的个案分析集中于中国近现代政治史,而中国近现代史中经济、军事、社会、文化、教育等其他部分甚少;即就政治史而言,中共党史以外的个案研究也少。从时段言,个案分析则多是中国现代或当代史,近代部分也难以见到。至于从社会科学更广阔的视野来获取国外研究信息并进行成果评析,就更显得不够了。而不能及时吸取国外文化的成就对我们无疑是一种损失。

5. 对研究方法的借鉴仍有偏颇。在对待国外中国学的研究方法方面,个别情况下过分推荐有些方法如史源学,忽略我国史学素有这方面的优秀传统,以致被著名史学家来新夏先生批评这是"出口转内销"。这至少说明在引进史学方法时忽略了我国固有史学方法的应用。对互联网不用,自然视野狭窄,而互联网亦有其随意性和不严谨性[②]。利用互联网的材料,宜与原始材料、文献资料印证,始可获得准确的结果。

至于国外中国学研究的工具书,20世纪国内出版多种,21世纪以来则

[①] 《"走向世界的中国史学"国际学术讨论会论文集》,扬州大学,2006年8月。
[②] 例如,从互联网查找多少中国书翻译到了国外,互联网上显示的不过百种,而在国内查一本近代西方翻译中国典籍的中国书,上面记录在案的即达数百种。参见刘士林《在今天,该怎么做一个读书人》,《光明日报》2012年7月3日。

有些断档。互联网的信息无比丰富，但似难完全代替纸本工具书的功能。

三 几点建议

今就开展对国外中国学特别是中国近现代史研究信息了解和学术评析提出以下建议：

1. 加强对国外中国近现代史研究理论的探讨。对于国外中国近现代史研究的信息了解和学术评析，实际是属于历史研究或者说是史学史研究的范畴，需要用理论即马克思主义唯物史观为指导。为了便于研究，亦可就述评史的研究建立中介的理论体系，如国外中国学研究信息了解与成果评析的对象、任务和方法，唯物史观中的以解放和发展社会生产力，实现社会现代化的角度研究历史等，都是这一理论的题中应有之义。另外情报学、文献学、史料学的理论和方法，也是可以吸取的内容。

2. 拓宽对国外中国近现代史研究状况的考察。这有利于我们从广阔的视野观察问题。在纵向上，不仅限于近现代史而要上溯历史渊源，下及当代发展，过去国外学者研究中国有的以古"观"今，认为新中国成立仅是改朝换代，固属偏颇，而现在有的"观"今忘古，不顾及中国历史条件，割断历史，亦难以正确认识今天。在横向上不仅限于政治，还要拓展至社会、经济、文化、教育、军事。在国别上，不仅重点在美、俄、日，还应有英、德、法、澳、加、越、北欧、新加坡、南太平洋岛国，以及非洲、拉美，也应引起我们的重视。

3. 深化对国外研究中国近现代史学科的进程分析。要做到这点，就必须从掌握第一手材料入手，比如要根据会议文件、代表人物著作、口述问题以及原始档案文件进行研究，要努力做到不仅有概述、简况的了解，更要有国别的研究起源与历史发展的分析，各时期著名学者及代表著作的评传，各时期研究特点、研究重点、学科地位、学者地位的变化与分析。不是大而化之，还应探赜索隐，即如像把孟子、蒋介石、费正清、鲍威尔（密勒氏评论主编）、史景迁等，写为门修斯、常凯申、费尔班德、帕汶、斯宾塞等的细节疏误也应尽量避免。

4. 扩大对国外中国近现代史研究个案分析的领域。如前所述，我们近年来对国外中国学的研究已由综合论述，发展至个案的专题论述，而且日益增多。但多集中于中国近现代史特别是中共党史、国史，比如近年发表的国外马克思主义中国化研究、新世纪以来的国外中共党史研究、国外对中国特色社会主义的后社会主义解读，都是很有价值的述评文章。只可惜仅涉及国外政治学中共历史范围。其他涉及中国经济、社会、文化、教育史的文章几乎很少。如能不断扩大在这方面的研究领域，这对我们知"彼"知"己"，引以为鉴是有好处的。

5. 探索国外对中国近现代史研究的方法和工具书利用。不仅应该运用中国传统史学的方法诸如目录、版本、校勘、辨伪、史源学的经验，还应吸收国外史学中的比较史学、数量史学、个案研究以及系统论、控制论、信息论中的有用方法。现在普遍应用的网络技术亦应充分地应用。随着国外学科分工的细化，中国研究特别是近现代史研究成为多学科的研究对象。因此应该善于发现并充分采取各种新方法，以利于从学术史的角度理解国外中国学内在的发展线索。除了信息库可用，还应每年编辑国外中国学特别是中国近现代史研究比较齐全的论著目录。

通过对海外中国学特别是中国近现代史研究的历史考察，使我们认识到：

1. 只有以马克思主义唯物史观全面、真实、准确地进行调查研究，始可科学地理解这一学科的性质、特点、范围和方向。

2. 应具有较好的国内中国学的基础和学术素养，具有严肃的反思精神，才能更好地审视海外中国学研究的历史和现状，取长补短，促进国内学科进展。

3. 需要把这种考察上升到学术、理论高度，既坚持中国学术和史学的优秀传统，又重视吸收海外中国学研究中的新思潮和新方法，以利于中外学者交流并推动中国学繁荣昌盛。

4. 对国外中国学的研究，国内各高校和科研单位，或综合研究，或理论研究（如史学理论），或个案研究（如中共党史），或国别研究（如美国），或资料编纂，均各有创新和建树，似宜加强联系、增进交流，这对于避免重复劳动，丰富和发展对国外中国学的研究都是十分必要的。

（原载《北京联合大学学报》（人文社会科学版）2013年第11卷第1期）

筚路蓝缕，泽被后人
——孙越生国外中国学研究之回顾

唐 磊

中国社会科学院文献信息中心（前身是中国社会科学院情报研究所）已故的孙越生先生①，是新时期国外中国学研究领域的开拓者和重要奠基人，其主编和撰稿的《国外中国研究》（集刊）《国外研究中国丛书》《美国中国学手册》《俄苏中国学手册》《世界中国学家名录》和《欧洲中国学》等论著早已成为国外中国学领域必备的参考资料。他对国外中国学的理论研究也胜义迭出，在汉学与中国学的名义考辨、国外中国学整体发展趋势和美、俄（苏）中国学学术史分期等许多问题上提出了独到的见解。本文将（仅）从情报搜集、理论研究和学术思想等方面回顾孙越生先生国外中国学研究的业绩。

一 筚路蓝缕：开发国外中国研究情报资源

"文化大革命"后期（1973年），在各地"五七干校"劳动改造的

---

① 孙越生先生1925年2月生于浙江绍兴，1948—1954年间，先后毕业于厦门大学经济学系、河北正定华北大学、北京俄文专修学校，"文化大革命"前历任厦门大学经济学系助教、政务院中央财经委员会编译室编辑、国务院外国专家工作局翻译和编辑。1958年10月调入中国科学院哲学社会学部学术资料研究室（后改为情报研究所）。"文化大革命"后历任中国社会科学院情报研究所（今为中国社会科学院文献信息中心）基础资料组副组长、国外中国学研究室副主任、主任，1979年被聘为副研究员，1986年被聘为研究员。此外，他还先后担任中国社会科学院文献信息中心学术委员会主任委员、中国社会科学院院部片正研评议组成员、国家教委出国访问学者评议专家等学术职务。1997年11月病逝于北京。

"老学部"（中国社会科学院前身、原中科院哲学社会科学学部）成员陆续回到北京，中断了多年的科研活动慢慢开始恢复。1975年，学部在原情报研究室（1961年更名为学术资料研究室）的基础上，建立情报研究所，孙越生建议成立国外中国学研究室，专门从事国外中国学（汉学）研究情报的搜集和再研究，而这一构想更早可以追溯到1960年情报研究室向中科院党组和中宣部提交的研究规划，该规划已经将"各国研究汉学的情况"作为其重点发展的科研方向之一。

国外中国学研究室在院所领导的支持下随即成立并展开科研活动，孙先生与同事叶文雄商议应从系统介绍国外中国学这一综合性学科开始。在孙先生的带领下，该室很快就有了最初一批成果：最早是商务印书馆1977年4—6月出版的三期内部资料《国外中国研究》（1—3），从1978年，该资料集又更名为《外国研究中国》，至1980年止共出版四集。① 这些资料集的内容着重介绍国外有关"中国学"的背景材料，如研究机构、学术队伍、会议、论著、基本概况和动向，由于长期与西方学术界的隔绝，资料集也重视收录总体反映国外中国研究状况的文章，此外，也偶尔收录一些重要的国外中国研究论文。根据编选情况，可以判断孙先生当时有意识地侧重国外对当代中国研究信息的搜集和整理，这也显示出他心目中的"中国学"有别于传统意义上的"汉学"。

不过，这类性质的资料集很快就遇到发展瓶颈。改革开放之初，久被屏蔽的国内学术界都如饥似渴、千方百计地求取信息，各种学术信息也像洪水泻闸般涌入，其需求和供应都增长极快，而半年一期、容量不大且各国各领域都取一勺饮的资料集明显不能适应学界的需求。孙越生很早就意识到这一点并随即着手策划分国别、更深细的信息搜集。为此，他邀请具有相关积累的中青年学者冯蒸、严绍璗进行专题资料搜集，冯蒸进行国外西藏研究概况的整理，严先生负责搜集日本中国学者的相关资料，孙先生自己则带领室内同志集中对美、苏两个当时的超级大国的中国学研究进行摸底。据严绍璗先生回忆："大约在1977年的年底，他（按指孙越生）开始筹划'国外研究中国丛书'的编撰，由此而开启后代各类'中国学

---

① 第一集由商务印书馆作为内部资料出版，从第二集起改由中国社会科学出版社出版，但仍作为内部资料未广发行，即便如此，印数也达到1.8万册。

(汉学)'丛书之先河。二十世纪初期开始的中国近代文化运动，完全没有为'Sinology'这一学术准备最起码的材料。当二十世纪七十年代末，中国学者开始意识到中国文化的世界性意义的时候，他们的手边竟然没有最基本的学术资料。孙越生先生关于编撰和出版日本、苏联和美国三国的中国学具有基础性的连续资料的想法，实在是一个具有前瞻性的学术思维。"① 于是，几年内便相继有了《国外研究中国丛书》中的《国外西藏研究概况》（冯蒸，1979年，中国社会科学出版社）、《日本的中国学家》（上下册，严绍璗，1980年，中国社会科学出版社）、《美国中国学手册》（孙越生主编，1981年，中国社会科学出版社）、《俄苏中国学手册》（上下册，孙越生主编，1986年，中国社会科学出版社），四部共计225万字，如果再加上孙先生组织情报所同仁与北京图书馆共同主编的《国外研究中国书目索引》（1981年，书目文献出版社），则不到十年间经孙先生主持开发的国外中国学基础信息资料多达300万字。除北京大学在1979年开始编纂了四集《国外中国古文化研究情况》和中国社会科学院近代史所从1980年开始编辑《国外中国近代史研究》（至1995年停刊，共出27辑）外，从七十年代后期到八十年代末之前，有关国外中国学的学术信息基本出自孙先生领导的国外中国学研究室。

1980年代末，两套大型翻译丛书即王元化主编、上海古籍出版社出版的"海外汉学丛书"和刘东主编、江苏人民出版社出版的"海外中国研究丛书"开始陆续出版，标志着国内大规模译介国外中国研究成果的开始，中国学（汉学）得到学界更多的关注和更加深入的了解。以孙越生先生的学识和能力，也完全可以组织出版类似的丛书，但他没有选择热闹，反而坚持寂寞且枯燥的信息工作，努力拓展和深化国外中国学基础资料的整理。从1980年代中后期到1990年代中期，他同中国社会科学院外事局合作，又编著了《世界中国学家名录》（1994年，社会科学文献出版社），同时组织"情报所"（已更名文献信息中心）同仁对《美国中国学手册》进行增订（增订本，1993年，中国社会科学出版社），并编写规模庞大的《欧洲中国学》。《欧洲中国学》收录法国、英国、荷兰、德国、

---

① 严绍璗：《汉学研究在中国的历程——"北京大学20世纪国际中国学研究文库"总序》，载阎纯德主编《汉学研究》第八辑，中华书局2004年版。

奥地利、意大利、捷克、帝俄苏联俄联邦等十七个国家，介绍其中国学发展概况、主要科研机构、著名学者、学术成果等，时间上从19世纪初至20世纪末将近200年，总字数达250余万字。可惜，孙先生并没有等到此书的杀青，是他去世后由社科院文献中心研究部众多学者续力完成的。

孙先生生前曾总结："'文化大革命'后20年中我和国外中国学研究室室内外同志一起，在介绍海外美、日、苏、欧四大中国学中心的基本情况（包括发展简史、研究机构、学术人物、书目等）方面出版了系统基本资料600余万字，填补了一定的空白，为今后作分科专题介绍打下了基础。"① 可惜天不假人，孙先生规划的分科专题介绍，唯有《中外孔子和儒学研究手册》一书开始了编纂，其他则未遑开展。②

应当说，孙先生及其同仁筚路蓝缕地开掘中国学学术信息，尽管有诸如搜集资料偏旧的不足（时间上多为1980年代以前或者"文化大革命"以前），但至少为国内学界了解国外研究中国的成果提供了丰富的线索，尤其在改革开放初期信息交流不十分畅通的情况下，孙先生等人的工作就显得极具价值。而选择国外中国学来垦拓学术信息工作的园地，则见出孙先生的学术敏识。早在1981年，他就提出："我们自己的研究未必全是美玉，他人的研究岂能都是顽石。在一个全球都在改革开放的信息时代，如果不充分利用世界的智力来研究中国，受到最大损失的，首先是我们自己。"③ 在当时，能察觉到全球都在改革开放和世界步入信息时代这些重大趋势的人，在中国恐怕为数不多，孙先生高瞻远瞩后提出利用世界的智力研究中国，则流露出学者面对知识开放性的博大胸怀。不仅如此，孙先生选择致力于中国学信息开发还有着更加深沉的用心："在体会咬文嚼字乐趣的同时，也常感国家落后却经常以豪言壮语来浮夸的苦涩滋味。所以，在介绍学术文献资料时，我更多地倾向于介绍海外对中国的研究，以

---

① 见孙越生去世前半年所做个人小传，转自丁东博客：http：//www.blogchina.com/20080204472399.html，访问时间：2009年2月12日。

② 早在1986年，孙越生在申请晋升研究员的工作汇报中，就提出今后要把重点转移到分科理论介绍上。

③ 孙越生：《美国中国学手册》"前言"，中国社会科学院情报研究所编：《美国中国学手册》，中国社会科学出版社1981年版，第5页。

冀能收'他山之石，可以攻玉'的效果。"① 面对"文化大革命"后中国百废待兴的局面，孙先生不是空自负手长叹，而是从点滴切实的工作做起，用一种坚毅、冷静的精神来履行自己作为知识分子的责任。所以，当晚年时，他可以如此从容而谦逊地回顾道："回首一生，没有任何重大业绩，只是以提供学术信息和资料的形式为人民为祖国服务，为人类知识的传播服务；只是每天平凡地一笔一画，一字一句，日积月累不停地在祖国这片曾经有过先进灿烂文化而今天却显得相对落后贫乏的文化园地上笔耕而已。"② 今天我们许多学者都受困于各种"重大项目""文化工程"，读到孙先生这番话也许会有别样的感触，而笔者的感叹是，像孙先生这样"舍得"长久致力于基础学术信息资料工作的学者已不多见了。

二 辨章学术：从名实考辩到学术史梳理

整理国外中国学信息资料，不仅仅是看似简单的编译、归纳，还需要对整理对象的深刻认识和系统把握。孙先生所主持开发的众多中国学信息资料之所以得到学界高度赞誉，并至今仍为中国学研究者、中西文化交流学者案头的必备参考书，除了扎实细密的基础工作外，还由于他对中国学（汉学）的学科理论和学术史发展有着深入独到的理解。

即以"汉学"抑或"中国学"的名实之辨为例。西人早期将其中国研究称作"Sinology"，后又发展出"Chinese Studies""China Studies"等概念。国人旧译"Sinology"作"汉学"，最早频繁使用"中国学"这一概念的大概就是孙越生。他指出："Sinology，旧译汉学，系指海外的中国研究（Chinese Studies）。这是一门以汉族的语言文学，中国的古代哲学、伦理思想、典章制度和文化风习等为主要研究对象的综合性学问，译为汉学，即指关于汉族的学问，也指关于中国的学问。旧译译名倾向于以汉文化来代表中国文化，所以，名实之间不免有一些矛盾。随着时间的推移，'汉学'的内容日益扩大，涉及的学科愈来愈多，名实矛盾更加突出"，因此，"除非历史文献中已使用和国外机构自译名之外，一般不宜再沿用'汉

---

① 见孙越生去世前半年所做个人小传。
② 见孙越生去世前半年所做个人小传。

学'这一旧译,而宜定译名为'中国学'"。理由是:(1)"汉学"之称易与"汉宋之学"的"汉学"相混;(2)许多国外中国研究其对象与"汉或非汉"无关,"汉学"之称易使人感觉凿枘不入;(3)中国乃全体中华民族之国,非汉族之国,"汉学"之称有大汉族主义之嫌;(4)"汉学"一词缺乏时代感,对现当代中国的研究冠以"汉学"之名,尤小脚女人充现代模特;(5)国外中国研究作为一门跨学科的区域研究、国别研究,既不能断为一科之学,也不能割裂而为汉学、蒙学之畴,宜以"中国学"名之。[1] 孙先生的见解充分考虑到国外中国研究作为研究对象其内涵的丰富性、以"汉学"循名责实时偏狭和定名"中国学"的语义包容性,并透露出其理智的民族主义立场,具有很强的说服力。二十多年过去,孙先生提出的以"中国学"代替"汉学"的做法已广为接受,亦足见这一见解的科学性。

对于国外中国学总体的发展历史,孙先生有过精彩的总结:"十八世纪以前对中国的研究,是以好奇和赞美的心情为主要特征,十九世纪以来的中国研究,是以侵略的需要和歧视的态度为主要特征,那么,本世纪六、七十年代以来的中国研究,除了以上两种旧的倾向有不同程度的继续外,总的来看,则是越来越倾向于要求科学地重新认识中国。这种重新研究中国,特别是研究现代中国的新高潮,固然与旧汉学有一定的渊源关系,但是,也有极大的不同和深刻的差异。"[2]

他指出:"科学的这种要求排除政治干扰而自我发展的民主化趋势,当然也和第二次世界大战后西方世界科学与民主的潮流蓬勃高涨有关,但也与中国国际地位与作用的变化有关。"[3] 而影响世界中国研究总体特征变化的根本因素是后者,或者说是中国国家形象的变化。孙先生指出,十六世纪至十八世纪早期,中国在外国人心目中,大多是一个带有理想化色彩的大帝国,但到十八世纪末、十九世纪初,欧洲多数国家进入资本主义

---

[1] 孙越生:《世界中国学家名录》"编者前言",中国社会科学院文献信息中心与中国社会科学院外事局合编:《世界中国学家名录》,社会科学文献出版社1994年版,第1页。
[2] 孙越生:《美国中国学手册》"前言",中国社会科学院情报研究所编:《美国中国学手册》,中国社会科学出版社1981年版,第3页。
[3] 孙越生:《世界中国学家名录》"编者前言",中国社会科学院文献信息中心与中国社会科学院外事局合编:《世界中国学家名录》,社会科学文献出版社1994年版,第7页。

社会而中国仍是一个"停滞的帝国",随着资本主义扩张和西方侵华的开始,中国形象逐渐沦为愚昧落后、任人鱼肉的"东亚病夫",直到新中国成立后,中国的形象才得以转变,虽然还没有实现现代化,但其作为拥有十亿人口的大国的事实不容忽视,至少被视作一个"明天的强国"。[①] 正是这种变化直接影响了中国学总体特征的转变。

尽管孙先生对中国国家形象的概括显得过于粗线条,但用来解释国外中国学发展的原因仍具有一定说服力。毕竟,国外学者研究中国的兴趣和关注点常常来自中国形象对他们的诱惑和刺激,只是在它充分融入世界之前,中国并没有在西方国家形成一个明确的形象,充其量只是少数接触中国的人的"印象",总显得朦胧而肤浅。今天的中国,在欧美世界中是否具有一个稳定的形象仍值得怀疑,但至少作为一个发展中的大国这一事实得到了广泛的承认,中国学的持续发展同中国自身的发展依旧密不可分。我们在国外中国研究中常常接受到彼此抵牾的观点,也仍是同中国国家形象的多元与矛盾直接相关。因此,尽管孙先生的上述观点虽不具有延续性,但是将国家形象同国外中国学研究联系起来的思路仍然具有重要的价值。

孙先生在国外中国学发展史研究方面的另一贡献,是在国内学界首次总结了美国、俄国(苏联)中国学发展史的基本脉络并做出分期讨论。

例如他总结美国中国学从 19 世纪初、19 世纪中叶发生到 20 世纪 70 年代的这段时间里,经过了草创、独立、发展和跃进四个阶段。在此之前,美国中国学家费正清、林德贝克等人已经对美国中国学发展提出了一些见解,如林德贝克认为,20 世纪 50 年代以前都属于美国中国学的初创时期,美国的中国研究只是在第二次世界大战期间及战后年代里才发展成有它自己独特的教学和研究方法以及它自己观点的学科,甚至到 50 年代中叶时美国的中国学发展还很不完善,60 年代美国中国学才真正开始蓬勃发展。[②] 孙先生在此基础上做出细分并提出不同见解:伴随着 19 世纪

---

① 孙越生:《美国中国学手册》"前言",中国社会科学院情报研究所编:《美国中国学手册》,中国社会科学出版社 1981 年版,第 1—3 页。
② 结论出自林德贝克:《了解中国:美国学术研究的一个评价》(Understanding China: An Assessment of American Scholarly Resources, N. Y. Praeger Publishers, 1971),引自《林德贝克谈美国如何发展中国学》,收入中国社会科学院情报研究所编:《外国研究中国》第 4 辑,中国社会科学出版社 1980 年版。

前半叶美国商业资本大量渗入中国和传教士的接踵而至，出现了最早的中国学家，积累到19世纪70年代，美国大学开始出现专门针对东亚和中国的教研机构，这一段属于美国中国学的草创期，其研究领域和研究方法多受西欧旧汉学的影响；20世纪20—30年代，美国中国学开始走向独立，虽仍未脱欧洲汉学窠臼，但培养了一大批知名的中国学家，产生了一批中国学研究重镇；此后至50年代，是美国中国学相对欧洲而言的发展时期，从组织、人员、经费、成果方面都有较大发展，而同时的欧洲诸国中国学研究则走向衰落，不仅如此，美国中国研究的内容重心开始变化，加强了对现代中国的研究；60—70年代美国中国学研究迎来了迅猛发展的时期，研究机构倍增、研究队伍迅速扩大、研究领域扩展至人文社会科学的所有领域、研究现代中国比重超过了对古代中国的研究。林德贝克和孙越生对于美国中国学的发展时期理解不同，主要是源于二人对"中国学"概念的不同理解，林德贝克更倾向把对现代中国社会政治、经济、社会等方面的跨学科研究（而不是单纯的历史学或语言学研究）作为中国学的主体，因此认为直到20世纪60年代才迎来美国中国学的真正发展期，孙先生的"中国学"定义涵盖了"汉学"，故而结论有所不同，各自有据，只是孙先生的分析更为细致。

关于帝俄中国学的发展，苏联学者曾有过不少讨论。[①] 孙先生在此基础上提出可分为准备阶段、引进阶段、僧侣阶段和学院阶段。[②] 由于笔者对俄国和苏联中国学毫无了解，不敢置喙，不过专门研究俄国汉学的阎国栋教授曾对孙先生的观点做出评述认为：

> 20世纪80年代，我国的孙越生就俄国汉学史分期提出了自己的方案。他将俄国汉学分成了四个阶段，分别是：准备阶段（俄国汉学形成期之前的17世纪）、引进阶段（指1724年彼得一世下旨建立皇家科学院，邀请拜耳来俄后对西欧汉学的移植，郎喀通过北京的

[①] 以笔者目力所及，В. С. 米亚斯尼科夫《苏联中国学的形成与发展》一文就讨论的十分详细，该文被编译收入《外国研究中国》第1辑，商务印书馆1978年版。
[②] 孙越生：《俄苏中国学概况》（《俄苏中国学手册》"代前言"），中国社会科学院情报研究所编：《俄苏中国学手册》，中国社会科学出版社1986年版。

西方传教士获取西方汉学著作等事实)、僧侣阶段(从俄国东正教驻北京传教士团来华到1861年俄国在中国设立公使馆)、学院阶段(以1855年圣彼得堡大学东方系成立为标志到1917年)。这种分期方法从考虑问题的角度上来说显然要比斯卡奇科夫全面,在顾及中俄关系发展特点的同时,对学术发展的特点和规律给予了更多的关注,在某种程度上与尼基福罗夫先生的意见相吻合(比如以1855年为一界点)。但是,各阶段的重叠是孙先生方案最显而易见的问题。当然,孙先生对此的解释也颇有说服力:"俄国中国学的引进阶段与本国中国学民族学派的形成阶段,在时间上必然有一个相互交错和此长彼消的推移过程,很难划出一条截然的界限。"学院阶段的开始,"必然会与僧侣阶段有一个时间上的交错过程,这个过程的开始,基本上可以1855年彼得堡大学成立东方系这个全俄最大的中国学中心为标志"。因此,"交错性"成为孙先生分期法的一大特点。笔者以为,虽然孙先生的分期从年代上不似斯卡奇科夫的方案明确,但却比较充分地考虑到了俄国汉学研究主体的变化特征。①

对于苏联中国学的发展史,孙先生不是按照其研究主体的变化特征而是根据学术变迁的外部动力来总结:"苏联中国学的形成与发展史,进一步受到社会政治变动和科学进化趋势两方面的强有力的影响,而中国学家的个性因素对它的影响则相对地越来越显得逊色。从社会政治因素的影响的特点来看,它大体上可以分为下列四个阶段,即孕育阶段、革命阶段、友好阶段和破裂阶段。"② 这种处理,说明孙先生清醒地看到中国学学术史发展的内在理路并非一个自足的运行体系,它可能在很大程度上与社会政治产生连动效应,尤其是在苏联体制中,中国学这类国别研究充满了国家关系的政治色彩,所谓"友好"与"破裂"正是从此着眼而立论的。

针对美国中国学、帝俄中国学和苏联中国学,孙先生分别使用了三种不同的视角来分别梳理其发展史,表现出他开阔的学术视野和宏通的研究

---

① 阎国栋:《俄国汉学若干问题刍议》,《南开学报》(哲学社会科学版)2006年第4期。
② 孙越生:《俄苏中国学概况》,《俄苏中国学手册》,中国社会科学出版社1986年版,第10页。

思路。而关于"中国学""汉学"的名义考辨，则不仅体现出他严密的思辨能力，还反映了他在保持学术理性和坚守价值立场之间的平衡感。

孙先生在国外中国学学术史研究理路上的平衡感还体现在对历史的总体把握和对个案的具体分析之间，例如他论述俄国中国学史时指出："不应忘记，无论僧侣阶段的中国学，或带着僧侣阶段很深胎记的学院阶段中国学，都是两国人民在官僚政治压迫下处于无权地位的产物。所以总的说来，它客观上都是为沙俄官僚政治向中国进行封建性资本主义扩张侵略的工具。……从俄国中国学家每个人的学术思想来说，则必须考虑到他是否受当时俄国人民的先进社会思潮的影响与影响的程度，是否关心政治与如何关心，以及他本人的世界观和方法论的具体情况进行具体分析。"[①] 避免"以一统万"的简单思维和陷入细枝末节而违顾全局的偏失，是任何学术史研究都应注意的，在这一点上，孙先生的中国学学术史研究可供更多领域的学者借鉴。

通过上述例证，我们可以了解到孙先生国外中国学研究理论成果的价值。如果说，他主持开发的中国学信息资料可能随着时间的流逝而渐趋陈旧（但历史资料的价值不会丧失），那么，他上述理论研究则具有更为长久的生命力和方法论上的启示意义。

三 泽被后人：丰富的国外中国学研究思想

孙越生先生长期从事学术信息搜集和研究工作，同时又是一位思想型学者，他关于官僚主义和国家论的研究尤其能体现其理论思维的深度、高度和广度。[②] 孙先生在国外中国学研究领域的理论表述也时常体现出深刻的思想性，这种思想性表现为，不仅足以为国外中国学研究领域留下了宝贵的理论资源，同时可为全部人文社会科学研究提供方法论借鉴与思想启示。前述他在学术史研究中体现的平衡感就已表现出一定的思想性意义，

[①] 孙越生：《俄苏中国学概况》，《俄苏中国学手册》，中国社会科学出版社1986年版，第9页。

[②] 关于这一点，孙越生去世后丁东、谢泳、邵燕翔等学者都曾撰文纪念，认为孙先生对官僚主义现象的研究逻辑严密、自成体系、发人深省，具有思想家的特点。

此外，我们还可以挖掘的有很多。

例如，关于为什么要研究国外中国学，孙先生反复提到一个基本的想法，即"他山之石，可以攻玉"，但他不是简单地套用这一常识，而是怀着对研究对象、社会发展趋势的深刻认识来阐发的。在他看来，"他山之石"所攻之玉最重要的首先是我们对自己国家的认知，目的乃是要更好地"知己知彼"："如果说，海外中国学对于我们自己的中国研究来说已经是一个严重的挑战的话，那么，它对于中国的海外研究来说，就更是一面使国人相形见绌的镜子了。所以，充分介绍海外中国学的情况，不仅可以促进我们对自身的研究，而且也可以激励我们加强对海外的研究。"其次，从更加功利的角度，他提出："正确的中国学结论有利于制订正确的对华政策，而正确的对华政策，在中国也有知己知彼之明的情况下，就会对两国都产生有利的结果。反之，不正确的中国学结论则易于导致错误的对华政策，而错误的对华政策，则会使两国都蒙受其害。"[①] 这说明孙先生深切地体会到国外中国学并非只是外国学者心目中的阳春白雪，而常常是具有很强现实性的学术研究，这一点随着当代中国学的发展得到越来越多的体现。暗含的提示是，对国外中国学的研究不仅是学术界的任务，也需要得到心系中国命运的全体中国人和中国政府的充分重视。

至于"他山之石"为什么可以攻玉，他不仅是看到了国外中国学研究超越中国本土研究之处，同时指出："在一个全球都在改革开放的信息时代，如果不充分利用世界的智力来研究中国，受到最大损失的，首先是我们自己。"[②] 这一观点敏锐地体察到信息时代知识共享的学术研究新趋势，同时自觉用谦虚而开放的心态迎纳人类文明的一切优秀成果。前者固然难能可贵，而后者更具有警醒意义。面对国外中国学研究成果，不屑一顾或崇洋媚外的态度只能反映我们自己的昏聩和愚昧，不仅如此，对于今天我们思想界、学术界动辄用"左"或"右"的政治倾向来树立信息和思想壁垒的现象，这种宽广的胸怀和理智的心态正是一面很好的镜子。

---

① 孙越生：《世界中国学家名录》"编者前言"，中国社会科学院文献信息中心与中国社会科学院外事局合编：《世界中国学家名录》，社会科学文献出版社1994年版，第7页。
② 孙越生：《世界中国学家名录》"编者前言"，中国社会科学院文献信息中心与中国社会科学院外事局合编：《世界中国学家名录》，社会科学文献出版社1994年版，第5—6页。

又如，学界有一种不太好的倾向，就是习惯借他人酒杯浇自己块垒，却忽视了学术研究的客观性。孙先生既是一位致力于学术信息工作的学者，同时又是一位思想型学者，而对于信息研究来说，客观性是第一位的，那么他如何协调学术研究客观性与价值关怀倾向性的矛盾呢？举例来说，孙先生指出，20世纪60年代起，中苏友好关系结束，苏联中国学进入"破裂阶段"，在这一历史阶段，苏联中国学的最大特色就是它远远超过世界其他中国学中心的"高度一体化"趋势。具体地，除了帝俄中国学和苏联中国学学术发展脉络上的内在一体化之外，他重点论述了苏联中国学由于政治原因而体现出的外在一体化（组织反华学者一起反对中国）、共时一体化（从一个核心宗旨出发对中国的一切方面进行攻击）和历时一体化（把中国历史根据政治需要进行从古到今的口径一致的歪曲与攻击）。这一论断的背后，是大量学术信息的支撑，不由得不让人信服。在此基础上，孙先生提出申论："之所以出现科学史上这种空前的畸形现象，归根结底是由于长官政治意志对中国学进行了空前粗暴的干涉。对于长官政治意志粗暴干涉学术的恶果，中国人自己也深有体会，所以不以为然。在科学的现代发展中，出现错综复杂的意见分歧、对立和争论是正常的现象，但这和用人为的政治手段强行挑起学术争论或进行学术讨伐的中世纪规律却有原则性的区别。"此段文字其实具有很强的感情色彩，但并没有使人觉得突兀，其原因是有坚实的文献基础和细致的材料梳理过程，而不是依赖哪怕感同身受的切肤体验或不可撼夺的正义原则。也就是说，孙先生是用"我注六经"的方法来实现"六经注我"的目的，使情永远在理的审视之下。这里，孙先生通过一个具体的问题研究昭示我们，学者的价值不在于引发公众情感，也不在于为某种抽象的价值观念做代言，而是坚持运用理性实现对社会历史与现实的认知和批判。对于国外中国学研究而言，则要坚决避免唯西方价值是从或被民族主义所左右的思想偏见。

上述都可以视为孙先生通过国外中国学研究演示的"价值中立"，也不妨说是笔者在借此重复一个学界长久必须面对的思想命题。但是，在笔者看来，孙先生学术思想最值得书写之处并不在此，而是他在论述国外中国学的学科特点、学科定位时所指引的一条学术进路。他曾指出：

国外中国学是一种区域研究、国别研究，它不仅仅是对中国境内各民族研究的机械综合，也不仅仅是研究中国的各种专门学科的机械总和，除此之外，还应该是对中国社会各方面研究的有机总和，以整体地把握或局部综合地把握中国为自己的最终目标或功利目标，这是任何一个专门学科单独研究中国时所难以追求的目标。所以中国学不仅仅需要各学科的专家学者通力合作，而且也需要培养自己的通才。世界的中国研究，从狭隘的汉学演进到今天包罗万象的中国学，完全符合科学在频繁分化中同时进行广泛综合的新趋势。这种新的综合性地域研究（如中亚研究）和国别研究（如日本学），不会完全等同于各学科的机械总和，而是除此之外还有自己独特的研究层面和课题。

研究中国传统官僚政治，如果只研究政治而不同时综合地研究其他有关对象，如中国传统经济，就不能理解中国传统官僚政治的大一统特点赖以构成的最主要根据。又如，如果不同时研究中国传统文化，特别是被称为"是道也，是学也，是治也，则一而已"的儒学，就既不可能了解政治对文化的利用机制，也不可能透彻了解中国传统官僚统治的思想支柱及其行为模式。而如果不能鞭辟入里地理解中国传统官僚统治，也很难透彻地了解中国的当代政治，乃至中国的其他许多问题。一国中国学水平的高低，按其功利目的来说，最终必须在这类带有综合性的核心课题的研究上才见分晓。即使对中国人自己来说，也必须以这类核心课题的研究作为了解基本国情的关键。[①]

"在中国研究的核心课题上开展新的综合"，这就是他指引的学术进路。这一进路的基础是确立核心课题，即寻找决定中国发展的主要推力和关键症结，而不是着力于那些附庸风雅、无关痛痒的命题。在方法论上，首先是跨越学术分科的界域，针对课题对象穿越各种学科和理论资源，使它们围绕对象形成有机的互补；其次是对对象进行共时的平面剖解，分析对象决定因素及其相互地位与联系，了解对象发生、发展的共时机制，然后历时地把握对象的嬗变和演化，并通过这种过程性的研究进一步把握对

---

① 孙越生：《世界中国学家名录》"编者前言"，中国社会科学院文献信息中心与中国社会科学院外事局合编：《世界中国学家名录》，社会科学文献出版社1994年版，第2—3页。

象本身。最终的目的，则是在更好地把握对象的基础上，理解中国今天的问题和探寻明天的道路。

这些论点，本应给已显僵滞的学术界提供许多刺激，但遗憾的是，由于孙先生过早离世，使得他没有来得及对其思想做出进一步的阐发，也没有来得及做出实践的演示。更为遗憾的是，学术界对于这样一位具有深邃思想和奉献精神的学者缺乏关注，以至于在他去世十二年后，还没有一篇完整评述其学术成就和学术思想的文章。本文对此做出了一些尝试，希望能起到抛砖引玉的作用，同时也借此来纪念这位学界前辈和素未谋面的长者同事。

（原载严绍璗主编《国际中国文化研究年鉴》（1979—2009），外语教学与研究出版社2013年版）

中国学者对海外中国学研究的百年回顾
——进程、特点和若干问题的思考[①]

朱政惠

改革开放以来，我们对海外汉学、中国学的研究取得很大成绩，为了进一步做好这方面工作，很需要总结一下所走过的道路。20 世纪 70 年代末以来的这段历程，实际上只有 30 年，但如果把以前的加起来一起算，大致有一个多世纪。将一个多世纪中国人对海外汉学、中国学研究的整个历程作一回顾和反思，其中的正反教训能使我们得到更全面启迪，有利于问题的深入研究。

一 20 世纪上半叶的研究

马可·波罗之后，欧洲传教士对中国比较多的实际考察和研究，是在明代末年以后。而美国传教士、商人和外交官对中国的考察与研究则稍微晚一些，大体上是 19 世纪上半叶及其以后。他们在中国出报纸、印刷书籍、办讲座，介绍他们的中国研究，引起中国相关人士的关注。比较早的，就是林则徐对裨治文的《中国丛报》的关注，尤其是其中的关于中国问题的介绍。林则徐还专门编印《澳门月报》，将其中关于中国禁烟、抗英的新闻报道和评论及其相关决策、看法摘引下来呈报道光皇帝。当时

[①] 本文有过一段时间的酝酿，现为提交在上海举办的第 17 届全国史学理论研讨会（2013 年 5 月 18—19 日）的论文。会议由中国史学会史学理论分会、中国社会科学院史学理论研究中心、上海师范大学历史系等机构共同举办。

还曾将这份"内部刊物"给邓廷桢、怡良等同僚看。魏源的《海国图志》也刊登过《澳门月报》的有关内容。这是近代以来中国官方和学人对西方中国问题研究比较早的反馈。

19世纪20世纪之交，中国的一些知识分子出于救亡图存需要，向西方和日本讨教过经验，其中包括看了一些中国学专著。梁启超撰写的《东籍月旦》一文，对日本的中国学术研究就有比较详细的评点，在此基础上还酝酿了《中国史叙论》《新史学》等论著。① 这是近百年来国内对海外中国研究的重要前奏。是时，具有近代意义的中外报纸和杂志出现，海外中国学的介绍也陆续见于报端。从最初的情况看，大抵是一些发展动态和研究信息的介绍，如《论卫参赞三畏在中华事》（《万国公报》第416卷，1876年12月2日）、《美国哥伦波大学设中国学部》（《湖北学报》第1卷第1期，1903年2月12日）、《译篇：美国增设汉学科》（《教育世界》第49号，1903年5月）等。② 1904年美国圣路易斯举行世界博览会，清政府决定参加，这对外国人了解中国和中国人了解外国都是大事。经过精心策划和准备，清政府展出"崇文书局/湖北官书局刻书""湖北洋务译书局/湖北翻译学塾译书"等几套文献典籍，这成为圣路易斯世界博览会关注的热点，中国也通过这样的展览关注世界对中国的印象与他们心中的中国形象。③

---

① 中山大学历史系桑兵教授认为《东籍月旦》在近代中国人的日本中国学研究史上"占有重要地位"，参见《国学与汉学——近代中外学界交往录》，浙江人民出版社1999年版，第282页。

② 又如《外国学事：美国讲求汉学》（《教育世界》第70号，1904年3月）、《美国驻京柔公使华文略说》（《广益丛报》第82号，1905年9月）等。

③ 关于美国人对中国书籍的收集情况，现在美国国会图书馆亚洲部的居蜜博士有过比较全面的介绍。她认为学术界要注意1904年中国政府的一批赠书，这是给当时在圣路易斯举行的世界博览会的参展书，后来全部留在美国。她说这批书190余种，主要包含两大部分："崇文书局/湖北官书局刻书"与"湖北洋务译书局/湖北翻译学塾译书"，另含一批珍贵的湖北舆图、湖广舆图等。她说"崇文丛书"书系涵盖经、史、子、集，由端方、张之洞筹备，其中包括有很多湖北及中国的地图。当时只有湖北和北京印地图，湖北地图罕见，尤其是新疆地图，现在国内也不一定有收藏。"武昌译书"部分附有英、法文书名、词汇表、西方学制、应用科学等翻译与诠释。"海关丛书"则能直接反映中国对外开放口岸在商业经济、社会民生、丝茶及鸦片等国际贸易的最新情况。她介绍说，湖广总督张之洞将湖北官书作为中国参展图书，获得"圣路易斯万国博览会大奖"（Grand Prize）。（2010年5月19日，居蜜博士在中国台湾中央大学做了题为"美国国会图书馆的中文藏书"的讲座，笔者参加并记录了演讲相关内容。）

辛亥革命到中华人民共和国成立的近40年里，这一关注的进程在加快，相关的研究成果在积累。媒体和学术界加强了对海外汉学、中国学研究信息的介绍和报道。比较突出的是对当时重要汉学机构和研究杂志的介绍，一些文章如《美京国会图书馆中国图书记》（《东方杂志》第14卷第13期，1917年3月）、《日本之支那研究机构及刊物表》（《燕京大学周报》第58号，1933年11月）、《欧美研究中国之学术杂志》（《行健月刊》第6卷第4期，1935年4月）等，① 用意十分明确。又如《德人之研究东方文化》（《亚洲学术杂志》第1卷第4期，1922年）、《法教授之中国文化谈》（《申报》1923年6月17日）、《苏俄的中国研究与东方杂志》（《东方杂志》第22卷第7期，1925年）等，② 是对具体国家汉学、中国学研究状况的介绍。当时关于重要汉学家的文章也颇多，如张荫麟《德效骞论中国语言之足用及中国无系统哲学之故》（《学衡》第69期，1929年）、雷海宗《夏德——中国上古史》（《社会学刊》第2卷第4期，1931年7月）、冯承钧《沙畹之撰述》（《大公报》文学副刊，1931年3月30日）等，③ 进展到对其主要成就、学术观点、研究方法的观察。当时已经注意到对一批有价值汉学著作的翻译。以1986年出版的《中国历史地理学论著索引（1900—1980）》④ 内容为例，可以发现当时所出版的这类翻译著作还真不少，如日本录冈隐士《清俄关系》（钮瑗译，上海维新书局

---

① 以美国中国学为例，1949年之前介绍美国中国学发展的文章如《最近十年关于中国英美俄德文献》（《新生命》第2卷第12号，1929年12月）、《美国大学竞设汉学讲座》（《申报》1928年4月5日，第11版）、《欧美人士研究中国边疆问题之书目》（《边疆》第1卷第1—5期，1936年8—10月）、《欧美汉学研究之文献目录》（《史学消息》第1卷第4期，1937年3月1日）、《美国各大学汉学研究近况》（《图书季刊》新2卷第4期，1940年12月）、《美国七十六院校设中国文化课程》（《申报》1948年3月20日，第6版）等。

② 又如《英人眼光中的中国问题》（《东方杂志》第24卷第13期，1927年）、《加拿大人之中国现状观》（《东方杂志》第24卷第15期，1927年）、《最近美国对于中国史研究一瞥》（《史学杂志》第1卷第6期，1929年12月）、《日本学术界之支那学研究》（《图书季刊》第1卷第1期，1934年3月）等。其中日本、美国、法国这几个国家汉学、中国学介绍的文章又略多。

③ 又如周一良《日本内藤湖南先生在中国史学上之贡献》（《史学年报》第2卷第1期）、《高本汉中国语言学研究》（《大公报》图书副刊，1934年4月7日）、《悼洛费尔氏》（《图书季刊》第2卷第1期，1935年3月）等。

④ 《中国历史地理学论著索引（1900—1980）》，杜瑜、朱玲玲编，书目文献出版社1986年版。

1903年版)、织田一《中国商务志》(蒋篯方译,上海广智书局1906年版)、鸟居龙藏《东北亚洲搜访史》(汤尔和译,上海商务印书馆1926年版)、俄人威德《李鸿章游俄纪事》(王光祈译,上海东南书店1928年版)、美学者宓亨利苇《华侨志》(岑德译,商务印书馆1928年版)等。① 这仅仅是从一本目录集上摘下的资料,其他相关领域和方向的情况也可想象。一批有价值的汉学、中国学翻译著作的出现,丰富了20世纪上半叶对海外中国学研究的成果。

这时的中国学术界也开始有了对海外汉学、中国学研究的成果。莫东寅(1914—1956)于1943年出版的《汉学发达史》,对秦汉以来东西方人士对于中国问题研究的历史作了全面概述,谓"述其发展过程及其近况,考其原始,探其背景,辑成一书"。② 作者对当时的一些汉学著作如《欧人的支那研究》(石田干之助)、《东洋学的成立与发展》(青木富太郎)、《支那文化与支那学的起源》(佐藤文雄)、《欧洲与中国:早期至1800年的相互关系史的观察》(G.F. 胡德森)等都有研究,注意吸收前人研究的成果。阎宗临也是当时有重要成果的学者,他的法文博士论文是中国学者对法国杜赫德进行系统研究的最早专著③,1937年在瑞士印刷出版,受到欧洲汉学界的好评。④ 王古鲁的《最近日人研究中国学术之一

---

① 又如英人怀德《中国外交关系略史》(王峨荪译,上海商务印书馆1928年版)、瑞典学者安特生《中国远古之文化》(袁复礼译,地质调查所,1929年)、英人白兰德《东三省外交史略》(沈能毅、朱枕新译,东北文化社1930年版)、美学者卡德《中国印刷术源流史》(刘麟生译,商务印书馆1931年版)、俄人布莱资须纳德《西辽史》(梁园东译,上海商务印书馆1934年版)、英人匹克尔《匈奴史》(向达译,上海印书馆1934年版)、法人鄂卢梭《秦代初平南越考》(冯承钧译,上海商务印书馆1934年版)、法人格鲁塞《蒙古史略》(冯承钧译,商务印书馆1934年版)、日人桑原骘藏《唐宋贸易港研究》(杨炼译,上海商务印书馆1935年版)、意大利马可·波罗《马可·波罗行记》(冯承钧译,商务印书馆1935年版)、英国人柏尔《西藏志》(董之学、傅勤家译,商务印书馆1936年版)、苏学者罗曼诺夫《帝俄侵略满洲史》(民耿译,上海商务印书馆1937年版)、日本津田左右吉《渤海史考》(陈清泉译,长沙商务印书馆1938年版)、美人赖德懋《中国的边疆》(赵敏求译,重庆正中书局1942年版)。

② 莫东寅《汉学发达史》叙言。

③ 论文内容分为三个部分:一是传教士与法国早期汉学,以及中国对法国十八世纪的影响;二是清初康熙、雍正、乾隆三朝传教士的活动,以及清廷与罗马教廷的关系;三是对古代和近代中西交通的概述,对元代西欧宗教与政治使节的活动也有所探讨。

④ 他在写作博士论文期间,曾七次到罗马,在梵蒂冈查阅教廷档案,并曾到英国剑桥查阅特藏。

斑》（自刊本，1936年），对日本大学汉学研究情况有比较深入的介绍，为当时国内学者有影响成果之一。这些国人成果的出现是一种发展态势的转折。①

一批关于海外汉学、中国学研究的目录集也相继出现，如王钟麟《最近日本各帝大研究中国学术之概况》（南京：金陵大学1932年）、于式玉编《日本期刊三十八种中东方学论篇目》（北平：哈佛燕京学社引得编纂处，1933年）、燕京大学历史学系史学消息社编《国外汉学论文提要分类目录》（北平：禹贡学会发行部，1937年）、于式玉与刘选民编《一百七十五种日本期刊中东方学论文篇目》（北平：哈佛燕京学社引得编纂处，1940年）、中法汉学研究所编《18世纪、19世纪之法国汉学》（1943年）等。虽然谈不上是学术专著，但是属于重要的基础建设工作。

19世纪末至20世纪上半叶，国内出现了一波对海外汉学、中国学研究的小高潮，时间长达半个世纪。这波热潮出现绝非偶然，一些前沿学者起了作用。先要提到的就是冯承钧（1887—1946）②，当时翻译的汉学名著多达几十部，如《在华耶稣会士列传及书目》《帖木儿帝国》《西洋汉学家佛学论集》《入华耶稣会士列传》《占婆史》等，这在中国翻译史上罕见。与他齐名的向达（1900—1966）也有重要贡献，先后撰写过《伦敦所藏敦煌卷子经眼目录》《牛津所藏中文书》等论著，翻译有《匈奴史》《斯坦因西域考古记》《鞑靼千年史》等汉学名著。他曾在英国不列颠博物馆东方部检阅敦煌写卷，在巴黎、柏林、慕尼黑等地博物馆考察窃自中国西北地区的壁画，还到法国国立图书馆抄录明清之际来华耶稣会士

---

① 还出现一些重要研究论文如姚从吾的《欧洲学者对于匈奴的研究》（《国学季刊》第2卷第3号，1930年9月）、王光祈的《近五十年来德国之汉学》（《新中华》，1933年9月）、陈受颐的《明末清初耶稣会士的儒教观及其反应》（《国学季刊》第5卷第2期，1935年）、梁绳樟的《外国汉学研究概观》（《国学丛刊》第1、2期，1941年12月）、杨慕冯《欧美人研究中国学术概要》（《大学》第2卷第10期，1943年10月）、唐敬杲的《近世纪来西洋人之中国学研究》（《东方文化》第1卷第2期，1944年）、方豪《英国汉学的回顾与前瞻》（《中央日报》，1945年12月20日）、季羡林的《近十年来德国学者研究汉学的成绩》（《大公报图书周刊》，1947年5月28日9版）等。

② 冯承钧曾留学比利时，后转赴法国索邦大学，1911年获索邦大学法学士学位，师从过法国著名汉学家伯希和。归国后任北京大学、北京师范大学历史学教授。他通晓法文、英文、梵文、蒙古文、吐火罗文，毕生致力于中外交通史、边疆史研究。

有关文献，对海外汉学情况了如指掌。王重民（1903—1975）①先后撰写过《敦煌残卷叙录》②《巴黎国家图书馆所藏太平天国文献》③《柏林访书记》④《罗马访书记》⑤等论著，还编撰了《国会图书馆藏中国善本书录》⑥，是中国学者对美国所藏汉籍研究的可贵成果。周一良⑦、朱谦之⑧、魏建功等学者也都在推进对海外汉学、中国学研究方面起了作用。

当时，有一批重要学术领导人重视对海外汉学的研究。如学术界颇负盛名的钱玄同，就曾决定以高本汉的汉语音学研究著作为北京大学汉语音韵学课程的脚本。陈寅恪也与海外学术界联系广泛，还到伯希和家中查阅韩本《元秘史》⑨，他去剑桥大学担任中国学教授的计划得到过伯希和的支持⑩，后改聘牛津大学教授。他一直关注欧洲东方学的传统，以外族或域外文书比堪中国旧籍内典。⑪师从福兰克（Otto Franke）的姚从吾（1894—1970）专攻蒙古史与历史学方法论，也是与国际汉学界联系密切的学者，撰写过《德国佛郎克教授对中国历史研究之贡献》（《新中华》1936年第3期）等文章，推动对德国汉学的了解。身为史语所所长的傅斯年对域外汉学情况一直十分关心，伯希和到华访问时亲自接待，一起到

---

① 他于1934年受北平图书馆委派去法国图书馆工作，后又到德国、意大利、美国等国访问，了解这些国家敦煌学研究和中国文献收藏情况。

② 第1卷出版于1936年，铅印本。第2卷出版于1942年，北平图书馆本。

③ 《大公报》图书副刊，1935年6月13日。

④ 《国闻周报》第12卷第42期，1935年10月。

⑤ 《图书季刊》第3卷第4期，1936年12月。

⑥ 此书完成于1939年8月至1947年2月，未刊行，后带回国内，1948年由北京大学出版社出版。原计划12卷，但印到八册半即中止。

⑦ 周一良（1913—2001）曾留学美国哈佛大学，在1940年代就留意于中国佛教史及敦煌文献。博士论文《唐代印度来华密宗三僧考》（英文）在欧美佛教史学界颇受重视。他还撰写有论文《日本内藤湖南先生在中国史学上之贡献》（《史学年报》第2卷第1期）等。

⑧ 朱谦之（1899—1972）学术渊博，涉及中外关系史、海外汉学的研究。郭沫若曾说朱谦之是我国治中外交通史方面最杰出的学者。代表作有《中国哲学对于欧洲之影响》《中国古代乐律对希腊之影响》《扶桑国考》《哥伦布前一千年中国僧人发现美洲考》《中国景教》等。

⑨ 陈智超编注：《陈垣来往书信集》，上海古籍出版社1990年版，第378页。

⑩ 耿云志、欧阳哲生主编：《胡适书信集》（中），北京大学出版社1995年版，第753页。

⑪ 当年伯希和推荐陈寅恪到英任职，其中的一条理由就是指他对欧洲东方学传统的关注。桑兵的《国学与汉学——近代中外学界交往录》（浙江人民出版社1999年版）对此有过介绍与探讨。

殷墟遗址参观考察。① 当时被认为中国学界最高权威的陈垣，也很惊讶西方学人所取得的研究成果，感言"汉学正统此时在西京呢？还在巴黎？"②，希望10年以后能回到北京。

从民族情感说，当时的专家很痛心一些珍贵文物的流失，痛惜中国文献珍品被劫掠，但他们还是认可西方汉学研究的成就，认可他们在中国研究上的成果、方法，重视与之学术的交流。1933 年伯希和到中国时，大牌学者如胡适、陈寅恪、李玄伯、陈受颐、冯友兰、蒋廷黻、许地山、余嘉锡、袁同礼、刘节、谢国帧、梁思成等都来参加过相关活动。商务印书馆负责人张元济还邀请伯氏到寓所聚餐，沈曾植、叶昌炽、缪荃孙等要人陪同。商务印书馆是当时汉学名著出版最多的出版社，领导者从来自有识见。

20 世纪上半叶这波高潮是值得深思的。与 19 世纪中国一再遭受西方列强蹂躏的情况相比，20 世纪上半叶的情况有所转变，虽然几座大山还在，但由于第一次世界大战和第二次世界大战的诸多因素，远东和中国在国际战略地位提升，都使海外学界加强对远东和中国问题的研究，与中国政府与学术界沟通频繁。从国内学术界看，由于国外汉学研究影响巨大，构成对国学主流地位威胁，从上到下的关注反思也与这样的情势有关。诚然，学者们非常关注世界文化的发展，视世界文化是有生命力的肌体，没有别的国家或民族的文化补充，任何国家或民族的文化都不可能是完美的。重视与各个国家、民族文化交流，重视海外学者的中国问题研究，也是当时学者们的学术自觉。

二 20 世纪中叶的研究

这里说的 20 世纪中叶的研究，主要是指 1949 年到改革开放前这段时间的研究，也即新中国成立之初 17 年与"文化大革命"期间的研究。新中国诞生以后，各行各业在毛泽东主席的艰苦奋斗、自力更生旗帜的感召

---

① 他还说："以他在东方学中各方面的贡献，以他在汉学上的功绩，以他在中央欧洲文史的发见与考证，他不仅是以中国学著名的，而他正是巴黎学派中国学之领袖。"参见《法国汉学家伯希和莅平》，《北平晨报》，1933 年 1 月 15 日。

② 郑天挺：《五十自述》，《天津文史资料选辑》第 28 辑第 8 页。

下，取得很大的进步和发展，包括文史哲在内的人文社会科学研究领域也大抵如此。涉外的世界史研究在相当薄弱的基础上起步，成果也颇显著，周一良、吴于廑《世界通史》（人民出版社1962年版）、齐思和《世界中世纪史讲义》（高等教育出版社1957年版）、朱杰勤《亚洲各国史》（广东人民出版社1958年版）、刘祚昌《英国资产阶级革命史》（新知识出版社1956年版）、黄绍湘《美国简明史》（三联书店1953年版）等，是新中国外国史学研究成就的重要标志。尽管有些著作的理念和方法或多或少带有"西方中心论"和教条主义印记，但所取得的成绩还是公认的。可是同样是涉外研究，对海外汉学、中国学研究的成果不敢恭维，基本就是低潮期。学者们对海外汉学、中国学的研究受到限制，一度成为被禁锢、尘封的话题。

笔者查阅有关统计数据，这时期出版的海外翻译过来的著作不是很多。还是以历史地理研究的情况为例，如果说有的话，也是对以往出版过的著作的再版。如上海商务印书馆1934年出版的俄国布莱资须纳德所著《西辽史》（梁园东译），1955年中华书局再版；商务印书馆1931年出版的美国卡德所著《中国印刷术源流史》（刘麟生译），由吴泽炎重新翻译，1957年易名《中国印刷术的发明和它的西传》，商务印书馆新版；1935年商务印书馆出版的意大利马可·波罗著《马可·波罗行记》（冯承钧译），1954年中华书局再版。当时历史地理研究领域所翻译的新书，大概也只有《蒙古秘史》（［蒙］达木丁书隆著，谢再三译，中华书局1956年版）、《中国关税改革图》）（［英］莱特著，姚曾廙译，生活·读书·新知三联书店1958年版）等若干本。这与先前所提及的情况大相径庭。

当时有过一些允许出版的译著，不过是"戴帽"出版的。所谓"戴帽"出版，就是戴上"供批判用"这顶帽子。美国著名学者马士的《中华帝国对外关系史》就是这样的译著。其"中译本序言"称，之所以翻译这本著作，因为该书"有不小的利用价值"，"一向被中外资产阶级学者奉为圭臬之作"。序言还称，"不要忘记这些谬论在很长的一个时期中，曾经严重地毒害了中国的思想界……"，"在殖民主义理论的作品中，这部书是占着非常重要的地位的，因而也就是反对殖民主义者所应该注意阅读的东西"。[①] "中译本序言"

[①] 邵循山："中译本序言"，［美］马士著，张汇文等译《中华帝国对外关系史》第1卷，生活·读书·新知三联书店1957年版，第1—2页。

把这本著作定性为资产阶级学术"大毒草",要求以鲜明的"无产阶级立场"批判之。当时,丹涅特的《美国人在东亚》、莱特的《中国关税沿革史》、赖德烈的《早期中美关系史》、费正清的《美国与中国》、卡特的《中国印刷术的发明和它的西传》、伯尔考维茨的《中国通与英国外交部》等著作(中译本)的"前言""后记",都有类似这样的说明。

1961年商务印书馆出版的《外国资产阶级是怎样看待中国历史的——资本主义国家反动学者研究中国近代历史的论著选译》(第1、2卷)、《外国资产阶级对于中国现代史的看法》两书,选译了19世纪以来英、美、法、德、日等多国学者关于中国近现代社会研究的言论,涉及中国近代社会、经济、文化以及中外关系、农民战争、边疆危机、中国革命、国共斗争等诸多方面研究,也是为了供"批判"用。编者申明编纂目的,称所以选译这些资料是为了"了解敌情和提供反面教材","进一步认清学术思想领域内,外国资产阶级学者的真面目,认识帝国主义通过文化侵略毒化中国人民的罪恶活动","清除资产阶级历史学在中国史学界的流毒和影响"。[①]

出版界的这些情况是学术界生态的必然反映,十多年里,对海外汉学、中国学的研究受到严格限制。相关学者的对外学术交流开展不起来,即使有人走出国门,也实在是凤毛麟角。大概只有像吕振羽、翦伯赞这样高级别的学者才有可能获得邀请,也主要是来自当时苏联、东欧一些国家的邀请。1955年吕振羽就率领过中国东方学代表团到民主德国参加过学术会议,[②] 翦伯赞也率队参加过国际汉学会议(团员包括周一良、夏鼐、张芝联等)。不过去了一次以后就没有下文。张芝联先生说:"那时候对于汉学看法已经有了改变,汉学家变成了贬义词",谁都不敢轻易为之。[③]

[①] "序言",中国科学院近代史研究所资料编译组编译:《外国资产阶级是怎样看待历史的——资本主义国家反动学者研究中国近代历史的论著选译》第1卷,商务印书馆1961年版,第10—14页。

[②] 团员有刘大年、季羡林等。吕振羽做了题为《六年来新中国的历史科学》的学术报告。

[③] 张芝联写道:"而且对于汉学要搞什么,为什么外国人要研究中国学问,这些外国人究竟想干什么,他们是间谍呢,是学者呢,还是什么,都有争议。有人主张不要用'汉学'这个名词,但是你不能改变别人,不能叫别的国家干什么"。这是他在题为《泛谈"汉学"与"汉学家"的作用》的文章中提到的,载张芝联《二十年来演讲录(1986—2006)》,生活·读书·新知三联书店2007年版,第190页。

同样，当时国外学者来交流的也很少。如果说有的话，也主要是苏联中国学家来访为主。北京大学就曾邀请过苏联汉学家波兹德涅娃作学术演讲，题目为"欧洲学者汉语言研究"。捷克的汉学家也曾到中国访问过。[①]其他高校也有邀请苏联东欧中国学家访问的情况。1965年日本狭间直树等年轻学者到北京大学访问很罕见，那是教育部直接安排的。[②] 新中国建立以后到改革开放前的这段时间，国际汉学、中国学交流的研讨会更未开过一次。

新中国成立初年，一些高校还是很期待开展对海外汉学、中国学的研究，但真正实施得很少。严绍璗回忆20世纪60年代的情况，说北京大学古典文献专业教研室主任魏建功就曾主张研究海外汉学的问题，也曾嘱咐其学好日文，说要看看他们做了些什么，"不要让他们笑话了我们"。1964年，北京大学还策划过"燕京—哈佛学社"资料整理项目，齐燕铭亲任项目主持人，可惜很快被认定为"学术领域的修正主义活动"叫停。[③] 类似这样的情况还发生在阎宗临身上，阎的儿子回忆父亲说，他当时"连个聊天的人都没有"。如果有宽松良好的环境，有志趣相投的朋友，他在学术研究上一定会有更大成就。[④]

新中国成立伊始，学术界有个学习和普及马克思主义唯物史观的问题，主张摆脱旧社会的影响，确立马克思主义的科学唯物史观，站在人民立场上研究学术。郭沫若、吕振羽、翦伯赞、范文澜、侯外庐等许多马克思主义的前辈历史学家和学者都做过这方面的工作。郭沫若曾把当时这方面工作所取得的成绩归纳为六个方面，谓从唯心史观转变到唯物史观，从个人研究转变到集体研究，从名山事业转变到群众事业，从贵古贱今转变到注重现代史的研究，从大汉族主义转变到少数民族史的研究，从欧美中心主义转变到注意亚洲史及其他地区史的研究。但"左"的思潮顶着红

---

① 笔者曾经遇到中国台湾东吴大学郑得兴博士，他是捷克查理大学社会学博士，对捷克汉学研究比较了解。他说自己正在进行的项目，就是关于1950—1960年代捷克汉学家访华的问题，他们当年主要研究中国当代文学。郑博士说他希望听对一些高校档案的调查，深入对此问题的探讨。

② 2009年11月24日，严绍璗教授应华东师范大学海外中国学研究中心邀请做学术讲座。研究中，对此历史情况有详细回忆和描述。

③ 关于此段历史，北京大学严绍璗十分清楚，也在多个场合谈起过，笔者由此知之。

④ 阎守诚：《阎宗临的〈传教士与法国早期汉学〉》，《博览群书》2004年第2期。

帽子潜滋暗长,世界观改造存在走调的情况。季羡林说过大实话,谓"左"的路线影响下,"搞学术研究工作的知识分子只能信,不能想,不允许想,不敢想。天天如临深履薄,天天代圣人立言,不敢说自己的话,不允许说自己的话","在这种情况下,想在学术研究中搞点什么名堂出来,真是难于上青天了。"所以整个这段历史时期,古代的帝王将相不能研究,西方的学术思想不能研究,对海外汉学、中国学的研究当然更难出头。诚如张芝联所说,那时报上发表很多文章,揭露批判外国汉学家怎么盗窃利用中国的材料,怎么样研究中国共产党等。"总而言之,离间谍已经不远了……怎么再去搞汉学呢?"①

当时的冷战严重制约了中外学术交流和对海外汉学、中国学的研究。第二次世界大战结束以后,美英等西方国家确定了"遏制"苏联、建立反共世界新秩序的"冷战"政策。他们坚持反共立场,以意识形态划分敌友,以美国为首的西方阵营一直在精心构筑他们的所谓反华包围圈,这种反华包围不只政治、经济上,还包括文化封锁。当时美国确定的文化封锁政策,不仅拒绝中国留学生回国,也不让美国记者、文化人到中国去。杜勒斯坚持已经确定的政策,拒绝与新中国有任何交往。当时东西方文化沟通、国内外学者交流相当困难,更不要说到美国或西方国家直接搜集资料,开展汉学、中国学研究了。美国等西方国家的这种态度决定了中国向苏联"一边倒",诚然,中国与苏联等国家友好会有一些文化交流机会,但毕竟太少。

二十世纪五、六十年代对海外中国学研究的情况不堪回首,但往后十余年,情况就有很大改观。中美关系转变是其中重要的突破因素,是中国"文化大革命"后期的一个重要战略决策。美国也同样,他们需要从越南战争的泥潭里拔出,需要改变与亚洲、与中国的关系。1970 年"美中关系全国委员会"成立,试图重新恢复与中国学术界的交流。两国关系的正式突破是尼克松访华之后。1976 以后,中国社会科学院情报研究所孙越生开始筹划出版《国外研究中国丛书》,又与大家一起编纂了《美国中国学手册》,成为 1949 以后对海外中国学研究的重要成果。历史机遇和孙越生的

---

① 张芝联:《泛谈"汉学"与"汉学家"的作用》,《二十年来演讲录》(1986—2006),生活·读书·新知三联书店 2007 年版,第 190 页。

远见，造就了新中国成立后的第一批有实际意义的海外中国学研究成果。

对海外中国学研究的明显转机是在中国改革开放以后，以往自我封闭的情况从此得以改善。从1978年开始，中国社会科学院历史所出版《中国史通讯》，把对海外中国历史研究动态的介绍列为刊物的重要内容。国务院古籍整理出版规划领导小组也主持出版《古籍整理出版情况简报》，视野投向国际学术界。中国社会科学院近代史所则从1980年开始出版《国外中国近代史研究》，提出应该关心外国的中国近代史研究，认为国外这方面的研究工作"发展较快"，一些我们还未涉及的问题也有"较深入的研究"，不时对近代史研究的某些观点"提出不同意见"，这都需要"及时了解"。"编者的话"称，刊物的目标是要改变闭目塞听的状况，促进研究工作的发展。[1] 当时，从中央到地方的一些优秀学者也陆续走出国门与海外学术同行交流。中国社会科学院历史所的李学勤是最早到西方学术界访问的学者之一，足迹遍布欧美、澳大利亚、日本。[2] 华中师范大学章开沅是"文化大革命"后最早到哈佛大学访问的中国历史学家，哈佛大学十分重视这次接待。[3] 1980年，何兆武、王毓铨等学者也制定了赴哈佛大学费正清东亚研究中心访问的详细研究计划。[4]

三　20世纪下半叶以来的研究

从20世纪下半叶开始，也即70年代末开始，中国学者对海外汉学、中国学的研究进入一个崭新发展阶段，取得丰硕成果。这是20世纪中国对海外汉学、中国学研究的又一个高潮期。

与20世纪上半叶不同的是，这段时期有更多海外汉学、中国学的著作被翻译过来，而且是以丛书的形式系列出版。从1980年代初开始，多家出版社就推出海外中国研究著作译丛，1986年青海人民出版社和吉林

---

[1] "编者的话"，《国外中国近代史研究》第1辑，中国社会科学出版社1980年版。该刊1995年12月停刊，共出版27辑，发表各类文章400多篇。主编林海。

[2] 刘国忠：《李学勤和清华大学国际汉学研究所》，《海外中国学评论》第3辑（朱政惠主编，上海辞书出版社2008年版）。

[3] 朱政惠：《史华慈学谱》，上海辞书出版社2006年版，第156—169页。

[4] 朱政惠：《史华慈学谱》，上海辞书出版社2006年版，第156—169页。

教育出版社联合推出李范文主编的"国外中国学研究译丛",1987年中国社会科学出版社推出王庆成、虞和平主编的"中国近代史研究译丛"①,1988年江苏人民出版社推出刘东主编的"海外中国研究丛书"②,同年上海古籍出版社推出王元化主编的"海外汉学丛书"。③ 在这大体相当的时间,中华书局出版了"中外关系史名著译丛""法国西域敦煌学名著译丛""日本学者研究中国史论著选译""世界汉学论丛"等多种丛书。辽宁教育出版社则有葛兆光主编的"当代汉学家论著译丛"、上海古籍出版社有熊月之为执行编委的"上海史研究译丛"、花城出版社有乐黛云主编的"中国文学在国外丛书"、国家清史编纂委员会有于沛为主编的"编译丛刊"、上海三联书店有季进主编的"海外中国现代文学研究译丛"等。其他还有如商务印书馆的"海外汉学研究丛书"、浙江人民出版社的"中日文化交流史大系"、新疆人民出版社的"瑞典东方学译丛"、光明日报出版社的"'西方人眼中的中国'名著译丛"、国际文化出版公司的"'认识中国系列'丛书"等。新出版的翻译丛书注意翻译海外汉学、中国学研究的经典著作,力求将这些学术成果及时反馈到中国学术界。中国社会科学出版社则把精力放到对《剑桥中国史》系列的翻译上,成为各界关注的名牌译作。这些涉及各学科、各领域的译著,极大改善了中国学术界对海外中国研究情况的了解。

这时期的重要变化,还在于一批有助于对海外汉学、中国学研究的工具书的编纂出版。"兵马未动,粮草先行",工具书作为海外中国学研究的基础建设的意义为大家所共识。1980年代先后问世的,有严绍璗主编的《日本的中国学家》(中国社会科学出版社1980年版)、孙越生与陈书梅主编的《美国中国学手册》(中国社会科学出版社1981年、1993年出

---

① 陆续出版魏斐德《大门口的陌生人——1839—1861年间华南的社会动乱》、孔飞力《中华帝国晚期的叛乱及其敌人——1796—1864年的军事化与社会结构》、费维恺《中国早期工业化——盛宣怀(1844—1916)和官督商办企业》、施坚雅《中国农村的市场和社会结构》等著作。

② 翻译出版了史华慈《寻求富强:严复与西方》、柯文《在传统与现代性之间:王韬与晚清改革》、周锡瑞《义和团运动的起源》、杜赞奇《文化、权力与国家——1900—1942年的华北农村》等。

③ 陆续出版铃木大拙的《通向禅学之路》、谢和耐的《中国和基督教:中国和欧洲文化之比较》、司徒琳的《南明史:1644—1662》等。

版增订本），以及《俄苏中国学手册》《国外藏学研究概况》等。1990 年代以后问世的有中国社会科学院文献信息中心与外事局编的《世界中国学家名录》（社会科学文献出版社 1994 年版）、李学勤主编的《国际汉学著作提要》（江西教育出版社 1996 年版）、安平秋等主编的《北美汉学家词典》（人民文学出版社 2001 年版）、王小盾等主编的《越南汉喃文献目录提要》（"中国文哲研究所"，2002 年）、黄长著、孙越生等主编的《欧洲中国学》（社会科学文献出版社 2005 年版）、耿昇编译的《16—20 世纪入华天主教传世列传》（广西师范大学出版社 2010 年版）等。与此同时，一些与海外中国学研究有关的专题工具书也出版，冯蒸编著的《近三十年国外"中国学"工具书简介》（中华书局 1981 年版）是其中突出的一本，注意到对美国、日本、法国等国中国学研究工具书的介绍，为国内学者寻找相关资源提供了很大方便。广西师范大学出版社出版的《美国爱默蕾大学图书馆藏来华传教士档案使用指南》（2008 年），介绍爱默蕾大学图书馆所藏来华传教士手稿、书信、照片等诸多档案，也有很大实用价值。此外还有如国家清史编纂委员会的《1971—2006 年美国清史论著目录》（人民出版社 2007 年版）、上海社科院熊月之与周武主编的《海外上海学》等。①

类似这样的基础资料建设的工作，1980 年代以来还做了不少。有学者强调应该多做些基础工作，为后人研究提供扎实的史料积累。复旦大学周振鹤就这样认为，他强调对海外汉学、中国学的研究是一项长期工作，"我们这一代人就是要做好基础的资料工作"。②他所主编的"基督教传教士传记丛书"（广西师范大学出版社）就是履践这样的想法，已有《卫三畏生平与书信》《马礼逊回忆录》《花甲忆记》《千禧年的感召》等多部专集问世。由黄兴涛、杨念群主编的"西方视野里的中国形象丛书"（时

---

① 华东师范大学海外中国学研究中心还组织编辑了《海外中国学研究论著目录索引》（中文部分）和《海外中国学研究论著目录索引》（英文部分）两册，收集了将近一百年的海内外有关中国学研究的论著目录。

② 周先生认为对海外汉学、中国学研究是一项长期的、艰巨的工作，一代人做一代人的事，这一代人就是要做好基础的资料工作，为下一代人宏观研究打基础。参见周振鹤《海外中国学研究要多做基础资料的工作》，载朱政惠主编《海外中国学评论》，上海古籍出版社 2006 年版。

事出版社），也出于这样的念头，主张深挖汉学库藏，抖出被尘封的文献，为今人了解西方中国观和中国形象提供可信史料。① 北京大学乐黛云则主编有《国外鲁迅研究论集》《丁玲研究在国外》，为文学研究提供镜鉴。《日本学者论中国哲学史》（辛冠洁主编）、《法国中国学的历史与现状》（耿昇编译）、《美国学者论美国中国学》（朱政惠主编）等著作，注意选辑这些国家学者对自家中国学道路的反思文章，颇利于国人对其研究足迹的追踪。当代中国研究方面，有萧延中主编的《外国学者评毛泽东》（中国工人出版社）；② 边疆史地方面，宁夏社会科学院景永时主编的《西夏学译丛》（民族出版社），收入1920年以前国外期刊上的西夏学论文。还有如《法藏敦煌西域文献》（上海古籍出版社1994年版）、《俄藏敦煌艺术品》（上海古籍出版社2002年版）、《英藏黑水城文献》（上海古籍出版社2005年版）等，都为珍贵文献资料集，是深入这方面研究的重要基础文献。

这一时期最重要的成果，是一批对海外汉学、中国学研究的上佳成果问世，相较于20世纪上半叶的情况而言已是今非昔比，那时还只有莫东寅《汉学发达史》等几部作品。现在是遍地开花、层林尽染了。仅对日本汉学、中国学研究的成果，就有严绍璗《汉籍在日本流布的研究》（江苏古籍出版社1992年版）与《日藏汉籍善本书录》（中华书局2007年版）、李庆《日本汉学史：起源与确立》（上海外语教育出版社2002年版）、王晓平《日本中国学述闻》（中华书局2008年版）与《日本诗经学史》（学苑出版社2009年版）、刘正《京都学派：中外史学流派》（中华书局2009年版）、乔治忠《日本现藏孤本〈新锲纂辑皇明一统纪要〉及其反映的明代社会》（《中国社会历史评论》，2001年版）等著述。欧洲汉学和传教士汉学研究方面，有张西平《明代欧洲汉学史》（东方出版社2000年版）、吴孟雪与曾丽雅《明代欧洲汉学史》（东方出版社2000年版）、张国刚《明清传教士与欧洲汉学》（中国社会科学出版社2001年

---

① 已经出版《美国的中国形象》《中国乡村生活》《穿蓝色长袍的国度》《变化中的中国人》《中国变色龙》等。
② 这四册分别是《在历史的天平上》《从奠基者到红太阳》《思想的永生》《"传说"的传说》。

版)、张西平《欧洲早期汉学史——中西文化交流与西方汉学的兴起》(中华书局2009年版)等成果。德国汉学研究方面,有方维规德文著作《德国文学中的中国形象(1871—1933):比较文学形象学研究》(Peter-Lang 出版社1992年版)、张国刚《德国的汉学研究》(中华书局1994年版)、李雪涛《日耳曼学术谱系中的汉学——德国汉学之研究》(外语教学与研究出版社2008年版)、王维江与吕澍《德语文献中的晚清北京》(福建教育出版社2012年版)等。美国中国学研究方面,有侯且岸《当代美国的"显学"——美国现代中国学研究》(人民出版社1995年版)、张宏生《戈鲲化集》(江苏古籍出版社2000年版)、季进《李欧梵季进对话录》(苏州大学出版社2003年版)、陈君静《大洋彼岸的回声——美国中国史研究历史考察》(中国社会科学出版社2003年版)、朱政惠《美国中国学史研究——海外中国学探索的理论与实践》(上海古籍出版社2004年版)、朱政惠《史华慈学谱》(上海辞书出版社2006年版)、程焕文《裘开明年谱》(广西师范大学出版社2008年版)、顾钧《卫三畏与美国早期汉学》(外语教学与研究出版社2009年版)、仇华飞《美国的中国学研究》(中国社会科学出版社2011年版)等。[①] 俄罗斯汉学研究方面,有阎国栋《俄国汉学史》(人民出版社2006年版)[②]、李伟丽《尼·雅·比丘林及其汉学研究》(学苑出版社2007年版)、李明滨《俄罗斯汉学史》(大象出版社2008年版)、柳若梅译《俄国汉学史》(社会科学文献出版社2011年版)等。法国汉学研究方面,有钱林森《中国文学在法国》(花城出版社1990年版)、孟华《他者的镜像:中国与法兰西:孟华海外讲演录》(北京大学出版社2004年版)、许明龙《黄嘉略与早期法国汉学》(中华书局2004年版)、许光华《法国汉学史》(学苑出版社2009年

[①] 还有如胡大泽《美国的中国近现代史研究》(中国社会科学出版社2004年版)、王建平《美国战后中国学》(东北大学出版社2003年版)、孔陈焱《卫三畏与美国汉学研究》(上海辞书出版社2010年版)等。

[②] 阎国栋毕业于南开大学,历史学博士,南开大学外语学院教授。翻译多部俄罗斯汉学著作。他的《俄国汉学史》得到俄国汉学家的高度评价。俄罗斯科学院院士李福清认为:"阎国栋不仅仅是一名翻译家,还是一位真正的俄罗斯汉学史专家。本文所评之书便是明证。这是一本大部头著作,对17世纪俄国人对中国的描述以及1917年之前的俄国汉学进行了考察。正如清华大学教授张国刚教授在这本书的前言中所写到的:'国内学术界对于俄罗斯的汉学知之不多,相关的研究著作也少得可怜。'现在阎国栋教授推出这部煌煌大著,足以弥补此一领域的重大缺陷。"

版）等。英国汉学研究，有谭树林《马里逊与中西文化交流》（中国美术学院出版社2004年版）、熊文华《英国汉学史》（学苑出版社2007年版）、胡优静《英国19世纪的汉学史研究》（学苑出版社2009年版）等。瑞典汉学研究，有张静河《瑞典汉学史》（安徽文艺出版社1995年版），荷兰汉学有熊文华《荷兰汉学史》（学苑出版社2012年版）。朝鲜与韩国汉学研究，有张伯伟《朝鲜时代书目丛刊》（中华书局2004年版）、刘顺利《朝鲜半岛汉学史》（学苑出版社2009年版）、孙卫国《明清时期中国史学对朝鲜的影响——兼论两国学术交流与海外汉学》（上海辞书出版社2009年版）等。[①] 此外还有不少总论性的研究著作，突出者有荣新江《海外敦煌吐鲁番文献知见录》（江西人民出版社1996年版）、张注洪与王晓秋《国外中国近现代史研究述评》（中国文史出版社1999年版）、葛兆光《域外中国学十论》（复旦大学出版社2002年版）、胡志宏《西方中国古代史研究导论》（大象出版社2002年版）、周宁《中国形象：西方的学说与传说》（学苑出版社2004年版）、姜林祥《儒学在国外的传播与影响》（齐鲁书社2004年版）、梁怡与李向前《国外中共党史研究述评》（中共党史出版社2005年版）、何培忠《当代国外中国学研究》（商务印书馆2006年版）、王荣华与黄仁伟《中国学研究：现状、趋势与意义》（学林出版社2007年版）、葛兆光《宅兹中国》（中华书局2011年版）、黄仁伟《国外中国学研究前沿》（上海科学院出版社2012年版）、杨铭《国外敦煌学藏学研究——翻译与评述》（兰州大学出版社2012年版）等。

一长串的书单说明，30年左右的时间，对海外汉学、中国学的研究有了创造性的突破，这些中国学者对于各国各地区汉学、中国学研究的梳理和分析，是对彼方研究状况的重要成果。较之翻译作品、介绍性著作更前行了一步，体现中国人的观察和学术识见正是在这样的努力探索中形成。

[①] 此外还有如忻剑飞《世界的中国观》（学林出版社1991年版）、何寅与许光华主编《国外汉学史》（上海外语教育出版社2002年版）、刘正《海外汉学研究——汉学在20世纪东西方各国研究和发展的历史》（武汉大学出版社2002年版）、王晓路《西方汉学界的文论研究》（巴蜀书社2003年版）、刘正《图说汉学史》（广西师范大学出版社2005年版）等。

一些学术研究机构还在把这些相关的研究成果集中起来，形成专门的系列著作出版。这种丛书更重视相关成果的集萃。严绍璗主编的《北京大学二十世纪国际中国学研究文库》，就收集有北京大学比较文学与比较文化研究所培养的日本汉学研究的博士学位论文。《列国汉学史书系》由北京语言大学阎纯德主编，收集有各国汉学史研究的专著达 20 余种。《国际敦煌学丛书》由兰州大学敦煌学研究所主持，已出版《斯坦因与日本敦煌学》《斯坦因第四次中国考古日记考释》等著作。北京外国语大学中国海外汉学研究中心主编的《国际汉学研究丛书》、华东师范大学海外中国学研究中心主编的《海外中国学史研究丛书》，也都有自己出版的宗旨和要求。这些由专门研究团队主持的学术丛书，是改革开放一个阶段后对海外中国学研究的新突破，体现出相关团队的研究特色、主攻方向和方法论。以收入汉学研究专著为主的《复旦文史丛刊》的工作宗旨就十分明确，葛兆光称，这套丛书必须"与复旦大学文史研究院所推动的学术方向有一定关系"，"否则可以在'丛刊'之外单独出版"；所谓与复旦推动的学术方向"有一定关系"，葛先生称，就是"从周边看中国，交错的文化史，批评的中国学"。①

像这样的由不同团队组织的学术出版物还有学术辑刊，如《国际汉学》（北京外国语大学中国海外汉学研究中心）、《汉学研究》（北京语言大学汉学研究所）、《世界汉学》（中国文艺研究院、中国人民大学汉学研究中心先后主编）、《清华汉学》（清华大学国际汉学研究所）、《法国汉学》（《法国汉学》编委会）、《清史译丛》（国家清史编纂委员会编译组）、《中国学》（复旦大学中国学研究中心）、《域外汉籍研究辑刊》（南京大学域外汉籍研究所）、《海外中国学评论》（华东师范大学海外中国学研究中心）、《国际汉学集刊》（陕西师范大学国际汉学研究所）、《国际汉学研究通讯》（北京大学国际汉学家研修基地）、《中国学》（上海社会科学院世界中国学研究所）等，都在促进对海外汉学、中国学的研究方面起了重要作用，形成了 20 世纪下半叶以来对海外中国学研究的多元研究格局。

这些研究辑刊、学术专著，以及对海外中国名著的策划翻译，都试图

---

① 葛兆光：《"复旦文史丛刊"的基本理念》，《文汇报》2013 年 4 月 22 日。

汇聚到一个方向，就是希望把握海外对于中国问题研究的脉搏、它们的学术谱系、最新发展动态、前沿领域方法、中国历史与现实走向等。就美国的中国学而言，一系列的问题如"冲击—反应"论、"中国中心观""公共领域"和"市民社会"、新清史研究、新文化史与新社会史诸相关问题探讨、全球史观及其观照下的中国研究，都得到关注和追踪，有些思考和研究几乎同步进行。① 这些研究的更直接意义，就是学者们的研究不再单向，会自觉卷入世界范围前沿话题的大探讨中，在研究中了解，在研究中鉴别，在研究中蜕变和发展。而这些研究也都与国内史学理论与史学史的同行的前沿研究并行。

现在，一批年轻学者成长起来并走上前台，很多有国外留学和考察的经历。他们的崭露头角给正在发展中的这一研究增添了勃勃生机。② 这些年的一个令人欣慰的进步，就是对海外汉学、中国学研究的学科建设问题有所突破。一些高校开始设立对海外中国学研究的硕士点和博士点，一批年轻学子得到专门培养；学科研究的对象、任务、方法等相关理论问题也

---

① 例如柯娇燕就认为，美国中国学家对中国的考察正发生历史视角的转换，从欧洲的视角转向世界的视角。所谓欧洲的视角，主要是以费正清、牟复礼为代表的深受欧洲汉学影响的第一代美国中国学家研究中国的视角，而眼下全球史的视角正在形成。全球棱镜下的中国远比汉学棱镜里的中国复杂得多，这种历史的考察把中国文化、经济同欧亚大陆、印度洋联系在了一起。中国科学和工业史与欧亚大陆史之间紧密及深入的联系超出人们以往的认知，中国在全球经济和技术发展中所起的作用，也同样远远超出学者以往的认知。她是在一次学术会议上提出这样的问题的，我们的学者也就此与之展开了热烈讨论，探讨史学的这些趋势问题。（参见《"北美中国学的历史与现状"国际学术研讨会述要》，载《北美中国学的历史与现状》，上海辞书出版社2013年版。）

② 一些专著如钱婉约《内藤湖南研究》（中华书局2004年版）、王毅《皇家亚洲文会北中国支会研究》（上海书店出版社2005年版）、胡治洪《全球语境中的儒家论说——杜维明新儒学思想研究》（生活·读书·新知三联书店2004年版）、周阅《川端康成文学的文化学研究：以东方文化为中心》（北京大学出版社2008年版）、龚咏梅《孔飞力中国学研究》（上海辞书出版社2008年版）从这一团队中涌现。此外还有如刘萍《津田左右吉研究》（中华书局2004年版）、张哲俊《吉川幸次郎研究》（中华书局2004年版）、吴原元《隔绝对峙时期的美国中国学（1949—1972）》（上海辞书出版社2008年版）、王文兵《丁韪良与中国》（外语教学与研究出版社2008年版）、赵春梅《瓦西里耶夫与中国》（学苑出版社2007年版）、陈开科《巴拉第的汉学研究》（学苑出版社2007年版）、刘招成《美国中国学研究：以施坚雅模式社会科学化取向的考察》（上海人民出版社2009年版）、韦磊《美国的近现代中国研究》（北京师范大学出版社2011年版）、党为《美国新清史三十年：拒绝汉中心的中国史观的兴起与发展》（上海人民出版社2012年版）等。

得到探讨；与学科建设相关的文献学、史料学、学科导论诸问题开始进入研究生教学的课堂。

海外中国学的外延很广，举凡中国历史、中国文学、中国哲学、中国政治、中国经济、中国社会、中国军事等，都在其研究范围之内，任何单位和个人都难以穷尽，只能通过具体学科的研究来各个击破。它们的研究会有交叉重叠，但又相对独立。海外中国学研究需要相关学科的方法论的借鉴，而海外中国学研究的很多经验，也会成为相关学科建设的有益养分，即使是谬误也会是一种借鉴。几十年的努力已使学者形成这样的研究工作愿景：对海外中国学的研究应该是一个学科群的建设，是学科在高度分化基础上的高度综合。当各个学科背景下的研究都深化了，全局意义上的对海外中国学研究的学科群大厦也会矗立起来。

近30年的成果是令人骄傲的，中国的改革开放对于海外汉学、中国学研究是莫大机遇。同样，国际形势也发生了大变化，"和平与发展"是基本主流，信息技术和商品经济的发展使全球日益变成一个小村落。中国的发展和崛起成为地球村其他居民日益关注的重点，加强对这里的观察和交流也变成了寻常事。

四 若干思考

一个世纪在人类历史上是很短暂的一瞬，但对于人文社会科学来说，也许不这样。对这场大起大落经历的回顾，目的是为了今后的路走得更好。对于史学理论与史学史研究者，这一学术史的回顾也是学科建设的好课堂，可以让我们思考更多问题。

（一）对百年回顾的认识是在不断前行中完善的

这一学术史的回顾是逐步推进的。一开始的回忆，集中在对改革开放以后的20年、30年上，因为这是1980年代以后新的学科现象，为了推进它的发展，需要总结走过的道路。在这方面，严绍璗等有过十分及时的总结。虽然有的还十分简略，但当时都感到很亲切，感慨居然还会有这么多的翻译著作产生。后来对这样的研究就不满意了，有学者质疑学术界好像只有改革开放后对海外中国学研究的记忆，把以前都忘记了。他们认为恰恰在民国乃至清朝，对西方中国学的研究已经开展，而且有不菲成果，这一段历史也很值得总结。中山大学的桑兵教授就谈过这一问题，从胡适、陈垣、陈寅恪等相关的日记和文献中，发现他们对于当时国际汉学研究的重要论述，提出他们曾经有重要贡献的学术观点。[①] 上海社会科学院研究员马军通过努力，也对内地图书馆所藏清末至民国年间报纸、杂志所介绍的相关文章作了清理，编出系统目录，对开展这一研究提供了重要参考。然而学者也提出这样的问题，19世纪末、20世纪后半叶的中国学研究情况都有了，中间一段又如何？没有成果吗？真实情况如何？相关专家在干什么？又是如何改观的？谁是破冰者？笔者也曾提出这样的问题。[②] 于是，百年研究史的总结问题也带出来了，如何完整地恢复和描述，成为有待深入发掘的新课题。费正清的导师马士曾告诫，历史研究要溯本究源，对历史发展具体阶段的划分很重要，是认识历史的基础工作；对每一阶段及其相关事件的研究，能揭示研究对象在历史进程中行为的不同动机和态度。费正清进而指出足够回溯和思考空间的重要性，"历史总是要不断地回溯，以追寻因果"。[③] 他认为马士对历史阶段划分的重视，根本是在强调历史研究中对大问题探讨的重要性，尤其是历史事件、历史趋势、历史走向这一类大问题的探讨，他认为像欧洲汉学那样专注于精细问题的分析会贪小而失大。这对师生的理论和实践告诉我们：百年研究史回顾十分重要，是民族文化建设与发展的大事。

（二）百年历史足迹与国家、民族命运休戚相关

史学理论与史学史的研究者都很清楚，任何时代、任何国家和地区史学和诸种学术的发展，都有外部发展大环境的问题：一是国际发展格局，一是国内政治形势，文化学术交流还涉及相关国家、民族和地区的交往条件，以及学术研究主体本身进展和蜕变水准。19世纪末、20世纪初国内

[①] 华东师范大学青年学者李孝迁博士已经就民国年间的海外汉学研究申请到国家课题，开始了系统研究。

[②] 2009年9月8—9日，国家图书馆举行纪念建馆100周年系列庆典活动，笔者应邀参加庆典活动，并出席"互知？合作？分享——首届海外中国学文献研究与服务学术研讨会"，曾作关于中国学者对海外中国学探讨的历程与特点的学术发言，初步提出并探讨过这问题。

[③] 参见黎明、贾玉文等译《费正清自传》，天津人民出版社1993年版，第28页。

对海外汉学、中国学的发展，是相当复杂的因素互动的结果。应该说，中国的传统学术还是相当强的，但相对于当时在先进方法影响下的西方汉学研究，探索方法上有捉襟见肘之处，陈垣、陈寅恪的忧患与此有关。西方列强对中国的弱肉强食，国人不仅有民族前途的担忧，更感文化生存的危机。对海外汉学研究的第一波高潮，处于这样的双重危机的考虑，希望把外面的情况了解清楚。1950—1970年代的低潮，是一种历史上罕见的冰冻现象。从国际大背景看，冷战格局形成，国内学术界与西方学术交往基本不可能；而国内"左"的思潮也使学界人士对西方文化尤其这一方向的研究不可能，造成了近30年的对海外汉学、中国学研究的断层。但断断续续的交往还是有的，学者的自我坚持还是存在的，以至于解冻以后一下子迸发出来，形成20世纪后半叶以来的对海外汉学、中国学研究的新高潮。中国的改革开放、冷战格局的结束、世界多元化格局的形成，一系列事件促成这一巨变。近十年来中国巨人的崛起，引起国际学术界的倍加关注，对海外汉学、中国学的研究也出现前所未有的大好局面。把一百年历史串起来看无疑是重要的，其足迹与我们民族和国家的命运休戚与共：中国强，民族强，对海外汉学、中国学的研究也强；中国弱，民族弱，对海外汉学、中国学的研究也弱；即使民族独立了，国家富强了，没有很好的外部与内部条件，这一研究也会受到影响。珍惜历史，珍惜这一研究的重要教训及其使命，是学术工作者应有的学术担当。

（三）研究目标、研究理念的正确与健康非常重要

实际上，上述三个时期的学术研究者对于海外汉学、中国学研究的主观动机还是有区别的。"以夷人之长技以制夷"的对外交流方略，是鸦片战争以后相当一段时期中国知识分子的共识，19世纪末、20世纪初青年学子到西方留学潮的出现，影响到这时期的对海外汉学、中国学研究的主旨。这时的近半个世纪的研究，注意对西方汉学研究成果的引进和介绍，希望国人知道西方先进文明影响下的汉学研究状况及其方法论，中国学者对伯希和、高本汉研究的重视，在于感到自己有些研究有落后之虞，希望这方面的情况有所改进。这时候是否崇洋媚外，未必见得，学术上的考量比较多。后面一个时期的研究，因为外界的封锁和内部的"左"的思潮，很难有这样的研究机会；如果说有的话，是把对海外汉学、中国学的研究

作为一种政治思想斗争，从而也就无学术探索可言。第三时期才是真正的转变，对海外汉学、中国学的研究真正步入正轨，正常化了。从 1980 年代到现在的 30 多年的时间里，如果说研究理念转变的话，大体上可以区分为三个阶段：首先是"不要落后""不要不知天下事"的追赶意识，这大概有 10 年左右的时间，主要是从被封闭的环境下走出，发现外面的世界很精彩，很想把封闭造成的损失追回来，对海外汉学、中国学的研究一度都有这样的呼吁，如切望史学界同仁认清这种"迅猛发展势头"，感受那种"巨大而无形的挑战"。第二阶段出现过不要迷失自己的呼声，就是在引进了一批关于海外汉学、中国学的研究成果之后，发现有些国人尤其青年人入迷了，"倾倒了"，好像自己什么都不如人，中国研究可由其取而代之，因而就有学者发出严厉警告，要求警惕这种思潮，应该有批判意识和民族自主立场。第三阶段就是现在了，是努力确立自己"话语权"的阶段。这更多的是因为中国崛起的缘故，成为第二大经济实体了，国际战略地盘上的权重增加了，外国也看到中国的前景和意义。海外学者不仅加强对中国研究，还有呼吁世界接纳中国优秀文明以重塑世界价值论体系的，所谓在中国研究中确立中国自己话语权的呼声就是这样出现的，意思就是中国研究要在世界上有自己强大的声音，中国应该充分尊重人家的研究，容纳百川，但不能被别人的声音覆盖；要让世界文明的建设充分注意到中华文明的非凡智慧结晶。中国人、外国人都有提倡。国外有学者甚至认为，眼下世界的中国研究，很多方法论、价值观源自西方，应该有新的后学科方法取而代之，对中国问题作全新诠释。所以从发展态势看，现今学者对海外汉学、中国学的研究理念，与以前大相径庭了。只有站在百年回溯的历史制高点上，才能更看清其间曲折，看清今后的道路和发展方向。

（四）重视对海外汉学、中国学研究的战略意义

1990 年，孙越生在为增订的《美国中国学手册》写序言时，提到日本前首相中曾根康弘曾提议成立一个所谓广泛利用"外脑"的"日本研究中心"的问题，他的意思是说，中国人也应该这样去重视对海外中国学的研究。他说这本来应该是"中国人自己的事"，不利用世界的智力来研究中国，会是"极大的损失"。他说中国要繁荣强大，"需要里里外外的有识之士都来客观地研究中国，摸清、摸准、摸透中国国情"，这样有便于我们"制订出切实可行的科学决策，确立国与国之间足够明智的相互关系准则"。[①] 孙越生的这番言论是在呼吁，要把对海外中国学的研究放到国家发展的战略地位来看待。20多年过去了，今天重温这些话，仍会感到当年的这些建议多么重要！眼下看来，我们对海外中国学的研究已经取得了很大的进步，到了当年孙先生无法想象的程度，但比起他所建议的要将这项研究作为重大的战略工程来抓的愿望，恐怕还是有差距。以平台建设而言，现在已经有了很多的中国学研究机构，但大多还是地方的、基层的，国家高层专设的、有明确战略考量的机构可能还需要完善。平台建设之外，就是学科建设问题。海外汉学、中国学研究的历史、规模、多语种与多学科性，以及意识形态影响和多视角理解的复杂性，都使对海外汉学、中国学的研究不寻常。中国以外的中国研究，不是分布在一个国家、两个国家，而是遍布全球；中国以外的中国研究，在西欧、东亚，时间长达百年、千年，长远的积累，成果浩如烟海；在一些发达国家，社会科学及其方法论相当成熟，影响到对中国的全面探讨，其深度与广度也不是一时半会能够把握清楚的。诸如此类的情况说明，对海外汉学、中国学的研究绝非一蹴而就，而是一项需长期建设的艰巨工程，需要踏踏实实去做。没有完善的学科建设体系，没有全局的部署规划，没有完善的学科理论和方法论，就难以达到高度科学化的研究境界。虽然我们已经有了多年的努力，但还是需要国家层面的统一关照。

我们总结百年史，就是希望把这些问题都提出来，引起大家的思考。无论是哪个国家和民族，只要是对中国问题的研究，基本的切入点都会是历史；海外对中国问题的研究，一半是历史，一半是现实，研究历史是为了更好认识现实。所以对海外汉学、中国学的研究，半壁江山是中国历史研究。史学理论与史学史专业的研究者要充分意识到这一问题的严峻性，可以这样说，我们对史学理论与史学史的研究，相当部分是对海外的中国历史和中国史学研究，不可能游离于这样非常实际的对象之外。

（原载《甘肃社会科学》2013年第5期）

[①] 孙越生：《美国中国学手册（增订版）》，"前言"，中国社会科学出版社1993年版。

中国（大陆地区）国际中国学（汉学）研究三十年

严绍璗

"国际中国学（汉学）"研究作为在世界广泛的人文社科学术中表述与传达我国学界与世界学界以"对中国文化价值的相互认知"为基本核心的一个独特的学科类别[①]，自20世纪70年代中期以来随着我国人文学术的逐步繁荣，在诸学科的全面恢复中获得了长足的发展。或许可以说，这一学术在诸多层面中逐步凝聚的学术能量，已经成为三十余年来我国人文学术在近代意义上的新的觉醒并逐步自立于世界学术之林的标志性学科类别之一。

本文旨在追踪这一学术三十余年来在"复兴"中逐步发展的基本势态，作为我国当代学术史的一个层面而为社会提供一个相关的"学术工具"。由于本学术在发展中的规模已经形成宏大之势，参与者的队伍已经远远超越了纯粹意义上的"人文社科学者"，相关的"学术活动"渗透于人文社科乃至社会生活的多个层面，所以，本"综述"（指"华语界海外中国学研究综述"，下同）只能以扫描的方式对本学科发展的阶段性特征作一概述性展示。当聚合万事于一编之中时，则疏漏之处几乎每年皆有，编述者于此心有戚戚焉。读者诸君若能把本"综述"的提示与本学术领

---

① 由于我国学术界至今关于如何为"国际汉学"和"国际中国学"进行学术性定名存在分歧；也由于在汉语语境中如何在不同历史时期汉译"Sinology"的词义，理解上也有诸多差异，为了照应各种学派的观念，本文在阐述中不得已而直接使用了"Sinology"，有时候使用了"国际中国学（汉学）"研究这样的表述，显得累赘，但没有更合适的办法，希冀读者理解。

域中已经积累的相关的著作论文结合起来阅读,并参考本《年鉴》的大事记部分,则对本学术可以获得更加确切的把握。[①]

一 20世纪70年代中期之前的"国际中国学(汉学)"研究的回顾

我国学者对于国际中国学(汉学)研究学的"自觉意识",是随着20世纪初我国人文学术近代性的发展而得以逐步形成的。当代"国际Sinology"学术正是在前辈学术的基础上得以继承、更新、提升而获得发展的。[②]

有学者判断本学科是近三十年来"新兴起来的学术"。从学术史的意义上说,这多少有些"时空的错位"。现有的学科材料表明,这一学术的萌动始发于20世纪初期,它与我国近代新文化的形成与发展几乎同步。

依据目前的材料,1911年冯承钧在法国索邦大学获"法学士"学位后,即进入法兰西学院师从汉学家伯希和(P. Pelliot)继续进行学习和研究。在我国近代学术史上这是第一位从事欧洲Sinology研究的中国学者。冯承钧的研究在中外交通史、边疆史、元史诸领域中,高度瞩目欧洲学者已取得的业绩,作了大量的翻译和介绍,例如经由他翻译的希勒格(G. Schlege)著《中国史乘未详诸国考证》、沙畹(E. Chavannes)著《西突厥史料》、多桑(C. Dohsson)著《西域考古记举要》与《蒙古史略》、费琅(G. Ferrend)著《蒙古史》、伯希和著《交广印度两道考》、《郑和下西洋考》与《蒙古与教廷》、沙海昂(A. S. H. Charignon)注解《马可波罗行纪》等欧洲学者的著作,架起20世纪早期中国学者认知国际Sinology的桥梁,冯承钧可以被称为"中国国际Sinology研究"的第一人。

1920年王国维在《东方杂志》第17卷9期上刊发《敦煌发见唐朝之通俗诗及通俗小说》一文,这是我国学者在自己的研究中首次言及敦煌

[①] 本文在叙述中为保持某一"学术状态"的连贯性,在有的段落中会把在这一"时间段"之后发生的性质相同的学术讯息提前加入本时间段内,敬请读者留意和辨明。

[②] 本文在叙述中学者名后皆省略了"先生"和"教授"等称谓而直呼其名,不敬之处在此致意。

文学资料与本国文学发展之关系。王国维文中有相当的材料与基本看法，来自1916年日本近代中国学的奠基者之一国立京都帝国大学教授狩野直喜在日本《艺文》上刊出的他在欧洲追踪斯坦因和伯希和敦煌文献的调查报告。这是可以确认的中国学者开始自觉地把"日本中国学"的论述作为"材料碎片"丰富自己研究的最早的实例。在一定的意义上或者可以说，它开启了其后在鲁迅、茅盾诸位的文学与文化研究中也关注国际中国学（汉学）多层面表述之先河。

鲁迅是一位高度关注国际中国学（汉学）的学者，1920年11月24日他曾给日本当时年轻的中国学研究者青木正儿一信，信中说："拜读了你写的中国文学革命的论文，衷心感谢你怀着同情与希望所作的公正的评价。"这是现在见到的中国学者对国外中国文学研究的第一次最明确的评价。鲁迅此信是对同年（1920年）9月到11月日本《支那（中国）学》月刊上连续三期刊载的青木正儿研究中国文学革命的长篇论文《以胡适为中心的汹涌澎湃的文学革命》一文作出的回应。鲁迅从胡适手里接到青木正儿的论文，仅仅几天就对青木正儿作了这样明确的评价。[①]

与在文学研究层面此种萌动几乎同步，在语言学研究层面上也见到了积极关注国际中国学（汉学）相关业绩的学者，1923年钱玄同在北京大学开设"汉语音韵学"课程，使用瑞典中国学家高本汉（Klas Bernhard Johannes Karlgren）刚刚刊出不久的即1915年的《古代汉语》（*L'Ancien chinois*）、1916的《现代方言描写语音学》（*Phonetique descriptive des dialectes modernes*）和1919年的《历史研究》（*Études Historiques*）三篇论文作为阐述"拟构'切韵音'"（中古音）的主要教本。[②] 这一举措无论在我国教育史还是在"国学"学术史上都具有破石惊天之功。当时若以年龄而论，北大的钱先生比欧洲的高本汉还要年长，但钱先生作为20世纪初期中国新文化运动的骁将，首开风气之先，在中国大学教学中引入了国际Sinology研究中有价值的内容。北大当年的汉语"古音研究"课程采用

---

① 事情经纬参见严绍璗编著《日本鲁迅研究名家名作述评》，《中国现代文学研究丛刊》1981年第3辑。

② 1926年高本汉将上述论文加上他的《方言字汇》（Dictionnaire）起，合编为《中国音学研究》（*Etudes sur la phonologie chinoise*）一书出版。钱玄同上课经纬由魏建功先生生前向严绍璗等口述，并可以参见王立达编译《汉语研究小史》，商务印书馆1959年版。

欧洲"中国学"研究成果作为教材这一举措,就今天而言,也是大多数大学所不能企及的。我们将上述实例认定为中国学者开始"自觉"地介入国际中国学(汉学),应该说是可以被认定的。

进入 30 年代,国际中国学(汉学)的研究,在国内开始出现了稍具规模的形态,具体表现在三个层面中,一是出现了中外学者联合的"专业性"工作机构;二是开创了近代我国学者在海外追踪中华文献典籍的作业;三是相关学者开始了在特定的学科中对"国际汉学(中国学)学术史"的梳理。

1930 年 9 月在当时北平的燕京大学与美国哈佛大学共同建立"燕京哈佛学社引得编纂处",成为我国学术史上第一个中国学人与国外成员合作进行汉籍整理的专门性机构。① 从 1931 年 2 月到 1949 年秋(除去日军占领时期)前后十余年间,这一机构聘用中国人、美国人、日本人等集中编制中国古文献的"索引"(Index),制成"引得正刊"41 种、"引得特刊"23 种,总称为"Sinological Index Series"。与这样的汉籍"引得编纂"相类似的"Sinology"的作业,当时还有设置在北平的中法学院研究所等。

30 年代在本学术史上应该重彩表述的,则是在这一时期,我国学者

---

① 其实,在"燕京—哈佛学社引得编纂处"建立之前,1927 年 5 月,日本外务省以所谓中国"庚子赔款"的经费在北平建立了"东方文化事业总委员会",邀约中日学人共同组成,由中国学者柯邵忞出任委员长,下设"北京人文研究所"和"上海自然科学研究所"。其中议决"北京人文研究所"的任务为"续修《四库全书》""《四库全书》补遗"与发掘朝鲜"古乐浪郡古坟"三大项目。就这三个项目而言,当然可以归类为"中日合作"的"中国学(汉学)研究"。但由于这一机构的设置是当时日本"对华战略"的一个部分,且所有经费本质上来自中国,所以本文撰写者不把这一组织系统作为"日本 Sinology"的成分。详细的状况可以参考严绍璗著《日本中国学史稿》第十六章第二节《日本外务省"对支文化事业部"与"东方文化事业总委员会"》(学苑出版社 2009 年版)。燕京—哈佛学社引得编纂处是 1928 年 1 月在美国注册成立(注册地点马萨诸塞州)的哈佛燕京学的下属机构。哈佛—燕京学社总部设于哈佛大学内,在当时北平的燕京大学设立"驻北平办事处"。1930 年 9 月,在北平启动燕京—哈佛学社引得编纂处工作,工作成员由欧美学人和中国学人等组成。1949 年 1 月整个北平解放。1949 年 11 月,燕京—哈佛学社在北平的机构作为"帝国主义侵华机构"之一,被"中国人民解放军北平市军事管制委员会"查封,禁止一切活动。学社中的外籍人士一部分迁往日本,一部分迁往美国,其中有部分资料包括未完成稿等留存于燕京大学旧址,1952 年整个燕京大学归入北京大学建制中。燕京—哈佛学社在北平机构的一切资料档案归入北京大学保管,至 1964 年 8 月曾调查过一次,凡 16 年间无人过问过。

开始了对流布在海外的中华文献典籍具有近代意义的学术性追踪。19世纪后期自黄遵宪、杨守敬诸位始，以自身学术际遇关切流布于彼地汉籍文献。他们报告和著录的绝大多数域外文典，皆是躬身目验，于我国近代国际中国学（汉学）学术具有奠基之功。但黄遵宪、杨守敬诸位的"域外汉籍"寻访还只是集中于日本一地，调查者也未有完整的"学术构思"，皆是随手所得，著录成编。20世纪30年代以王重民、向达诸位为主体的"海外敦煌文典"的追踪调研，开创了我国近代国际中国学（汉学）学术在"域外中华文典"调研的一个极具学术意义的领域。

从1934年起，王重民在当时北平图书馆（今国家图书馆）馆长袁同礼的"学术规划"下被派遣前往法国，开始在巴黎图书馆等调研当年被伯希和窃取到手的敦煌典籍文档，这一调研开始了他对流布在欧洲与美国中华文典的毕生追踪和研究。1935年王重民在英国大英博物馆调研被斯坦因窃走的敦煌文档，同年又在德国普鲁士图书馆等调研太平天国文献以及汉籍珍本。1937年在梵蒂冈图书馆与刘修业一起阅读和摘记明清时代来华传教士关于汉籍的译著以及笔记等。1939年又赴美国国会图书馆等鉴定汉籍善本近2000种。王重民从而成为我国近代国际中国学（汉学）学术史上具有系统性和整体性特征的从事"域外中华文典"的"文献学"著录的第一人。

与王重民几乎贯穿整个30年代的"域外典籍"调研相呼应，向达也于1935年前往欧洲，寻访敦煌遗书、汉籍珍本和我国历代通俗文学写卷本，建树甚厚。同一时代中，文学史家孙楷第于1931年赴日本，继续先人的东瀛汉籍寻访，集中于文学类尤以"小说"珍本为大宗。几乎与此同时，王古鲁在30年代后期到40年代中期在日本东京高等师范学校毕业后，开始从事日本所藏中国古小说戏曲典籍的寻访。1941年他在《中日文化月刊》一卷三期上撰文《摄取日本所藏中国旧刻小说书影经过志略》，共摄得日藏汉籍孤本十余种，相关书影一百余幅。上述数位学者关于流失海外的"中华文典"的寻访和著录，为20世纪80年代开始的近三十余年来"国际中国学"研究中从文献目录学和跨文化诸层面中从事"海外文典"的追踪、复制和研究奠定了坚实的基础和提供了极有成效的示范。

30年代我国学者关于国际中国学（汉学）学术的第三个层面，则是出现了使用"中国学"这一学科称谓,并由此也出现了从事学科发展史研究的学者。本文特别要提出的是20世纪30年代以来从事中国汉语言研究的杰出学者魏建功,他作为我国"汉语言古音研究"的杰出学者,于1934年出版《古音系研究》,此书被后世评定为"(汉语古音学)从传统的研究通向近代的研究桥梁"(1956年被评定为中国科学院"学部委员"即现今的"院士"资格时的学术鉴定)。魏建功在《古音系研究·后序》中阐述了开创古音系研究的沙畹、伯希和以及马伯乐(H. Masporo)、艾约瑟(J. Edkins)、施莱格尔(F. Schlegel)、武尔披齐利(Z. Volpicelli)、桑克(S. H. Schaank)、翟乃德(G. Kuhnert)、穆麟德(P. G. Von Mollendorff)、佛尔克(A. Forke)、高本汉(B. J. Karlgren)、卓古诺夫(A. Dragunov)、西门·华德(W. Simon)等后续古音系研究的欧洲言语学家之间相互联系的学术关系,最后表述了这些欧洲汉语学家与国内李方桂、罗常培诸位之间的学术关联。魏建功在这里表述的,实际上是对欧洲中国学界自19世纪80年代以来至20世纪30年代的半个世纪中关于"汉语语言学"研究的谱系梳理,构成这一特定时空"欧洲中国学"关于"汉语言古音研究的简史"。特别值得关注的是魏建功在论述中已经把"Sinology"这一学术概念明确汉译为"中国学"。这是我国学者在出版物中首次把"国际中国文化研究"的学术定位从"汉学"概念跃进到"中国学"的层面。

与此同步,1934年9月周一良在《史学年报》第二卷第一期上刊载《日本内藤湖南对中国史的贡献》,这是我国学者第一次对20世纪初期日本中国学形成时期"京都学派"的奠基性学者的学术作出的论述。1936年3月,王古鲁刊出《最近日人研究中国学术之一斑》(*Recent Sinological Studies in Japan*)。本书以日本关东地区为中心,整理报告了大学中Sinology专业的设置、课程的开设、研究的课题以及相关的藏书机构和研究机构等,成为当时学界认识"日本中国学"的入门导引。从学术史上考察,王古鲁以"日人研究中国学术"作为书名标题,使用英文标明"Sinological Studies"则是继魏建功之后再次把"Sinology"阐述为"中国学术研究"的具有"总摄性"的范畴。

在20世纪40年代之后大约三十五年间,在中国社会政治经济文化各个层面的一系列重大的、严酷的冲突与变动中,近代国际中国学(汉学)

研究由 20—30 年代已经开始萌动的发展趋势受到了严重的阻滞，这一门学科在长时间中陷入了沉寂的状态。但也绝对不是悄然无声，其中必须提到的是 1949 年北平文化出版社刊出莫东寅撰著的《汉学发达史》。此书著者在 20 年代以来先辈学者略已展开的学术视野中以 7 章的篇幅从"秦汉六朝时代欧人关于中国之知识"开始，直到"鸦片战争之后汉学之发达"作了一个概略性的阐述，可以称为我国学者撰著的关于国际中国学（汉学）的第一部学术史。①

此后，1950 年王重民编就了他的《敦煌曲子词集》，1957 年又完成了《敦煌变文集》的编纂。② 在 60 年代上半期，我国学者关于国际中国学（汉学）的研究总体上陷于"冷漠状态"，尽管如此，有两个层面的动态尚可留意。

一个层面是当时以中国科学院哲学社会科学部为基地，在把国际中国学（汉学）作为"资产阶级意识形态"批判的对象中，以汉文翻译为主，编纂了若干"国际中国学"论著，例如 1961 年商务印书馆刊出近代史研究所编的《外国资产阶级是怎样看待中国历史的：资本主义国家反动学者研究中国近代历史的论著选译》，这一思潮一直发展到"文化大革命"中，例如翻译了日本学者宫崎市定撰著的《异民族中国统治史》等。

另一个层面则是北京大学在悄然无声中零星地继续从事推进这一学术的相关工作，可以回味的大致有六项"学术活动"维系着本学术的运作：一是王重民在横遭政治上冤屈的同时，1962 年他终于完成了《敦煌遗书总目索引》编纂。二是 1962 年为纪念"敦煌文典发现 60 周年"，北大魏建功、阴法鲁、向达、王重民诸位在该校古典文献专业首届 1959 年级开设为期半年的"我国敦煌文献发现 60 年专题学术讲座"，其中设置专题讲授了"斯坦因、伯希和对敦煌文献的掠夺与处置"等。三是 1963 年 5 月，北大中文系邀请苏联中国学家波兹德涅娃到中国访问，并以"欧洲

---

① 此书刊于 1949 年，此后由于著者的经历而绝版。1989 年上海书店刊出影印本，2006 年编入张西平主编的《海外汉学研究丛书》中，由大象出版社刊出。

② 《敦煌曲子词集》和《敦煌变文集》当然是"国际中国学（汉学）"的专门性著作，但是，在严格的意义上考察，上述著作中使用了王先生和他人在欧洲调研与收集的流失于彼地的不少原典文典，是运用这一学术从事专题研究著述的典范，其状态与上述 1920 年王国维运用日本学者材料研究敦煌文献具有相同的学术性质。

学者汉语言研究"为题举行学术报告会，系主任杨晦主持讲演，明确称呼讲演者为"苏联和欧洲著名的中国学家"，师生听众有六百余人。这是自全国解放以来在"新中国大学"中第一次由一位外国学者开讲"欧洲中国学"。四是北大哲学系朱谦之从1958年起依据20世纪初期日本井上哲次郎撰著的《日本阳明学派之哲学》（1900年第一版）、《日本古学派之哲学》（1902年第一版）和《日本朱子学派之哲学》（1909年订正三版），编译刊出了《日本的朱子学》（1958年生活·读书·新知三联书店刊）与《日本的古学及阳明学》（1962年上海人民出版社刊）二书，在当时"中国学（汉学）"荒芜的时代具有引进"日本中国学"之功。五是1964年4月当时国务院副秘书长兼任总理办公厅主任齐燕铭提出："趁原燕京—哈佛学社中方老人尚在，开封1949年由北平市军管会封存的相关材料，看看他们到底做了什么，哪些对我们是有用的，哪些是没有用的。这份工作迟早是要做的，晚做不如早做的好。"嘱咐北京大学确定1—2名青年助教与老先生一起工作。同年8月18日在北京大学副校长魏建功主持下，向达、聂崇歧和助教严绍璗，在北大图书馆工作人员协助下于北大"才斋"开启被尘封了16年的中美合作编纂的"中国学材料"。这可能是新中国成立以来中国学者第一次带有官方意向的与"燕京—哈佛学社引得编纂处"的会面。这一工作虽于10月3日被迫停止，但它却是中国文化发展意欲向一个更高层次上跃进的又一次萌动挣扎，它与10年后在中国历史发展的新阶段起始之时人文社科学界迅速推助"国际中国学（汉学）"这一学术的兴起具有内在的姻缘连接。六是1965年初我国教育部接受中国科学院院长郭沫若先生的建言，以他的名义通过"日本中国友好协会京都府联合会"邀请四位研究中国文化的青年学者前来中国研修。旋即"日中友协"派出以京都大学文学部博士后吉田富夫为团长，由文学部博士生兴膳宏、狭间直树和佐竹靖彦凡四人组成的"赴中国学习团"前往北京大学进行定向学科"访学"，其中兴膳宏、吉田富夫在中文系进行"中国古代文论"和"中国现代文学"的"访学"，狭间直树和佐竹靖彦在历史系进行"中国近代史"的"访学"。这是新中国成立以来我国大学中第一次接受来自"资本主义国家"的年轻学者进行较长时期的关于"中国文化研究"的专项学习，这一访学事实上成为当代我国"中国学（汉学）培训"之先河。他们在其后的四十余年间成为了"日本中国学"领域杰出的学者。[①]

二 1975—1986 年："国际中国学（汉学）"在新时期的复兴

1976 年中国科学院哲学社会科学学部组建为"中国社会科学院"，内设"情报研究所"，由经济学学者孙越生组建"国外中国研究室"，编辑出版公开刊物《国外中国研究》。以此作为标志，我国人文社科学术中具有重要价值意义的"国际中国学（汉学）"学术自 20 年代萌动以来在艰难曲折中前行并且在迎接新时期到来之时开始进入了真正的"学术复兴"阶段。

作为这一"复兴阶段"的最主要标志大致有四：一是以中国社会科学院率先并有北京大学跟进，建立了我国"国际中国学（汉学）"研究的学术据点；二是以此为基础，开始收集、解析、整理和公刊涉及"国际中国学（学）"的学术资料；三是中国学者开始与世界上从事中国学（汉学）研究的学者建立起了初步的学术联系；四是经过 10 年的努力，"国际中国学（汉学）"研究终于作为一"学术专业"在我国大学中进入了"研究生（硕士）"学位培养序列。

在上述四个层面中应该特别提到的是中国社会科学院在复兴这一学术中的首创之功。当时刚建立的情报研究所，特别是由孙越生领导的"国外中国研究室"集合了研究所内外对"国际中国学"有兴趣的中青年人文者（如姜筱绿、冯蒸、严绍璗等），在他的引领下，集思广益，共同探索，在编刊《国外中国研究》的基础上，编著了我国第一套"国外研究中国丛书"，并由当时组建不久的中国社会科学出版社出版。1979 年冯蒸

---

① 上述四位日本青年研究者进入北大后，由严家炎指导吉田富夫（1935 年出生）从事"中国现代文学研究"，后来吉田先生出任过日本佛教大学文学部部长、佛教大学副校长等；由张少康指导兴膳宏（1936 年出生）从事"中国古代文论研究"，特别是对《文镜秘府论》的研究，后来兴膳先生出任过日本国立京都大学文学部部长、国立京都博物馆馆长等；狭间直树（1937 年出生）回国后短期离开国立京都大学在佛教大学任教，后又进入京都大学人文科学研究所，成为"中国近代史"研究的首席教授，在 20 世纪下半叶的"日本中国学"领域中他们皆为中坚力量。

编著的《国外西藏研究概况（1909—1978）》刊行，1980年严绍璗编著的《日本的中国学家》（1105人）刊行，以后陆续刊出了姜筱绿等编著的《俄苏中国学手册》（上下卷）、孙越生主编的《美国中国学手册》等，从而使中国社科院情报所的"国外中国研究室"成为新时期"中国学复兴"萌动的最初学术基地，孙越生应该作为我国"国际中国学（汉学）"学术复兴初始的引领者而永远留存于学术史上。

这一初始复兴时期的"国际中国学（汉学）"出版物，还应该提到三个"期刊"。一是自1977年7月起北京大学古典文献专业辑出版的《国外中国古文化研究》（严绍璗编译、内部资料），不定期出版，至1980年6月总共刊发了14期；二是国务院古籍整理出版规划领导小组编辑出版的《古籍整理出版通讯》（杨牧之编辑，内部刊物），从1979年4月第4期开始刊登我国学者编纂的以当代"日本中国学"中"中国古典研究"为中心的"学术快讯"，其中1981年3月该《通讯》以"特刊"形式单本刊发了"专题特稿"《日本对中国古代史的研究及其争论点》（严绍璗翻译并编纂），综合报道了自1966年至1978年日本学术界关于"中国古代史"研究的概况，总结归类了在10个研究层面中的争论。这一综合文稿引起了日本"中国学界"相当的关注；三是1980年中国社科院近代史所编辑出版的《国外中国近代史研究》（内部刊物），至1995年停刊，共出版27期，其中有分量不等的关于欧洲中国学的历史和现状的译稿，知识含量相当丰厚。这三个"期刊"虽然都是在内部刊发，但事实上在学术界有较多的受众面，在复兴我国"中国学研究"中起了不可忽视的"呼风唤雨"作用。

在上述系统的出版物之外，还不应该忽视的是一些公开的刊物，如《国外社会科学》，它刊载了许多学者个人积累的关于相关国家的中国学（汉学）的知识。例如1978年5月号发表了瞿蔼堂《英国的中国研究》，1979年1月号发表了秦麟征《荷兰莱顿大学汉学研究院》，4月号又发表了白玉英《意大利汉学研究活动》等，此外1979年11月的《中国出版》上刊登了《李学勤同志介绍美澳中国学研究情况》，同年《内蒙古大学学报》（人文·社会科学版）（Z2）也发表了潘世宪的《日本蒙古史研究概况》等。

在上述这些学术的复兴活动中，饶有兴趣的是学者们关于"国际学术界"对"中国文化研究"这一学科在"汉语语境"中的"学术命名"，事实上已经出现了分歧。中国社科院以"国外中国研究室"为代表，把这一类型的学问总体上称为"国外中国研究"，在系列的出版物中又以"中国学"命名，如李学勤1979年关于"美澳中国学研究"的报告，严绍璗1980年出版的"日本的中国学家"，冯蒸1981年出版的《近三十年国外"中国学"工具书简介》等皆以"中国学"称之；同一时期以《国外社会科学》为代表发表的例如"莱顿大学汉学""意大利汉学"等，在汉语语境中把这一学科又以"汉学"称之。不过就当时的学术状态而言，学人们对这一学科命名的不同，大多数仅是依据自己的习惯，并未做过较为深入的思考，也并未引起学界的关注，发展到21世纪初期才在学界的圈子内展开了关于"国际中国文化研究"的"学术内涵"和"学理性质"的讨论，并涉及了在"汉语语境"中对这一学术命名的争论。

80年代初始，中国学（汉学）研究的学术专著的出版呈现出明显的增量趋势。冯蒸在1979年编著《国外西藏研究概况》后，1981年由中华书局出版了《近三十年国外"中国学"工具书简介》，1983年中国社会科学出版社刊行王利器著《文镜秘府论校注》等。

同时期也开始了相应的国际中国学（汉学）原典文本的汉译和出版工作。1981年乐黛云主编的《国外鲁迅研究论集》由北京大学出版社出版，1985年湖南文艺出版社刊出《丁玲研究在国外》，1986年中华书局出版辛冠洁等翻译的《日本学者论中国哲学史》，青海人民出版社出版李范文主编"国外中国学研究译丛"，吉林教育出版社出版了刘柏青主编的"日本学者中国文学研究译丛"，西藏人民出版社开始出版王尧主编的"国外藏学研究译文集"（在其后10年中刊出18辑）。这些汉译和出版工作在相对广泛的学术层面中以蓬勃的朝气推进了对国际中国学（汉学）的研究，也由此开启了这一层面中"原典文献"汉译的繁荣局面。

继此之后，1988年刘东主编的《海外中国研究丛书》开始出刊，由此开始了"国际中国学（汉学）"原著的较大规模的汉译，例如，1989年王元化主编"海外汉学丛书"由上海古籍出版社出版。1992—1993年刘俊文主编《日本学者研究中国史论著选译》10卷，由中华书局出版。1992年新疆人民出版社开始出版"西域探险考察大系"，1993年，中华书局开始出版"法国西域敦煌学名著译丛"，1997年辽宁教育出版社开始出版"当代汉学家论著译丛"，上海三联书店出版"海外中国学研究系列"，1998年光明日报出版社开始出版"西方人眼中的中国名著译丛"，时事出版社开始出版"西方视野里的中国形象丛书"，直至2005年中华书局陆续出版王晓平主编的"日本中国学文萃丛书"等。国际中国学（汉学）文本的较大规模的汉译，为中国学人理解和把握这一学术的基本内容提供了必要的基础，构成推进这一学术研究的有意义的参考层面。①

在学术复兴初始的10余年间，我国学者在这一学术领域内开始了与国际学术界的"人际交往"。1978年5月日本驻中国大使馆文化专员前野直彬（东京大学教授）受国立京都大学名誉教授、日本外务省特别顾问吉川幸次郎的委托（由我国外交部新闻司安排）与严绍璗会见并协商关于合作进行"日本国学史"的研究，成为后来国内编辑出版《日本的中国学家》以及北京大学在全国大学课程中率先开设"日本中国学研究专题"等在一个层面中构筑的学术基础。② 继后1978年8月，中国社会科

---

① "国际中国学（汉学）家"的多类型文本的翻译与介绍对于提升我国学术界的"国际中国学（汉学）"的认知状态具有积极的作用。但是，也必须提出的是，本学科的把握和研究不能仅仅停留在"译本阅读"的层面。无论是从"译介学"的学理还是30年来学科发展的实际状态考察，本学科的切实的研究都是建立在解析"原典文本"（即以中国学家的母语文本）的基础上实现的。一部分对这一学术有兴趣的学人，仅仅依靠"译本"而表述见解，常常被误导而堕入陷阱之中，若干"硕士论文"和"博士论文"仅仅依靠汉译外国中国学家的论说敷衍成篇对这一学科的健康发展造成负面作用，可以作为学科发展中的教训而警示未来的研究。

② 这一势态可以说初起于1974年秋冬在邓小平副总理主持国家政务对"文化大革命"进行"整顿"的时期，是年11月到12月，由北京大学"文史哲政经法"6个学科6位教师组成的"北京大学社会科学访日团"经周恩来总理批示接受日本国立京都大学的邀请访问了日本14所大学，面见了近200位"中国学"研究家，携带回国若干"日本中国学"的相关著作、文献和材料（现藏北京大学图书馆）。1975年3月，当时"日本政府文化使节团"访问我国，吉川幸次郎以日本外务省特别顾问身份出任"使节团"团长。吉川幸次郎是国际中国学界公认的20世纪50年代后期到去世（1980年）"日本中国学"的权威学者。关于他与中国学术界的关系，2010年日本京都大学杉山正明在北京大学国际汉学研修基地的讲演中说："50年代中国和日本没有外交关系，吉川以研究为理由，经常来中国，和中国的一些重要人物会面谈话，特别是郭沫若。"（文见《国际汉学研究通讯》第二期，中华书局刊）。但在1975年3月25日中国人民对外友好协会会长柴泽民主持的宴请会上吉川自己说："我20年代留学北京大学，已经有几十年没有来中国了。"这与杉山的说法相去甚远。当时在座的有茅盾、廖承志、张香山、孙平化、周源、冯友兰、严绍璗诸人。同月29日吉川又在北京饭店与北大魏建功、严绍璗二人面见，邀请访问日本，"结识研究中国文化的朋友"。当日面见时在座的还有后来出任我国外交部部长、国务委员的唐家璇。本次前野转告吉川的意思在于"贵国开始了'拨乱反正'，中日学者进行学术合作的时机已经成熟"。这一注释之所以如此繁冗，目的是为了说明特定时期"日本中国学"发展与中国关系的某些政治文化背景。

学院考古研究所副所长王钟书赴哈佛大学做关于汉文化的系列讲座。同年10月，华中师范大学历史系章开沅到哈佛大学访问。1980年复旦大学中国语言文学系章培恒应邀赴日本国立神户大学文学部讲学一年。同年，美国加州大学伯克利分校中国学家魏斐德率领美国"中国明清访问团"访问中国，了解新时期中国历史学的走向。同年，美国加州大学洛杉矶分校黄宗智来华访学，在中国社会科学院近代史研究所、南京大学等作学术演讲，介绍美国"中国学"发展情况。1981年10月日本著名的中国古代文学研究家小川环树来华访问50年前的母校北京大学，并以《敕勒之歌——它的原来的语言与它在文学史上的意义》为题作了专场讲演等。[①]

中外学者之间关于"中国学"研究的"直面交流"开始步入了常规形态，从而使从事这一学术研究的学者超越了仅仅阅读"文献知识"的藩篱而逐步进入了实地调研、考察、对话、合作等状态，获得了研究"中国学"能动的鲜活的理性经验。

与全国这一时期文化的新启蒙与复兴同步，我国学者在推进"国际中国学（汉学）"的研究中，北京大学经过学术评估，认为把这一学术确立为大学研究与研究生教学层面中的条件已经成熟，1985年决定在古文献研究所内正式建立"国际中国学研究室"（严绍璗任主任），并开始筹划建立"国际中国学方向"的硕士研究生培养点。1986年北京大学古文献研究所正式录取"国际中国研究方向"的硕士生两名，学制三年。1987年3月，国家教育部全国高校古籍整理研究工作委员会把严绍璗的"日本中国学史"课程摄制成32小时的教学录像片，供全国高校古籍文献专业课程学习使用。这是我国大学中第一次建立国际中国学研究的实体性研究机构，

---

① 译文载《北京大学学报》（社会科学版）1982年第一期。小川氏家族是日本20世纪"中国文化研究"的重要族群。大哥小川秀树（汤川秀树）为1949年诺贝尔物理学奖获得者，他虽然从事自然科学研究，但有《庄子读书笔记》《庄子感言》等论述；二哥小川茂树（贝家茂树）为著名的中国史学者，20世纪70年代中期，他与伊藤道治同为中国"（黄）河（长）江文明论"的创导者。他们的父亲小川琢治是著名的东亚与中亚历史地理学家。1909年11月28—29日，日本京都帝国大学史学会以"敦煌石室中的典籍"为题举行年会，此为中国敦煌文献典籍研究在国际上举行的第一次专题学术会议。小川琢治在会上以《敦煌文典总说及地理》为题作了主题讲演，1910年9月又受京都帝国大学派遣，与狩野直喜、内藤湖南教授以及富冈谦藏、滨田耕作二助手前来中国直接考察"教维文典"。父子四人皆为京都大学教授及名誉教授，小川兄弟三人至今被誉为"京大三杰"。

并把培养"国际中国学"研究人才列入"硕士学位课程"序列,也是第一次在大学的相关系科中确立"国际中国学(汉学)"课程。

依据国际人文学术发展的通例,如果一种类型的研究课题出现了具有相当数量和质量的学术论著,形成了相应的学术研究队伍,建立起了相关的国际学术关系,并且登上了大学的讲坛,则可以认定它已经定型为一门学术。

三 1987—2005 年:"国际中国学(汉学)"在复兴中走向繁荣

我们把 1987 年作为"国际中国学(汉学)"在复兴中走向繁荣阶段的起始,是基于 1987 年 12 月 26 日至翌年 1 月 10 日,在教育部高校古籍整理研究工作委员会支持下,北京大学古文献研究所国际中国学研究室与深圳大学文化研究所在深圳大学联合举办"国际中国学讲习班",时间长达半个月。"讲习班"邀请章培恒(复旦大学)、李学勤(中国社科院)、汤一介、严绍璗、安平秋(皆北京大学)、赵令扬(香港大学文学院院长)、陆人龙(香港大学文学院副院长)、刘述先(香港中文大学哲学系主任)、霍韬晦(香港中文大学教授)、冉云华(加拿大麦克玛斯特大学教授)10 位先生为讲师,来自全国的 58 位研究者参加,此为我国学术史上第一个由境内外华人学者共同举办的"Sinology"学术讲习班。大约可以以此作为标志,经过十余年的努力,在 20 世纪 90 年代下半叶,我国"国际中国学(汉学)"研究领域开始呈现学术繁荣的景象。

本文把 2005 年作为"国际中国学(汉学)"在复兴中走向繁荣阶段的一个阶段性休止点,是基于这一年的 7 月中旬,由我国外交部、国家发展改革委员会、教育部等联合主办的第一届"世界汉语大会"在北京召开。作为"世界汉语大会"系列活动之一,特别设立了"世界 Sinology 学术研讨会"专场,来自国内外的 250 余位学者参与大会并在会场进行了多种学术对话。这一大型的国际专科学术研讨会是由上述主办机构委托北京外国语大学海外汉学研究中心承办的,它标志着"国际中国学(汉学)"研究作为人文学术中的一门学科,已经显现出了它的重大价值。

这一时期"国际中国学(汉学)"学术运转的基本特征大致有六个方面。

第一,我国一批优质大学相继建立了从事这一学科专门研究的学术机构。1994年李学勤、葛兆光在清华大学成立国际汉学研究所，这是继十年前北大"国际中国学研究室"成立之后组建的又一所大学"国际中国学（汉学）"研究机构。1996年3月，朱政惠在华东师范大学成立海外中国学研究中心，由季羡林、张岱年、王元化担任顾问，开始招收"海外中国学史"研究方向研究生。同年11月，张西平在北京外国语大学建立海外汉学研究中心，由任继愈、汤一介等为顾问，同月，阎纯德在北京语言文化大学建立汉学研究所。2004年2月，中国社会科学院在其前身即1975年中国社会科学院"国外中国研究室"基础上，宣布创建了国外中国学研究中心，由汝信出任中心理事长，黄长著任主任，黄育馥、何培忠任副主任。这一学科研究机构组建的趋势一直到2007年天津师范大学创建了"国际中国文学研究中心"（王晓平任主任）并同时成为学科博士点，2009年北京大学设立"国际青年汉学家培养基地"（由袁行霈任主任）。这一系列研究机构的设立，显示了"国际中国学（汉学）"研究已经成为我国高等学校中人文学科的重要组成部分，并且显示了"专科化"发展的某些特征。标志着我国学术界经过20余年的努力，在"国际中国学（汉学）"研究领域中，已经聚集了一批具有相应研究能力的研究者，从而逐步改变了以前"零星型"的、"散漫状态"的和纯粹"个体型"的作业状态。

第二，与学术队伍逐步组建成规模相一致，这一领域逐步出现了专门性的学术刊物。前述在20世纪70年代后期这一学术开始"复苏"的时候，除了中国社科院情报所的《国外中国研究》外，学者们提供的关于这一学科的相关的论述，都是在各种刊物中以"搭便车"的"零星型"状态出现，刊发的内容也以"学术情报"为大宗。[①] 20世纪中期中国学

---

① 这并不是说当时没有关于"国际中国学（汉学）"研究的论说，而是它们分散在各种出版物中，例如当时中华书局刊出的《学林漫录》就已经发表了如《吉川幸次郎与"吉川中国学"》（1981年第四辑）、《狩野直喜与中国俗文学的研究》（1983年第七辑）等文，中国社会科学出版社刊出的《当代国外社会科学手册》中内含《当代国外中国文化研究》一章（1985年）等，又有如北京大学出版社刊出的《亚非研究》第六辑中有《日本战后中国学发展的阶段及特征》一文（1986年）等。本文的叙述仅仅是以这一学术在当时展开的总体态势而言的。还需要特别说明的是，就人文学科的学术研究面言，任何时候"学术情报"都是必需的。这里所述的"以学术情报为大宗"是与"学术论述"相对言，本文要表达的是在"学科"的建设中仅仅有"学术情报"还是不够的，"学术情报"和"学术论述"在学术研究中它们共同构成研究的"整体"，本文讲述的是这一学科发展的过程，不含有任何的"价值评价"，恳请读者不要误解。

者在筚路蓝缕中终于创建了以三大学术刊物为中心的专业性研究读物，这就是 1995 年由任继愈任主编、张西平任副主编的《国际汉学》（此后张西平主编、任继愈任顾问）创刊，同年由阎纯德任主编的《汉学研究》创刊，1998 年由刘梦溪任主编、任大援任副主编的《世界汉学》杂志创刊。这三份专业性刊物至少显现了这样三个基本的学术特点：（1）超越了"学术情报"层面而在愈益宽广的学科领域的多层面中对"国际中国学（汉学）"进行了广泛的研讨；（2）在研究者队伍的组建中开始联合国际"中国学（汉学）"研究界学术同行共同从事学术组稿和审稿，把一门原本具有"国际性质"的学术努力融合于"国际学界"之中；（3）各个刊物依据自身对这一学术的认知而开展相应的"专题性"研讨，以此提示与引导学科的发展。

本文强调这三个刊物，是以三刊的社会学术影响比较而言的，并不表示在 30 年间"国际中国学（汉学）"研究的刊物仅此三种，例如当年清华大学葛兆光等曾刊出《清华汉学》、复旦大学吴兆路等刊出《中国学研究》等，尚有许多的刊物，未尽之处，读者自能理解。本学科的这些专业刊物不仅仅是在我们现在综合 30 余年间"国际中国学（汉学）"研究历程时必须提及的，而且是在未来任何时期研究我国这一学术发展史的时候也必定会给予积极评价的。

第三，20 世纪 90 年代以来，在本学术逐渐积累起来的个案研究的基础上，在逐渐强化的对于"对象国中国学（汉学）"实地考察和体验的基础上，"国际中国学（汉学）"研究中出现了以"国别"为"学术视觉总体把握"的学术史著作。

1991 年严绍璗著《日本中国学史》作为季羡林、周一良、庞朴三位主编的"东方文化丛书"之一种，由江西人民出版社出版，成为新中国成立以来我国学者撰著的第一部"国别中国学史"。继后，1994 年张国刚著《德国的汉学研究》由中华书局出版，1995 年张静河著《瑞典汉学史》由安徽文艺出版社出版，1995 年侯且岸著《当代美国的"显学"——美国现代中国学研究》由人民出版社出版。2002 年何寅、许光华主编的《法国汉学史》由上海外语教育出版社出版，同年 2002 年李庆著《日本汉学史》（五卷）开始由上海外语教育出版社出版，2004 年朱政惠著《美国中国学史研究——海外中国学探索的理论与实践》由上海古籍出版社出版。继后到 2008 年又有李明滨著《俄罗斯汉学史》作为张西平主编"海外汉学究丛书"之一种由大象出版社出版，一直发展到 2009 年由阎纯德主编、学苑出版社出版的"列国汉学史书系"，分别刊出熊文华著《英国汉学史》、阎国栋著《俄罗斯汉学三百年》、许光华著《法国汉学史》、刘顺利著《朝鲜半岛汉学史》、高利克著《捷克和斯洛伐克汉学研究》、严绍璗著《日本中国学史稿》和王晓平著《日本诗经研究史》凡 7 种（其中高利克是一位捷克学者），尚有数种待出版。

上述已经出版的这些"国别史"，从出版之后的状态来考察，明显具有三个基本意义：一是在这些著作出版之前，上述这些被阐述"学术史"的国家自身几乎还没有相应的研究者对自己国家的"中国文化研究"作过具这样"整体性"的、可以被称得上是"学术史"的梳理和阐述，我国学者撰著的这些"国别学术史"，事实上填补了这一国际性学术长期以来的"学术空缺"。二是中国学者在一些著作中表现的对一个国家的"整体性学术"的观念，几乎都是以对"学术个案"把握与分析作为基础的，这些具有典型意义的"个案"又大多是以对"原典文本"的把握为阐述点的，从而在这一学术的研究中再次提示了"学术观念"的"历史性表述"与"原典文本解析"相互结合的文化价值。三是这些著作中的一部分已经在对象国学术界得到了相应的肯定，成为了推进这一学术的国际共同的智慧。这样的学术阵势展现了中国学界对于"国际中国学（汉学）"这一分布于世界广袤地区的学术开始具有了宏观把握与微观分析的综合性能力。

第四，这一时期围绕本学科宗旨的多类型学术会议以各种专题研讨与综合研讨形式相互呼应，形成了此起彼伏、不断提升的学术涌动的局面。

1995 年 1 月，中国社会科学院主办的"中国国际汉学研讨会"在海南岛召开。会议宗旨以"中国文明的起源、形成和发展""中国传统学术与思想文化""国际汉学的回顾与展望"等多层面主题进行。[①] 海内外从

[①] 由于这一次会议是以"国际汉学"作为"汉文标题"，在一些应邀参加会议的日本学者中造成了"学术歧义"。依据他们会后的表述"在日本学术史范畴中，汉学研究指的是江户时代以及之前的'中国文化研究'，所以带到会上的论文就是这样的主题，开会后才明白，会议研究的对象竟然就是我们这些外国人怎样研究中国的，使我们大吃一惊"。这里表述的由于汉文"汉学"概念引发的学术分歧，应该引起学界的关注和研讨。

事中国历史、考古、哲学、文学、艺术、宗教的80余位学者与会。作为大型的、综合的具有全国规模的国际会议由此开始。

2001年9月，由教育部、国家汉办、大象出版社、北京外国语大学海外汉学研究中心等单位主办的"世界著名大学汉学系（所）主任（汉学家）国际学术研讨会"在北京召开。继后，2004年8月，上海市人民政府主办、上海社会科学院承办的"国际中国学论坛——多元视野下的中国"在上海召开。2005年7月中旬，在由我国外交部、国家发展和改革委员会、教育部、财政部等联合主办的第一届"世界汉语大会"中特别设立由北京外国语大学海外汉学研究中心承办的"世界Sinology学术研讨会"。这些大型的具有全方位视觉的"国际中国学（汉学）"会议的举行，显现了我国学术界对于推进"国际中国学（汉学）"发展的足够的学术热情。与此同时，如同本《年鉴》"大事记"中所记录的较小规模的专题性双边或多边的国际学术研讨会每年由相关研究机构在国内外举行，并且得到世界同行的广泛响应，显现了这一学术的世界性价值，并在世界相应的学术群体中获得了广泛的共识。

第五，我国学者在较为宽阔的层面中继续开展由先辈开创的"域外汉籍调查与研究"。这一层面的工作大致有四个引人瞩目的成就。

一是自1992年起，上海古籍出版社与所在国家相应收藏机构合作，连续刊出了《法藏敦煌西域文献》《俄藏黑水城文献》17册、《英藏黑水城文献》4册、《俄藏敦煌艺术品》5册等。这些是国内对欧洲收藏我国敦煌西域文献的大型文献集成，开启了我国对于国外重大主题专门性文献的调查、编辑与出版工作。继此后开始的由张西平担纲的"梵蒂冈图书馆藏在华传教士文献"上千种正在调研之中。

二是在传统汉籍文典层面中，2002年清华大学王小盾与刘春银、陈义联合主编完成了《越南汉喃文献目录提要》，收录至今留存在越南的汉籍手写本和用汉喃文字书写或刊印的文献典籍，以"经史子集"四部著录3343种，由中国台湾"中央研究院"中国文哲研究所刊印；2004年南京大学张伯伟编纂完成《朝鲜时代书目丛刊》（全9册），收录了26种朝鲜时代的王室书目、地方书目、史志书目和私家书目，由中华书局出版；2007年北京大学严绍璗编著完成了《日藏汉籍善本书录》（全3卷），以"经史子集"四部著录自上古至明代末期传入日本而至今留存于彼地的汉籍善本 10800 余种，由中华书局出版。以上中国学者连续刊出的越南、朝鲜和日本古代以来所收藏汉籍的大型综合书目，为以前国内外学术界所未见，可以说我国学界现在已经基本上把握了中国典籍在东亚流传的历史状况与当今收藏分布的状态。①

三是南京大学张伯伟于 2005 年开始主编出刊《域外汉籍研究集刊》（中华书局出版），表明学界对域外汉籍的调研已经超越"书目情报"的报告而在相应的以"域外汉籍"为文本基础的人文学术研究中获得了积极的成就，由此拓展了我国人文学术研究的空间。

四是在这个阶段发展起来的"域外汉籍"的调研，不仅仅只注意我国文献典籍在对象国保有的现状，而且开始逐步拓展到"域外汉籍"与"世界文明"发展的关联以及中国文化所具有的国际性文化意义的展示。例如，《越南汉喃文献目录提要》著录的主要对象是越南文人手写的汉籍文本和运用越南"喃字"撰写的"汉文学"著作。② 从而可以大致得知当时越南文人阅读华夏文化典籍的状况。又如《日藏汉籍善本书录》中设立《附录》一项，尽量载入与著录"汉籍"相关的日本古代文献中关于接受这一文本的最早的或相对早期的记叙，以及其他有价值的多学科史料，编著者着力揭示"日藏汉籍"进入日本的文化轨迹以及融合于本文化的价值。由此在这一领域内逐步建立起的"域外汉籍"的调研本质上便是在寻找和阐述"中华文化走向世界的路"和"参与创造世界文明的文化价值"。

---

① 2008 年 3 月 28 日日本文部科学省国际日文化研究中心特别举行"严绍璗先生《日藏汉籍善本书录》出版纪念会"。在日本近代学术史上国立研究机构为中国学者出版著作举行学术集会确实是第一次。日本东方学会理事长、东京大学名誉教授户川芳郎，国际比较文学学会前会长、东京大学名誉教授川本皓嗣，中日文化协会理事长、早稻田大学名誉教授安藤彦太郎，京都大学名誉教授小南一郎，庆应大学名誉教授尾崎康，神户大学名誉教授藏中进等参加，评价此《书录》为研究日本文化和东亚文化的"两轮车"上架起了一个轮子，能使研究平稳推进。这是对我国"域外汉籍"调研业绩的认同。

② 从东亚文化史上考察，所谓"汉文学"的范畴具有两个学术层面意义。第一层面意义指的是"汉文之学"即把一切研究"华夏文化"的学问皆称之为"汉文学"；第二层面意义即是"汉的文学"，即各国各族群使用"汉文创作的文学"，例如用"汉文"撰写的"韵文"或"散文故事"（这里的"文学"在古代中国文化中指的是狭义的"文学"观念）。《越南汉喃文献目录提要》著录的主要是越南学者研究"华夏文化"的阐述，属于"东亚汉文学"的第一层面意义著作。

这是一种逐步超越从19世纪以来我国学者完全执著于"传统目录学"意义上的海外典籍的调查与著录，努力促使"域外汉籍调研"成为探索与阐述在"世界性文明流动"的层面中表述"中国文化的世界性历史价值"的观念，表现了这一时段中我国学者在总结与反思先辈经验中获得的具有近代性学术特征的思考。①

正是在这样的观念探索和实际调研业绩的显现中，本来仅仅是属于传统"目录学"范畴的"域外汉籍文献"的收集和著录，在这一时段中已经被提升为"国际中国学（汉学）"的一个学术层面了。

第六，这一时期我国高等学校人才培养体系经过20年的摸索和努力，完成了"国际中国学（汉学）"研究者的培养从硕士、博士到博士后研究的三级设置，构成了国际上各类大学中关于"Sinology"研究人才培养中最为完整的系统。

前述1986年北京大学古文献研究所在硕士学位培养系列中获准设置"国际中国学研究"专业方向，1989年王青（在日本汉学层面以《五山禅僧义堂周信的学术在日本汉学史上的地位和作用》为题提交学位论文）、刘萍（在日本中国学层面以《日本中国学早期学术流派考辨》为题提交学位论文）获得通过，此为我国大学中"国际中国学（汉学）研究"领域最早的具有硕士学位的研究者。

1993年10月北京大学比较文学与比较文化研究所建立全国第一个学科博士点，在专业方向中获准设置"国际中国学（汉学）"专业方向，

---

① 这样的观念性表述可以参见严绍璗2006年在教育部全国高校古籍整理研究工作委员会主办的"中国古文献学与文学国际学术研讨会"上作的大会发言，他认为："汉籍的海外流传与保存是中华文化向世界传递的一种形式，是构成世界文明发展的一个内容……它的流传与保存的形式和速度，取决于特定对象国内在文化运行的具体状态；此种流传与保存，有可能使特定对象国的文化在相应的层面中发生多形态的变异，从而催生对象国文化中的'新形式的产生'。"语见《北京大学中国古文献研究中心集刊》第7（第1—5页），北京大学出版社刊。又见严绍璗在2010年11月北京大学国际汉学家研修基地主办的《汉籍的外传与文明的对话》主题讲话，明确地表述："域外汉籍自古以来担当着中华文化走向世界的中间桥梁的价值作用"，所以"域外汉籍的调研必须紧紧地在世界文明的发展中与相应的文明对话连接在一起"，"这就构成域外汉籍调研的本体性文化学术意义"。又见《国际汉学研究通讯》第3期（第50—55页），北京大学出版社刊，2012年1月6日全国政协《人民政协报》在"创意人生"版刊发《探寻中华文化走向世界之路——严绍璗先生海外访书记》。以"探寻中华文化走向世界之路"恰当地表述了我国学者对"域外汉籍"调研的精神价值的追求目标。

1997年钱婉约入学主修这一学业，于2000年5月以《内藤湖南的中国学研究》为题撰写学位论文提请博士学位获得通过，此为我国大学中"国际中国学（汉学）"研究领域中的第一位博士生。

1998年日本国立一桥大学王青博士进入北京大学"四系一所博士后流动站"① 与严绍璗共同进行"日本近世时代思想史研究"。2000年10月审议通过了王青博士的出站报告，王青成为我国"国际中国学（汉学）"研究领域中第一位具有博士后研究经历的学者。至此，我国大学中关于"国际中国学（汉学）"学术领域高级研究人才的培养建立了有序的逐步提升的学科系列。

从1987年到2005年的18年间，我国学界同仁以对于推进祖国文化自立于世界民族之林的强烈愿望，以自己顽强的努力和科学的理性精神，在自己所挚爱的"国际界中国学（汉学）"研究领域中做出了极为丰厚的业绩，可以说，"国际中国学（汉学）"研究正是在这一时间段中已经建设成为一门人文学术中拥有自己学术话语体系的学术。

四 2006年以来——学术正在向更高的层次推进

在从1976年到2005年的30年间，我国"国际中国学（汉学）"研究逐步发展成为一门具有时代精神的内含生命活力的学科，成为中国文化在世界崛起的标志之一。

2008年教育部以"20世纪中国文化在世界"作为本学科重大研究项目向全国征召项目承担者，最终确定北京外国语大学以张西平为主任的"海外汉学研究中心"为项目承担单位。该中心组织了以中国学者为核心的包括国际中国（汉学）研究者共同参加的工作团队，涉及全球二十余种语言文字资料的处理分析。这是我国近代学术形成以来教育部第一次在学科研究层面设立以"国际中国学（汉学）"为学术对象的重大研究课题。

---

① 北京大学"四系一所博士后流动站"指的是当时由国家人事部专家司认定的北大英语系、西语系、俄语系、东语系和比较文学与比较文化研究所设置共同合作的博士后流动站。

2010年初"国家社会科学基金"以"特别委托项目"形式委托北京外国语大学海外汉学研究中心承接"中国文化海外传播数据库"的建设，并确定张西平、李雪涛二位为"项目首席教授"，北外为此成立了以校党委书记杨学义和校长陈雨露为组长的"项目领导小组"，聘请杨牧之（中国大百科全书总编）、杨真（新华社）、乐黛云、严绍璗（皆北京大学）为学术顾问，以北外三十余种语言学科的学者为核心，组织国内外相关专家结合成工作团队。这是我国"国际中国学（汉学）"研究第一次在国家层面上开展的以"世界的中国研究"为学术对象的调查与解析。

教育部和国家社会科学基金分别设置这样的具有"世纪性"和"世界性"学术视野的重大课题，标志着这一学科在三十余年间获得了长足的发展和积聚了鲜活的生命力量。

与此同时，海峡两岸学者逐渐意识到建立一个联合世界各国的国际中国学（汉学）家和研究者组成相应的学术共同体的重要性，以便在更广泛的意义上结集研究者的学术智慧，推进学科的发展。[①] 2009年20余个国家的"国际中国学（汉学）研究者"和"国际中国学（汉学）者"共同组成的"国际中国学研究学会"在中国香港注册成功，并于同年9月在北京成立了由11个国家34位学者组成的"学会主席团"[②]，成为目前世界范围内这一学术研究中唯一的学者组合。

本学科自20世纪70年代中后期复兴以来，研究者在长期的实践中经历了从"自为"到"自觉"的对本学科理性意识的思考，在21世纪开始以来，学科逐步建立的观念理论开始进入自觉的层面，它具体表现在两个方面：一是研究者逐步自觉地对学科的内涵进行了思考，从而推进了学科

[①] 2009年3月由北京大学比较文学与比较文化研究所、北京外国语大学海外汉学研究中心、中国社会科学院国际中国学研究中心和香港大学现代语言与文化学院诸位联合主张，邀请了来自中国台湾、新加坡和中国澳门的学者在香港大学就这一主题举行了两天的筹商，组成了致力于建立一个学术共同体的筹委会。

[②] 由11个国家的学者组成的学会主席团中，"中国"的内涵无疑是海峡两岸的总称。主席团会议推举了中国大陆严绍璗为首届主席团执行主席。学会在北京（北京外国语大学）和香港（香港大学）分别设立了"秘书处"，李雪涛为秘书长，建立了"学术委员会""学科建设委员会""组织发展委员会""文献建设委员会""出版委员会""联络委员会"和"财务委员会"共7个委员会进行相关运作。

理论建设；二是随着本学科研究业绩的集聚与学理建设的发展，引发了学术界关于"Sinology"性质与价值的争论。这两个方面是相辅相成的，它的出现是本学科发展的必然，也是学科发达走入更高层次的极为重要的标志。

20世纪末期以来，我国致力于从事本学科耕耘的一些学者，例如张西平、朱政惠、张光达、严绍璗、李学勤、汤一介、刘梦溪诸位，就本学科的学理在自身研究的实践中思考并开始表述了一系列的见解，大致集中这样几个要点上①：

第一，"Sinology"基本的学术定位与它的文化价值判断；

第二，"Sinology"哲学本体的文化语境；

第三，"Sinology"表述的接收中国文化的传递轨迹；

第四，"Sinology"内含的与世界文化网络的连接；

第五，"Sinology"意义中的"域外汉籍调研"的基本定位；

第六，"Sinology"研究者基本学术素养的测定。

以上这些关于"学科生命价值意义"的阐发，在多层面中提升了这一学术的研究水平，并为今后发展学术自觉的意识提供了明确的精神指向。

学术界关于上述基本学理的思考并不完全一致，在某些基本价值的判断上甚至也相互对立，有时还会发生激烈的论争。2004年《厦门大学学报》第1期发表了《"汉学"或"汉学主义"》一文，引发了关于本学科的"性质与价值"的研讨，逐渐成为建构学理中的具有核心意义

---

① 例如，2004年朱政惠著《美国中国学史研究——海外中国学探索的论与实践》为代表，致力于以对一个国家"中国学史"的研究作为"个案"表述对"中国学"的学科总体观念。在此之前，对本门学科的观念表述已有陆续的表述，2000年7月9日《中华读书报》"文史天地"整版刊发来新夏、张广达、严绍璗三人《海外汉学三人读》，2001年2月8日《中国图书商报》"文史版"刊发张西平《海外汉学的价值》等，皆就"汉学的范畴与研究者的素质"等表述见解。在朱先生著作之后，如2005年7月23日严绍璗在前述教育部主办的"世界汉语大会国际汉学会场"开幕式上以《我对国际Sinology的理解与思考》作主题讲话，2007年12月2日严氏又在上海市社会科学界第四届学术年会"哲学、历史、人文科学专场"上以《中国学学术界对Sinology应该有的反思》作主题讲演，直至2010年6月1日《中国社会科学报》以三个整版的篇幅报道《全球视野下的汉学热》，刊发了许嘉璐、李学勤、汤一介、严绍璗、刘梦溪、温儒敏、美国James Liszka、德国孔汉思（Hans Kung）、意大利Palo Santangelo诸人关于"Sinology"的观念思考表述。

的争论。① 2011年8月张西平、朱政惠二位在上海举行的中国比较文学学会全国会议上从"Sinology"这一学术形成和发展的历史中，从这一学术在世界存在的广泛性中，从事实存在的经典性文本的解析中，认为把整个世界对中国文化的研究定义为"汉学主义"，指称"广义的'汉学'就可能与权力合谋"等，完全是"虚妄的命题"。严绍璗认为，对这样一门具有悠久历史和丰厚积累的世界性学术，在几乎没有对它的本质和内容进行切实的文本解析之前依据一系列的欧美文化理论，把它笼罩在"汉学主义"的大屋顶下，实际上是一场"推演出的空泛理论的麻将游戏"。双方对此表达了完全不同的见解。

争论正在进行中。这样的"争鸣"正好体现了由于学术实践的不尽相同而形成的不同体验，表现了本学科发展中活跃的生命力。

我国"国际中国学（汉学）"经过三十余年的复苏、发展，逐步走向了学术的繁荣。现在，无论是我们在这一学术的基础性资料的编纂与整体性研究方面，或是在研究机构的建设和研究人才的系统培养方面，实际上已经超越了这一学术在世界各国本土的运行和发展状态，终于在人文学界成为一门举世瞩目的学问而站立于世界学术之林。

（原载《国际中国文化研究年鉴（1979—2009）》，本集个别字词有所调整）

---

① 1998年澳大利亚商学人鲍勃·霍奇（Bob Hodge）等依据福柯的话语理论，认为"汉学展现了萨义德称之为'东方主义'的许多特征，但是，鉴于种种原因，更有益的做法是提出'汉学主义'"。在《厦门大学学报》（哲学社会科学版，2004年第6期）《另一种东方主义：超越后殖民主义文化批判》中，著者提出"'东方学'不过是一种主义，'汉学'难道有'汉学主义'的嫌疑吗？"作者根据阿尔都塞的意识形态理论，利奥塔的宏大叙事理论，福柯的权力、知识和话语理论，霍尔德文化再现理论和萨义德的东方主义理论表述认为"如果中国属于东方，'汉学'属于'东方学'，那么，'东方学'的文化批评同样适应于'汉学'"，作者主张"西方汉学在'东方主义'中表述中国，包含着'虚构'与'权力'……就可能与权力合谋"，作者认为"广义的'汉学'可能与权力合谋"。2008年美籍华人学者王德威在《文艺理论研究》第5期"访谈"中认为汉学就是属于"东方学"，就是"东方主义"对中国的好奇，研究方法也是五花八门，非常杂乱，基本是萨义德所说的"东方主义"的那一套。

改革开放以来中国海外汉学（中国学）研究的进展与展望（1978—2019）

张西平

1978年改革开放以来，对海外汉学（中国学）的翻译与研究已经成为当代中国学术界最为令人关注的一个学术领域，经过40年的努力，中国学人在这个领域取得了巨大的成绩，并对中国当代学术的发展产生了深远的影响，从而构成当代中国学术史最为重要的一个篇章。

一 海外汉学（中国学）研究机构的成立

1977年是当代中国海外汉学（中国学）研究的元年，这一年中国学术界第一个研究海外中国学的机构正式诞生，即中国社会科学院情报研究所的"国外中国学研究室"，在孙越生先生的领导下，海外汉学（中国学）研究翻开了新的一页，《国外中国研究》第一、二辑当年出版，其后孙越生主编的《美国中国学手册》《欧洲中国学手册》成为青年学者案头必备之书，"并为这个学术领域的发展提供了奠基性的成果"。1985年北京大学成立比较文学研究所，严绍璗先生在比较文学研究所开设日本中国学课程，从1985年到2015年的31年间，北大比较文学研究所先后培养了124名硕士和84名博士，严先生成为我国首位在高校开设海外汉学课程并培养博士的教授，对这个学术领域的发展做出了奠基性的贡献。

1992年清华大学国际汉学研究所成立，著名历史学家李学勤先生高瞻远瞩，在他的带领下，很快出版了《国际汉学著作提要》《国际汉学漫步》《清华汉学研究》,他首次从学科的角度提出:"国际汉学的研究,或者说是汉学史,应当被作为一个学科来开拓。发展这个学科的时机,当前已经成熟了。"李学勤先生从中国历史研究切入国际汉学研究,对当代中国史学研究产生了重要的影响,他关于国际汉学研究的方法与原则仍为今天的研究所遵循。

1996年北京外国语大学成立海外汉学研究中心,在建校65周年大会上郝平校长明确提出北京外国语大学新的使命是"把中国介绍给世界"。很快北外中国海外汉学研究中心脱虚变实,成为全国高校中至今仍是唯一的以研究海外汉学为宗旨、以在世界范围内开展中国文化研究为目标的实体研究所。北外中国海外汉学研究中心立足国际汉学史的长远发展,在西方早期汉学历史文献的整理和翻译上为整个海外汉学研究奠定了一个坚实的学术基础。

2009年北京大学与国家汉办共同筹建成立了国际汉学家研修基地,这个基地的特色在于:发挥北大在文、史、哲、考古等学科上的整体优势,吸引国外和港澳台成就卓著的汉学家前来进行合作研究及学术交流。所以,这个基地重点并不研究各国汉学的历史和现状,而是推动中国古代典籍和当代研究著作对外传播,促进中国文化走向世界。2014年召开的"国际汉学翻译家大会",推动了《中华文明史》《五经》等翻译项目的展开。目前北大的基地已经吸引了近百名著名汉学家来访,基地的汉学图书馆具有鲜明特色。

上海社会科学院世界中国学研究所成立于2012年。它是依托"世界中国学论坛"而建立的。"世界中国学论坛"从2004年开始每两年举办一次,至今已经举办了8届。论坛最初是在上海市委、市政府的领导下,由上海社会科学院举办的,自2010年起,由国务院新闻办公室和上海市政府联合主办,升格为国家级学术交流平台。这个论坛有两个显著特点。一是规格高,它是中国国内关于海外中国学研究的最高学术论坛,自2010年起每次论坛都授予各国著名汉学家世界中国学贡献奖,该奖项至今已经先后授予了齐赫文斯基、傅高义等19位汉学家。二是这个论坛虽然重点在国外当代中国研究,即中国学是重点,但每次也兼顾海外传统汉学的研究,对世界各国汉学史的研究每次都有专场讨论,从而使论坛始终有一个完整的中国观立场。特别值得一提的是,论坛从2015年起每年在海外举办一次洲别的分论坛,先后在美国、韩国、德国、阿根廷举办。这个论坛已经成为国家重要的对外学术平台,把海外中国学(汉学)研究提高到了国家战略层面,因而,这个论坛不仅仅在学术界产生了较大的影响,同时也直接影响了政商两界,反映了国家对海外中国学(汉学)研究的重视。从稳定性、规模和影响力来说,上海社科院世界中国学研究所主办的"世界中国学论坛"已经成为海外中国学(汉学)研究领域的标志性国际会议。

由国家汉办和中国人民大学共同举办的"世界汉学大会"被誉为一个高水平、高规格的世界性汉学大会。2007年在北京召开第一届,会议的主题为"文明对话与和谐世界"。迄今为止"世界汉学大会"已经召开了7次。这个会议是直接和国家汉办的全球孔子学院建设联系在一起的,通过学术研究促进孔子学院的建设。不过,缺乏人大校内汉学研究队伍的支持是"世界汉学大会"所面临的问题。

近40年来全国研究海外汉学的学术机构得到快速发展,目前初步统计,以海外汉学、国际汉学、中国文化海外传播等冠名的学术机构多达30余家。学术机构的建立是推动学术发展的重要动力。

二 海外汉学(中国学)学术刊物的发展

任何学术的发展都需要有学术平台和学术阵地,仅仅靠隆重的会议是无法持久推进学术发展的。学术刊物的发展是衡量一个学术领域发展的重要指标。

1991年由四川外语学院张良春教授主编、漓江出版社出版的《国外中国学研究》是改革开放以来国内第一份研究海外中国学的学术集刊,季羡林先生为这份集刊写了前言,在前言中季老说:"我们对外国中国学的工作太不注意,一些人根本不知道什么是中国学,有一些学者也漠然处之。这既不利于增进中外人民友谊,也不利于加强中国人民对外国的了解。这种情况再也不能让它继续下去了。"这份集刊的栏目设计和第一期发表的论文还是可圈可点的,很可惜,它只是昙花一现,再也没有出版第二期。

1995年由任继愈先生主编的《国际汉学》在商务印书馆出版,任先生在开卷语中清晰地表达了《国际汉学》的主旨："中国是世界文明的发祥地之一。她悠久的文化传统对世界发生过重大的影响。东学西传已有长达上千年的历史。汉学（Sinology，又称中国学）现已成为一项国际性的学术事业，中国文化属于全世界。《国际汉学》正是为推动这项宏大的事业而诞生的。它以中国文化为其研究对象，旨在沟通海外汉学界和中国学术界的联系，展示海内外学者对中国历史文化的研究成果，报道世界各地汉学研究进展的信息，介绍重要的汉学研究机构、学术团体和致力于中国传统文化研究的海内外著名学者。"后因张西平的工作调动，此学术刊物从国家图书馆转移到北京外国语大学，在任继愈先生的指导下，在国内外学术界的支持下，在北外和大象出版社的支持下，刊物得到稳定出版。2015年《国际汉学》正式申请到国家新闻出版总署的刊号，2017年《国际汉学》进入南京大学中国社会科学研究评价中心的中文社会科学引文索引来源期刊（CSSCI），至今已经出版39期，成为国内学术界海外汉学研究的重要阵地，国内汉学（中国学）研究领域唯一一份CSSCI期刊。

1996年由阎纯德先生主编的《汉学研究》出版，至今该刊已经连续出版29期，并于2014年进入CSSCI来源集刊目录，尽管这是一份以书代刊的学术集刊，但它目前已经成为国内海外汉学研究重要的、有影响的学术阵地之一，对推动海外汉学研究领域的发展做出了重要贡献。

1998年由刘梦溪先生主编的《世界汉学》创刊，该刊从1998年到2006年作为正式刊物连续出版4期，是当时国内海外汉学研究领域唯一的一份国家正式期刊。它以精美的装饰、高质量的学术论文受到学术界的好评，任大援教授作为副主编为这份期刊的发展做出了重要贡献。很可惜由于种种原因，该刊物从2009年起不再作为国家正式期刊，而改为由中国人民大学汉学研究中心主办的一份学术集刊，先后由杨煦生、孙郁、耿幼壮担任主编。目前该刊出版到第15期，成为每两年一次的世界汉学大会学术成果的展示窗口。由于人大校内尚无一支较强的海外汉学研究队伍支撑，该刊的学术影响力不大，能否继续出版仍有待观察。

1996年由法国汉学家龙巴尔和已故著名历史学家李学勤先生主编的《法国汉学》创刊，这是由法国远东学院支持的学术集刊，该刊保持着法国汉学的传统，以历史、语言、考古为其主要内容，出版一系列很好的专刊，受到学术界的好评，至今已经先后出版18期。

2010年由北京大学国际汉学家研修基地主办的《国际汉学研究通讯》在中华书局正式出版,编辑委员会主任由荣新江教授担任,主编由刘玉才担任。该刊是国家汉办所支持的北大国际汉学家研修基地的机关刊物,它充分体现了北大汉学研究的特色,在编辑内容上注重文献,在研究内容上注重文史。这份刊物至今已经出版了17期。该刊物依托北大雄厚的学术实力,越办越好。

2006年由已故著名学者朱政惠先生主编的《海外中国学评论》在上海古籍出版社出版,从创刊的栏目来看,基本包含了海外汉学研究的各个方面,从国别汉学史研究到学科汉学发展史研究,很遗憾朱政惠先生去世后,该刊长期停顿下来。2019年开始出版第六辑,由刘昶和王燕主编。希望华东师范大学历史系能把朱政惠先生这份学术遗产继承下去。

2011年由天津师范大学王晓平教授主编的《国际中国文学研究丛刊》创刊,该刊旨在推进中国文学(尤其是古典文学)之跨文化、跨学科研究,设有国外中国文学文献研究、对外传播研究、对外翻译研究、学术交流史研究、国外研究评论、世界汉学家研究、亚洲汉文学研究等栏目,目前已经出版3期,并进入南京大学CSSCI的集刊来源刊目录。

2012年由上海社会科学院世界中国学研究所主办的《中国学》第一辑出版,它以"世界中国学论坛"为平台,收录海内外以研究当代中国为主的学术论文,学术特色鲜明,是目前各类学术集刊中唯一聚焦当代中国学的学术期刊,在学术界反响较好。黄仁伟、周武先后担任主编,至今已经出版了7期。

另外有两份学术期刊值得一提,一份是中国社会科学院主办的《国外社会科学》,它是国内正式学术刊物中唯一开设"海外中国学"栏目的刊物,对推动海外中国学研究发挥了积极作用。另一份是北京行政学院主办的《北京行政学院学报》,其开设的"利玛窦与中西文化交流"栏目,为推动对西方早期汉学的研究也发挥了较好的作用。

从40年的海外汉学(中国学)学术研究杂志的发展来看,现在本领域已经有稳定的学术杂志6份,其中《国际汉学》成为国家正式期刊,并进入CSSCI;进入集刊来源刊2种,分别是《汉学研究》和《国际中国文学研究丛刊》;另外《国际汉学研究通讯》《法国汉学》和《中国学》这3份虽然没有进入CSSCI,但可以稳定出版,这是一个不小的成绩,有了稳定的学术阵地,学术方可稳定发展。

同时,我们也看到有些汉学研究杂志起起伏伏,不很稳定,例如1999年由吴兆路等主编的《中国学研究》,2004年由陈学超主编的《国际汉学集刊》,2010年由程洪、马小鹤主编的《当代海外中国研究》都是仅出一期后便从学者眼中消失了。另外,新的尝试也在开始,2015年由国际儒学联合会会长滕文生先生主编,张西平、任大援、田辰山副主编的《国际儒学研究通讯》在生活·读书·新知三联书店出版,该刊聚焦儒学在海外的传播,特色鲜明,目前已经连续出版了4期;2017年由北京语言大学黄卓越先生主编的《汉风》在学界亮相,志向高远,是一份旨在对海外汉学展开整体研究的学术刊物,目前已经出版了3期。

从海外汉学(中国学)研究的范围来看,新的学术集刊进入也同样有着广阔的学术空间,尤其是在相关专业领域建立学术阵地十分必要。我们希望已经稳定的6份学术期刊继续发挥其整合学术发展的功能,新创刊的学术刊物能继续保持学术活力,使海外汉学研究的学术阵地得以巩固与发展。

三 海外汉学(中国学)著作的翻译与出版

改革开放以来,翻译西学成为20世纪80年代的学术热潮,各类西学书开始大量出版,在这个过程中,作为西学分支的西方东方学一部分的汉学研究成果,也开始被大量翻译成中文。影响最大的当属刘东主编的"海外中国学丛书"。这套丛书于1988年创立,在编辑主旨上紧扣当时中国学术的发展,从而使海外汉学研究直接介入中国当代学术的重建之中。正如刘东所说:"这套书不可避免地会加深我们150年以来一直怀有的危机感和失落感,因为单是它的学术水准就足以提醒我们,中国文明在现时代所面对的绝不再是某个粗蛮不文的、很快就将被自己同化的、马背上的战胜者,而是一个高度发展了的、必将对自己的根本价值取向大大触动的文明。可正因为这样,借别人的眼光去获得自知之明,又正是摆在我们面前的紧迫历史使命,因为只要不跳出自家的文化圈子去透过强烈的反差反观自身,中华文明就找不到进入其现代形态的入口。"截至2018年10月,这套译丛已出版图书185种,内容涉及政治、经济、哲学、历史、文学、社会学、科技史等领域。就其出版的规模和在学术界的影响而言，其他各类海外汉学翻译丛书都无法和这套丛书的规模与影响相比。

中华书局无疑是海外汉学翻译出版的重镇，它有两套丛书可圈可点，第一套是谢方先生主编的"中外关系史名著译丛"，因为海外汉学诞生于中外文化交流史之中，在一定意义上它是中外文化交流史的一个自然产物，尤其西方早期汉学的发展。凡治海外汉学学问的，中外文化交流史是其必修之课。谢方先生主编的这套书不仅大大推动了中外文化交流史的研究，也为研究海外汉学历史提供了最为重要的历史文献，如《利玛窦中国札记》《柏朗嘉宾蒙古行记》《在华耶稣会士列传及书目》等都是所有学者案头必备之书。第二套是中华书局的海外汉学系列，其中《法国汉学》系列、《法国西域敦煌学名著译丛》（柴剑虹主编）、《日本学者研究中国史论著选译》（刘俊文主编）、2017年出版的《西人论中国书目（附索引）》（考狄编）都是难得的好书。

上海古籍出版社和中国社会科学出版社也是两家出版海外汉学（中国学）的重要出版社。上海古籍出版社出版的王元化先生主编的"海外汉学丛书"起步早，所选书目均为海外汉学名著；中国社会科学出版社出版的《剑桥中国史》对学界影响很大，还有《海外道教学译丛》选题专业，直接推动了海外道教研究。

大象出版社在海外汉学著作出版方面专注西方早期汉学名著的出版，所选译本均为西方早期汉学名著，例如《耶稣会中国书简集》、莱布尼茨的《中国近事》等，从而形成了自己的特色，在众多汉学出版中独居特色，得到学术界的认可。

值得注意的是山西教育出版社2015年出版了由郑培凯主编的《近代海外汉学名著丛刊》，这套丛书全部是民国期间翻译出版的海外汉学著作，包括日本汉学著作和欧美汉学著作，该丛书数量较大，为学术界提供了晚清至民国期间中国学界对海外汉学的翻译成果。

就个人的翻译与出版而言，我们必须记住中国社会科学院历史研究所已故的耿昇先生。法国汉学的绝大多数中译本都是他以一人之力翻译的，耿昇先生翻译的法国汉学书籍数量之多、难度之大，恐怕前无古人，后无来者。正如谢方先生所说，耿昇"基本上把难啃的东西啃下来了，别人不敢译的东西译出来了"。他对法国敦煌学、藏学、西域史研究著作的翻译著作,对我国的敦煌学研究、藏学研究、西域史研究都产生了重要的影响。正是在他的推动下,中外关系史学会开始有更多的学者投入汉学研究之中。

回顾40年来海外汉学著作的翻译,可以说成就巨大,但从世界汉学的角度来看,对英语世界的汉学著作翻译较多,其中美国的中国学研究著作几乎可以做到当年在美国出版英文版,第二年就在中国出版中译本,其出版速度之快令人感叹。但同时,对德国、法国、英国等欧洲国家的汉学名著翻译仍然相对薄弱;对西方发达国家的汉学名著翻译较为全面,对除日本以外的亚洲国家,甚至包括汉学大国俄罗斯的汉学著作的翻译还远远跟不上学术发展之需要。当前对西方当代汉学名著的翻译较为重视,对西方汉学史上奠基性的汉学家的著作翻译还远不尽如人意。

汉学著作的翻译是一项艰巨的学术工作,希望熟悉各类语言的学者,能够沿着冯承钧先生、耿昇先生所开辟的汉学翻译之路,把这项事业继续下去。

四 海外汉学(中国学)研究的进展

由于海外汉学(中国学)是一个跨学科、跨语种、跨文化、跨国别的研究领域,至今中国学术界仍拿不出一部从整体上对全球的海外汉学做通史性研究的著作。时至今日,石田干之助的《欧人之汉学研究》和莫东寅的《汉学发达史》仍是为数不多的汉学通史性著作,这说明,海外汉学研究虽然开展了40余年,但它仍是一个亟待开垦的处女地,我们期待着由中国学者所写的《世界汉学通史》早日出版。

中国学术界对海外汉学的研究的成绩主要表现在对海外汉学的总体研究、传教士汉学史研究、国别汉学史研究和专门学科的汉学史研究这样四个方面。

对海外汉学的总体研究除了重新再版莫东寅的《汉学发达史》和日本学者石田干之助的《欧人之汉学研究》以外,作为总论性的研究共有5本:刘正的《海外汉学研究:汉学在20世纪东西方各国研究和发展的历史》(2002),何寅、许光华合著的《国外汉学史》(2002),何培忠主编的《当代国外中国学研究》(2006),王荣华、黄仁伟主编的《中国学研究：现状、趋势与意义》（2007），张西平的《西方汉学十六讲》（2011）。这5本著作对推动当代汉学研究都起到了一定的作用，《国外汉学史》《西方汉学十六讲》和《当代国外中国学研究》至今仍可以作为大学教材来阅读。严耕望先生在谈到写作历史的个案研究、断代史研究和通史研究时曾说过，年轻时主要做好个案研究，中年可以写断代史，老年后方可以写通史。这是对个人研究历史而言，对于整个海外汉学研究而言，我们仍处在青年向中年的过渡阶段，因为许多基本的汉学著作都没有译本，国别汉学史研究刚刚展开。在这种情况下是无法写好通史性著作的。因此，以上5本关于海外汉学史的通史性著作不可能达到很高的水平。但在学术的发展中，又亟须此类著作对整体研究的指导和对年轻学者的培养，这些著作又是当下学术进展中较好的著作，作为过渡性的学术著作，它们发挥着应有的作用。

国别汉学史的研究应该归入总体研究的部分来讨论，因为这类著作已经有杰出个案，开始对一个国家几百年的汉学史加以总结。

在国别中国学史研究中，美国的中国研究成果最为丰富。侯且岸的《当代美国的"显学"——美国现代中国学研究》（1995）是当代中国学界美国中国学研究的开山之作。此外仇华飞的《美国的中国学研究》（2011）、朱政惠的《美国中国学发展史：以历史学为中心》（2014）、熊文华的《美国汉学史》（上、下，2015）和张扬的《冷战与学术：美国的中国学（1949—1972）》，都是美国中国学研究的代表作。仇华飞的研究更多从国际关系学科切入，有自己独特之视角。熊文华的研究在早期美国传教士汉学和在美的华裔汉学家研究部分有其特色。张扬的著作另辟蹊径，使人对美国中国学研究有了另一个新的视角。朱政惠先生这本书应是遗著，作者生前已经完成，突然去世后，由他太太完成出版。朱政惠先生是治史学史出身，因此相比较而言，他的这本著作更为系统和完整，并给我们树立了按照中国的史学史传统研究国别汉学史的典范。他的这一研究成果是奠基在他的长期研究之上的，如他主编的《海外中国学评论》《中国学者论美国中国学》（2008）等著作和论集。朱政惠先生的高足吴原元继承导师的史学史治学传统，先后出版了《隔绝对峙时期的美国中国学：1949—1972》（2008）、《走进他者的汉学世界：美国的中国研究及其学术史探研》（2016）、《客居美国的民国史家与美国汉学》（2018）。

日本汉学史研究的开创者是严绍璗先生，代表作有《日本的中国学家》（1980）、《日本中国学史》（1991）、《日藏汉籍善本书录》（全三册，2007），《日本中国学史稿》（2009）是他的日本中国学研究的封笔之作。严先生是治中国文献学出身，后又从比较文学角度切入日本中国学研究，这成为他学问的两大特色，其一注重汉籍流播与日本中国学的关系；其二注重日本中国学的文化变异体研究。因而，他给学界树立了一个如何从比较文学角度展开海外中国学（汉学）研究的典范。

李庆的《日本汉学史》（修订本，全五册，2016年）是目前为止最为浩繁的一部日本汉学史，此书有别于严绍璗先生有两点，其一是对整个日本中国研究的定位，严绍璗坚持用"中国学"，而李庆用"汉学"作为概括；其二，李庆书中没有比较文化这个视角，侧重学术史的梳理。严绍璗先生的弟子们就日本中国学家展开的个案研究，大大深入这一领域，这里不再一一列举。

国别汉学史的研究中，阎国栋的《俄罗斯汉学史》令人关注，而阎纯德先生主编的《列国汉学丛书》中也有不少好的作品，例如，已故耿昇先生的《法国汉学史》（上、下）、胡优静的《英国十九世纪汉学史研究》、汉学家高利克的《捷克和斯洛伐克汉学研究》；有些作品创意不多，但有开拓之功，如熊文华先生的《荷兰汉学史》《英国汉学史》，有些则勉强可读，学术质量一般，如《意大利汉学史》。国别汉学史的写作需要研究者长期积累，这种中观式的研究要比个案研究困难，研究者积累不够会闹出笑话，如1995年出版的《瑞典汉学史》。

平心而论，如果将一些国别史研究和专门的个案研究结合起来阅读，就会明显感到个案研究之深入、国别史研究之粗浅。例如，将施晔的《荷兰汉学家高罗佩研究》和《荷兰汉学史》做一对比阅读，读者会感到一些国别汉学史研究著作，大都只能起到学术启蒙的作用。从学术发展的规律而言，任何通史、断代史、国别史都是建立在诸多个案研究基础上才能完成。当整个学术界的个案研究尚未展开之时，像国别汉学史这样的研究只会有开山之功，但很快会被个案研究所超越。

传教士汉学史研究是西方汉学史研究最为复杂的一个研究领域，因为这些传教士长期在中国生活，很多人长眠于中国。和那些根本没有来过中国、只是靠西方汉学的基础翻译文献展开研究的汉学家不同，他们直接用西方语言或中文写作，在中国和欧洲同时出版他们的作品；同时，也和那些当代西方汉学家只是把中国作为研究对象，而从不参与中国实际的社会变革的书斋式汉学家不同，他们直接参与明清的社会变革，他们开启的西学东渐直接影响中国近代社会的变迁。

在这个意义上，传教士汉学的著作具有双重意义：一方面，他们是西方汉学历史的一部分，是今日西方专业汉学展开的基石；另一方面，他们的著作又是中国近代思想文化史的一部分，尤其属于中国基督宗教史的一部分，是解开中国近代历史发展的钥匙。因而，传教士汉学在中外文化交流史这个领域是最为典型的研究对象。

首先是对传教士汉学的中文著作收集和整理，如朱维铮先生的《利玛窦中文著译集》开启新时期传教士中文文献整理之先河，周岩的《明末清初天主教史文献新编》（上、中、下），黄兴涛、王国荣《明清之际西学文本：50种重要文献汇编》（四卷本）、周振鹤先生主编的《明清之际西方传教士汉籍丛刊》2辑共14卷，张西平、任大援、马西尼主编的《梵蒂冈图书馆藏明清中西文化交流史文献丛刊》2辑共68册。叶农整理的《耶稣会士庞迪我著述集》开启了来华耶稣会士中外文合集整理之先河，这些传教士汉文著作的整理与出版将会对中国近代思想文化史研究产生较大的影响。

在传教士西文汉学著作的翻译上，大象出版社出版的由张西平主编的《国际汉学书系》则涵盖了来华耶稣会士的主要西文著作，从《耶稣会士中国书简集》到莱布尼茨的《中国新史》，共有40余种。2020年将出版杜赫德的《中华帝国全志》和《中国哲学家孔子》（拉汉对照版）。另外，西方中西文化交流史专家所写的马若瑟研究、白晋研究、傅圣泽研究、张诚研究著作的翻译，都大大开拓了传教士汉学研究。

在传教士汉学研究方面，张西平的《欧洲早期汉学史：中西文化交流与西方汉学的兴起》《儒学西传研究导论：16—18世纪中学西传的轨迹与影响》《交错的文化史：传教士汉学研究史稿》《西方汉学奠基人罗明坚研究》（香港）、梅谦立的《天主实义今注》《童幼教育今注》《从邂逅到相识：孔子与亚里士多德相遇在明清》、李奭学的《中国晚明与欧洲文学：明末耶稣会古典型证道故事考诠》《首译之功：明末耶稣会翻译文学论》《明清西学六论》、罗莹的《儒学概念早期西译初探：以〈中国哲学家孔子·中庸〉为中心》、王国强的《〈中国评论（1872—1901）〉与西方汉学》、陈开科的《巴拉第与晚清中俄关系》、许明龙的《黄嘉略与早期法国汉学》、谭树林的《美国传教士伯驾在华活动研究（1834—1857）》、吴义雄的《在华英文报刊与近代早期的中西关系》、苏精的《中国，开门！马礼逊及其相关人物研究》《马礼逊与中文印刷出版》《铸以代刻：传教士与中文印刷变局》都是值得细读的学术著作。

传教士汉学研究是一个复杂而广阔的研究领域，在全球化后中国与西方知识叙述和书写发生重大变化的时期，传教士汉学著作，无论其中文著作还是外文著作的双边性质，将大大拓宽中国近代历史和西方国别文化史的研究。虽然，近40年来在这个领域取得了突破性的进展，但真正从全球史的角度展开的研究才刚刚拉开序幕。

40年来海外汉学（中国学）研究的进展还表现为对海外汉学（中国学）的专门学科的研究，这充分说明海外汉学（中国学）这门域外的中国知识和中国当代知识的进展以及当代中国学术的变迁紧紧地联系在一起。这样的传统是从清华国学院开始的，吴宓在《清华开办研究院之宗旨及经过》中明确地指出："惟兹所谓国学者，乃指中国学术文化之全体而言。而研究之道，尤注重正确精密之方法，并取材于欧美学者研究东方语言及中国文化之成绩，此又本校研究院之异于国内之研究国学者也。"陈来在解释吴宓这一思想时说："近代以来，'国学'概念的使用有多种不同的用法，吴宓的提法代表了当时多数学者的用法。后来清华国学研究院的教研实践也显示出，清华国学研究院对国学和国学研究的理解，始终是把国学作为一种学术、教育的概念，明确国学研究的对象即中国传统学术文化，以国学研究作为一种学术研究的体系；在研究方法上，则特别注重吸取当时世界上欧美等国研究中国文化的成果和方法。这表明，老清华国学研究院以研究中国传统文化为本色，但从一开始就不是守旧的，而是追求创新和卓越的，清华国学研究院的学术追求，指向的不是限于传统的学术形态与方法，而是通向新的、近代的、世界性的学术发展。"汉学之国学或者与汉学互动中的国学是近代中国学术发展的重要特点，这样的传统在近40年的汉学研究中也充分体现了出来。

首先，语言学。美国汉学家夏含夷的《西观汉记——西方汉学出土文献研究概要》向我们展示了西方汉学界对中国出土文献的追踪和对当代中国历史研究新文献的关注。邹芙都、樊森的《西方传教士与中国甲骨学》则从更远的历史视角研究了西方汉学利用甲骨文的发展所展开的研究与中国甲骨学研究之间的关系。中国语言是在与外部世界的接触中不断变化和发展的，佛教的传入对汉语产生了重大的影响，同样入华传教士对近代中国语言的发展，从罗马拼音到汉语词汇的外来词，乃至语法的重新构造，都产生了重大的影响。

姚小平主编的《海外汉语研究丛书》、张西平等主编的《西方人早期汉语学习史调查》直接推动了这一领域研究的展开。杨慧玲的《19世纪汉英词典传统：马礼逊、卫三畏、翟理斯汉英词典的谱系研究》、董海樱的《16世纪至19世纪初西人汉语研究》、李真的《马若瑟〈汉语札记〉研究》、刘亚辉的《马若瑟〈汉语札记〉与〈马氏文通〉文言虚字对比研究》大大推进了近代汉语的研究。

其次，历史学。华裔汉学家是国外汉学尤其是美国中国学的重要力量之一，而改革开放以来，在国内产生较大影响的很多都是这些客居海外的华裔汉学家的著作。客居加拿大的著名华裔汉学家何炳棣的著作《明初以降人口及其相关问题（1368—1953）》《黄土与中国农业的起源》《中国历代土地数字考实》《何炳棣思想制度史论》、刘梦溪主编的《中国现代学术经典》中的《萧公权卷》《洪业杨联陞卷》等在中国史学界产生了较为深远的影响。从中国近代史的角度审视西方汉学影响的代表作是桑兵的《国学与汉学：近代中外学界交往录》，尤其是李孝迁的《域外汉学与中国现代史学》，深入地分析研究了海外汉学在中国近代学术转型中的重要影响。从中国当代学术思想史展开海外汉学研究的当属杨念群的《中层理论：东西方思想会通下的中国史研究》，全书将国内的中国历史研究和海外汉学家，尤其是美国中国学的中国史研究放在一个学术平台加以讨论。而站在中国学术立场上直接和域外汉学家展开较为激烈的学术讨论的当属葛兆光的《宅兹中国：重建有关"中国"的历史论述》。这本书在日本和西方汉学界都有较大反响，它的出版表示中国当代史家对海外汉学家的崇拜期结束了，与海外汉学家的讨论成为中国学术发展的一个重要资源。

再次，文学。对海外中国文学的研究是最为繁荣的研究领域。1985年中国社会科学院文学研究所国外中国学研究组编的《国外中国文学研究论丛》是最早关注这一领域的书籍。已故的周发祥先生主编的《中国古典文学走向世界丛书》领风气之先，周发祥的《西方文论与中国文学》，王晓平、周发祥、李逸津的《国外中国古典文论研究》，孙歌等的《国外中国古典戏曲研究》都受到好评，但丛书原计划的《国外中国古典小说研究》《国外古代散文研究》《国外古典诗歌研究》均未出版，而乐黛云先生所编选的《北美中国古典文学研究名家十年文选》、王丽娜的《中国古典小说戏曲名著在国外》、韩国学者闵宽东的《中国古典小说在韩国的研究》则弥补了周发祥先生之愿望。

21世纪以来，对中国文学在海外的研究一发而不可收，徐志啸的《中国古代文学在欧洲》、王晓路的《西方汉学界的中国文论研究》、黄鸣奋的《英语世界中国古典文学之传播》、曹广涛的《英语世界的中国传统戏剧研究与翻译》、江帆的《他乡的石头记：〈红楼梦〉百年英译史研究》、邹颖的《美国的明清小说研究》、江岚的《唐诗西传史论：以唐诗在英美的传播为中心》、吴伏生的《汉诗英译研究：理雅各、翟理斯、韦利、庞德》、蒋向艳的《唐诗在法国的译介和研究》、徐宝峰的《北美中国古代文论研究的汉学形态》、黄卓越主编的《海外汉学与中国文论（英美卷）》、王晓路主编的《北美汉学界的中国文学思想研究》、李玉良的《〈诗经〉英译研究》和《〈诗经〉翻译探微》、洪涛的《从窈窕到苗条：汉学巨擘与诗经楚辞的变译》等。这里仅仅是列举一些书目，实际的研究著作远远不止于此，由此可见这一研究领域的热闹。

这一系列的研究者绝大多数是有英语教育背景的学者，真正中文专业的学者较少，从学科而言，绝大多数是在中国语言文学下的"比较文学与世界文学"这一二级学科，这样的教育背景和学科背景使目前的海外中国文学研究绝大多数停留在译介阶段，当然从学术发展来说，即便译介也是学术发展的重要一步，应给予肯定。问题在于我们西方汉学的译介仅仅是第一步，关键在于研究，不然也会出现问题，如曹顺庆先生所说："目前在研究中国文学的领域中，国内学界也或多或少地出现了一些唯西方汉学是从的倾向，这如同二十世纪中国学术史中多次出现过的盲目跟在西学背后苦苦翻译、追风，缺乏相关研究和自身学术定位理念一样，其结果必然是学术时尚风潮一过，即烟消云散。"

当然，在中外文学关系研究中，历史学是其基础，从事中国文学传播史的学者则侧重史学，也出版了一些可圈可点的优秀著作，例如，宋丽娟的《"中学西传"与中国古典小说的早期翻译（1735—1911）》、孙轶旻的《近代上海英文出版与中国古典文学的跨文化传播（1867—1941）》就是这样较为扎实的学术著作。

对当代文学在海外的传播研究也开始引起注意，如宋绍香的《中国新文学俄苏传播与研究史稿》，夏康达、王晓平的《二十世纪国外中国文学研究》，杨玉英的《郭沫若在英语世界的传播与接受研究》。这一领域整体的分析研究也开始展开，季进的《英语世界中国现代文学研究综论》就是代表性著作。

最后，哲学。对海外中国哲学的研究显然没有对海外中国文学的研究那么热闹。美国学者姜新艳的《英语世界中的中国哲学》只是一本论文集，陈光林主编的《儒学走向世界文献索引》（全两册）显示了中国哲学界即将在世界范围内展开中国哲学研究的决心。杨平的《中西文化交流视域下的〈论语〉英译研究》、金学勤的《〈论语〉英译之跨文化阐释：以理雅各、辜鸿铭为例》、韩振华的《他乡有夫子：西方〈孟子〉研究与儒家伦理建构》、张德福的《汉学家〈论语〉英译研究》开始进入儒家文本翻译传播研究。新加坡学者赖蕴慧的《剑桥中国哲学导论》是一本国外大学的中国哲学史教材，从这本书可以看到中国哲学在英语世界中的教授与传播。已故中年学者崔玉军的《陈荣捷与美国的中国哲学研究》是少有的专题性研究。

法国的索安在中华书局出版的《西方道教研究编年史》是一个总论性研究著作，而《道教学译丛》23种则是翻译西方道教研究的著作，《国际汉学》2019年增刊发表了邰谧侠整理的《老子译本总目》，收录了全球73种语言、1576个《老子》译本。

李四龙的《欧美佛教学术史：西方的佛教形象与学术源流》是一本很好的综合研究的著作，虽然仍处在介绍阶段，但由于作者是研究佛教的专家，书中的评介仍有启发意义。李四龙的《美国佛教：亚洲佛教在西方社会的传播与转型》是目前所见到的唯一一本中国学者对西方佛教的深入研究。

相对于中国学术界对海外汉学的中国历史研究和中国文学研究来说，对海外汉学中国哲学和宗教的研究相对起步较晚，投入的力量也较少，翻译传播研究亟待扩展，专题性亟待加强。

五 对海外汉学（中国学）研究的期待与展望

近40年海外汉学（中国学）研究，翻译著作之多，研究展开之迅速，成果之丰硕，在中国当代学术研究领域是任何一个学科都难以比拟的，据国家图书馆尹汉超的初步统计，40年来翻译、研究、介绍的海外汉学研究著作数量达到3600种之多。

作为一个跨学科的研究领域，显然它已经不仅能从历史学科的中外关系史领域或者专门史领域来理解和展开，多学科的进入带来海外汉学研究的多样性和丰富性，从而形成其学术形态的复杂，很难在一篇学术综述中将其成绩与不足加以概括。我们的期待有以下几点。

历史中国与当代中国是一个完整的中国，在海外对中国的研究中，这两个中国是分离的。不少汉学家认为，历史的中国灿烂辉煌，但只存在于博物馆之中，当代中国财富横流，但政治上属于另类。在我们展开海外汉学（中国学）的研究中必须纠正这种倾向，虽然在具体的研究中每个学者是有时代和学科之分的，任何一个学者总是在一定的时段和一定的学科展开自己的研究，但在文化立场和政治态度上必须时时牢记：历史的中国和当代的中国是一个完整的中国，离开了历史，我们无法说明中国成就的智慧与思想来源；离开了当代，我们的学术研究无法为发展的中国提供学术支撑。王岐山副主席近期在国际儒学联合会的会议上讲道，"新中国70年的辉煌成就，凝结着当代中国人民的辛勤和汗水，也凝结着中华文明的智慧和精华。中华文明推崇的'小康''大同''天下为公'，与今天我们为之奋斗的中国特色社会主义事业息息相通；中华文明推崇的'重民''安民'等民本思想，与今天我们坚持的'以人民为中心''全心全意为人民服务'一脉相承；中华文明推崇的'仁义礼智信'，与今天我们倡导的家国情怀、责任担当乃至社会主义核心价值观交相辉映；中华文明推崇的'和而不同''协和万邦'，与今天我们主张的开放合作、推动构建人类命运共同体的理念思致相因。中华文明始终是中华民族生生不息的源头活水"。[①]

[①] 《王岐山出席纪念孔子诞辰2570周年国际学术研讨会暨国际儒学联合会第六届会员大会开幕式》，《人民日报》2019年11月17日。

学者在做自己的学问时，或者侧重对海外当代中国学的研究，或者侧重对海外汉学的研究，但我们评判海外汉学家的研究成果时所坚持的基本文化立场和政治态度是一个完整的中国观，而不是分离的中国观。这是在今后的研究中要格外注意的。

对海外汉学（中国学）文献目录的收集整理仍是展开海外汉学的最基础性工作，2010年中华书局出版的张海惠主编的《北美中国学：研究概述与文献资源》开启了海外汉学（中国学）文献研究的新进展。2019年大象出版社出版的《20世纪中国古代文化经典在域外的传播与影响编年》是一套值得关注的海外汉学文献学著作。这套编年共8卷本，收录了27种语言、43个国家一百年来对中国古代文化经典的翻译和研究的双语书目。这套编年目录无论在语种还是在涉猎的地区范围上，已经大大超越了《考狄书目》和《袁同礼海外中国学书目》，尽管如此，海外汉学（中国学）的文献学研究仍亟待加强，这是本学术领域发展的基础。

在海外汉学经典著作的翻译和整理上仍需努力，尤其是非英语国家的汉学研究名著亟待翻译，因为仅仅靠英语世界的汉学成果，我们是描绘不出一个完整的世界汉学历史全图的。特别是对"一带一路"沿线国家的中国研究应给予高度关注。所有的学者都应明白中国学术的进步是需要几代人才能完成的，我们应站在中国学术的全局，一代接一代地把世界各国的汉学名著翻译成中文出版。我们应鼓励更多的熟悉法语、德语、意大利语、瑞典语、印地语、波斯语等语种的学者转入海外汉学研究，并像已故的冯承钧、耿昇先生那样，献身于基础汉学著作的翻译。我们向所有安于寂寞、献身学术、从事汉学名著翻译的学者致敬。

汉学的存在标志着中国的学术已经是一个世界性的学术，汉学研究的成果已经不再仅仅作为一个"外学"，如外国文学、外国哲学、外国国别历史那样，仅仅作为一种知识产品丰富我们对世界学术的认识。晚清以来，中国历史的自然发展因西方国家的入侵而打断，同时，中国的文化与知识的叙述也再不能用经史子集这样的框架来表达，从四部到七科，中国现代学术体系和表达形式发生了根本性的变革。西方汉学，此时作为西学进入我们的知识和文化重建之中。因此，如果搞不清西方汉学的历史，我们就说不清中国近代的历史与知识重建的历史。

同样，20世纪80年代以来，西方汉学再次大规模进入中国学术界，同样深刻地影响着我们知识与文化的变革与表达，只要提一下美国华裔汉学家夏志清的《中国现代小说史》对当代中国文学写作的影响就知道了。

在这个意义上，海外汉学不仅仅在海外，同时内在于我们的近代学术史和当代学术史之中，为此，我将海外汉学研究说成是一种"内外兼修之学"，意在表达它作为一个学术体系和知识系统对于中国学术的内在性。随着中国的崛起，我们必须对近百年来中国学术史重新书写，因此，我殷切地期望中国学术界从事中国文学、历史学、哲学学科的研究者在重建中国学术的书写中，应内在地把汉学研究的历史和知识、思考与成就放入自己的研究框架之中，将对海外汉学的吸收与批判放入自己的研究计划之中。

同时，希望目前从事中国文化历史外部传播研究的学者、从事海外汉学史研究的学者，能跳出单纯的译介研究、传播研究和汉学史研究，更为主动地回到本土学术立场，提升本土学术的知识能力和思想能力，参与到当代进行中的中国学术重建的事业之中。

经过40年的努力，中国学术界已经走出了对海外汉学陌生的阶段，因而长期存在的追随海外汉学的倾向应该结束了，平等地与汉学家对话、务实地与汉学家切磋学问的时代开始了。一些汉学家认为中国学术界只能提供知识材料，而解释中国的理论由他们来创造的态度应该放弃了。中国的学问，中国学者具有无可替代的优势，同时，近百年来中国学术界所积累下的学术成果，包括当代中国学术界在中国文史哲研究领域所取得的成就应该获得海外汉学家们的尊重。

开展一个批评的中国学有赖于中国学术界对汉学研究的深入展开，有赖于中国学术界各个专业学者进入汉学研究这个领域，与汉学家展开对话。唯有如此，中国学术才能在世界上真正展开，对汉学的研究才能从介绍研究发展到真正的学术研究阶段。西方一些汉学家再也不能轻视中国学者的研究。让东方学回到东方，汉学研究回到其故乡，这是很自然的。

文化自觉和学术自觉是我们展开域外中国学研究，展开西方汉学史研究的基本出发点；开放与包容的文化精神是我们对待域外汉学家的基本文化态度；求真与务实的批判精神是我们审视西方汉学的基本学术立场。

（原载《国外社会科学》2020年第1期）

新时代海外中国学学科发展的四重维度

吴原元

进入 21 世纪的第一个十年以来，弘扬中国传统文化、大力推动中国文化走出去成为时代之潮流。党的十九大更是庄严宣告，进入特色社会主义新时代的中国，正坚定而自信地走向世界舞台中央，当代中国人应该担负起新的文化使命，构筑中国精神、中国价值、中国力量！时代发展到今天，重塑中国文化自信，倡导中国文化走出去已成为时代最强音。与之相伴随的是，中国学术界业已开始构建一套对中国社会和现象更具解释力，同时又富继承性和民族性的理论体系。对于海外中国学研究来说，这既提供了前所未有的新机遇，亦提出了新使命。

正是在这样一个时代环境之下，海外中国学研究呈现蓬勃发展之势，已成为名副其实的"显学"。各大学及科研院所纷纷成立海外中国学研究机构或中心，相继推出多本专业性学术杂志、丛刊、集刊，并出版了列国汉学史、海外中国学史、海外汉学史等诸多丛书。笔者仅粗略统计，国内的海外中国学研究机构或中心已有五十多个，各种期刊、集刊和丛刊等则不少于十多种。不仅如此，国内不少高校经国务院学位委员会批准已可自设海外中国学研究的硕士点和博士点，培养海外中国学研究方向的专业人才。有关传教士汉学、域外"中国形象"及历史变迁、中国典籍和文学作品在域外的译介与传播以及海外中国史学、海外中国女性史、海外中共党史、海外中国宗教等专题的研究成果层出不穷。

在海外中国学研究呈现一派欣欣向荣之时，对海外中国学研究及其学科发展的质疑和批评之声却并未消失。有学者谈到中国的历史文化研究时，似乎唯有中国学者掌握最丰富的史料宝藏，最了解、最懂得中国历史文化，无论是东洋学者，还是西洋专家，皆是门外之谈。在他们看来，域外学者仅凭其所具有的汉籍之部分知识或在华之一时见闻而欲论定千古，常如隔雾看花，难求其情真理得，因此没有必要推介海外学者的研究。还有学者则批评认为，今天中国学术界要致力的不是模仿西方，而是要建构自己的理论体系；亦有学者认为，海外中国学研究虽具有"他山之石，可以攻玉"之价值，但国内的海外中国学研究仅停留在肤浅的介绍，缺乏深入且具学理性的探讨。更有学者对海外中国学研究持完全否定之态度，将域外汉学研究称为"汉学主义"，认为对域外汉学的翻译和介绍是"自我学术殖民"。

这些批评，虽然并不客观，却不能不令人深思。如果从莫东寅1949年出版的《汉学发达史》算起，海外中国学研究已有近70年历史；如果从李学勤、严绍璗、张西平、朱政惠、阎纯德、何培忠等先生于二十世纪九十年代倡导海外中国学研究学科化算起，则海外中国学研究作为一门学科亦走过了近三十年的历程。然而，对于海外中国学研究依然有如此尖锐的质疑和批评。这些质疑和批评无疑是一剂清醒剂，它在提醒我们需要进一步深化和拓展海外中国学研究的学科内涵。本文拟就此谈一点个人浅见，不当之处，还请方家批评指正！

一 加强海外中国学研究的目录建设

目录是治学的基础、研究的指南。利用目录是作任何研究的第一步。借助目录，既可以确定前人有无做过相同或相近的著作，又可提供相近的著述以丰富内容，同时依靠各种目录以尽可能搜集完备的资料。美国中国研究在其发展之时，出版了《中文参考书目解题》（*An Annotated Bibliography of Selected Chinese Reference Works*，1936）、《近代中国：1898—1937年中文著作目录指南》（*Modern China: A Bibliographical Guide to Chinese Works, 1898—1937*，1950）、《西方文献中的中国：续考狄中国书目》（*China in Western Literature-A Continuation of Cordier's Bibliotheca Sinica*，1958）以及《哈佛大学馆藏中美关系史中文资料调查：1784—1941》（*American-Chinese Relations, 1784—1941: A Survey of Chinese Language Materials at Harvard*，1960）等为数众多的汉学书目及馆藏汉学文献索引。费

正清（John K. Fairbank，1907—1991）曾就《近代中国》这部目录指南这样评价道："只要我手头持有这本书，我就能随时告诉我的任何一个学生他应找的中文原始资料的有关情况，并让他知道如何去找。它就像使人多了一部分大脑一样，不仅可以随身携带，而且还要来得可靠得多。"① 这或许即是在20世纪初还是汉学"荒村"的美国中国研究能成为世界中国研究中心的原因之一。

对于海外中国学研究而言，亦需如此重视目录建设，甚至这已成迫在眉睫之事。之所以如此，其原因有二：一是，随着中国崛起，域外有关中国的研究著述急剧增加。有学者统计，在伯克利校园图书馆所藏的 DS 类图书中，出版时间为 2000—2010 年的关于近现代中国历史研究的英文图书（不包括中文）共有 1776 册。② 有关中国的日文、法文、德文、俄文等著述，则无从计数。自考狄（Henri Cordier，1849—1925）的《西人论中国书目》（*Bibliotheca Sinica*，1881）、袁同礼（Yuan Tung-li，1895—1965）的《西方文献中的中国：续考狄中国书目》（*China in Western Literature-A Continuation of Cordier's Bibliotheca Sinica*，1958）等出版后，国内虽曾出版了杨诗浩主编的《国外出版中国近现代史书目》、马钊主编的《1971—2006 年美国清史论著目录》（2007）等书目。但前者出版于 1980 年，后者则是专题性书目。对 1960 年代以来域外中国研究文献，东西方学界事实上没有再进行过系统性梳理。二是，目前国内的海外中国学研究者，往往比较注意朝前看，对过去的成果和经验关注甚少。学术的生命力在于创新，但创新的前提与基础是继承。没有继承，就谈不上创新。自晚清民初以来，王国维、陈寅恪、胡适、陈垣等即已对海外汉学投以关注，其研究成绩事实上并不菲。笔者粗略考察，仅 1949 年以前，中国学者评述域外汉学著作的书评即不下近百篇。但令人遗憾的是，国内学界至今没有编纂一部关于海外中国学研究的索引目录或编年史。

有学者认为，编纂目录已是"陈年老黄历"。当今时代是一个高度信息化、数据化时代，学者如需查找文献，完全可通过各种网络数据库。此

---

① ［美］费正清：《费正清对华回忆录》，陆惠勤等译，上海知识出版社 1991 年版，第 398 页。

② 梁怡：《21 世纪前十年美国的中国学研究》，《中国社会科学报》2011 年 1 月 25 日。

观点虽有些道理，但也未必尽能。事实上，并非所有文献都已数据化，仍有相当一部分文献无法通过数据库查找；同时，网络数据库的查找多通过关键词、篇名、作者等进行检索，这种检索的前提是已确知所要寻找的，但有许多是检索之前并不知晓，这必然导致大量遗漏；再者，索引目录不仅可完整呈现学界已有研究成果，更将为研究提供极大便利，正所谓"一册在手，信息尽收囊中"。

正是因为目录仍具不可替代的意义，国内不少学者致力于海外中国学研究的目录建设。朱政惠先生曾主持完成"海外中国学研究中外文资料调查"的课题，"海外中国学研究之中英文论著目录"即是其中成果之一。北京外国语大学的张西平教授带领其团队致力学术调查，将目录编制作为主要任务之一。在与德国汉学家魏汉茂（Hartmut Walravens）的合作下，再版了被誉为西方汉学目录奠基之作的《西人论中国书目》，并在全球范围内首次增加了索引卷。上海社科院的马军研究员，则致力于搜集与整理1949年以前中国学术界译介海外中国研究的文献目录编纂，先后在《海外中国学评论》《国际汉学》等刊物上发表了其已完成的有关1949年前中国学术界译介美国汉学、德国汉学、俄苏中国学、瑞典中国学的文献篇目汇编以及译介意大利旅行家马可波罗（Marco Polo，1254—1324）、瑞典汉学家高本汉（（Bernhard Karlgren，1889—1978）、日本汉学家加藤繁（1880—1946）的篇目汇编等成果。

中国学术界所做的这些努力还远远不够。要深化和拓展海外中国学研究，在目录方面仍有许多亟待着手之事。比如，开设专门介绍域外中国研究动态，尤其是域外中国研究论著提要简介的刊物或栏目。早在民国时期，《图书季刊》《史学年报》《清华学报》《燕京学报》等学术期刊即刊有域外汉学著述的介绍，燕京大学主办的《史学消息》仅在1936—1937年就刊有"日本东洋史学论文提要""现代日本东洋史学家的介绍""西洋汉学论文提要""各国关于汉学新刊书目""欧美汉学研究文献目录"等介绍域外汉学资讯的文章。又如，编纂一部系统梳理近百年来国内研究海外中国学的论著目录和编年。编纂目录和编年，一方面可借此对20世纪这百年来国内的海外中国学研究史进行全面系统的盘点和梳理；另一方面亦便于学者了解前人所作研究概况，以避免作无谓的重复劳动。再如，编纂新的域外中国学家名录。国内学术界曾出版《日本的中国学家》《美国中国学手册》《俄苏中国学手册》《世界中国学家名录》以及《北美汉学家辞典》等，但这些工具书几乎都出版于二十世纪。21世纪以来，海外中国研究领域内涌入一大批新生代学者，编纂新的域外中国学家名录已成当下之所需。另外，可继考狄、袁同礼之后再续编西人论中国书目。美国曾出版《美国的亚洲研究博士论文目录：1933—1962》（*American Doctoral Dissertations on Asia, 1933—1962*，1963）、《西语中国研究博士论文目录：1945—1970》（*Doctoral Dissertations on China: A Bibliography of Studies in Western Languages, 1945—1970*，1972）、《中国研究博士论文目录，1971—1975》（*Doctoral Dissertations on China, 1971—1975*，1978）等，并在1976年至1989年期间连续出版《亚洲研究博士论文目录》（*Doctoral Dissertations on Asia*）定期刊物，我们可据此整理制作较为完备的西语中国研究博士论文目录。美国亚洲学会亦曾出版《亚洲研究的累积目录，1941—1965》（*Cumulative Bibliography of Asian Studies 1941—1965*，1970），我们同样可在此基础上，就中国研究书目及西语期刊中的中国研究论文进行整理编目。目录的编撰不仅是件"苦力工作"，甚至被认为"没有学术含量"而遭轻视。然而，"为人之学"的目录编纂，对海外中国学研究来说却是学科发展的基础，这亟待引起我们的重视并加强建设。

二 倡导学术批评性的海外中国学研究

中国近代以来的学术体系实始自于1920年代以来对西方的模仿。中国学术在引进西学的同时，助长了一种新的思想定见的形成，即凡是西方的都是"进步"的，凡是中国的都是"落后"的。因袭照搬西方话语，也就成了中国学术"进步"的标志，造成20世纪以来中国学术越来越"西化"。许多学者已习惯"仰头看西方"，迷失了自我，成为西方学术的"传声器"，放弃了学术应有的主体性和批判性。每一次美国汉学模式的转换，从冲击反应到中国中心观再到市民社会及文化人类学，中国学界都顺势出现与此相应的研究热潮，汪荣祖批评其在"跟着西方的风向转"[①]。葛兆光亦批评说，"缺少平等而尖锐的批评，也许是这些年再次国门开

---

① 盛韵：《汪荣祖谈西方汉学得失》，《上海书评》，2010年4月18日，"访谈"，第2版。

启，中国学者又轮回到了晚清'视西人若帝天'的时代罢，我们看到'跟风太多'，以至国内学者以为外国的一切都好，只有亦步亦趋鹦鹉学舌"。①

对于域外中国研究著述，我们必须清醒地意识到，它有其特有的文化和学术背景，不能拿来就用，因为在不同学术传统中的概念和方法的转化和使用必须经过严格的学术批判和反思才行。如果不对域外汉学著作进行学术性批判，我们不可能摸清其思路与方法，了解其话语和特点，学习其经验与长处，中国学者就不可能同国际汉学界进行真正的对话，在国际汉学界中国只能是缺席者；更为重要的是，引进域外汉学的目的是为了我们自身学术和文化的变革与发展。如何立足中国本土的学问，在借鉴汉学的域外成果上，从我们悠久的文化传统中创造出新的理论和方法，这才是我们真正的追求所在。如果我们仅限于介绍西方汉学走马灯似的各类新理论、新方法，我们自己则成了西方的东方主义的一个陪衬，失去了自己的话语和反思的能力。因此，我们在开展域外中国学研究之时，亟需建立一种张西平先生所倡导的的"批评的海外中国学研究"，即"站在中国学术自身的立场，在开放的态度下与域外汉学界展开对话；从跨文化的角度对域外汉学的历史展开研究，对西方汉学的西方中心主义和基督教本位主义给予学术的批判。同时，对当代的域外中国研究也应采取实事求是的态度，吸取其研究之长，批评其研究之短，在平等的对话中推进中国学术的建设和研究"。②

那么，如何方能建立起"批评性的海外中国学研究"？笔者以为，首先需要具有学术自信与自觉的意识。无论是域内还是域外的中国研究，都是以中国为研究的本体。作为以中国为关照对象的学问，中国学人理应拥有比域外学人更具阐释力的话语权。相对于域外研究者而言，作为生于斯长于斯的中国学人本身即拥有西人所无法具备的语言优势和"局内人"的洞察之优势。在中国研究领域，中国学术缺乏的并不是研究的深度和见解，而是没有自信。自信是批判的前提，唯有具有学术自信与自觉的意

---

① 葛兆光：《从学术书评到研究综述——与博士生的一次讨论》，《杭州师范大学学报》2012年第5期。

② 张西平：《一个平等对话的时代开始了》，《中国社会科学报》2015年7月28日。

识，方能在思考的基础上进行分析与批判。当然，这种学术自信与自觉并非走向盲目的排斥、一味否定的另一种极端，而是提醒我们应站在中国学术立场对域外中国研究进行富有学术性的考辨与批判，为中国学术自身发展提供镜鉴。其次，需要海外中国学研究领域之外的专业学者积极就域外中国研究著述作深度学术批评。当下的中国学界，由于学术性书评没有纳入学术成果的评价机制之内，造成专业学者不愿对域外研究著述进行深度学术评述；与此同时，专事海外中国学研究的学人，则又受专业限制无法对所有域外研究著述进行学术批判。建立批评性的海外中国学研究，实需专业学者积极介入海外中国学，对与其专业相关的域外研究著述及时作出批判性回应。在这方面，民国学人为我们提供了有益的范例。彼时，域外每有汉学新著出版，相关专业的学人多会撰著书评对其进行评述。例如，美国汉学家德效骞（Homer H. Dubs, 1892—1969）译注的《前汉书》出版后，专事五朝史研究的王伊同撰写了长达44页的书评，对其优点和所存错讹进行详细评述；美国汉学家卡特（Thomas Francis Carter, 1882—1925）的《中国印刷术源流考》（*The Invention of Printing in China and Its Spread Westward*, 1925）出版后，专事中国文化与制度史研究的邓嗣禹发表了长达21页的书评，指出其在史料的博雅及解读上所存在的优劣得失。正是建立在对域外汉学的深度批判基础之上，民国学者成为国际汉学界不可或缺的一员。另外，需搭建开展学术批评的平台。环顾目前中国的学术出版物中，没有一份专门对域外中国研究进行批评介绍的刊物，甚至与之相关的学术栏目亦不多见。这样的学术环境，不仅使针对域外中国研究著述进行学术批评的文章难觅发表园地，亦不利于形成对海外中国研究开展学术批评的氛围。1945年，著名史家杨联陞曾向即将出任北大校长的胡适建议，出版一个像"史学评论"一类的特别注重批评介绍的杂志，他认为中国需要很多像伯希和（Paul Pelliot, 1878—1945）一类的"汉学界的警察"。杨联陞的这一建议，亦是当下海外中国学研究界所急需。唯其如此，才能真正建立起一个既富学术深度又富批判性的海外中国学研究。

三 重视海外中国学的学术史研究

对于如何开展海外中国学研究，李学勤、严绍璗、葛兆光、朱政惠、张西平等都有过深入思考。比如，李学勤先生认为对海外中国学的研究应该是学术史研究、思想史研究，他强调对海外中国学演变和发展规律的探讨，尤其关注中国学术思想对海外中国研究中的影响及其演变特点问题。① 严绍璗先生强调中国学者需要在"文化语境观念""文学史观念"和"文本的原典性观念"上，作出深刻的反思，要关注海外中国学研究的"文化语境"、树立"学术史"观念，重视研究文本的原典性问题。② 葛兆光先生认为，海外中国学研究本质上是"外国学"，"因其问题意识、研究思路乃至方法常常跟它本国的、当时的学术脉络、政治背景、观察立场密切相关。所以我们第一步就应该把'中国学'还原到它自己的语境里去，把它看成该国的学术史、政治史、思想史的一个部分"。③ 朱政惠先生从史学史的进路出发，视海外中国学研究为学术史研究，强调将其递嬗演变放在社会与思想的历史背景中考察，认为对海外中国学的研究要注意和这个国家的政治历史、中国的国际地位和国内状况、中国与相关国家的关系史、国际学术思潮、这个国家的民族文化及其母体语境、研究对象的背景和人物特点等相结合。④ 张西平先生提出应用历史学的、学术史的和比较文化的方法，在对海外中国学展开具体研究时应注意了解各国中国学研究的历史与传统、海外中国文化研究的学术背景和文化背景，同时积极与海外中国学展开学术互动，建立学术的自信与自觉。⑤

上述先生所倡导的这些研究理念，无一例外都强调要高度重视从学术史的角度开展海外中国学研究。在笔者看来，在新时代的今天依然需要重视并加强对海外中国学的学术史研究。龚自珍在其《尊史》中说："尊之所归宿如何？曰：乃又有所大出入焉。何者大出入？曰：出乎史，入乎道，欲知大道，必先为史。"读史的人要能"入"，又要能"出"——要进入历史内部，曲尽它的一切事实（"入"），然且又要置身其外，观其大

---

① 此为李学勤先生在华东师范大学海外中国学研究中心于2006年6月举办的"20世纪上半叶的美国中国学"学术研讨会上的发言。
② 严绍璗：《对海外中国学研究的反思》，《探索与争鸣》2007年第2期。
③ 葛兆光：《海外中国学本质上是"外国学"》，《文汇报》2008年10月5日。
④ 朱政惠：《近30年来中国学者的海外中国学研究：收获和思考》，《江西社会科学》2010年第4期。
⑤ 张西平：《如何展开海外中国学的研究》，《寻根》2016年第1期。

体，了解其意义，细味其大势……（"出"）。其实，龚自珍的"大出入"理论，同样适用于海外的中国学研究。对于他国的汉学研究或中国学研究，我们既需要了解其历史起伏和发展演变的大致脉络和轮廓；同时，又需要置身于其中，尽可能了解其对中国历史、文化、哲学、社会、宗教的具体研究或一个个具有代表性中国学家的具体个案研究。如此，我们才能避免空洞的泛泛而谈，亦避免沉醉于琐碎之细节。

当然，要真正对海外中国学作深入的学术史考察，研究者不仅需要熟知研究对象国家的汉学历史与思想文化史，亦需熟悉中国本土知识和文化，了解当代中国学术研究之进展。用张西平的话说，就是研究者需要"内外双修"。[1] 缘于此，时至今日，我们的大多数研究仍停留在对海外中国研究的简单梳理。对各国汉学发展史及汉学家进行"平面化"的条陈式梳理，以鸟瞰域外中国研究之总体概况，这仍是我们所需要的。然而，海外中国学研究作为一门学科，它必须开展富有深度和学术内涵的研究。如此，海外中国学研究方能被称为一门学科。笔者以为，要对海外中国学作富有深度和内涵的学术史研究，必须关注他国汉学研究或中国学研究的转型以及其主流与潜流之关系。正如葛兆光所言，真正意义上的学术史要讨论的有以下几个方面：第一，学术史要说明今天我们从事的现代学术，是怎样从传统学术中转型而来的？也就是说，学术转型是一个重点；第二，学术史要指出这一学术转型的背景和动力是什么？是域外刺激，是学术制度变化，是新资料新方法的推动，还是政治情势、国家危机和国际环境的作用？第三，学术史还要说清楚一个时代学术研究的趋向、理论和方法，什么是重要的，什么是改变的，什么是显著的主流，什么是被压抑的潜流？在他看来，"只有这样，学术史才能够给今天的学者指明，过去如何变成现在，现在又应当如何变成未来！"[2]

在重视关注一国汉学之学术转型之同时，我们亦可结合其他学科所出现的新研究理路，深化海外中国学的学术史研究路径。举例言之，概念史

---

[1] 张西平先生在中国比较文学海外汉学学会与上海外国语大学英语学院于2018年6月22—23日联合主办的第二届"全国高校国际汉学与中国文化外译学术研讨会"上作主旨发言时所提。

[2] 葛兆光：《谤听余音》，载《余音：学术史随笔选1992—2015》，广西师范大学出版社2016年版，序言。

是一个近年来受到不少人青睐的研究方法。它所查考的是不同文化中的重要概念及其发展变化，并揭示特定词语的不同语境和联想。在海外中国学研究中，我们可应用概念史的研究方法，对海外中国研究中的重要概念及其变化进行梳理和考证，解读其变化背后的历史缘由。有学者就应用概念史的方法，查考"中华帝国"这一概念在西方的起源，梳理欧洲建构"中华帝国"话语所经历的历史过程。[1] 又如，新文化史研究作为一种新的研究方法和研究视角，是将社会的和文化的历史作为一种整体加以看待，不以追究事实真相为研究的唯一目的，而是强调思考过程的研究。我们可藉由新文化史的研究理念和方法，从书籍史和阅读史的角度切入，考察海外中国研究著述在其本国的接受和阅读，尤可探讨其在国际间的流布、评议及影响，并解读不同评价背后的思想文化。再如，在以跨文化方法研究中国文化对外传播时，我们可考察中国文化传播到域外的路径方式及其在域外的译介研究，同时更应关注异域文明对中国文化的内化接受情况；对于海外中国学家的研究，需要对其人生历程和学术历程等进行平面化梳理，更需要借助"人际交往网络"或"知识环境史"的视角，探讨他的学术和人际交往圈或其成长的知识环境，从而在学术史和文化语境的观照下对其学术思想史作深入探讨。总之，唯有秉持"学术史"和"文化语境"之理念，尝试运用新的研究方法和视角，进行交错的"立体式"研究，方可能建构起真正具有学术史和文化语境意义的海外中国学研究。

四 推进不同研究领域和方向的交流与融合

海外中国研究涉及的范围非常广，既包括对中国传统历史文化的研究，亦包括对当代中国政治经济社会的研究，举凡中国的历史、文学、哲学、政治、经济、社会、军事等，都在其研究范围之内。朱政惠先生认为要对海外中国学开展研究，只能是各个学科按照自己的学科规范对其进行

---

[1] 陈波：《西方"中华帝国"概念的起源（1516—1688）》，《四川大学学报》（哲学社会科学版）2017年第5期。

探讨，倡导"化整为零""各个击破"。① 自20世纪90年代以来，海外中国学研究大多是依托某一学科，按照其学科的规范和方法展开研究。比如，有从史学史和史学理论学科出发对海外中国历史研究专家、海外中国历史著作、海外学者中国观及其史学理论、史学方法、史学机构沿革等进行研究；有从比较文学的学科方法论出发，探讨中国文化域外传递的轨迹和方式以及进入对象国后的传播及其变异的状态；有从翻译学学科出发，注重探讨域外对中国典籍或文学作品的翻译，以及不同翻译策略背后所隐含的思想文化意义等。

依托各自学科的规范和方法，无疑有助于推动海外中国学研究的开展。与之同时，亦存在不容忽视的问题。域外中国研究注重跨学科，倡导在从事中国研究时应采用多学科的理论与方法。费正清在推动中国研究时，就呼吁应"在历史学家、语言学家、考古学家、艺术史或是文学家们所熟悉的汉学方法基础之上增加一些人类学、社会学、经济学和政治学方面的技巧"。② 这或许就是域外的中国研究，能够提出新颖理论和观点的原因所在。正如王汎森所说，"西方汉学的长处是在建构、理论、框架、比较的视野，以及说出某一个东西比较广的意义"，它们是"以众学来治一学"。③ 如果仅按照某一学科理论和方法来开展海外中国学研究，不仅无法对其进行正确解读，更无力对其理论观点进行应有的学术批判。

张西平先生曾就西方汉学分析指出，"在西方有一种误解，似乎当代中国研究和历史中国研究是对立、分割的。有西方学者认为历史中国灿烂辉煌，但已消失，只存在于博物馆里；当代中国经济成就伟大，但由于政治体制不同，无法产生亲近感。"他认为，"对西方汉学界来说，打通历史中国和当代中国的视域界限，用完整的中国观深化汉学研究非常重要。"④ 澳大利亚著名"中国通"陆克文（Kevin Rudd）亦就西方汉学所存问题表示，"汉学在内部建立了很多派别，这些派别要么叫做古典中国

---

① 朱政惠、吴原元：《近二十年来国内海外中国学研究的基本状况及若干思考》，《汉学研究》2007年。
② Edwin O. Reischauer, John K. Fairbank, "Understanding the Far East Through Area Study", *Far Eastern Survey* 17.10 (1948): 122.
③ 王汎森：《海外汉学研究的长短之处》，《新京报》2013年10月16日。
④ 毛莉：《用完整的中国观深化汉学研究》，《中国社会科学报》2014年8月18日。

学，要么叫作现代中国学；有可能是儒家学者，也有可能是唐史学家，相互之间不能集大成。甚至有的派别是中国经济方面的专家，但是他们没有把对中国经济的理解和中国的政治、经济状况结合起来，不能理解中国政治中的核心概念。"他认为，"在汉学领域发展出这么多的专业是一件好事"，但"应该对中国有集大成的分析"。① 他们虽是就域外中国研究而言，笔者以为这亦是国内的海外中国学研究面临的问题所在。在推进以各自学科的规范和方法开展海外中国学研究时，我们如何建构起所研究对象国的完整中国学图谱，如何用整体性视阈观照和深化所探讨对象国的中国研究。

陆克文就未来汉学发展提出应倡导"新汉学"，必须"打破过去很多年来所形成的各个专科之间的人为的壁垒和藩篱"，以形成对中国的"更大的全局观"。未来的海外中国学研究亦应如此。面对涉及如此多领域的海外中国学，我们仍需以具体学科为依托展开研究，舍此别无他法。然而，在此基础上，我们亦必须高度意识到推进不同学科及研究领域的交流与整合之必要性。就像费正清倡导以"区域研究"开展中国研究那样，在致力推动经济学、政治学、法学、人类学等学科涉入中国研究之同时，亦强调各学科在开展中国研究时的融合。在他的努力之下，曾专门组织"中国研究与社会科学学科"讨论会，来自不同学科领域的学者就中国研究的学科融合进行讨论。牟复礼的观点颇具代表性，他认为无论是语言文字、哲学还是社会学、经济学、人类学等，都"只是一个更大的研究领域的分支"，"我们必须把它们当作工具而不是偶像，或者再借用地理比喻来说，必须把它们看作是地图上的完美线条而不是标明中国文明实际划分的沙漠和海洋。"② 正是基于这样的认识，倡导运用多学科理论和方法，注重各学科理论方法的融合在美国中国学界蔚然成风。

如何推进海外中国学研究内不同领域和方向的交流与融合？笔者以为，首先应打破"学科拜物教"，树立交流融合之意识。史华慈曾精辟指

---

① 陆克文：《新汉学，让世界读懂"学术的中国"》，《中国社会科学报》2017年12月15日。

② Frederick W. Mote, "The Case for the Integrity of Sinology", *Journal of Asian Studies* 23.4 (1964): 533.

出,"如果一个修养有限的人只会机械地应用某种孤立的'学科'方法,而这门学科又是狭隘地孕育于某种自我封闭的文化'模式'或'体系'(无论是当代的还是'传统'的),那么往往都会得到呆板甚至荒谬的结果。"[1] 其次,在培养海外中国学研究的专业人才时,应有意识地鼓励其跨学科的知识视野。另外,应倡导"合作研究方法"。比如,可由依托不同学科及方法论的中国学研究者组成合作研究小组,定期举行研究讨论,进行学科观点的交流。跨学科研究和多学科方法理论的融合已是当今人文社会科学发展之趋势,唯有形成有效的交流与融合,海外中国学研究才能走向深入。

今天的时代,是一个急剧变革的时代。伴随着时代变革,海外中国学研究正面临全新的时代环境和使命。作为一门学科,唯有勇于作出革新,担负起所应承担的使命与任务,方能拥有美好明天。在新时代里,海外中国学研究只要继续坚持不懈,朝着上述方向不断努力,取得实质性突破,富有学术内涵和深度的海外中国学研究之"春天"一定会到来!

(原载《国际汉学》2018 年第 4 期)

---

[1] Benjamin Schwartz, "The Fetish of the Disciplines", *Journal of Asian Studies* 23.4 (1964): 537 – 538.

学科定位篇

作为专门学科的国际汉学研究

李学勤

2001年9月6日至9日，北京外国语大学在其60年校庆之际，举办"世界著名大学汉学系主任（汉学家）国际学术研讨会"。这是一次国际汉学界的盛会，会议的主旨，如其邀请函上说的，是要"推动海外汉学界与中国学界的互动，加强汉学研究与汉语教学的联系，并从整体上推动中国文化的研究"。我提交会议的论文题目，原拟作《作为专门学科的汉学史研究》，后来仔细考虑，就改成《作为专门学科的国际汉学研究》了。对于"汉学""汉学史""国际汉学研究"这样几个词，我想在这里说明一下。"汉学"，英语是Sinology，意思是关于中国历史、文化、语言等的研究。把Sinology译为"汉学"，早已约定俗成，现在在中国也比较习惯了。但中国国内讲的"汉学"，主要是指外国对中国的研究，有时严格一点，称作"国际汉学"或"海外汉学"。因此，"汉学史"便是国际汉学形成和发展的历史，是把重点放在汉学的过去。至于"国际汉学研究"，意思更为广泛，不仅研究汉学的过去，也包括汉学的现状，甚至未来。"国际汉学研究"，是对汉学本身所做的考察和研究。众所周知，国际上的汉学，从16世纪后期（相当于中国明代中叶）开始产生算起，已经有了400多年的历史，今天世界各国的重要大学，都有汉学的系科或研究所，国际汉学早已成为世人公认的学科了。但是，国际汉学研究，即对汉学历史、现状的研究，则在20世纪80年代以后，才在我们这里兴起。随着改革开放的浪潮，中国恢复了与国际汉学界的交流，中国学术界迫切要求了解国际汉学。

工作首先是从介绍汉学现状、编写汉学家人名录起始的，然后开展了汉学论著的翻译出版。这可说是第一阶段。到了90年代，在清华大学、北京语言文化大学、北京外国语大学等单位，先后建立了经常性的国际汉学研究机构，同时，《国际汉学》《清华汉学研究》《世界汉学》等刊物也陆续出版。引人注目的是，1995年，中国社会科学院在海南召开了"中国国际汉学研讨会"，随后又有一系列国际性的汉学会议于国内举行。这可说是第二阶段。及至20世纪结束，中国的国际汉学研究已经真正成为一个新兴的专门学科了。国际汉学研究作为一个学科的迅速成长，是由于它适应了中国学术界以及社会公众的需要。人们希望知道，外国汉学家是怎样看待和研究中国的。我认为，国际汉学研究这一学科，至少应当回答以下六个方面的问题：第一个问题，是汉学如何起源，迄今走过了怎样的发展道路？这个问题是上面说过的汉学史的领域。过去这方面的研究作品比较多，有关学者的目光大多被引向古代，热衷于探索古代欧洲人对中国有多少知识，什么时候有西方人来到中国，对中国做出哪些记述，等等。这种问题现在仍受到关注，比如这几年对《光明之城》（*The City of Light*）的热烈讨论，就是例子。不过大家更希望知道的，乃是近现代汉学的发展。近几年有几本写得很好的分国别的汉学史出版，但仍然没有一部汉学的通史。中国人写的汉学通史，还是只有1949年莫东寅根据日本石田干之助《欧美的中国研究》等编著的《汉学发达史》。

新写汉学通史的工作，看来已是迫不及待。第二个问题，是汉学对中国历史、文化、艺术、语言等方面，已经做出了哪些研究？汉学的第一种著作，是1583年在罗马印行的西班牙传教士门多萨（Juan González de Mendoza）的《中华大帝国史》。同年，利玛窦（Matteo Ricci）来到中国，他与不曾亲来的门多萨不同，不仅直接接触了中国文化，而且学会了汉语。他的著作与札记表明，他对中国的传统文化已经有了比较深入的研究。从那个时候起，汉学有了十分丰富的文献积累。到了近代，汉学越来越专业化。汉学家对于中国文化的诸多方面，都提出了自己的见解，有许多我们需要借鉴的成果。现在世界上每年每月均有大量汉学论著出现，而中国学者的研究如果不征引外国同行的成说，应当视为缺憾。了解国际汉学的工作动态，是中国学术界的需要。第三个问题，是汉学家及其著作是在怎样的社会与文化背景中产生的？对于一位学者，以至一个学派的研究，总是应当将之放在其社会、文化的具体环境里面去考察。我们看到，最近在国内报刊上有不少对外国汉学家及其作品的评介,相当详明,是很好的,然而对其背景的分析,却每每有不足之处。汉学家常有自己的师学系统,同时其学说观点又必然受当时思潮的影响。特别是哲学、社会学与史学理论的变迁,不时会在汉学家的作品中得到表现。若是不注意这一点,就很难体会一些汉学家特有的思想与风格。这个角度的研究,我们做得还非常不够。第四个问题,国际汉学对中国学术的演变发展,起过什么样的影响?汉学是伴随着中西文化的相遇和碰撞诞生的,与之同时,在中国也产生了西学。晚清以后,西学大为兴盛,其间西方的汉学也进入中国,影响到中国的学术界。汉学的不少学说,为中国学者传播接受,引起学术界的热烈争论。与上述问题相对的,是第五个问题,汉学对西方学术的演变发展,又有着怎样的作用?日前在北京报纸上看到翻译《纽约时报》本年8月29日的一篇文章,题目是《耶鲁盛吹中国风》。文章中说,耶鲁大学重视与中国学者交流,"耶鲁大学的一些官员说,因这些交流活动而改变的不只是中国。他们说,从长远来看,中国也会对耶鲁产生更多影响。……中国人的价值观和文化当然会使耶鲁人反思自己的价值观"。这段话说对了。事实上历史的情况也是一样,西方人来到中国,建立了汉学,向世界介绍中国的历史、文化,汉学的研究也影响了西方学术本身。日本京都大学的岛恭彦教授,在1941年出了一本书,叫《东洋社会与西欧思想》,论述的内容就是研究包括中国在内的东方怎样改变了西方的思想史。可惜像这样的论作,迄今还不多见。第六个问题,就是国际汉学的现状,以及在新世纪中汉学发展的趋势。第二次世界大战后不久,日本学者曾对国际汉学界的状况做过普查,包括哪些大学或科研机构有汉学专业,藏有多少书刊,拥有哪些学者,正在从事什么工作,教授多少课程,形成了专门的调查报告。前些年,我国台湾的学者也做过类似的调查。我们很有必要系统地做这方面的工作。最好组织出版《国际汉学年鉴》,及时反映汉学界的情况,介绍汉学的新成果。与此同时,可以在互联网上建立网页,供大家随时检索。由于历史的原因,中国学术界与国际汉学界的交流沟通尚有待于加深扩大。国际汉学研究作为一种专门学科的发展,将有益于中国进一步走向世界。我们希望得到国内外更多的支持,使这个学科发扬光大。

(原载《中华读书报》,2000年7月19日)

对"国际 Sinology"学术性质的再思考
——关于跨文化学术视野中这一领域的基本特征的研讨

严绍璗

对中国学术界来说,"国际 Sinology"研究已经成为一门引人注目的学术。我们在这一学术的基础性资料的编纂和整体性研究方面,以及在研究机构的建设和研究人才培养的系统性方面,事实上已经超越了这一学术在世界各国本土的运行状态。我的先辈们的殷切期望与谆谆嘱咐已经成为我国正在跃进中的人文学术的现实。[①]

[①] 1960 年我在北大读本科二年级,魏建功先生教导我说:"你英文修完后,再去学点日文吧!日本人搞了我们很多东西,将来我们总要有人去翻动它们的。"1964 年夏天,北大副校长魏建功依据国务院副秘书长齐燕铭的建议,安排我开始为解放战争时期被我军封存的美国"燕京—哈佛学社"的资料进行开封登记,此为新中国瞩目的"国际 Sinology"的开始。1971 年 7 月我从"五七干校"归来,当时尚未摘去"反革命修正主义分子"帽子的系主任杨晦先生问我:"你那个日文没有丢吧?英文还能看书吗?"嘱咐我说:"外文这个东西,将来还是有用的,不会嫌多的,你最好再学点德文什么的。"遵循先辈的教导,自 1978 年起,我自行编印《国外中国文化研究》小刊,并在有关"内参"上发表了一些对"国际中国学"的基本信息和分析,1980 年中国社会科学出版社出版了我编辑的《日本中国学家》一书。邓广铭先生特意召见我说:"这两三年你写了不少关于日本'中国学'和'汉学'方面的文章,我看了一些,觉得很有意思。我找你来,就是要对你说,你一定要把这个研究坚持下去,目前还没有什么人注意这个研究,但是,这个领域的研究是非常重要的。坚持十年,必定会有很大的成果。几十年前,我们就议论过,要注意国外的'汉学',就是你说的'中国学',可是,兵荒马乱的,做不成这件事。燕京—哈佛学社,还有中法学院做了些,可主要是索引,没有理论研究,你现在开这个头,做得好,我看思路也好。你要坚持!"(事情本末请参见赵卫民主编《青春的北大》,北京大学出版社 1998 年版,第 490—491 页;钱理群主编《寻找北大》,中国长安出版社 2008 年版,第 74—75 页)。

这意味着我国学术界对中国文化作为世界人类的共同的精神财富、作为人类文明的重大存在、在世界文明互动的历史进程中，对它的认知和研究事实上具有世界性的这一认知越来越深刻。我国人文学者不仅在自身的学术研究中，在不同的层面上已经能够相对自觉地运用这一极为丰厚的国际学术资源，而且以我们自身的智慧对广泛的国际研究作出了积极的回应。或许可以说，这是自20世纪70年代中期以来中国人文科学学术观念最重要的转变，也是最重大的提升的标志之一。它在一个广泛又深刻的层面上显示了我国经典人文学术正在走向世界学术之林。

为进一步推进这一学术沿着近代人文科学的基本规范发展，亟待厘清下述两个层面的问题，现在比以往显得更加迫切和更加重要。

一 在汉语"文化语境"中究竟应该如何定义"国际 Sinology"

本题研讨的"国际中国文化研究"有其特定的学术范畴。在一般的意义上，这一学术对象应当指以哲学、历史、文学、艺术、考古、民俗、民族等类别为中心的"中国文化"，并不包含当代中国诸如政治、经济、法律、军事、国际关系等社会学术类别。当然，上述七大类别都是学术的"大概念"，例如，"历史类"中显然包容"政治史""经济史""法律史""军事史""族群关系史""历史地理"等，而且，各类别之间的界限具有模糊性。这些学科的研究者，可以成为"汉学家"和"中国学家"，但不应称为"中国通"。在20世纪中国学术史上，"中国通"是一个内含贬义的非学术名称。[①]

从1980年我编辑出版《日本的中国学家》和1991年撰著《日本中国学史》以来，我一直主张使用"中国学"的概念以对应欧美学界普遍使用的"Sinology"。[②] 20世纪70年代后期，中国社会科学院出版的我国

[①] 一个很经典的实例是，当年鲁迅先生的《狂人日记》最初是由活跃于上海的一位号称"中国通"的井上红梅翻译为日文，这使鲁迅相当气恼，于是，嘱咐从事中国近代文学研究的青年学人增田涉重新翻译。

[②] 《日本的中国学家》(64万字)，中国社会科学出版社1980年初版，1982年重印。《日本中国学史》(45万字，季羡林、周一良主编《东方文化丛书》之一种)，江西人民出版社1991年初版，1993年重印，2009年在此基础上增补修正，定名为《日本中国学史稿》(60万字)，学苑出版社出版。

第一种关于这一学科研究的刊物称为《中国研究》，并且编辑《中国研究丛书》系列，采用的英文名称为"Chinese Studies"。目前我国学术界关于这一学科研究的几种著名的刊物，例如《世界汉学》《国际汉学》和《汉学研究》，都把这一学术定称为"汉学"，而国内多数相关研究机构和相应的学术会议也皆以"汉学"命名，使用的英文名称或为"Sinology"，或为"Chinese Studies"，也有称为"China Studies"的。网络系统中拥有最大使用群体的"百度网站"，则又把"Sinology"译为"汉学""东方学"，而把"Chinese Studies"译为"中国学"。

有学者认为，"Sino"作为组合词的前缀，汉文译为"汉"符合"典雅"之意，而"China"则可以明白地表示"中国"。学界关于"sino"的起源，众说不一。有说源自后期拉丁语（中国人），有说源自阿拉伯语（中国），有说可能源自希腊语"Sinai"，有说这一前缀词与法语的"Chine"和德语的"China"中的"chi"都发类似于"xi"的音有关，它们的共同语源应当是梵语中的"cinah"，后者来自"Qin"（秦）。各说纷纭，都可以作为"语义学"的专题另行研讨。

本文提出研讨的是，"Sinology"作为学术用语的汉文译文，强调它必须具有"科学性"和"通用性"。无论"Sino"的源头起于何处，在当代国际事务中（无论是在政治活动中还是在社会公众活动中），它都是"中国"一词的标准英语表述之一。例如"中英联合声明"的英文文本名称为"Sino-British Joint Declaration"，"中美共同防务条约"的英文文本名称为"Sino-American Mutual Defense Treaty"。在社会商务中，"中国石化"简称为"Sinopec"，"中国外运"简称为"Sinotrans"等。这是语文对译表示的"科学性"和"通用性"，在这里，任何所谓"典雅"的欲求都不可能把"Sino"汉译为"汉国"，这当然是非常浅显的通则，体现了"Sino"汉译的"通用特征"，我的意思是说，即使是在最通用的"单词"解读层面上，把"Sinology"汉译为"中国学"而不译为"汉学"，在语义上是完全可以认定的。

但中国学术界不少学者坚持把"Sinology"这一学术在汉语文化语境中称为"汉学"，其还有更为深刻的原因，它表明我们对于这一学术的概念的真实的内涵与价值，存在着事实上的差异，意味着我们对这一学科本质的理解与把握还存在着相当大的分歧。而这样的分歧，事实上又表现出我们的研究在学术史的层次上还存在相当大的争议和不够清晰的层面，从而在与国际学术界的对话中，事实上还存在着不同学术概念的混乱和讹误。

学术概念的建立与研究内核的确认，来源于学术史事实本身。这是一个庞大的课题，本文不可能表述完整的解析。但我希望务必说明的是，学术史上关于"国际中国文化研究"所表述的学术内涵，是具有历史进程的时间性特征的，由此而决定了研究内含的价值观念具有不同的趋向性，以及研究内容的能动的增容性特征。"国际中国文化研究"在世界不同国家与在同一国家的不同历史阶段中，其研究状态并不是恒定凝固的，而是处在能动的多形态的变异之中。确立这一学术的研究概念与范畴，应该充分意识到这种能动性所表现的价值内涵。

欧洲主要国家和亚洲的日本、朝鲜与越南，在社会形态进入近代之前，他们意念中的"中国文化"就是"华夏"以"儒学"为核心的"汉文化"，这是他们研究中国文化的基本的，甚至是唯一的对象内容。在一个相当长的时间中——例如在19世纪中期之前的日本学界，以及在18世纪欧洲思想革命时代之前与革命中的欧洲学界（包括佛教僧侣、耶稣教传教士、商人以及少量的游历者等），他们对中国"汉文化"的感知以及相应研究所呈现的最经典的特征，就是研究的主流话语不仅把"汉文化"作为"客体"研究阐述的对象，而且不管是有意识的还是无意识的，他们还把以"汉文化"为代表的中国文化作为自我"主体"意识形态的相关材料而变异到"主体"之中。在学术史上，诚如我们观察到的欧洲早期来华的耶稣会传教士如马坦奥·里奇（Matteo Ricci，即利玛窦）和他的《基督教中国传道史》、卫匡国（Martin Martini）和他的《中国最早期的历史》、柏应理（Philippe Couplet）和他的《中国哲学家孔夫子传》以及路易·勒孔特（Louis Lecomte，即李明）和他的《关于中国目前状况的新观察报告》等，以及在欧洲本土对华夏文化作出相应表述与研究的思想家，如勒奈·笛卡尔（Rene Descartes）、莱布尼茨（Gottfried Wilhelm Leibniz）、克里斯琴·乌尔夫（Christian Wolff）、法兰西斯·魁奈（Francois Quesnay）、马里·阿鲁埃（Francois-Marie Arouet，即Voltaire，伏尔泰），一直到德尼·狄德罗（Denis Diderot）和他的百科全书派等，他们对华夏文化的"研究"，程度不等地具有上述两个层面的价值表达。因此，他们关于华夏文化的研究在学术范畴的意义上判断，可以而且应该界定为"汉学"。同样的状态，也适合于东亚各国的学术界，例如，日本自上古以来一直到 19 世纪中期，以 7 世纪圣德太子为官吏群体制订的行为规范守则《十七条宪法》作为经典，一直到 19 世纪中期儒学在知识界世俗化所形成的对华夏文化的感知与表述，包括他们由此而形成的不同的学派，日本近代学术界已经把这样的文化状态规范为"汉学"。

然而，在欧洲，随着启蒙运动的推进，欧洲"汉学"中把对中国文化的研究从构筑自我意识形态的材料中"剥离"，其趋势愈益明显。从孟德斯鸠（Charles Louis de Secondat Montesquieu）、卢梭（Jean-Jacques Rousseau）到亚当·斯密（Adam Smith）和德国古典哲学家们，可以说一直到卡尔·马克思，对这些研究家而言，以"汉民族文化"为代表的"中国文化"只是或主要是作为世界文化的一个类型而存在，即只是作为研究的"客体"而存在。在近代文化的"国别文化"研究中，同时并存的还有像"印度学""埃及学"乃至"日本学"等。研究者并不把自己的研究对象作为自我意识形态的材料吸收，而是在学理上作为认识与理解世界文化的一种学术，并进而利用这样的学术来构建自身学术的文化话语。[①] 与此同时，由于"大航海时代"的推进，"文化人类学"的萌生与发展，以及"欧洲殖民主义"的扩张，欧洲对中国的认识和研究开始从单一的"汉族"与"汉文化"扩展为多元状态，在多种"探险""考古"与"殖民"的推动下，对"中国"的观察视野与表述领域开始超越了"汉文化"的范围，把中国广袤区域内多族群、多民族纳入他们的观察与研究之中，出现了例如对蒙古文化进行研究的"蒙学"，对满族文化进行研究的"满洲学"，对藏族文化进行研究的"藏学"，乃至"西域学""西夏学""渤海学""突厥学"等的学科分支。又如，国际学术界对中华文化的"古文字研究"，除了甲骨文外，还研究中国彝族同胞的彝文。据说彝文起源于公元前 8000 年前后，与甲骨文、苏美尔文、埃及文、哈拉巴文、玛雅文共

[①] 1994 年我有幸参加日本国立京都大学文学院"中国文学科"博士生入学面试旁听。主考官问："你为什么要研究中国文学？"答曰："因为喜欢中国。"主考说："你可以去中国。"考生改口说："喜欢中国文学。"主考说："你可以去北京大学中文系。"该考生莫衷一是。我请教主考教授："此问何解？"他说："我喜欢研究文学，中国文学历史悠久，内容丰厚，成为我研究文学的最好选择。"这个实例极为经典地表明"国际中国学"的近代性特征。

称为"世界六大古文字"。中国现有 56 个民族，目前知道存在 36 种文字，它们的源头各不一样，例如，藏文的"根本字母"和"元音字母"与梵文有相当的关联，蒙文中一种叫"察合台文"的古文字，作为一种"音素文字"与阿拉伯文有密切的关联。① 对它们的研究，只要在"中国学"的范畴中可以包容，"汉学"的范畴就显得"文不对题"。无论研究者出于什么样的心理状态，对中国各民族文化丰厚内容的研究，清楚地表现为古老的"汉学"价值取向的转移与研究内容的增容性多元化，这一状态始发于 18 世纪中后期的欧洲，日本在 19 世纪中后期从"万国文化"（即世界文化）研究中划分出的对中国经典文化的研究，由狩野直喜、桑原骘藏、白鸟库吉、内藤湖南等为代表，也开始呈现了这样的趋势。

面对国际中国文化研究状态这种近代性变异，"汉学"的范畴显然已经不能容纳这样的学术内涵。学科的"正名"，关系到对学科内核的理解、把握与阐释。孔夫子在立言行事中，他首先注重的就是"正名"。所谓"名不正，则言不顺；言不顺，则事不成"，只有确认了事物的概念，才能有正确的语言表述，进而才能达到期望的境界。学术界如果继续漠视"国际中国文化研究"内核的演变造成传统"汉学"学科内容"变异"这样的基本状态，可以预料的后果至少会在两个层面上显现：一则将在学科领域内造成近代性学科导向的迷失和混乱；二则在国内外会产生（事实上已经存在）以"汉学学术""国学大师"等非学术概念质疑我国宪法精神的严重的后果。② 在这样的学术状态下，使用"中国学"的概念与范畴应该说是合适的而且是必须的了。依据我国教育部的学科分类的基本原

---

① 关于我国各少数民族文字的有关历史与研究，有兴趣的读者可以参观中央民族大学"少数民族文字博物馆"。

② 1979 年 8 月，我在中国社会科学院情报研究所编辑的《外国研究中国》第 2 辑中，发表《日本研究中国的机构》一文，报告了日本东洋文库关于在该文库研究部的学术配置中，把"藏学"研究分割归类为"南亚研究"，与"印度研究"同存；把"蒙学""满洲学"研究分割归类为"东北亚研究"，与"俄罗斯西伯利亚研究""朝鲜半岛研究"同存，提请我国学界应该充分注意此种分类中潜藏的意识形态与政治图谋。30 余年来，由于我国学界主流坚持使用"汉学"概述"国际中国文化研究"，国际层面的某些人士对我国 56 个民族组成的"中华文化"研究的分割一直继续不断，当下又把"突厥学"归类为"西亚研究"，与各"……斯坦"国家，乃至与"土耳其研究"同存。这样的文化实况提示我们，如何正名"国际中国文化研究"的学术名称，具有超越学术本体的更为深广的价值意义。

则,"中国学"无疑是"国际中国文化研究"这一学术的统摄名称,上述例举的所有的专题研究,皆是它的"二级学科"。这在学术理念上和意识形态上,则是无可置疑的了。

二 确立"国际Sinology"内含的"多元文化"因素概念

"国际中国学"研究的实践经验提供的感知告示我们,这一学术的内涵是由"跨文化的多元元素"的综合组合而形成。

这一学术既然是以"中国文化"作为研究的对象,它内在含有"中国文化元素"是不言自明的。我国学术界一般是把它作为中国自身关于"中国文化研究"在世界的延伸,在这样的意义上说应该是没有问题的。现在需要研讨的是,"国际中国学"的内涵,并不仅是"中国文化元素",甚至可以说,作为它的核心成分并不是"中国文化元素",支撑这一学术的核心即潜藏的哲学本体价值,在普遍的意义上判断,则是研究者本国的思想乃至意识形态的成分。中国研究者由于对于"国际中国学"中内含的"中国文化元素"感知的灵敏性,我们便容易以自我设定的对"中国文化"的理解与否作为对它们的评判标准,以此来决定对各种研究个案的表述持"肯定"的、"批判"的或"否定"的评价,却常常忽视了国际中国学家何以会对他研究的对象持"这样的"或"那样的"的表述,即忽视了对他们的表述中内含的哲学本体的价值意义进行探索和研讨,从而使我们的研究常常以"描述"见长,显得过于表层。由于我们忽视了"国际中国学"内含的哲学本体,因而我们也就不大明白"国际中国学"首先不是"中国的学术",而是研究者所属国家文化的组成部分的一种表述形式。诚如"日本中国学"的哲学本质是日本文化的组成部分,"美国中国学"的哲学本质是美国文化的一个层面。

我们考察20世纪"日本儒学研究史",可以观察到上述命题的潜在本质。在日本近代儒学研究史上,开启使传统"儒学研究"在"新时代具有新价值"这一学术构想的,应该说始于1891年当时东京帝国大学"中国哲学"讲座教授井上哲次郎为明治天皇1890年颁布的《教育敕语》所作的《衍义》。《教育敕语》是在日本推进"近代化"20余年后在"民权派"与"国权派"的争斗中表述的皇家立场。《敕语》以儒学所主张的"孝悌忠信"作为基本的理论框架,强调日本国民"孝父母,友兄弟,夫妇相和,朋友相信""遵循皇祖皇宗之遗训""重国宪,尊国法""义勇奉公,以辅佐天壤无穷之皇运"。井上哲次郎在《衍义》中以极具现代性价值的"爱国主义"对此做了统摄与概述,从而使明治天皇的《教育敕语》获得了最广泛的"受众面"。① 作为这一以"爱国主义"阐述"儒学"道德观念的一个匪夷所思的后果,则是 1906 年 12 月由日本陆军元帅兼任海军大将、甲午战争时任日本联合舰队司令的伊东佑亨和日本海军大将、甲午战争时击沉我"高升号"舰的日军"浪速号"舰长东乡平八郎二人,率领日本现役将领 20 余人在足利学校举行"祭孔典礼"。以此发端,开创了 20 世纪日本"祭孔典礼"的传统。② 沿着这一阐释系统发展的后续典型事例,还有 1919 年 7 月后来被称为"法西斯主义思想魔王"的北一辉在上海把自己的工作室挂牌"孔孟社",北一辉在此室内撰著了作为日本军国主义纲领的《日本改造法案大纲》等。③ 他们以"国家主义"和"国粹主义"为核心,使"日本儒学"黏着于"皇国意识形态"甚至"政治战略",与此相应,形成了一批在大学中执教的教授学者的"日本儒学研究"。但是,几乎与此同时,在 20 世纪初期,"日本中国学"中又存在着另一个层面上的日本儒学研究,同样以当时的东京帝国大学教授白鸟库吉为首,他在 1909 年发表了《支那(中国)古传说之研究》的著名演说,对儒学宗师孔子作为最高政治理想的"尧舜禹"三代先王提出了强烈的质疑,从而动摇了儒学建树的道德观与意识形态基础,由此而开创了日本近代的"儒学批判主义"学派。④ 这一学派最典型的代表早稻田大学教授津田左右吉则在二十世纪二三十年代把白鸟的"尧舜禹抹杀

---

① 简要概述,"民权派"主张"天赋人权","国权派"主张"天赋国权,国赋民权"。有兴趣的读者可以参阅拙著《日本中国学史稿》第二编第四章第三节《维新的多极目标与日本儒学的复兴》,以及同编第七章第三节《早期的"官学体制学派"与井上哲次郎的学术》。

② 具体过程可以参见拙著《日本藏汉籍珍本追踪纪实》第六章,上海古籍出版社 2005 年版;以及《日藏汉籍善本书录》,中华书局 2007 年版,"附录之五"。

③ 较详细的解析可参见拙著《日本中国学史稿》第四编第十五章第四节"大东亚中国观的形成"。

④ 较详细解析可参见拙著《日本中国学史稿》第三编第十一章第一节"白鸟库吉史学与'尧舜禹抹杀论'"。

论"发展为对"中国文化的全面否定论"——他试图论证日本文化发展史中诸种"无价值的成分"的存在，皆是因为接受了"非理性的中国文化"所致。这也就是发展到20世纪50年代著名的日本文学研究家西乡信纲在他的《日本文学史》中所表述的"学木乃伊的人最终自己也变成了木乃伊"。

20世纪日本儒学研究中这样的看似完全对立的学派，其成因与中国的"儒学本源"实在是没有必然的联系，研究者或相关行动者对"儒学"所作出的"新价值"定位与判断，完全来源于20世纪日本文化本身的各种需要，它们的哲学内核则是潜藏着的日本社会意识形态的两大论说系统——前者以"亚细亚主义"作为其基本的内核，后者则以"脱亚入欧论"作为其基本内核。

依次类推，近代"国际中国学"各种表述的核心，则是研究者为适应他们自身近代国家的"国民精神"乃至"国家利益"的需要而提供的一种学术性产品。他们对于中国文化的阐述，与中国文化本体的"本源性"意义并不一定处在同一层面中，他们只是依据自身的需要来阐发中国文化。或许甚至可以反过来说，中国文化在相应性的层面中只是他们阐发在自己生存的"文化语境"中形成的某种潜在性意识的学术性材料。可以说，"国际中国学"内含的这一层面的"隐性文化元素"，即是这一学术各种"显性表述"的核心成分。

正是在这个本质意义上，国际"中国学"不是我们"中国人"研究本国文化的自然延伸，它是一门世界各国研究者具有自我哲学本质的世界性学科。任何把"国际中国学"的研究引向专一的"国学化"的尝试，只能是湮没了这一学术的真正的价值意义与内含的多形态学术智慧。

当我们在把握对象国对中国文化研究的"多元文化因素"的时候，还应该充分意识到他们本身的研究中所具有的"世界性内涵"。这也就是说，在对特定的"中国学"文本进行的解析中，要非常小心地去发现他们自身所内含的"他者"的文化因素。这些"他者"的文化因素，常常在非常隐秘的层面中作为他们自己表述对中国文化研究的"话语力量"。例如，"德国普鲁士专制主义"观念对日本近代以井上哲次郎为首的上半个世纪日本"国家主义儒学研究"产生的潜在意义。① 井上哲次郎和他持有同样精神形态的学派同僚，几乎都在德国学习和研究过，热衷于德国俾斯麦（Otto Fürst Von Bismarck-Schönhausen）、施泰因（Loreng Ron Stein）、盖乃斯德（Heinirich Rudolf Hermann Friedrich Gneist）等的国家集权主义学说。而白鸟库吉的"尧舜禹抹煞论"则与他接受法国哲学家皮埃尔·拉菲特（Pierre Laffitte）关于"人类文明进程三阶段"的理论密切相关。皮埃尔·拉菲特是法国实证主义哲学家，孔德指定的这一学派第一继承人。他认为人类启始的文明是"物神偶像崇拜"，其特点是创造偶像；由此进化到"神学理论阶段"，社会开始具备"抽象性的观念"；文明社会的标志则是"实证主义"精神，人类能使外界的经验与内心的经验达到统合一致，出现高度和谐。白鸟库吉从拉菲特这样的文明史观中，获得了他批判儒学的近代性话语。他把中国古史和儒学定位为人类文化的第一阶段，即"物神偶像崇拜"阶段。他认为，"尧舜禹崇拜"表现出显著的偶像崇拜，它缺乏有价值的抽象的理论，这是蒙昧阶段的必然结果。"白鸟史学"从一开始就从这一论说中获得了表述从"脱亚入欧"观念出发而"蔑视儒学"的话语形式，构成为"白鸟库吉的中国文化观"，并被遗传而成为日本"东洋史学"的一支强有力的学派，并在相当的层面上影响着"日本中国学"对中国文化的表述。

其实，类似的"文化构成"形态同样存在于当代"美国中国学"中。我国学术界有人张扬"美国中国学"是"当代中国研究的经典"，"关键性概念都来自他们独立的观察与构想，无疑是世界第一流的中国研究"，甚至说"美国中国学家几乎都是没有师承关系的"。在这样昏天黑地的胡说中，被不少博士生做成论文的"美国中国学关于中国区域文化研究的理论"，即对中国的研究，不再是依据"历史的顺序推进"而是依据"区域发展的状态"进行探讨，这本来就是20世纪20—30年代日本中国学家内藤湖南反复提出的"区域文化论"与"文化中心移动

---

① 依据本文著者对20世纪上半叶日本中国学家"学术谱系"的整理，战前50年间先后担任东京帝国大学"支那（中国）哲学讲座"的首席教授井上哲次郎—服部宇之吉—宇野哲人，皆有留学德国意志的文化背景。与此相映成趣的则是，战后被远东军事法庭判为"甲级战犯"的人中，自东条英机起，有1/3的军人有德国军事文化背景，而没有人具备英美法的军事履历。文化的"国际渗透"可见一斑。

论"的话语。①

"国际中国学"是一门跨文化的内含多重文化元素的国际性的学问，它们与世界文化都呈现在特定时空中的相互联系，构成为这一学术的第三层"文化元素"。当然，这种联系呈现极为复杂的状态，它们不可能是以"整体"的形态，而常常是以所谓"文化散片"的方式渗透其中的。在各国"中国学"的自身中发现"他者"，是跨文化学科观念的基本要求之一。这一学术视野的建立，可以推进我们对特定中国学研究的真正价值的把握。

正是在这样三个层面中所显现的"国际中国学"的基本内涵特征，即它的多元文化元素成分的特征与价值，就其学术范畴而言，它无疑构成了"跨文化研究"中的一个专门化学科层面。②

(原载《中国比较文学》，2011年第1期)

---

① 较详细的解析可参见拙著《日本中国学史稿》第三编第十章第二节 "内藤湖南与内藤史学"。

② 正是基于对 "国际中国学" 这一学术性质的认知，北京大学比较文学与比较文化研究所自1995年开始，把 "国际中国学" 作为本所硕士学位与博士学位培养点的一个专业化方向，1998年开始作为 "博士后流动站" 的合作研究项目之一。

国外中国研究的发展及学科的称谓

何培忠

国外对中国的研究始于世界各国对中华文明的接触与认知。长久以来，我国学术界对国外的中国研究缺乏统一的称谓，有的称"汉学"或"海外汉学"，有的称"中国学"或"国外中国学"。20世纪80年代之后，随着中国经济的高速发展，在世界范围内兴起了研究中国的热潮。对于这一热潮的出现和走向，我国学术界给予了密切的关注，而关于这一学科的称谓，也应给予必要的关注，以便逐渐统一认识，推动该学科的发展。

一 东西方国家"汉学"的不同

笔者认为，当我们使用"汉学"称谓国外对中国的研究时，首先应当注意东方国家所说的"汉学"与西方国家所说的"汉学（Sinology）"在概念上的不同。因为在日本、韩国、越南等接触中华文明较早、深受儒家文化影响的亚洲国家，"汉学"常常是儒学的代名词，在历史上还被广义地理解为中国学术研究的全部。在这些国家，"汉学"与其本国历史的发展进程紧密相连，不仅是他们（如日本、越南等）某一历史阶段学术研究的全部，也是某一历史阶段国家的意识形态学说。而在接触中华文明较晚、通过传教士等的记述才开始对中华文明感兴趣的西方国家，"汉学"（Sinology）最初主要是指对中国语言、文学、历史和哲学等学科的研究，到了现代，除上述研究对象外，研究领域有所扩展，开始涉及中国近现代和当代的政治、经济、社会等问题。

其次我们应该注意东西方国家"汉学"兴起的年代、动机及历史背景上的差异。例如日本是中国的近邻，璀璨的中华古代文明曾是其学习、模仿、推崇、吸纳的对象，"日本的汉学始自宋代"① 之说，仅表明宋代中华文明对日本的强大影响以及日本对宋代汉学的推崇。据日本最古老的史书《日本书纪》记载，应神天皇15年（公元270年），《论语》等汉文典籍就已传到日本；推古天皇12年（公元604年），日本根据各种汉文典籍所表达的思想制定了《十七条宪法》；此后，日本向中国派出大批留学生、留学僧等，他们在传播、研讨中华文明方面更是发挥了重要作用。推古天皇时代相当于中国的隋代，应神天皇时代相当于中国的晋代。因而，日本接触中华文明肯定大大早于宋代。日本著名学者丸山真男在论述日本政治思想史的演变过程时，也仅把宋代汉学对日本的影响以及该时代日本儒学的兴盛称为"日本近世儒学的产生"，认为儒学传到日本的历史可以追溯得更远。② 因而，当我们依据日本学术界的观点将"汉学"定位为"儒学"或"中国学术"的总称时，若按文献记载的《论语》传入日本之期起算，日本的"汉学"已有1700余年的历史；如按隋唐时期日本有组织地大批派人到中国学习中华文明以及此时的汉文典籍在日本各界广为流传和造成的深刻社会影响起算，则日本的"汉学"已有1400余年的历史；即使按学术界通常使用的宋代之说，因为朱子学是在镰仓时代末期（13世纪后半叶至14世纪后半叶）进入日本，并在日本社会上产生了重大影响的，所以从此时起算日本的"汉学"也有600余年的历史。

韩国也是中国的近邻。按日本史书记载，儒学最早是由百济的王仁传到日本的，朱子学说在李朝（1392—1910）初期已风靡朝鲜半岛，对朝鲜半岛社会的发展发挥了重大作用。因而，韩国对中华文明的接触和对"汉学"的研究也是历史久远。

越南是同中国接壤的国家，从某种角度上来看，与中国的关系更为密

---

① 日本汉学在国际汉学中的位置及其本质是学术界近年来开始注意的问题。中国社会科学院文学研究所孙歌研究员指出：日本的"'汉学'是历史上与'宋学'相对的学问还是广义上的国外中国学，是靠它的上下文来决定的。"——参见孙歌《日本"汉学"的临界点：日本汉学引发的思考》，《世界汉学》（创刊号），1998年。

② [日] 丸山真男：《日本政治思想史研究》，王中江译，生活·读书·新知三联书店2000年版，第5页。

切。由于在从秦汉到五代的一千多年间，现在越南中部以北的地区属于中国版图，自宋代到清代，中越为宗藩关系，因而越南接触中华文明和对"汉学"的研究也是源远流长。对于越南来说，"汉学"研究也包括对其自身历史的研究。

而西方国家对中华文明的接触和研究大大迟于东方国家。意大利的马可·波罗（Marco Polo，1254—1324）可谓中西文化交流的先驱，但不能算是西方汉学的始祖。到了明代末期即16世纪末到17世纪初，随着中西贸易的开展和文化交流的展开，西方各国才逐渐有了被称为"Sinology"的"汉学"。即西方早期的汉学是随着西方各国商贸活动的东扩以及殖民主义势力向东方国家的渗透出现的。在16世纪至18世纪，欧洲耶稣会士曾大举派人到东方传教，抵达中国时适逢明朝中叶，传教士把在中国的经历、见闻传回欧洲，也把中国文化译介给了欧洲，形成了被称作"传教士书简阶段"的西方最初的汉学。[①]

例如荷兰是西方汉学开始较早的国家之一。1628年就推出了汉语工具书《汉荷拉丁语辞典》，而该词典的编纂者赫尔纽斯（Justis Heurnius，1597—1652）就是一位传教士。这一工具书的出现，在后来荷兰汉学的发展中发挥了重要作用。

俄罗斯的汉学晚于西欧，但最初的汉学家也是从传教士中产生的。从18世纪起的100多年间，俄罗斯共向北京派遣了14批传教士团。在此背景下，早期俄罗斯的汉学家也是以传教士为主。

美国的汉学虽说晚于欧洲，但与欧洲同样，早期的汉学家也多出身于传教士。如被收入《美国中国学手册》（1993）的150名19世纪出生的美国中国学家中，传教士出身的人占33%。从以上简单的叙述中可以得知，西方汉学始于欧洲，背景是西方各国商贸活动的东扩以及殖民主义势力向东方国家的渗透，而在早期欧洲汉学的发展中，传教士发挥了重要作用。若从利玛窦到中国传教，成功地开展中西方文化交流，把中国文化介绍到西方算起，西方的汉学研究到目前有400余年的历史。

---

① 胡志宏:《19世纪以前的欧洲汉学——〈西方中国古代史研究导论〉第一章"西方汉学早期发展脉络"之一》，2004年5月17日，中国经济史论坛，http://economy.guoxue.com/article.php/4099。

不过，学术界认为，由利玛窦等耶稣会士来华而兴起的西方对中华文明的关注和研究，仅能称为"传教士汉学"。中华文明走入西方大学课堂，成为真正的学术研究对象，应是从1814年12月11日法兰西学院创设"汉语和鞑靼语—满语语言与文学"讲座（La Chaire de langues et littératures chinoises et tartares-mandchoues）开始的，其创始者是法国著名汉学家雷慕沙（Jean-Pierre Abel-Rémusat，1788—1832）。

雷慕沙开设的讲座具有划时代的意义，标志着西方经院式汉学研究的开始。紧随其后，西方各国的大学纷纷开始设立有关中国文化或语言的课程。例如在英国，1837年伦敦大学设立了第一个汉学教授职位；1876年和1888年，牛津大学和剑桥大学也分别设立了汉学教授职位。在俄罗斯，1837年喀山大学设立了东方系汉语教研室；1844年设立了满语教研室；1855年圣彼得堡大学成立了东方系；1898年成立了符拉迪沃斯托克东方学院。在荷兰，1876年莱顿大学设立了第一个汉学教授职位，开始举办有关中国语言和文化的讲座；1890年荷兰和法国学者联合创办了国际性汉学刊物《通报》（T'oung-Pao）；1930年莱顿大学又建立了汉学专业研究机构——汉学研究院，成为西方汉学研究的重要基地。在美国，1877年，耶鲁大学和加利福尼亚大学率先开设了汉语课程，并有了中国语言文学的教授；美国另一所著名大学哈佛大学也在同一年将开设汉语和中国文化课程提上议事日程。在德国，虽然从12世纪起就有学者开始收集有关蒙古人的信息，后来又有弗朗西斯教团教士，特别是耶稣教会教士向德国介绍了中国文化，但德国大学汉学教授职位的设立晚于英、法、荷兰、俄国、美国等国，1878年莱比锡大学东亚语言学专业仅有副教授职位，直到1909年汉堡殖民学院才设立了德国汉学正教授职位。

上述情况表明，被称作汉学的"Sinology"是在19世纪开始进入西方各国的大学，并以中国文化或语言为主要内容确立了独立学科的地位。如果从法国著名汉学家雷慕沙创建"汉语和鞑靼语—满语语言与文学"讲座起算，西方的汉学作为一个正式的研究学科至今已有近200年的历史。

还有一点需要注意的是，尽管东西方国家汉学的概念、兴起的年代和动机有很大的不同，但从其研究的内容上看却体现出相同的特点，即都以中国的哲学、语言、文学、历史等人文学科为主，对政治、经济等社会科学领域的研究不多。

二　东西方国家"中国学"的不同

那么，在我们用"中国学"的称谓谈论国外对中国的研究时，也需要注意东方国家所说的"中国学"与西方国家所说的"中国学"在概念上存有差异。

目前，日本、韩国等亚洲国家将所有有关中国问题的研究均纳入了"中国学"范畴。第二次世界大战结束后，当日本将所有政府文件中的"支那"改为"中国"后，"中国学"就成了日本研究中国问题的统称。日本国立大学的"中国学"课程内容多以中国哲学、历史、文学等为主，传统的儒学和诸子百家仍是授课的主要内容，这一点似乎沿袭了"汉学"的传统。而许多地方大学的中国学科目则在传统的汉学范畴之外又大量加入了现代中国政治、经济、文化及社会的内容。九州大学附属图书馆的"中国学分类表"中有53个类别，涉及中国文化、历史、哲学、艺术等人文科学和社会科学的各个学科。目前在日本，"汉学"已属历史上的名词，"汉学家"也不再为现在的学术界所使用，取而代之的是"中国学家""中国问题专家"等，根据研究对象的不同，"中国学"分为"古代中国研究""近代中国研究"和"现代中国研究"，然后根据研究领域的不同，又分文学、历史、思想、政治、经济、外交、语言、文化等。

与此相反，第二次世界大战之后西方国家出现的"中国学"（Chinese Studies 或 China Studies）在研究领域和研究方法上与被称为"Sinology"的"汉学"则有所不同，最初多以现代中国的政治、经济、社会、外交等问题为主要对象。从学科地位上看，"汉学"（Sinology）在"中国学"（Chinese Studies 或 China Studies）出现之前已有了相对独立的学科地位，而"中国学"（Chinese Studies 或 China Studies）则被置于区域研究之中。

"中国学"出现之后，发展势头强劲，以至于西方国家曾重新考虑过有关中国研究的学科位置以及大学中有关中国研究的机构设置问题。一些国家的大学出现了是将有关中国的研究继续保留在独立的语言文化院系中进行，还是将有关中国研究的各个主题分解到政治、经济、文学、历史等系中的辩论。英国大学的学者最初认为，从事中国研究最关键的因素是语言，这一观点强调了将有关中国的研究继续放在语言系中的必要。而后许多人加以反对,认为语言不如学科背景重要,拥有不同学科背景的人可以更好地开展有关中国的研究,这一观点支持将中国研究放在区域研究的框架中。这些辩论,推动了战后西方有关中国研究的学科发展。

从英文的表述上来看,"汉学"与"中国学"显然存有差异。"汉学"一词的英文是"Sinology",而"sino-"的意思就是"中国的",后缀上"-ology",则表示在学术体制上拥有正式的学科地位;"中国学"的英文是"Chinese Studies"或"China Studies","Chinese"和"China"自然是"中国的"意思,"studies"则多指在学科体系中尚未成熟的跨学科综合研究。对于有关中国的研究,人们通常认为"汉学"(Sinology)的研究范围明确,学术性强,凡有资格被称为汉学家(Sinologist)的人都是相当有造诣的学者。而"中国学"("Chinese Studies"或"China Studies")的研究范畴宽泛,无明确界定,凡有关中国的研究均可包容其中。在相当一段时期内,传统的汉学家对当代中国研究总是不屑一顾,认为学术地位不明确的"当代中国研究"只是浅显的"热点问题"研究,不应成为学者主要关注的对象。然而,第二次世界大战之后,随着中华人民共和国的诞生和新的世界格局的形成,尤其是20世纪80年代之后中国经济的快速发展和国际影响力的增强,从政治、经济、社会、文化等领域对当代中国展开多层面深入研究的需求大大增强,而从事这些领域的研究,显然已超出了传统汉学的范畴。于是,以研究当代中国问题为主的"中国学"受到社会各界的重视,发展势头强劲,名声和影响力也逐渐超过了传统的汉学。

三 国外"汉学"向"中国学"的转变与融合

从上述情况可以得知,"汉学"称谓向"中国学"称谓的转变在日本、韩国、越南等东方国家较为简单,而西方国家的情况虽然有些复杂,但也出现了"汉学"(Sinology)和"中国学"("China Studies"或"Chinese Studies")相互融合或转变的趋势。

德国是欧洲汉学实力雄厚的国家之一,但在二十世纪的六七十年代,学界中就开始有人反思:花费巨大人力物力仅对中国古代文献及其历史文化进行研究的"汉学"是否过于奢侈?许多学者认为,长达150年的汉学研究已然足够，他们呼吁汉学应与社会科学各个学科融为一体，从社会科学的角度对中国的各个方面进行研究。因而有些德国学者甚至发出"汉学死了"的惊叹。① 德国学者的这些呼声表明从20世纪六七十年代开始西方学术界研究中国问题的重点就有了值得重视的变化。

荷兰是传统汉学根基深厚的国家，其颇具影响力的莱顿大学的汉学研究院（Sinological Institute）成立于1933年，而在1969年又成立了一个以研究现代中国为主的"现代中国文献研究中心（Documentation and Research Centre for Modern China—DC）"。20世纪80年代之后，荷兰明显出现了强化现代中国研究、扩展研究中国范围的趋势。中国社会科学院"改革开放以来国外的中国研究"课题组统计了1983—2003年荷兰中国学家的研究成果，发现荷兰学者对现代中国的研究已超出了其传统汉学的比例。

荷兰学者卡雷尔·范德莱乌（Karel L. van der Leeuw）在论述"Sinology"时说过，汉学或曰有关中国的学术研究开始是作为关于汉语和中国文学的研究，后来扩展为关于凡是与中国有关的事情的研究。他的这一说法不仅表明在西方一些学者的眼中，"汉学"和"中国学"其实没有本质的区别，也较为贴切地诠释了西方"汉学"与"中国学"的关系和西方传统汉学向中国学的过渡与融合。

法国也是有厚重汉学传统的国家，20世纪80年代之后，像城市建设规划、人口迁移、水利、司法改革、私营企业、妇女、互联网等也成了法国中国学家关注的对象。就连著名的中国语言学家贝罗贝也扩展了自己研究的领域，发表了有关中国改革开放方面的文章。

荷兰、法国在20世纪80年代之后出现的变化具有典型的意义，它表明即使在传统汉学基础雄厚的国家，有关中国的研究也随中国的变化而发生了变化，那些本来就重视现代中国研究的国家更是无须赘言。例如1986年英国官方发表的"帕克报告"（The Parker Report）就提出了中国研究要满足外交和商业的需求。种种迹象表明，国外有关中国的研究重心正从历史的中国转向现代的中国、从传统的人文学科转向社会科学的诸学

---

① Gassmann, Robert H., 1985, Sinologie, Chinakunde, Chinawissenschaft, Eine Standortbestimmung, in Martin, Helmut/Eckhardt, Maren（Hrsg.）1997, S. 29 - 30.

科。而且，在这一转变中，跨学科、多学科、综合研究中国问题已成为趋势，"汉学"领域的扩大和向"中国学"的转变与融合，使国外的中国研究充满了勃勃生机。

四 我国对国外中国研究的称谓

面对这一趋势，如何称谓国外对中国的研究已成为我国学者需要认真思考的问题。目前，我国学术界许多学者仍习惯把"Sinology"译为"汉学"，对此，多年前就有学者对此提出异议，认为"汉学"本来指汉代的训诂学，用该词称谓国外对中国的研究并不严谨；此外，中国是个多民族国家，若用"汉学"将国外有关中国少数民族的研究包括进去也不妥当。因而，学界中早有将"Sinology"改译为"中国学"的呼声。[①] 美国当代中国研究之父费正清（John K. Fairbank）在他的《中国现代史 1800—1985》（*Geschichte des modernen China 1800—1985*，德文版 1989 年）中也曾指出，随着时代的发展，汉学有可能为另一种学科所取代（第 55 页）。我国著名语言学家许国璋先生在谈及国外的中国研究时也曾说过："李约瑟、霍克斯代表了西方对中国文史研究的重要转变，即从第二次世界大战以前的个人猎奇、汲古拾奇转变为系统的、各有所专的翻译与论述。我想，与其称这种新的研究为'汉学'，不如称它为'中国学'更为恰当。"[②]

在"汉学"与"中国学"的学术脉络上，有些学者主张将第二次世界大战前的国外中国研究称为"汉学"，将第二次世界大战后的国外中国研究称为"中国学"，理由是第二次世界大战之前的国外中国研究主要以古代中国为对象，侧重于对中国历史、语言、文化等人文学科领域的研究，第二次世界大战后的国外中国研究主要以近现代中国为对象，侧重于对中国政治、经济、社会、外交等社会科学领域的研究；也有的学者主张将第二次世界大战前的国外中国研究称为"传统汉学"，将第二次世界大

[①] 中国社会科学院文献信息中心与中国社会科学院外事局合编：《世界中国学家名录》，中国社会科学出版社 1994 年版，编者前言。

[②] 许国璋：《许国璋论语言》，外语教学与研究出版社 1991 年版，第 264 页。

战后的中国研究称为"现代中国学",以示二者的区分。

北京大学比较文学、比较文化研究所所长严绍璗教授还从主客体的角度分析了这一问题。他在《我对国际中国学(汉学)的认识》一文中指出,"我以为关于'Sinology'所表述的意思,应该有一个历史时间的区分概念,例如把欧美日各国在工业文明建立之前所存在的对中国文化的研究,称为'汉学',在各国的近代文化确立之后开展的对中国文化的研究,称为'中国学',或许会更接近于他们的研究特征的实际。至于说Chinese Studies,那是另一类的研究,即'现代中国的研究',它们或许是更接近于社会科学的范畴(例如当代政治、当代经济等等),而不是我们所十分注目的经典的人文学科(例如文学、历史、哲学、宗教、艺术、考古等等)。这是因为在'汉学'的时代,研究者对中国文化不仅是作为'客体'进行研究,而且是在不同的层面上还作为'意识形态'来加以吸收(例如在19世纪中期之前的日本、16世纪开始的欧洲传教士一直到18世纪欧洲思想革命的时代,其对中国文化的研究,在主体形态上呈现出'汉学'的特征);而在'中国学'的时代,中国文化是作为世界文化的一个类型存在,即只是作为研究的客体而存在,与研究者的意识形态并不具有必然的关系(例如在18世纪之后的欧洲与19世纪中期之后的日本,其对中国文化的研究,在主体上便呈现出'中国学'的特征)。"①

严教授在阐述了上述意见后指出:"我国学术界目前在关于Sinology、Chinese Studies 等的译名和关于这一学术的名称的认定方面,认识上的差距很大。"② 所以在论述"Sinology"时,严教授一律使用原文,使用译文时,则译为"国际中国学",但同时又附加一个括号,括号内注明"汉学",以示对各学派的尊敬。③

笔者在主持中国社会科学院 A 类重大课题"改革开放以来的国外中国研究"时注意到,如今的西方学术界,尤其是研究中国人文科学传统深厚的一些国家的学者仍然喜欢把他们的研究称为"Sinology",而仅把有

---

① 严绍璗:《我对国际中国学(汉学)的认识》,《国际汉学》第5辑,2000年,第8页。
② 严绍璗:《我对国际中国学(汉学)的认识》,《国际汉学》第5辑,2000年,第8页。
③ 严绍璗:《北京大学20世纪国际中国学(汉学)研究文库》,总前言,见 http://www.cacl.org.cn/Article/ShowArticle.asp?ArticleID=38。

关现代中国的研究称为"Chinese Studies"或"China Studies",我国学者也对应地把这两类说法译为"汉学"和"中国学",而且,给人的感觉是使用"汉学"的场合似乎要多一些。这种倾向不仅在我国学者中引发了争议,还引起了国外学界的注意。如日本学者高田时雄2001年6月24日在东京大学中国社会文化学会的学术会议上撰文指出,中国学术界将"Sinology"译为"汉学",始自中国近代思想家王韬(1828—1897)的可能性较大。王韬在《法国儒莲传》中提到了儒莲(Stanislas Julien)的著作《汉学指南》(*Syntaxe nouvelle de la langue chinoise*, 1869),但该书的中文名称应该是《汉文指南》,译作"汉学"显然是王韬之误。此后,"汉学"在中国翻译欧洲中国学时被逐渐固定下来,尤其是近年,"汉学"使用的频度越来越高,对此,高田时雄不安地认为,该倾向表明中国想居世界中国学的领导地位。①

在有关如何称谓国外的中国研究问题上,笔者认为,假如我们能够回归"Sinology"的本意,将其译为有关中国的学术研究,这一学术称谓的难题就可以很容易地解决(在有关日本的研究上,"Japanology"的研究对象同"Sinology"近似,也是以人文科学为主,但该词就被译为"日本学",并且也不存在什么争议),即使是沿用"Sinology"是"汉学","Chinese Studies"和"China Studies"是"中国学"之说,从第二次世界大战后国外研究中国的发展趋势,尤其是20世纪80年代之后国外研究中国的发展趋势上看,"Sinology"与"Chinese Studies 及 China Studies"的研究对象已在相互接近和兼容,而使用"中国学"的称谓,显然比"汉学"显得宽泛,更具包容性。由于如今国外的"中国学"不仅有关于现代中国政治、社会、经济、外交、环境等社会科学诸学科的研究,也有传统汉学高度重视的有关中国语言、文学、历史、哲学等人文科学诸学科的研究,因而在这一意义上,可以说"中国学"是传统"汉学"在现代的延伸和发展。而使用"中国学"这一称谓,不仅可以包容所有有关中国问题的研究,也可以使人们对历史的中国有更深刻的认识,对现代的中国有更好的理解。

---

① 高田时雄:《國際漢學の出現と漢學の變容》,東京大學中國社會文化學會,2001年6月24日,http://www.zinbun.kyoto-u.ac.jp/~takata/KokusaiKangaku.pdf.

"中国学"是伴随新中国的成立而出现的,同时也是伴随中国的崛起和强大而形成高潮的。出于上述理由,我们认为我国学术界也应跟上时代的变化,将国外对中国的研究统称为"中国学"。

(原载《社会科学论坛》2008年第5期,本集个别字词有所调整)

海外中国学研究的学科建设刍议

朱政惠[①]

这里所讨论的，是关于海外中国学研究的关键部分。这门学科研究的基本对象、任务等问题，需要有明确的认识和定位。在此过程中，需要梳理各种各样不同见解和观点，确立我们对此研究的基本认识。

一 "汉学""中国学""中国问题""新汉学"

什么叫"汉学"？汉学本身所研究的对象是什么？历史发展过程如何？这是需要有明确认识的。汉学是对中国历史和人文科学的研究，从渊源上讲，欧洲学者在这方面开展的工作比较多。近代以来，法国因汉学方面贡献卓著，已成为世界汉学的研究中心。汉学研究的主要对象，就是包括对中国古代史及其文化的考证、鉴别与研究，涉及方方面面。这一类的汉学研究，较少涉及当代中国问题的探讨。但是汉学从欧洲崛起以后有一个演变的过程，其间的一个重要变化，是在第二次世界大战以后。第二次世界大战作为一个重要的历史事件，也引起世界汉学发生重大转折和变化。就是说，在此之后，在欧洲，以法国为主要营垒的世界汉学研究体系受到削弱，并逐渐为美国的现代中国学的中国学研究体系所取代；或者说，以美国现代中国学为代表的世界中国学研究体系，逐渐赢得了世界中国研究的主导地位。究其原因，主要是第二次世界大战严重摧毁了欧洲的

[①] 本文是作者为"海外中国学研究导论"而开设的讲座特意撰写的。希望在研究对象、任务、学科建设诸方面引发学者更深入的思考。

汉学阵营，一些法国汉学家在第二次世界大战中逃到中国或越南避难。英国汉学研究虽然没有法国那样发达，但也存在这样的情况。作为战争发起者的德国，战败后汉学也同样遭受厄运①，所以纵观整个世界中国研究史，第二次世界大战后美国中国学有了取代欧洲汉学的势头。

再看"中国学"，英文有 Chinese Studies 和 China Studies 的说法，我们这里比较偏重于 China Studies 的说法，它的中文解释就是"中国研究"。"中国研究"主要是指国际学术界对中国的全面研究，涉及面相对比较宽泛，超出汉学研究对象的几乎所有范畴。就是说，政治学、经济学、社会学、人类学、军事学、医药学——凡是方方面面的有关中国问题的研究，它都会涉及，这显然区别于我们前面所说的汉学研究。从整个国际中国问题研究的大格局而言，这样的情况也主要是在第二次世界大战以后出现的。虽然在早期美国，也出现过这样的对中国问题的全面关注，但那是目击实录，谈不上是研究，真正的对中国问题的全方位研究，带有学科性质的研究，出现在第二次世界大战以后，是美国领衔主持的。之所以在第二次世界大战以后出现，主要是国际发展格局有重大变化。第二次世界大战远东战场的开辟，国际反法西斯阵营的建立，都使东方尤其是中国国际战略地位提升，紧接着又是中华人民共和国的成立，这都使西方世界面临全新的问题，他们需要尽快、尽可能全面地了解中国，这种对中国的了解，绝不仅仅是历史与文化，而是全方位的，尤其是对其政治、经济、军事等诸方面的探讨，以往的汉学研究都没有过现成的答案。传统的汉学研究对象和方法，基本上不能适用，必须有更新的学科来调整以往的研究对象和方法，承担这个对中国问题全新研究的任务。所以新的中国学研究是由美国挑头开展起来的，他们在接受传统汉学方法的基础上，开始以社会科学研究方法介入中国研究的大讨论。这个工作从费正清区域研究开始时就在尝试，至 20 世纪 60 年代达到高潮。美国各高校在推进以社会科学介入中国问题研究的学术进程中起到了重要的组织作用，历史学科最早响应了这一研究对象、研究任务调整的战略思考。费正清始终是具体的促进

---

① 第二次世界大战使法国汉学遭到了严重的摧残，老一辈的汉学家或受到迫害，或病故，法国汉学日渐衰微，一度处于低谷。第二次世界大战结束后，英国丧失世界霸权地位国力衰退，经济困难，汉学研究的前景也不妙。

者。1964年所开展的关于社会科学介入中国问题的讨论中,几乎所有重要的中国学专家都参与了讨论,包括像芮玛丽这样的学者都提出了社会科学介入中国历史研究的具体问题。① 所以真正现代意义上的中国学是适应当时历史发展的需要而产生的,并由于这一研究在美国和国际学术界的重要性,很快取代传统汉学而上升为国际中国研究的主流趋向。但是"汉学"和"中国学"这两个研究,它们各自拥有的一些研究特点,并没有因为历史的主流趋势改变而改变:汉学家还是保留有汉学家的研究特色和方法,中国学家还是坚持自己的一贯理念和方法。这使得世界上的一些国家或大学,同时拥有两种不同的独立的研究机构,开展各自的学术研究。在美国哈佛大学,一条Cambridge大街,对面是哈佛燕京学社,这边就是哈佛费正清中国研究中心。哈佛燕京学社基本上还是以传统的汉学研究为主要研究对象和任务,当年费正清曾恳请在燕京学社下设立一个当代中国问题研究部门,但遭到严词拒绝,费正清不得已退而求其次,自己搞了一个东亚研究中心。② 费正清东亚研究中心基本上是当代中国问题研究中心,覆盖对当代中国社会、经济、社会文化、军事、法律等多方面探讨。但他的基本队伍还是历史学方面的,是由杨联陞、邓嗣禹等学者所组成的汉学家队伍。在德国基本上还是传统汉学为主的研究,据说当代中国问题研究是"文化大革命"之后才出现的,但这样的机构也不多。③ 像德国汉堡大学等一些很有传统的学校,主要在进行传统汉学研究。法国也是这样,法兰西学院等高校和研究机构,还是在进行传统汉学研究,但法国的国家科学院在开展当代中国问题研究,有个当代中国研究中心。还要注意到一个现象,就是一些高校的同一个研究机构内部,对于中国问题的研究,也并非都一致,汉学研究和中国学研究都有,它们之间还经常沟通。

在这样的情况下,国内学者对海外中国问题的研究,也就产生了理解

---

① 1964年3月22日,在美国第16届亚洲研究协会年会上,施坚雅主持了这次讨论会议,讨论的发言后来发表在《亚洲研究杂志》第23卷第4期和第24卷第1期。参加讨论的有列文森、芮玛丽、施坚雅、弗莱德曼(Maurice Freedman)、牟复礼(Frederick Mote,1922—2005)、墨菲、史华慈、崔瑞德、萧公权等几位学者。

② 关于这方面的情况,费正清在自己的回忆录里也有提及(见[美]费正清《费正清自传》,黎鸣、贾玉文等译,天津人民出版社1993年版)。

③ 王维江:《德国的中国学研究50年》,载《海外中国学评论》第3辑,上海辞书出版社2008年版。

和解读的分歧，有一概称其为"汉学"者，也有一概称其为"中国学"者。一些学术机构倾向于从汉学这个角度去命名自己的研究机构，如北京外国语大学的汉学研究中心、清华大学的汉学研究所[1]、中国人民大学的汉学研究所[2]等；中国社会科学院的机构就叫国外中国学研究中心，虽然挂牌较晚，但早就开始这方面的工作，其前身是情报研究所，其研究包括对环境问题、农村发展问题等很多方面情况的探讨，出版了《美国中国学手册》[3]等重要中国学工具书。一些机构之所以突出中国学，更多的是从政治上、全局上考虑的，包括少数民族问题。如果只讲汉学就可能把蒙古学、西夏学、藏学排除在外了，"中国学"就可以把全部对象包容进去。他们所以考虑命名中国学，还有一个因素，就是想和历史上的"汉学"区分开来，不要造成不必要的混淆与麻烦。[4] 所以他们考虑命名为中国学研究中心也是多重原因使然。北京大学的严绍璗也主张中国学的提法，主要是从对日本研究（也包括国际汉学研究）的实践中总结出来的。他认为欧洲主要国家和东亚各国，在近代文明之前，他们意念中的"中国文化"即"华夏"以"儒学"为核心的"汉文化"，几乎构成研究的基本的、甚至是唯一的对象内容。在一个相当长的时间中——例如在18世纪欧洲思想革命时代之前与革命中的欧洲学界，以及在19世纪中期之前的日本学界，他们对中国"汉文化"研究所呈现的最经典特征，就是研究的主流话语不仅把"汉文化"作为"客体"研究对象，而且不管是有意识的，还是无意识的，还把以"汉文化"为代表的中国文化作为自身"主体"意识形态的相关材料而变异到自我的"主体"之中。严绍璗认为，具有这样的基本文化特征的"国际中国文化研究"可以界定为"汉学"，对它的研究可以称为"汉学研究"。但由于"文化人类学"的

---

[1] 清华大学汉学研究所是李学勤创立的，明确提出要开展对于海外中国考古、历史、思想文化方面的研究，不过他们把国内所开展的这些领域的研究也称为汉学。

[2] 中国人民大学所开展的这一领域研究，主要展开对国际中国历史文化的研究。机构称汉学研究所。国家汉办每两年举行一次世界汉学大会，讨论的内容偏重于对中国历史与文化的研究。

[3] 《美国中国学手册》由孙越生主持编撰，收入美国研究专家、中国学机构、美国收藏中文资料的图书馆、华人在美中国研究博士论文题录等情况。1993年有增订，由中国社会科学出版社出版。

[4] 参见《世界中国学家名录》编者前言，社会科学文献出版社1994年版。

萌生与发展，以及欧洲殖民主义的扩张，欧洲对中国的认识和研究开始从单一的"汉族"与"汉文化"扩展为多元状态，在多种探险考古与殖民的推动下，在对"中国"的研究中出现了例如对"蒙古""满洲""藏族"等的研究，表现为研究内容增容性多元化，明显地表现出研究价值取向的混融性转移。这一学术势态始发于18世纪的欧洲，日本在19世纪中后期也开始呈现这样的趋势。国际中国文化研究状态中这种近代性变异情况的出现，使得继续囿于"汉学"的范畴显然已经不能容纳其学术内涵，并且产生而且事实上已经产生学术的以及超越学术的误解与歧义。在这样的学术状态下，使用"中国学"的概念与范畴应该说是很合适的、必要的。他说："我们应该确立'中国学'的概念与范畴，把它作为世界近代文化中'国际中国文化研究'的核心与统摄。'汉学'是它的历史承传，而诸如现在进行的'蒙古学''满洲学''西藏学''西域学''西夏学'乃至'渤海学'等的研究，都是它的'分支层面'即'中国学'的'二级学科'。"[①] 他觉得"中国学"比"汉学"更合适。我们这里的研究机构也叫海外中国学研究中心，在考虑这一名称时，也认为"中国学研究"更宽泛，应包括汉学研究的范畴，无论是历史与现实的中国研究，还是不同国家和区域的中国研究，都可以纳入中国学研究的范畴之中，"中国学"在研究对象和内容上比"汉学"适用度更大。

有学者提出，事实上在海外"汉学"和"中国学"之外，还有一个海外"中国问题"研究。所谓海外"中国问题"研究，有学者认为，既不属于"汉学"研究，也不属于"中国学"研究，是在汉学和中国学之外另立的一个中国问题研究。有学者就提出这样的"中国问题"研究项目，不叫"中国学"，也不叫"汉学"，认为这个东西跟前面两者都有区别，如海外对中国的国际关系问题研究、海外对中美战略关系的研究、海外对东亚地区安全与大国全球战略的研究等，虽然涉及的面不像前两者那样宽泛，但很重要，是很现实的国际交往中的中国问题探讨，其研究的独特性与重要性绝对不可小视。研究者认为，将这样的特殊研究放入海外汉

---

① 严绍璗：《我对国际中国学研究的再思索——在第2届世界汉学大会上的发言》（2009年10月27日），参见第2届世界汉学大会网站，http://www.sinology2007.com/sinology2009/detail.asp? aid = 371。

学研究和海外中国学研究都不太合适，应该单列出来。① 还有的则认为，这一类的研究，基本属于信息研究，信息研究就不能说是学术研究，所以也就上不了"中国学"的台面，最好界定为"中国研究"。类似这样的思考尚在酝酿的进程中，但值得提出来引起关注。

还有一个新提法，叫"新汉学"。所谓的"新汉学"，就是把所有的"汉学""中国学"全部杂糅在一起，叫作"新汉学"。这个"新汉学"不是原来意义上的"汉学"，实际是历史和现实的中国研究的综合，而且还有一个重要内涵，就是中国人和外国人的中国研究都叫新汉学，所以这个"新汉学"是过去和现在中国研究的结合，异域和本土中国研究的结合。这个"新汉学"提出来的目的，就是期望中外学者加强沟通，共同研究中国问题。这个观点得到了一部分中外学者的赞同。它实际上的突破意义，就是古今中外的中国研究都结合了起来。"新汉学"提出的背景，主要是改革开放后中国的崛起，世界更关注中国问题的研究，世界需要思考中国的道路走向和发展经验，中国也希望能更多、更及时地吸取世界对中国问题研究的合适经验和研究方法论，形成自己有全局眼光的、有话语权的、成熟的对中国问题的研究体系。有学者认为，现在的中国在许多问题的处理上已经站到世界前列了，可惜这些成果还推广不出去，语言上没有优势，联系上也没有优势，这是个大问题。这些学者认为，中国的很多东西是实在的，没有什么吹嘘，但现在很多欧洲人、西方人就是了解不到，认识不到，所以"新汉学"建设也有这样一层意思，希望中外学术成果能交融在一起，形成新的学术形态。

"汉学""中国学"界定是个大问题，一些意见一直都难以统一：汉学的起源问题就有几种不同说法，"汉学""中国学"的界定也有几种说法，"汉学""中国学"能否兼容也有不同看法；还有观点认为，"汉学"的界定不可动摇，"中国学"的定义容易出错（如认为内涵过小、外延过大等）；也有认为"中国学"之所以出现，是因为中国人习惯性地会在一个被研究的对象后加一个"学"，比如中国人研究美国叫美国学，研究希腊叫希腊学，但这是否对呢？还有提及，俄罗斯还有一个"华学"，跟"中国学"的界定有点类似，这个华学的涵盖面也很大，与中国有关的研

---

① 上海社会科学院的黄仁伟、同济大学的仇华飞等学者都比较赞同这样的意见。

究都称"华学"。

"汉学"和"中国学"两大阵营的区分还是清楚的。关于这些概念的大体梳理和分析，比较有利于我们对学科研究对象的认定，包括对我们应该努力的主攻方向的认定。

三 海外中国学研究的对象、任务、目的

1977 年恢复高考以后，大学历史教学课堂上，有过关于中国史学史研究对象、任务、目的的讨论。但当时所讨论的，还仅仅是史学史研究的一个学科。对海外中国学的研究就不一样，涉及跨学科、多学科的研究，所以会是一个很综合的问题。这里仅提一个大体的、框架性的意见。

（一）海外中国学的研究对象

我们这里的所谓研究对象，应该考虑到可能涉及的研究对象，譬如说海外中国文学研究、海外中国史学研究、海外中国考古学研究、海外中国军事史研究、海外中国政治研究、海外中国社会研究、海外中国人类学研究、海外中国医药学研究，等等。这些相关学科的研究的成果，都可以成为我们的研究对象。

1. 对海外中国学家及其学术思想展开研究

海外学者对中国问题的研究，受他们国家政治和社会背景的影响，受他们国家与中国交往关系影响，以及宗教观念、个人兴趣爱好诸影响等，其论著会阐发其相应的学术思想和学术观点，其中有影响者就很值得研究。通过这样的研究，能看到他们所感兴趣的话题，看到他们所阐述的主要思想观点及其立场，看到他们撰述中所采取的描述方法和特点，从这里可以把握到某个特定国家或区域，某个特定时代和领域，对中国研究的基本关注点和特征。这会是我们研究中很值得注意的问题。例如我们对魏斐德（Frederic Wakernan Jr., 1937—2006）的研究，就会关注他的著作，他的著作选题和他时代的中国学特征，他的主要学术观点和他的研究方法，然后再与他的前人与后人、本土与异域研究者作对比，从中透视他本人的学术研究内核，研究他所代表的美国中国学的动向和水准。需要注意的是，我们这里所说的海外中国学，是涉及各个学科对于中国问题的研

究，所以我们的这个研究对象，就不仅仅是历史学的，海外中国文学家、海外中国民俗学家、海外中国军事学家、海外中国科技史家、海外中国社会学研究专家等，都应该是我们的研究对象。他们及其学术著作、学术思想、学术方法都是我们的研究对象。既然他们会成为我们的研究对象，那么在研究过程中，首先就应该把他们的生平搞清楚，把握他们生活的时代、国家、语境，然后分析他们的代表作，从他们的代表们当中，探讨他们的学术思想和理论观点，包括那些有争议的问题。这些都是对海外中国学研究应该关注的问题。

2. 对海外中国学研究的编撰史、发展史展开研究

这实际上就是学术史研究的问题。我们强调要研究海外中国学家，但他们的著作和理论，基本上还只能是属于个案的研究，能体现他们所代表的时代和国家利益，但不足以反映全局。要了解一个国家或地区相当长时期来的中国研究，只能作学术史研究，这是长时段的研究。这应该成为我们的重要研究对象。这种对海外中国学编撰史、发展史的研究，对于我们把握海外中国学发展特点和规律是极其重要的，是我们全面了解海外中国学的重要窗口和观察平台。就像我们对中国史学发展史的研究，可以清晰看到编年体如何到纪传体，纪传体如何到纪事本末体，纪事本末体如何到章节体，这一编撰体例的演变很不同于西方的史学编撰，由此可以看到东西方史学进程的很大差异，而对这样的演变过程的探讨，可以看清重要史学大家在中间所起的关键作用。所以对海外中国学的学术史的研究十分重要，是了解一个国家或一个地区海外中国学发展的核心工作。没有这样的全面考察，没有这种全进程的梳理和分析，我们的观察永远会是模糊的。现在时不时地会看到这样的情况，抓住一两本热门专著就评论起来，乍看起来蛮有道理，但实际上，有的评论者既不了解相关的学术演变史，又不把握实际的学术思潮背景，这样的研究会很不接地气，误人子弟。既然要作学术史的研究，就要有安营扎寨的长期准备，不是三两天可以轻易完成的。要有足够的时间去搜集和爬梳剔抉，足够的努力去作学术脉络的梳理，足够的思考去领会、鉴别、批判他们的学术专著和学术思想，只有这样的长年累积，学术史的研究才有可能突破。学术史的研究也有个不断探讨、不断深入的过程，现在我们已经有了关于美国、英国、法国、俄国、日本、韩国、瑞典等国家的中国学发展史研究的成果，但是否够呢？还差

远了。更多国家或区域还没有这样的相应研究成果，所以任重而道远。

3. 对海外中国学研究的机构、基金会、协会以及相关的学术团体的研究

这也应该成为我们的研究对象。这些都不属于研究的主体，实际是研究的中介，但在海外中国学的研究当中起着重要作用，是我们必须展开的研究对象之一。比如洛克菲勒基金会，20世纪20年代美国开始建设中国研究促进会的时候，投过一笔钱，支持中国学机构和中国研究项目的开展。但目前我们对这样的机构、基金会、研究学会研究的工作开展还不够，这个工作有一定难度。这方面的研究需要了解和把握相关的档案资料，没有档案资料是做不成的。这样的研究的难点还在于，它和思想史、学术史的研究颇不一样，一不小心会陷入罗列现象的怪圈，以为把过程搞清楚、顺序搞清楚就可以了，实际上，机构的探究还是有很多大的政治和思潮背景研究的问题可以做得相当深入。总的来说，目前这方面的探索还相当少。美国现在几乎每一个党派、军种、企业，包括国会，都有关于中国研究的智库，或相关的研究机构，方方面面的中国问题都有其思考的足迹。中国现代国际关系研究院有过一本《美国思想库及其对华倾向》[①]，对相关机构有过一定的探讨，但类似这样的研究机构，又不只是美国有，全世界又何止成百上千？这都应该成为我们的研究对象。从中国史学史研究的视角看问题，大家都很重视历史上史馆制度的研究，如唐代史馆研究、清代的四库全书编撰机构研究等。中国历代史馆都在史学发展中起着重要的组织协调作用，影响当时的史学特点及其研究走向，一直是很重要的研究对象。

4. 对海外中国学的思潮与方法的研究

这也是我们很重要的研究对象，与海外中国学的发展特点与走向有密切的关系，但它又是相对独立的一块。实际上任何国家和区域的中国研究的发展，不能不受政治变局和学术思潮的影响，学术思潮有内生的也有外来的，但无论来自哪方面，都会很深地影响到相关的中国研究进程、研究方法、研究模式甚至规模。这是非常值得关注的问题。在美国，早期的中国观察在向职业化进程演进的过程中，就深受欧洲汉学微观史学影响。德

---

① 中国现代国际关系研究院编：《美国思想库及其对华倾向》，时事出版社2003年版。

裔学者夏德（Friedrich Hirth）、劳费尔（Bertold Laufer）到美国，在那里开展教学和研究，带去严谨的考证手段和方法，影响到产生像卡特（Thomas Francis Carter）的《中国印刷术的发明和它的西传》[①]、德效骞（Homer Dubs）《汉书》翻译的严密考据[②]、韦慕庭（Clarence Martin Wilbur）从《汉书》中求证西汉的奴隶制特点[③]等，基本改变了以往卫三畏们开创的学问路径。这些考据的思路和方法基本不是美国本土产生的。二十世纪七八十年代的美国中国学特别活跃，除了政治原因，还包括越南战争的影响，对于学术思潮的干扰和影响很大，尤其是来自法国年鉴学派思潮的影响。这一思潮影响到美国中国学家，使他们开始关注长时段历史研究，注意将明清乃至民国时期放到一整个历史进程中考察，而不做人为割裂的探讨；这一思潮还影响到他们从社会底层来看历史，注意底层人物在历史中的活动和作用，放弃只是关注精英人物的历史观；他们还注意到对于地区、社会、群落作分层、分片、区别的研究，由此去发现中国区域发展的差异性、人口变异的流动性等以往未能注意的情况，并形成了所谓"中国中心观"的理论和方法。就是现在，学术思潮的影响也依然是美国中国学演变的重要制约因素。新文化史、后现代主义等都已经很深入地影响到美国中国学的研究对象和工作思路。就以知青史的研究来说，通常我们会注意共和国史的框架，做出知青历史和知青作用的评价等，最近我们了解到，著名女性史专家韩起澜也在做女知青史的研究，但她是从移民史的角度去思考中国的知青运动，把人类学、社会学的方法都用进去了，从女性史学科的特殊方法和视角解剖女知青的生活，她还特别到江西、云南搜集相关档案资料。韩起澜这样做出来的研究，有可能超过我们的研究现状。她会跳出常规思路看问题。所以方法问题、思潮问题，是影响到整个研究格局的问题，是我们对海外中国学研究应该注意到的大问题，应将其

---

① Thomas F. Carter, *The Invention of Printing in China and Its Spread Westwards*, Columbia University Press, New York, 1925.

② 他对班固《汉书》的翻译，是1934年接到的来自美国学术团体理事会的项目，洛克菲勒基金会资助。他所翻译的这部中国史书，于1938年、1944年、1955年分别出了三册（Homer Hansopflug Dubs, *The History of the Former Han Dynasty*, 3 Vols, Baltimore: Waverly, 1938 – 1955.）

③ Clarence Martin Wilbur, *China in My Life: A Historian Own History*, Armonk, N.Y.: M. E. Sharpe, c1996.

单列并作为对象探讨。不过西方学术思潮影响下的中国学研究，虽然有时会有我们难以预料的思路和方法，"柳暗花明又一村"，但他们也同样会有学术偏见，所以我们要有学术批判意识和民族自主意识。好的吸收，不好的摈弃，千万不能跟着跑，一风吹。

5. 对海外的中国经典研究和海外中国相关文献翻译的研究

这是很大的一块，必须开展研究的一块。海外学者对于中国文学翻译的作品比较多，美国人对于中国古典小说《西游记》《三国演义》《红楼梦》《金瓶梅》《水浒传》《儒林外史》等都有翻译，还有很多诗歌的翻译，像莫言这样的今人小说的翻译本也不少。[①] 美国学者艾朗诺（Roland Egan）则认为，美国学者对于中国文献的翻译与研究已经进入一个新的层面，就是开展"文本的生命"的研究，注意文本的流传和解读。[②] 这些问题都值得我们探讨。而有关海外中国辞典、中国语言学的研究也在展开。如对赵元任的中国语言学研究等（中国台湾有人叫它语源学、语源语义学）。从我们的视角看，就是对海外的中国辞典编纂研究、海外的中国辞典发展史研究。这也是一块很大的领域。西方人到中国，没有不去克服语言关的，就会出现大量辞典。英国、意大利等很多国家都有做语源语义研究的。当然就国内而言，这个工作最好由对外汉语专业的专家来做，一些高校也已经有了这一研究的相关硕士、博士学位论文。毫无疑问，它们是我们重要的研究对象。在史学方面，大家也很关心外国人对中国史学名著的翻译情况。我们评价一部史书的优劣，也不能关起门来评，一定要注意到它对后人的影响，它在国际学术界的传播情况。如果说以前这样的研究条件不成熟，现在没有理由推辞了，是摆在案头必须开展的工作。比如说《史记》《汉书》传到国外，有多少国家在翻译，翻译的篇幅如何，翻译的特点怎样；同样的一种元典，各种语言的翻译质量如何，效果如何，这方面的工作基本上还没展开。就我们所知，美国的《汉书》《史记》翻译，先后由德效骞、华兹生在做，翻译的风格迥异，学术影响也

[①] 最近也有学者在做这方面的研究。俄亥俄州立大学的华裔学者李国庆，就有《美国对中国古典及当代作品翻译概述》的论文。

[②] 参见朱政惠《"北美中国学的历史与现状"国际学术研讨会述评》，《史学理论研究》2012 年第 1 期。

不一样，这就很值得研究。① 曾有学者提到，俄国人对中国历代正史的翻译了不得，他们是老老实实地在翻译的，其中《史记》的翻译基本倾尽三代人的精力，从爷爷、父亲到孙子，才把它翻译出来，工作非常严格，翻译十分严谨。② 所以对海外的经典文献翻译的研究是很大的一块领域，是我们重要的研究对象，任重而道远。

6. 对海外中国古籍、文献、文物收藏的研究

这也包括中外关系的重要文献。这也是非常重要的一块，重要的研究对象。1996 年，王元化就专门提出过这个问题，提出国内的海外中国学研究，一定要把这一研究放在心上。③ 17 年过去了，国内学术界这方面的研究也初见成效。北京的捷足先登者严绍璗已经把日本所藏中国书目大部分做出来了，编撰了《汉籍在日本的流布研究》（江苏古籍出版社 1992 年版）、《日本藏宋人文籍善本钩沉》（杭州大学出版社 1996 年版）、《日藏汉籍善本书录》（中华书局 2000 年版）等专著。复旦大学文史研究院和越南汉喃研究院合作编纂了大型文献丛书《越南汉文燕行文献集成》。南京的学者也在开展这方面的研究，出版的学术著作如《宋人撰述流传丽、鲜两朝考》《域外所藏稀见唐宋文献汇编》等。北京外国语大学最近也出版了《梵蒂冈图书馆藏明清中西文化交流史文献丛刊》等。情况表明，这确实是很大的一块领域。我们对海外中国典籍收藏及其相关文献情况的把握还实在太少，很多情况还没有发掘出来。美国国会图书馆藏有大量的中国典籍，但直到今天，就连馆里的工作人员还未见其踪影，即使见到珍藏书籍的箱匣也未开启过。④ 1928 年美国成立中国研究促进会，曾发动专家对北美地区的各个高校、各大城市图书馆和博物馆的中国书籍、中国文物收藏情况进行过统计，相关的表格填写精密，家底多少也大体清

---

① 参见朱政惠《美国学者对中国史学的研究探要》，载《史学理论研究》2013 年第 3 期。
② 这是南开大学阎国栋在第 3 届北京汉学大会（2012 年 11 月 3—5 日）上的发言中所提到的问题。
③ 参见《华东师范大学海外中国学研究中心成立通讯》，http://www.chinasarcview.com/sky/index.php? modules = show&id = 2。
④ 2010 年 5 月 19 日，居蜜博士在中国台湾"中央大学"作了题为"美国国会图书馆的中文藏书"的讲座，专门提到了这方面的收藏情况。她是美国国会图书馆亚洲部学术研究主任，哈佛大学历史学博士，祖籍湖北广济，国民党元老居正之女。主要进行美国国会图书馆藏中国古籍研究整理，2007 年获美国国会特殊贡献成就奖。

楚。欧洲这方面的收藏也很多，英国保留有很多东印度公司的材料，还有巨量的敦煌文献资料。所有这些，中国学术界都应该了解和把握。中国台湾有位学者曾经写过美国国会图书馆中国书籍收集史的英文研究专著，迄今大概有半个世纪，还没有翻译成中文本，也很少有人提及。它使人们思考两个问题：一是类似这样的研究十分重要，已经引起中国人的关注；其二，要把这样的工作坚持下去，做出新水平、新高度，起码赶上50年前的水平。总之，海外的中国文物、中国文献、珍贵古籍的收藏情况应该是我们海外中国学的研究范畴，是我们的研究对象，要当回事去做。

（二）海外中国学研究的任务

在我们确定了研究对象以后，学科的研究任务也就提了出来。根据研究的实践和经验，基本可以将这样的几条作为大家的研究任务。

1. 应该对各个国家的中国学发展史有个大体的把握与梳理，在此基础上有大体完整的描述和研究。我们是做海外中国学研究的，我们的学科建设，就要把海外中国研究的情况搞清楚，不是一般的了解，而是有深入的研究；不是一两个国家，而是对开展有中国学研究的国家都有相应研究。开展对海外中国学研究的工作千头万绪，但摸清情况、摸清对方家底是我们第一条的任务。对一些领衔国家的中国学研究有大体把握，对全球的中国学研究走向、特点、前沿也就会有大体了解，这对我们进一步开展工作、确定研究方略、工作重点都会有好处。经过多年的努力，这方面的工作已经出现一些亮点。北京大学所开展的日本中国学史的研究起步早[①]，做得相当深入，加上对中国汉籍在日本流播的研究，业已得到日本学术界和中国学术界的公认，可以认为目前国内的日本中国学史的研究还是相当成功的。在俄国汉学研究方面，北京大学、南开大学都有学者在做，也是国内同类研究的前沿水平，其中，《俄国汉学史》还得到过俄罗斯著名汉学家、俄罗斯院士李福清的肯定，亲自撰写书评，称赞这是一部巨著，中国学者"为研究俄国200多年的汉学史研究作出了举足轻重的贡献"，"中国、俄罗斯和西方的学术史专家都将满怀感激之情地使用这

---

① 北京大学的研究，以严绍璗教授的研究比较突出，他培养了一批日本中国学史研究方向的硕士和博士研究生。

部著作"。① 在法国汉学史研究方面,最近耿昇出版的《法国中国学历史与现状》,以戴仁的专著为底本,包容了其他研究成果,长达 80 万字,是研究法国汉学史的重要文献资料。② 我们注意到,目前中国学者在美国、德国、韩国、英国、瑞典等国家的中国学发展史研究方面都有了专著,但比较而言,有深度的精品力作还在期待中。有些国家如西班牙、葡萄牙、意大利的中国学发展史研究专著还没有出现,这倒是欧洲汉学的源头,最早的巨头,反而搞得不透,或许与语言把握有关。有些国家如加拿大、澳大利亚、印度的中国学发展史,也没有合适的成果,这倒不是语言问题,主要是还没有认真关心过。所以对海外中国学发展史的研究尚还不平衡,真正得到国际学术界认可的,还只是对一两个国家的研究,大部分的研究成果尚属平平,空白点不少。从学科建设的角度看,要下功夫作好对高端水准的中国学研究,做好对精品的研究;同时要考虑研究面的问题,尽可能多地涉及相关国家的中国学,那些在历史上起过关键作用的国家的中国学研究,尤其应该被涉及。一两个关键的环节断了,就无法从整体上理解和把握世界中国学的发展史。

2. 要探索海外中国学发展演变的特点和规律。历史一驰而过,是否有规律?应该有规律可循。对海外中国学的研究是科学研究的使命,科学研究的目的,就是要摸清被研究对象的发展特点和演变规律。这种研究不仅对我们把握研究对象是必要的,对研究者自身的学科建设也是重要的。对这种规律的探寻与把握,也更有利于对其变化与特点的认识,从而更有针对性地开展相应的工作。正在开展的研究告诉我们:研究中国学演变规律和了解其演变特点是一个问题的两个侧面,相辅相成,彼此紧密联系。多年的研究实践也在表明,影响各国中国学发展演变的因素,基本可以归纳为五个方面的问题:

(1) 对象国的国内社会形势。就是对象国研究中国问题要有其客观需求,没有这样的迫切需求他们是不干的。仅仅文化与文明的交流还不足以刺

---

① 参见李福清著、岳巍译《中国学者论俄国汉学——评阎国栋著〈俄国汉学史(迄于1917年)〉》,《海外中国学评论》第 4 辑,2012 年。

② 耿昇的研究也受到法国文化部的表彰,可惜他还没有完成像《法国汉学发展史》这样的研究专著。

激某些中国学研究大国的研究冲动。就美国中国学而言，对中国研究的缘起，以及第一次世界大战、第二次世界大战后的几次振兴，都与美国的国家利益及其远东战略有直接关系。这是我们研究中必须注意到的一个问题。

（2）与中国国内形势和国际地位有关。这一因素也足以左右一些研究国的中国研究规模，他们的中国观、研究课题、探索之深入程度。近几十年来，是近代以来中国社会发展的最好时期，国泰民安，欣欣向荣很大程度上刺激了海外中国问题的新研究。他们觉得不可能无视这样一个正在崛起的国家，必须开展研究并寻找应对方略。西班牙曾是欧洲最早的汉学研究大国之一，后来中落，但最近中国研究热又出现，为什么？就是因为中国的崛起、中国的经济影响力已经渗透到寻常百姓家，他们不得不再次重视中国问题的研究。由于中国的改革开放，海外学者能够直接到中国寻找档案资料，直接深入民间做人类学的调查，这都会影响到其研究课题和研究深度。诚然，中国发展的丰富性和期间产生的诸多问题，也会促进海外学者的多角度、多领域、多学科、多层次的思考。

（3）与中国和对象国的交往关系有关。这并不一定是正比例的关系，会有多种复杂因素的缠绕。同样是近邻，日本、韩国、越南、印度对中国研究的程度是很不一样的。日本是研究最深入的，但中日关系一直不是很顺畅，这主要与历史的传统有关。中韩建交才20年，但韩国的中国学发展突飞猛进，科研项目设置、研究机构建立、研究生硕博士论文、专门学术刊物的出版等，超过以往任何时期。其中，对中国政治、经济、语言学的研究相对突出。据知从1992年至2008年，韩国对中国的出口增加了34.4倍，对中国的进口增加了20.6倍。韩国到中国的留学生也已占韩国到世界各国留学生总数的76%，每天抵达中国的韩国人数已经达到约1万人。可见现实中韩交往的密切频繁是韩国中国学发展的根本原因。比较而言，越南、印度都是研究不足的，原因也不难寻找。

（4）要注意学术思潮和方法影响的原因。这是很重要的一块，它对于海外中国学研究之改变与影响的力度，甚至超出我们的想象。近来对于西方的人文学术研究而言，后现代主义、新文化思潮可谓是影响和冲击力最大的，同样也影响到对一些国家的中国学的研究。它使一些学者改变原来的研究旨趣和研究方法，把注意力集中到历来为人们所忽视的领域和对象，所谓从关注精英到研究平民，从关注中心到审视边缘，从重视典章制度到关心平民生活等。这样的转变经历了相当的一段时期，但很显然，政治和其他因素影响的力量倒不是很大，更重要的是学术生命体自身的力量。

（5）语境等特殊情况的影响因素。关于这方面的研究，在对海外中国文学的研究中会更注意这些问题。一本文学著作在海外的传播和接受，有时候不一定取决于原作品在中国的地位和影响，而更取决于这本著作在对象国的接受语境和接受群体。为研究这样的类似问题，就产生了接受文学、接受美学、"文本的生命研究"等话题。对史学名著的研究，也存在这样的问题。《史记》《汉书》在美国的传播和影响，走了截然不同的道路。《汉书》研究在先，穷尽考证，以十分严谨的方式，让美国人记住了中国的历史与文化。《史记》翻译在后，作者擅长文学，以轻松明快的语言译述了《史记》内容。这都与翻译者自身的翻译目的与受众群体的选择有关。所以所谓的语境，对海外的中国学的研究是存在大的影响的，不可忽略。

以上逐条因素，外在的影响因素大概三条，内在的影响因素两条，由此影响到海外的整个中国学发展轨迹。我们对它们发展特点、发展规律的研究，也主要从这样的几个因素去探讨。也就是说，无论是对国别的中国学的研究，还是对整个国际社会的中国学的研究，它们的发展规律都可以从这些方面去探寻，都可以从其具体变化中去发现。作为学术生命体的海外中国学研究，它可以表现为多国别、多区域的发展状态，但毕竟还是一个整体，它的产生、发展、发达，与其研究的对象国，以及原生地的诸种因素有关。它有自我调节运作的能力，使自己的发展更适用于认知中国和世界发展的形势，以及密切关联的学术理论与学术思潮。总的说，这是很有魅力的研究任务。

3. 对世界中国形象的演变及其特点的探讨。这应该是其中的一项重要研究任务。这更主要的是比较文学研究的任务，但说到形象研究史，那又是历史学家的任务了。形象学属于比较文学领域相对比较新起的学科，其研究的重心是文学或学术作品在不同国家的"形象"问题，亦即他者范畴里的形象问题。这一研究的主要目的，是研究这类形象是怎样被制作出来，又是怎样生存，怎样运作的。这一研究的意义在于，研究者可以从中探知西方权力话语的形成过程以及利用这一研究成果介入文化霸权制作，即所谓的西方现代话语权制作。当然作为对海外中国学的任务，仅仅这样的研究还是不够的，还应该注意到不同国家、不同区域的中国形象的比较研究——他们的不同传统与特色、他们的跨文化流动及其网络交流，以及相关权力机构在其间所起的作用。只有全球化的视野，才可能比较全面地看到世界不同国家和地区的中国形象特征，看到相关国度和民族的自我文化身份。这样的讨论还会引起我们思考中国文化的民族自觉问题，思考中华文明有否可能超越世界文明等诸如此类的问题。最近出版的《世界的中国形象丛书》，分别探讨了美国、西欧、俄罗斯、日本、印度、东南亚、非洲、阿拉伯、拉丁美洲等国家和地区的中国形象。[①] 研究者认为跨文化的中国形象研究基本上属于观念史范畴，如果进入实践领域，则关系到中国国家文化软实力的资源与战略问题。作者认为当下最大的"战略威胁"与"战略挑战"，都与其国家形象相关。"学术研究难以回避现实问题。中国如何看待自己、其他国家如何看待中国，决定着中国与世界的命运。"跨文化的中国形象研究，对象是"思想"或"想象"，问题却是当下国际文化与地缘政治战略，"如何使社会科学理论研究与国家战略研究结合起来？跨文化形象学是个全新的领域"，"论题正待开辟，方法也在探索中。"类似这方面的研究表明，中国形象研究的理论及其实践已经比较丰富，有了初步的成果。与此不同的是，史学工作者更关注的是这种中国形象在某国某地区的演变史某阶段出现什么、主要观点是什么、为什么出现、又如何演变下去等问题。有学者就曾经对美国中国形象演变史作过分析，对演变内容、特点、原因等都作了具体探讨，作者更注重于从历史和社会蜕变的深处揭示演变动因及其历史影响。在对中国形象的研究方面，历史学家的思考与文学家的思考异同十分清楚。但毫无疑问，海外中国形象的研究，应该是这一学科领域的专家必须开展的工作。由于中国形象被妖魔化的情况还不时出现，这一研究任务的现实意义也更为显现。

4. 对中国文化海外传播概况、特点和影响的研究。前面我们讲的是海外学者怎么研究我们，这里要研究中国的学术和文化如何走出去，在外面发展得怎么样的问题。这也是一个很特殊的任务，要有人去做，迄今参与的学者还不多。专著《中华文化海外传播史》是这方面研究的代

[①] 周宁主编：《世界的中国形象丛书》，人民出版社2010年版。

表作[1]，作者就是从文化外传的思路上去考虑问题的，提出了应该引起重视的几个问题。其中的一个意思，就是建议对文化的传播形式进行区分。作者认为这种文化的传播是通过多种形式实现的：有的文化要素是直接传播过去的；有的只是传播某种文化要素的一些信息，从而使接受者受到启发；有的是扩大式传播，其在起点上所起的作用可能是微小的，接受以后却会产生意想不到的作用；还有一种是潜伏式传播，某一文化要素传播过去了，当时可能默默无闻，以后某个时候却突然发挥了很大的作用。他认为文化传播是一个过程，表现为一种复杂的多层次的结构模式，一种持续运动着的各个部分相互作用的模式。各层面文化要素的传播并非平行推进，也非平衡发展。"比较而言，物质文化、技术文化的传播更容易一些，传播的范围更广泛一些，中华文化向海外最先传播和输出的往往是中国的物产和技术发明。相比之下，艺术文化、制度文化的传播要缓慢一些，传播的力度也相对弱一些"；"而作为文化核心内容的价值观和意义体系其传播和影响所受到的限制就更多一些"，"但是，物质文化、技术文化的传播，其意义不仅仅局限于物质的和技术的领域，它们还可能影响人们的精神世界和生活方式，甚至产生意料之外的效果。因为这些物产和技术发明，还体现了创造者、发明者的精神理念、审美趣味和价值追求，体现了他们作为某一文化共同体成员所接受的文化传统的濡化和教育……间接地传达了这种物质产品所包含的精神内容和文化内涵，因而也就使其成为文化整体的代表而传播并发生影响"。[2] 作者所强调的另一层意思，就是提出要研究中华文化外传以后所产生的不同效果。他认为不仅影响的深度和广度不同，而且影响的性质也很不同，"一种文化要成功地从一个民族传播到另一个民族，为其所借用和包容，不仅取决于这种文化的性质和发展水平，而且还要取决于接受、借用此种文化的民族文化发展的水平和需要程度，取决于接受方的态度。当一种文化传播过去的时候，如果接受一方的文化发展水平还比较低，还没有达到能完全理解传播来的文化的程度，或者尚不具有接受它的需要，那么，这时的文化传播及其影响就可

---

[1] 参见周宁《世界的中国形象丛书》"总序"，载《世界的中国形象丛书》，人民出版社 2010 年版。

[2] 武斌：《中华文化海外传播史》，陕西人民出版社 1998 年版。

能是有限的。另一方面，如果相接触的文化都已经达到完备和成熟的程度，这时的文化传播虽然也有一定的作用和影响，但不足以改变接受一方的文化模式和发展方向，不会改变此种文化的基本理念和思考方式"。"从中华文化海外传播史来考察，在接受一方的文化处于结构性变动时，处于文化发展的历史性转折时期，内部增长着要求变革的活跃因素，此时往往对接受外来文化采取积极主动的态度，而较少保守的意识，外来文化的输入也往往会产生较大的影响。"研究者还提到第三点反思意见，就是要注意到对方的具体接受程序和接受特点，认为任何文化传播到新的环境下，关键取决于当地文化的特点，接受一方并非是一块"白板"，有其足迹的传统、理念和价值标准。在接受外来文化的时候，往往会以已有的"期待视野"模式对外来文化加以衡量，在接受新东西时将其纳入这个固有的模式来理解。这是一种"接受屏幕"，外来文化总是透过"接受屏幕"渗入本土文化的。这就形成了一种接受态势或接受势能。当输出（传播）方和引进（接受）方接触、交流之后，便发生从本身定势出发对外来文化的解读、诠释问题。或者说，接受外国的某种文化要素的社会很可能以与自己的民族传统相适应、相和谐的方式来对它加以消化和吸收。文化传播时常会出现这种"再解释"和"再理解"的过程。解释者的思考和动机才使得被解释的文本呈现新的意义，才使异质文化转变成为本土文化的内容。这里必然会发生的是"误读"，无意的自然形成的、由接受定势决定的误读和有意的、人为的由"期待视野"决定的误读。他认为这样的误读并非坏事，有时候误读正是一种对外来文化的改塑、变形的手段和表现形态。"传播到国外的中华文化要素，通过接受者的理解、解释、接受和创造性的转化，通过这种被赋予了接受者文化的'附着物''添加剂'和创造性的'意义'，被融合到他们的文化之中，从而使这些文化要素发生作用和影响。这正是文化传播—接受的具体形态。"[1] 他认为一种文化传播"进入"另一种文化，是一种撞击的过程、矛盾发生和解决的过程。任何一种文化都有其保守的一面，对外来文化总有某种抗拒性。当中华文化传播于海外，与其他民族文化相接触时，必然会发生矛盾和冲突，引起当地本土文化的抗拒、排斥和抵制（这与近代以来西方文

---

[1] 武斌：《中华文化海外传播的历史规律》，《光明日报》2008 年 8 月 21 日。

化传入中国时发生的情况一样），即使是在中华文化以强大的力量传播，接受一方对中华文化的传播持热烈的欢迎态度的情况下也是如此。中华文化外传之后经过文化接触的矛盾和冲突，经过当地本土文化的选择和"解释"，这些中华文化要素被"接受"到原有文化之中，与原有文化相受容、相融合，从而逐渐成为接受方民族文化的一部分，被接受传播的民族"民族化"了。这个"民族化"的过程，就是对传播来的中华文化的选择、解释、剪裁的过程，也是中华文化对接受一方原有文化发生实际影响的过程，也是整个文化传播过程的最后完成。作者是在多年的研究以后得出这样一些思考心得的。这些闪烁的思考亮点也启发我们，继续这样的研究是深入了解海外中国学的重要途径。

（三）海外中国学研究的目的

开展海外中国学研究的目的是什么？就是说，我们的目标是什么？为什么去研究？这也是需要回答的问题。

就国内而言，我们要从这样的研究中，系统地总结一些经验和教训。海外中国学研究有三个"大"，一个"尖"。第一是历史悠久，包容量大。从古代东亚一些国家开始对中华文化的研究，到当代学者的方方面面研究，时间相当长，视域全面；第二，覆盖地域广，大而全，研究中国的学者遍及世界各地，几乎全球每个角落；第三，介入的学科多，形成庞大的学科群，几乎相关的重要学科都有关于中国的研究。所谓一个"尖"，就是中国学的学科地位不低，在一些发达国家，一些学科领域的世界顶尖专家也都参与观察中国、研究中国。所以对海外中国学的研究，对于中国的学术界来说，是一个重要而艰巨的任务。研究者必须站在历史的制高点上，关注有史以来的中国学研究，还应比较诸时期中国研究的差异性，探讨不同交流时期差异的直接和间接原因，总结出有借鉴价值的经验教训；研究者还必须以全球的视野去看待各国、各地区的中国研究成果及其经验，其间的差异也一定会有，有的还相当大，抓住一些重点国家和地区的中国学研究进行探讨应该是首要的考虑，从这样的重点研究中找到合适的需要了解和研究对象；诚然，研究者还应着眼于前沿标准看问题。西方社会科学的学科建设时间长，研究方法臻于成熟，和发达多学科的汇合也使他们会有独特的视角和方法，研究上独辟蹊径。注意这方面的研究，有益于我们研究思路的开拓。当然他们出于狭隘动机的研究，偏颇的判断与结论，也同样会使我们开眼界，长见识，认识更加丰富和成熟。海外中国学研究的成果，总是积极的面大于消极的面，客观大气的观察多于龌龊抹黑的诬陷。"人往高处走，水往低处流"，人类社会及其文明的发展是向上的，对于有史以来的海外中国学的评价，积极面应该也是主要的。中国的发展离不开世界，中国发展的经验也离不开世界对中国研究经验的批判和吸取。充分地把海外中国学中的优秀研究经验、不菲的学术成果、精良的研究方法，了解清楚并吸取过来，是充实和发展自己的好机会。借鉴和批判海外中国学研究的学术成果，加强和丰富我们民族文化的建设，是开展对于海外中国学研究的主要目的。

当然只顾自己是不行的，只看自家家园也是不够的，毕竟是全球化的时代，地球也只是一个村落。开展对海外中国学的研究，还要从这样一个立场去思考：我们的研究，如何更有益于地球村的建设？中国研究、中华文明的建设，如何使这样的研究更有益于人类大文明的发展？有史以来的人类文明，实际上是多元文明的发展，轴心时代出现以来的中国文明、古代希腊罗马文明、印度文明、希伯来文明等，都是绚丽璀璨，并行而发展的。西方文明一度崛起，并试图以一己为中心，虽然荣耀一时，但毕竟不能长久。所以多元化人类文明的并行发展，是人类文明发展的总趋势，需要汲取诸文明中的最精良部分，汇聚为人类文明的精华组成。西方文明一度被吹嘘为人类文明的极致，但恰恰就是在这样的社会和国度，穷兵黩武，流血不断；科学发达到足以抢救濒危的病人，但吸毒、凶杀、道德沦丧的事仍每每见诸报端。美国著名中国学家史华慈晚年每念及此，总是垂泪叹息，哀西风衰落，所以郑重提出要重新研究轴心时代的问题，提出研究包括中国儒家文化在内的世界优秀文明。[①] 史华慈的建议，实际是得到西方中国学家呼应的。有些学者提出这样的观点，物欲横流与战争暴力，在世界上很多国家都出现了，所以大家不妨注意一下古老中国文明如儒家文化。他们认为中国的文化没有侵略性，中国文化也不扩张，讲究天人合

[①] 如史华慈晚年（1999 年）撰写《中国与当今千禧年主义——太阳底下的一桩新鲜事》（*China and Contemporary Millenarianism: Something New under the Sun*），指出在排他物质主义的宗教日益猖獗的情况下，要好好估量人类的人文资源，回顾古老的先知精神。

一、勤俭持家、互敬互信,如果充实到世界文化,成为世界文明的重要元素之一,那会非常好。① 这些专家都主动谈中国文化对世界发展的好处问题,还谈到中国学者如何在国际学术界把握话语权的问题等。诸如此类,都可以使我们更理解海外中国学研究的目的。开展海外中国学研究的目标不仅是民族的,更是世界的。

四 海外中国学研究的学科建设

改革开放以来开始重视对于海外中国学的研究,一些高校不仅开设专门课程,还开始培养研究生。二十多年下来了,已经培养了一批海外中国学研究方向的硕士生、博士生,从这点上说,海外中国学研究的学科建设已经启动。我们的探讨是在此基础上展开的。这是"海外中国学研究导论"必须涉及的问题。相关的基本问题必须搞清楚,诸如何谓学科建设,学科建设基本要义和要求,海外中国学的学科建设如何开展等。所有这些,都应该有大体的探讨。

(一) 学术平台建设

学科研究平台的建设是最重要的。没有学科平台,任何工作无法启动,它在学科建设中起着工作母机的作用。在美国中国学发展的历史上,真正的领导全美国的第一个中国学研究平台,就是1928年成立的美国中国研究促进会(The Committee on the Promotion of Chinese Studies),是在美国学术团体理事会牵头、洛克菲勒基金会资助下成立的。当时,美国已经有了一些与中国研究相关的协会,但当事者认为类似俱乐部性质的机构无法促进研究,真正的工作平台就是这样建立的。20世纪20年代初的中国学研究在这一机构领导下很快就展开了。现在的国内高校,实际上很重视学术平台的建设,国家211工程,985工程,都把钱投到相应的学科机构建设上。目前国内对海外中国学研究的机构,尚无像国家大工程这样的直接投资建设的研究平台;不过陆陆续续,在北京、上海、南京等很多省

---

① 在第3届北京世界汉学大会(2012年12月3—5日)上,有外国学者就明确提出这样的建议。

市都有所发展，有社科院系统的平台，也有高校系统的平台。这些平台建设的初衷较多是从学科发展需要出发的。倡议者认为改革开放以前的那么多年，昧于对海外中国学的了解，对国家学科建设十分不利，必须设机构以研究之。研究者倾心为其添砖加瓦，单位领导者也竭尽全力关心之。目前为止，国内的对海外中国学研究平台，主要还是这一类的机构。作为改革开放后国内首批这一类平台，对国内的海外中国学研究工作的开展，起了重要的开拓性的作用。但目前也存在分化的情况，学术团队背景、资金投入情况，成为其能否再度发展的瓶颈。但他们近20年的历程表明，有这样的平台和没有这样的平台，对于国内这方面研究的学术生态形成和发展，意义是不一样的。从发展的眼光看问题，这样的学术平台建设必须加强，试想，全世界那么多国家和地区在研究中国，在一些重要国家如美国，几乎每一个重要高校都有研究中国的专门机构；而我们目前专事对海外中国学研究的机构，加起来也不过一二十个，而且其中有编制的实体机构凤毛麟角，绝大部分是虚体中心，这都应该得到改善。平台建设的强弱，已经成为我们国家对海外中国学研究成就和力度的重要标志。

（二）学科队伍建设

就是要有一支基本的科研骨干、首席专家，成为这个研究机构的台柱子。任何学科建设都要有学术领军和学术带头人，对海外中国学的研究也一样。这都需要相关的决策层有明确的工作目标和部署。20世纪20年代和50年代后期的美国，都有过中国学的振兴阶段，都有过为振兴中国学而展开的教学科研人员状况的基本统计，有过为加强研究而增加教学编制的情况。这都是我们在学科建设中应该借鉴的一些做法。现在一些实体机构，尚能集中一支研究队伍，有十来个编制开展工作。不是实体机构的，研究队伍基本在所属的某个社会科学院或某个高校之中，分散在各个系所，但有中心机构在起枢纽作用，国外也通行这样两种模式。关键是骨干研究人员的素质，如何带领一支队伍开展工作，把研究带向国际研究领域的前沿，这才是最重要的。由于国内这方面工作起步晚，20世纪80年代以后有所动作，90年代才开始研究，所以现在学术骨干所做的，有些属于他们自己新开辟的领域，有些转专业过来，有些是在原有专业基础上新开辟的分支方向，都很不容易，几十年下来多少积累了成果，得到学术界认可。现在的问题是，新老接替是规律，接下来的领军如何物色。新一代的领军，面临比前人更艰巨的任务，面对的海外中国学研究成果体量更大，难度更高，所考虑的现实关联问题会更多，无论语言、两栖知识结构及学术素质的要求会更严格。一个是靠外面引进，一个是靠自己培养，两者都不容易。引进的学者有一个接地气的过程，是否奏效有待实践考验；自己培养新一代，也要多年时间才能担当重任。本来就有学术断层的对海外中国学的研究，学科队伍建设非一蹴而就，需要以长远眼光看待。无论外面引进，还是自己培养，只要是优秀的、合适的，相关机构应该有选留政策的优惠，给予优先入岗机会。由于学术环境的关系，似此研究方向的学科专家，几年才可能出一个优秀青年才俊，不及时选留，对国家个人都是损失。由于研究人员稀缺，人才培养是学科建设的重中之重。团队核心没有领军人物和灵魂人物，一切都是空的。

（三）研究生培养工作

学科建设的很重要一条，就是要做研究生的培养工作。两者的关系应该是，学科建设引导研究生的培养教育，研究生的培育支持学科建设的发展。环顾世界，也大体如此。大家所知道的费正清的区域研究，开始于20世纪40年代，当时专家很少，难以推进。他马上开始设立研究生班，在研究生班里讲授区域研究问题，要求研究生撰写与此相关的学位论文，邀请社会学家、经济学家兼任授课老师[1]，史华慈等学者是第一批区域研究的博士研究生。史华慈等年轻人毕业了，他的博士论文《中国共产主义与毛泽东的崛起》[2] 出版了，费正清自己的教材《美国与中国》[3] 也出版了，区域研究的学科建设也大体成功了，以后甚至风靡世界。实际上，改革

---

[1] 当时曾经邀请弗里德里奇（C. J. Friedrich, 1901—1984）、帕森斯（Talcott Parsons, 1902—1979）、海森（Edward Mason, 1899—1992）等重要学者谈政治学、社会学、经济学的基本原理。这些学术泰斗关于中国地区研究的意见都被收入《美国与中国》。

[2] Benjamin I. Schwartz, *Chinese Communism and the Rise of Mao*, Cambridge, Harvard University Press, 1951.

[3] 《美国与中国》被认为是区域研究的代表作，一版再版，1948年、1958年、1971年、1983年，四版销售了30多万册。1948年的初版本384页，参考书18页，到1983年为632页，参考书100页。

开放以来海外中国学研究学科建设的基本路径也这样的，其成长和壮大的过程，就是研究生培养和发展的过程。导师论著和研究生学位论文的出版，就是学科建设的基本轨迹。这当中有很多值得总结的经验。首先，导师通过授课，开列参考书，包括与学生的课堂讨论，系统清理了自己研究方向的课题，不断确定和调整理论框架、方法论体系、基本线索，不久成为研究专著。其次，学生在导师的指导下，不仅获得课堂知识、书本知识，更在导师指引下，寻找学科研究的突破口，并以数年时间深入探垦，他们毕业论文的成果往往会是学科建设的崭新突破。最后，一般研究生教育都有硬指标，就是研究生教学课程要具备三要素：一是学科基础理论课，也就是导论课，如关于海外中国学研究的概论等；二是基本研究史课程，如美国中国学发展史、日本中国学发展史等；三是学科文献课，即学科研究的基本史料课，如"美国学者论美国中国学""俄国学者论俄国中国学"等。这些规定，客观上在有力促进海外中国学的学科建设，不少重要的基础理论读物和文献资料选辑都是在这样的情况下产生的。关键在于研究生的培养，能直接为优秀人才的脱颖而出造就机遇，这也是学科建设的最重要问题。总的来说，海外中国学研究的学科建设途径很多，培养这一方向研究生的努力，应该是其中最重要的一种。在这样的努力中，学科建设、导师科研、研究生专业方向，都一致起来，几个环节的联合与互动，能量也很大，而且是长久地联动发展，其成果如同滚雪球，越滚越大，不是一般途径可以比拟。

（四）主学科研究与跨学科、多学科探讨

海外中国学学科建设的一个重要特点，是立足专业研究突破的原则，这是海外中国学学科建设中必然碰到的问题。海外的中国学研究，从整体上讲，其时间跨度的长期性、地域分布的广泛性、涉及领域的多面性、语言研究的多样性都决定了对海外中国学的研究不可能一蹴而就，一口吃成胖子，每个团队或每位专家，只能做到自己所从事的专业领域有所突破。所以分兵坐镇、各个击破是海外中国学研究的学科建设的一个基本特点，就是说，文学从文学的角度去突破，历史学从历史学的角度去突破，哲学从哲学的角度去突破，政治学从政治学的角度去突破，不能把自己的胃口搞得太大，什么都切入，结果什么都不深入。只有注意从自己所擅长的学科深入下去，才可能产生好的学术成果。这是我们对海外中国学研究的学

科建设的基本特点。目前，国内对海外中国学的研究机构或团队，基本都比较明确地意识到这一点，都很注意从自己所从事的专业深入对海外中国学的研究。例如从比较文学这个学科来突破对海外中国学的研究，应该说是目前国内比较多的一类研究。还有的学者，本来就从事文学理论与文学史的研究，他们从专业的学科背景开展工作，也取得了比较丰硕的成果。也有从宗教学、语言学学科背景深入研究的，也取得了一定的成果。我们比较注意从史学理论和史学史这个学科背景来开展对于海外中国学的研究。当我们遇到海外的中国历史研究专家和他们撰写的中国史研究著作，对他们的研究，只有从史学理论与史学史学科研究的角度来探讨。可以明确地把他们的中国史研究著作中的历史观、史学理论、史学方法作为我们的研究对象，将其历史研究、史学研究作为我们的研究对象。而我们的主要工作，就是要把他们的研究线索梳理清楚，历史沿革弄得明明白白，所反映的学术思潮也有个追溯。史学理论和史学史学科的研究是注意追寻学术发展规律的，注意批判、借鉴、汲取的，有自己的一套学科价值观和方法论体系，这都有助于促进对海外中国历史学的研究。同样，海外中国历史研究专家有积极意义的理论与方法，对于史学理论与史学史学科的建设也十分重要。所以从这点看，两者的关系又是互动的。不能只说史学理论与史学史学科对海外中国史学研究有好处，还应该说海外中国历史研究中的前沿经验和方法，也可以成为史学理论与史学史学科建设中的有利养分，其中的谬误和糟粕，也会是一种难得的经验。

但问题在于，对海外中国学的研究，仅仅靠史学理论与史学史学科研究的方法来处理还是不够的，它的发展毕竟涉及跨学科、多学科问题。所谓跨学科、多学科研究对于史学工作者而言，原则是立足于本学科，但要注意跨学科、多学科问题，注意两者的结合与互补。就是说，重点放在本学科研究，但在本学科研究基础上，要考虑研究对象演变过程中的跨学科、多学科状况。这在中国史学史研究中经常会碰到。例如吕振羽，他是中国古代史研究专家，但他有神话学、民俗学、民族学研究的成果。他的这三方面成果就会成为我们的研究对象，否则对他的研究就不全面。吕振羽研究原始社会的时候，文献史料、考古学发掘资料都很不够，不得已寻找一些民俗学、神话学的资料作辅助的说明。你就要跟着他去寻找相关的资料，寻找这些学科当时的水准和成果概况，看吕振羽的研究所达到的水准。对吕振羽评价全面与否，要看对这些学科的情况，所以跨学科、多学科研究的问题就提出来了。但这里所说的跨学科、多学科研究，基础、背景、主根，还是在史学理论和史学史。既然要跨学科、多学科研究，对研究者也就有很高要求，必须具备相对全面的素质，具有对象换脸的应变能力。对海外中国学的研究而言也同样如此。

（五）学科群建设

我们认为，对海外中国学研究的整体建设应该是学科群建设。也就是说，是在各个学科充分、高度研究成果的基础上，综合而成的一个大学科群落，这个学科群落能够形成，就是学科群建设成功的标志。哪个高校做得特别好，它就可以在某个高校形成一个这样的学科群，比如说有的985高校，他们的哲学系、历史系、中文系、社会学系，都有团队在开展这样的研究，而且做得很好，就可能在这所高校形成一个优秀的中国学研究学科群。就全国而言，它可能形成以一些特色研究机构为基础的学科群落。目前国内有以比较文学研究为学科背景的海外中国学研究，有以史学理论与史学史研究为背景的海外中国学研究，有以文学理论与文学史为背景的海外中国学研究，也有以语言学为学科背景的海外中国学研究，客观上已经是一个学科群落，彼此之间有交流，有互动，互通研究经验，共商推进海外中国学研究的大业。所以就海外中国学的学科群建设而言，这样的以研究机构为基础的发展态势已经出现，虽然谈不上是很紧密的学科团体，但这个现象基本出现了。大家都在注意通过自己的努力，把各自工作做好，形成一个大体的学科群建设气候。目前的海外中国学研究的范畴，决定了对它的研究的学科建设还只能是在二级学科建设基础上的发展，即相对的二级学科学科群。至于一级学科的对海外中国学研究什么时候出现，也许还要等待时机——国家相关部门整体上的规划。关于学科群的建设，目前不能描述得太仔细，只能是一个轮廓。它的未来走向、趋势怎样，还有待更多的努力。总之学科群的建设成功，有待于各个专项研究的努力，很希望国家相关部门再振臂一呼，给下面开展这方面的研究提供更多的优惠。

（原载《海外中国学评论》（第五辑），上海辞书出版社2015年版，本集个别字词有所调整。）

狭义的汉学和广义的汉学

刘 东

我对语词的基本态度是：一方面倾向于相信，正如维特根斯坦（Ludwig Wittgenstein，1889—1951）所说，语言原是一种随机漂浮的生活游戏，并不存在一种"从正确走向更正确"的内在趋势，所以也不必非要去非此即彼地澄清它，甚至非要去整齐划一地定死它；可另一方面，我又倾向于主张，针对某些足以纲举目张、牵一发动全身的语词，至少要弄清楚它分别存在哪些特定的用法，分别被嵌入到了哪些特定的语境，以免陷入"三岔口"式的交流盲区，白白浪费了自己的脑力和别人的精力。

不待言，"汉学"正是这样一个语词，或者说，是一个既相当关键又歧义迭出的"能指"，往往即使被学舌般地讲出来，也未必针对着明确的"所指"。由此就同样不待言，自己今番所以想要从"汉学"语词的内部和外部，来划定这个语词的若干界面，也正是因为已经看到了大量有意无意的误用，它们已经无事生非地扰乱了正常的思想交流。

先让我们来基于各种不同的语境，历数一下在乍看简单的"汉学"一词的名目之下，到底包括了多少种各不相同的义项。

第一，首先非常容易弄清的是，在中西文化尚未发生碰撞之前，"汉学"一词之最笃定的语义，自然也是同样限制在中国文化的语境内部，而与更强调义理思考的"宋学"相对而立，由此它所指称的对象或内容，也主要是指基于训诂、考据的文献学，正如梁启超在《清代学术概论》中所概括的：

> 其治学根本方法，在"实事求是"、"无征不信"；其研究范围，

以经学为中心,而衍及小学、音韵、史学、天算、水地、典章制度、金石、校勘、样逸等等;而引证取材,多极于两汉,故亦有"汉学"之目。①

值得一提的是,也许仅仅出于某种"巧合",等到"汉学"在中西交通中获得了国际的意味,也即在它变成了通常所说的"国际汉学"之后,这种国际汉学自身的最初知识形态,也同样基本上表现为文献学或语文学。而进一步说,我又隐约地感觉到,或许在这中间还掩藏着什么潜在的、尚未被学界发掘出来的关联——比如至少在费正清(John King Fairbank, 1907—1991)的研究革新出现之前,那些身居于域外的中国研究家们,既然尚未能开拓出新的研究中国的路数,也就只能先去沿袭本土小学家们的固有套路了。

第二,由于日本方面也同样在使用汉字,就使得"汉学"这个中文语词又从东域那里,反向地引入了一个很容易混淆的义项,有必要在这里来进行特别的提示,那就是曾经在日本语中使用的"汉学"。一方面,这个"汉学"当然也是指研究中国学问的,如日语词典《广辞苑》中所解释的:"在日本,一般总体上是指中国的儒学和中国(传统)的学问。"不过,由于这里的研究主体属于"非我族类",所以"汉学"也就相应地被用来指称一门以"作为外国的中国"为研究对象的学问,而与以日本本国为研究对象的"国学"(或古学)相对。另一方面,无独有偶的是,跟上面第一个义项的内容相连,"汉学"在这里也同样意味着文献学或语文学,属于比较老派的传统知识形态,而这又与由狩野直喜所代表的、后起的或新派的所谓"支那学"相对。

不过,由于受中国文化的长期浸染,日本人一旦面对"中国性"的问题,就难免要产生在"他者"和"自我"之间的复杂缠绕;这一点也很像中国人后来面对佛教的情况,往往在文化的长期叠加融合之余,已经很难理清哪些属于别人、哪些属于自家了。换句话说,尽管"汉学"在日本的一般语境中,确实是跟专门研究"和学"的"(日本)国学"(或古学),以及专门研究"西学"的"兰学"相对称,但另一方面,由于中

---

① 梁启超:《清代学术概论》,江苏文艺出版社2007年版,第11页。

国典籍已如盐入水一般地构成了所谓"日本性"的有机组成部分，或者说，已经部分地转化成了日本自身的文化传统，所以"汉学"一词在日语的实际应用中，又往往并不像后起的"支那学"那样，只具有指称和研究某种异国文化的意思，相反，由于它也同样承载着传递"日本传统"的任务，倒往往又隶属于日本学府中的"国文科"。

第三，由上一种义项还又生发出，跟中国台湾曾经长期受到日本的占领有关，"汉学"一词在日语中的上述语义，也就逐渐波及了中国台湾人对于该词的理解。这种文化上的影响主要表现为，一方面，"汉学"一词在中国台湾那里，的确是被用来指称研究中国的学问；但另一方面，如果我们仔细体会又能发现，在那边所谓"汉学"的研究对象，并未被那些"自古属于中国"的同胞们直接地视同于自家的"本土"文化，相反倒多少感到了某种微妙的生隔，尽管这种距离感有时并未被人们自觉地意识到。正如我从前曾撰文指出的，即使这两者还不能说是"等距离"的，但毕竟在很长的历史时期内，中国台湾人所讲的"汉学"也是跟"和学"相对的，而小孩子一旦到了入学的年龄，就势必要面对文化上的选择，不是选择进入"汉学堂"，就是选择进入"和学堂"。[①] 而且，也正因为从开蒙教育就存在这种选项，才导致了人们后来在认同心理上的困扰。

因此，"汉学"的这种用法在海峡对岸，大概已经不会引起任何迟疑或质疑声了——在那里只要是以中国为研究对象的，不管他是来自哪个国家或地区，都可以被笼而统之地称作"汉学家"。而清华大学国学研究院定期会从中国台湾收到《汉学研究通讯》杂志，只要看看它每期的目录，就知道这显然也是在同样的意义上来使用"汉学"二字。

不过，要是把这种毕竟跟大陆用法显得有些生隔的、暗中把汉学的研究对象视作"他者"的用法，不加分析地就照搬到大陆这边，那还是会使我们在语感上感到有些别扭。比如，前些年的一份同仁刊物《清华汉学研究》，其主体却是刊载来自本土的国学研究成果，这就会引起一些不必要的混乱——这正好比，如果有谁把它的主编说成是"汉学家"，那么不言而喻，循着大陆约定俗成的语词用法，人们准会以为那是位外国学者，而决想不到那会是土生土长的葛兆光。而有了我的这次澄清，以后再

---

① 参阅刘东《国学、汉学与中国学》，《理论与心智》，江苏人民出版社2001年版。

碰上这类明显误用的情况,人们至少就不能再以"台湾那边都这么用"来搪责了。

第四,循着上述义项中所蕴涵的距离感,我们就顺势来到了"汉学"一词在现代汉语中的那个最主要的义项,并且由此也就挑明了一个最关键的界限。一般而言,先不必追问它的这种含义到底是怎么在现代汉语中生成的,反正只要发言者不就自己所使用的词义进行特别声明,那么,他所讲的"汉学"一词都是在用来泛指:"外邦人以对他们而言是作为外语的中文来研究对他们而言是作为外国的中国的那种特定的学问。"这就是我本人在经过长期沉淀以后,对"汉学"一词所给出的具有确凿内涵的定义。至于这种业已约定俗成的用法起初究竟是怎么产生出来的,那仍然有待于进一步讨论乃至争论。不过,这种追究毕竟已经属于"第二义"的问题了,甚至有可能永远得不出公认的结论。不过即使这样,也并不会影响我们沿着上述定义,把握这个语词所包蕴的基本确定性。

那么,这个词汇会不会跟"旧瓶装新酒"的其他词汇一样——比如"艺术""宗教"等等——原本在中文里都是另有一层意思,后来却又覆盖上了第二层语义,所以算是取道于日本引入的西文外来语呢?众所周知,对于这类日式汉语的比较研究,已经成了晚近学界的一大热点。而我本人早年的《西方的丑学》一书,也曾经"预流"过这样的语义探险。不过,语言的变化毕竟是不一而足的,而且每个语词都有它具体而微的、不可替代的故事,容不得我们去想当然地进行推断。因此,仅就我本人的有限目力所及,还无法就此勾勒出清晰的线索。比如,虽说在郭嵩焘于1878年所编的《伦敦与巴黎日记》中,"汉学"的确曾被视同于Sinology,[1] 但是,到了由赫美玲于1916年所编的辞典《官话》中,Sinology却是既被解释为"汉学",又被解释为"中国文学",说明当时并没有被定为一尊,[2] 而到了由陆伯鸿、宋善良于1921年所编《法华新字典》中,这个Sinology则又只被解释成"中国语学"。[3] 这种混乱的情况似乎说明

---

[1] 参见郭嵩焘《伦敦与巴黎日记》,"走向世界丛书"系列,岳麓书社1984年版。

[2] Karl Ernst Georg Hemeling, *English-Chinese Dictionary of the Standard Chinese Spoken Language and Handbook for Translators, including Scientific, Technical, Modern and Documentary Terms*, Shanghai: Statistical Department of the Inspectorate General of Customs, 1916.

[3] 参见陆伯鸿、宋善良《法华新字典》,商务印书馆1921年版。

了，正由于"汉学"一词在中西碰撞以前，就已经在日语中有了确定的用法，它就反而无法像其他语汇那样，轻易地就可以同某个西文词汇"搭上桥"。

第五，即使只存在着以上几种义项，"汉学"一词的语义都已经足够繁杂了，然而生活的河流还在不停地往下流淌，又导致这个语汇继续沾染上新义。由于费正清卓有成效的个人努力，以及由此而带动起的"中国研究"（Chinese Studies）在美国的崛起，就硬是从"国际汉学"的固有领地中，又拉出了一种作为区域研究的、用来研究中国的新派学问。而且，这支"中国研究"的队伍又由小到大，由弱到强，甚至由特例而变成常态，转而逼得原有的"汉学"（即Sinology）一词，在一种相对构成的语境中，被派生了另一层较为狭窄的语义——简而言之，它不再被用来统称所有立足于域外的研究中国的学问，而仅只意味着与美国的"中国研究"相对称的、主要存在于西欧与日本的、较为老派或较为传统的、对中国经典文本的书斋式研究。

幸运的是，借助于南京大学—约翰斯·霍普金斯大学（Johns Hopkins University）的率先合作，我对于这种区分从一开始就已经清楚地意识到了。所以，人们现在从那两套丛书的总称中就可以看出，在我的《海外中国研究丛书》和王元化的《海外汉学丛书》之间，到底划分了怎样的自觉界限，尽管后者未必真正意识到这种界限。不言而喻的是，这种界限当然是沿着下述概念的区分而划定的：

> 它（汉学）无疑是外国（特别是西方）知识生产过程中的精神产品，并且无疑要随其本土知识生产方式的转变而步步演进。是故，"汉学"一词在现代亦必衍生出宽窄两义。广义上，它可以指称"一切非本土的研究中国的学问"。狭义上，"汉学"（Sinology）一词则与以现代方法来研究现代中国的"中国研究"（Chinese Studies）相对，仅仅指以传统方法来考释中国古代文化特别是经典文献的学问。[①]

[①] 刘东：《国学、汉学与中国学》，《理论与心智》，江苏人民出版社2001年版。

说到这里,如果仅就"汉学"一词的语义而言,那么它似乎已经被我们道尽了,不过,如果就它的丰富"规定性"而言,却仍然留有两层未曾说完的意思,需要在这里作进一步的补充说明。

第六,如果基于上面给出的基本定义,即汉学乃属于"外邦人以对他们而言是作为外语的中文来研究对他们而言是作为外国的中国的那种特定的学问",那么,再比对着中国人自己对于本土文化的研究,也就在对应中引申出了它的另一种必要的"规定性",即"汉学"是一门跟我们自家的"国学"互成对待的学问。具体而言,正是在国人明确意识到自家学识之边界的时候,"汉学"才作为传统"国学"的知识对立面,而在一种"双峰对峙"的状态中确立了自己。这一点,正如我晚近在论述"国学话语"的时候所指出的:

> 尽管或许由日文中的两个汉字组合,来作为最初引进活动的模板或提示,但当人们在中文语境中明确提出"国学"二字的时候,其问题意识却绝对是自家的和本土的。具体而言,他们之所以挑起了"国学"二字,并不是故步自封地要做井底之蛙,相反倒首先意味着在面对文化他者、尤其是压强巨大的西方学术时,由于已经明确意识到了对手的强大,才转而发出对于本土学术文化的自限性定义。[①]

由此也就要更加清楚地意识到,"汉学"既在人们的意识中获得了这种学术的合法性,也就同时破除了国人自己对于中国问题的话语垄断。这一点,也正如我以往在论述"中国研究"时所指出的:

> 如果借用康德的一个说法,我们可以尖锐地揭露和批判说,人们对于生于斯长于斯的文明环境本身,往往会产生某种"先验幻象",以致对那些先入为主的价值或事实判定,会像对于"太阳从东方升起"之类的感觉一样执信。也正因为这样,那些学术研究家的文化使命,才恰在于检讨现有的知识缺陷,适时地进行修补、突破和重

[①] 刘东:《审问与明辨:晚清民国的"国学"论争》,北京大学出版社2012年版,第12页。

构。在这个意义上,我们必须毫不犹豫地挑明:任何人都不会仅仅因为生而为"中国人",就足以确保获得对于"中国"的足够了解;恰恰相反,为了防范心智的僵化和老化,他必须让胸怀向有关中国的所有学术研究(包括汉学)尽量洞开,拥抱那个具有生命活力的变动不居的"中国"。①

第七,由此如果再进一步追问,"汉学"为什么从知识生产的根基处,就已经注定要跟我们的"国学"二水分流,那么,则又像我在上引文章中接着指出的,这是因为尽管它的研究对象同样是中国,然而它的研究主体却又外在于中国,由此也就决定了它本质上更属于西学的一支,或正如我曾用英文来更加明晰地表述的,它在知识形态上是属于所谓"Western scholarship on China":

> 汉学毕竟既是中学的一支,更是西学的一支,那中间潜伏着许多未曾言明的外在预设,本质上跟本土的国学判然分属于两大话语系统。正因为这样,尽管中国传统早在西风中受到过剧烈震撼,可一旦大规模地引进作为完整系统的汉学,它仍然要面对着新一轮的严峻挑战;我们甚至可以说,此间的挑战竟还大过对于主流西学的引进,因为它有可能直接触及和瓦解原有文明共同体的自我理解,使国人在一系列悖反的镜像中丧失自我认同的最后基础。当今中国知识界可怕的分化与毒化,其实在很大程度上正是缘于汉学和汉学家的影响。这种要命的相对化刺痛着我们:一旦丧失阅读和思考的主动性,陷入别人的话语场中而无力自拔,就有可能被别人特有的问题意识所覆盖,乃至从此难以名状自己的切身体验,暴露出文化分析的失语和学术洞察的失明。②

---

① 刘东:《对话中变迁的"中国"——序"阅读中国"丛书》,《用书铺成的路》,北京大学出版社2010年版,第113页。
② 刘东:《对话中变迁的"中国"——序"阅读中国"丛书》,《用书铺成的路》,北京大学出版社2010年版,第113—114页。

为了避免引起可能由此产生的误解，或者说，为了能在这块"思想的浮冰"上避开来自反方向的危险，① 我又不得不赶紧从另一个方面来说明汉学的这种与生俱来的知识特性，并不会自动构成它的先天"罪过"，相反，只要我们自己善于跟它展开积极的对话，这种特性就有可能反被视作"对话者"的主要益处。

汉学作品的可贵之处，恰恰在于它们是能给我带来新奇感或具有颠覆性的认知。而这种颠覆性说到根上，是来自它们在文化上的异质性。虽然汉学分明是在讨论着中国问题，却仍然属于西学的一个分支，贯注的是西方世界对中国的视角，凝聚了西方学者对于中国的思考，而不是对中国文化的简单复制。非常宝贵的是，正是由这种思考所产生的异质性，才构成了不同文化间取长补短、发展进步的动力。反过来说，要是所有汉学家对中国文化的观点与认知都变得与中国人如出一辙，我们反而就失去了反观中国问题的参照系。正因此，我一直都在主动追求并组织引进这种知识上的异质性，尽管外国汉学家们也经常以不靠谱的"乱弹琴"，惹得我勃然大怒或哈哈大笑。②

（原载《国际汉学》2014 年第 1 期）

---

① 参阅刘东《思想的浮冰》，上海人民出版社 2014 年版，第 1—5 页。
② 刘东：《跨文化阅读的汉学资源》，《东方早报》2014 年 3 月 2 日。

简论中国学研究和汉学研究的
统一性和区别性

张西平

一 国外中国研究历史上的概念沿革

在西方语言的传统中,"Sinology"概念有一个发展过程。在西方最早设立关于汉学研究的教席是在法国的法兰西学院,1814 年 12 月 11 日正式设立了一个"汉满鞑靼语言文学讲席"[①] (Une chaire de langues et de littératures chinoises et tartares-mandchoues)。这个日子不仅对于法国汉学界而且对于整个欧洲汉学界,都具有决定性意义。[②] 但此时在法文中并未出现"Sinologie",在英文中更没有"Sinology"。在法文中第一次出现"Sinologie"这个词是一个"叫 L. A. M. Bourgeat 的人 1814 年在 *Mercure étranger*(《外星》)第三期上发表的一篇题为'L'histoire de la sinologie'(汉学史)的文章中,[③] 但这一词直到 1878 年才正式进入法语词典中"。[④] 英语中的 Sinology 显然是来自法语,有人认为"它进入英语词典的时间是

[①] 罗芃、冯棠、孟华:《法国文化史》,北京大学出版社 1997 年版,第 461 页。
[②] 戴密微:《法国汉学研究史》,载〔法〕戴仁主编《法国当代中国学》,耿昇译,中国社会科学出版社 2004 年版,第 24 页。
[③] Centre National de La Recherche Scientifique, ed., *Tresor de la langue Francaise*, V. 15, Paris: Gallimard, 1992, p. 540, 转引自尹文娟《〈中国丛报〉与 19 世纪西方汉学研究》抽样本。
[④] 参阅尹文娟《〈中国丛报〉与 19 世纪西方汉学研究》抽样本,在此感谢尹文娟送我此文。

1882年"。① 欧洲著名汉学家傅海波（Herbert Franke）认为用"-ologies"这样的词根来表示学科或研究领域是19世纪以后的事，在英语里"Sinology"是很新的词，"第一次见于1838年，不久，再次见于1857年……把'汉学'解释为'研究中国的事物'已是晚近之事，直到1882年才开始。因此可以说，直到1860—1880年间，希腊文和拉丁文杂交的'汉学'一词才转化为通常意义上的词汇。这个时期，中国研究和中国本身才逐渐凸显出来，成为学术上一个专门的课题"。② 但也有学者认为，有时人们也把它写成"Sinologue"，实际上欧洲的汉学家们现在有时还这样写。③

傅海波所说的希腊文和拉丁文杂交的"Sinology"是说词根"Sin"是希腊文，词缀"-ology"是拉丁文，学科的意思。日本学者认为"有关'Sin''Sinai'等语源的通说，都把'秦'作为其起源。此说是根据'秦'的北京音ts'in（通俗称chin）而来的。这一读音中否认ch的发音是由不发ch音的阿拉伯人传向欧洲，成了Sin、Thin的发音，更进一步形成了Sinae、Thinae的发音"。④

尽管对"Sinology"词源学上出现的时间有不同的看法，但对它的内涵认识大体是一致的。Sinology指的是：西方学术界对中国语言、文献、历史的研究。尽管，在西方早期汉学形成的过程中，中国学者也参与其中，早期来华耶稣会士的中文汉学著作，有相当多的部分是中国士大夫们帮其润色，乃至与其合作而成。但在欧洲汉学作为一个学科诞生后，Sinology指的是非中国人参与的西方人自己的一种关于中国语言、文献、

---

① 参阅 The Oxford English Dictionary, V. 15. Oxford: Clarendon Press, 1989, p. 538, 转引自尹文娟《〈中国丛报〉与19世纪西方汉学研究》抽样本。

② ［德］傅海波（Herbert Franke）著，胡志宏译：《欧洲汉学史简评》，载《国际汉学》第7期，大象出版社2002年版，第81页。

③ David B. Honey, Incense at the Altar: Pioneering Sinologists and the Development of Classical Chinese Philology, New Haven: Eisenbrauns, 2001, p. xi. 在来华传教士所创办的《中国丛报》（Chinese Repository）第一卷中将法国汉学家雷慕沙（Jean Pierre Abel Rémusat, 1788—1832）称为"Chinese Scholar", 1838年第一次出现了"Sinologue", 在1849年18卷8月号上刊登西方第一个汉学书目《关于中国的著述》（List of Works upon China）中也出现了这个词，尹文娟认为：Sinologue这个词是在1849年《中国丛报》发表汉学书目到1851年《中国丛报》停刊期间逐步固定下来的。参阅尹文娟《〈中国丛报〉与19世纪西方汉学研究》抽样本。

④ 刘正：《海外汉学研究：汉学在20世纪东西方各国研究和发展的历史》，武汉大学出版社2002年版，第7页。

历史的学问。至于在当代有越来越多的中国学人开始在西方的汉学系中任教、著书，那是另一个需要讨论的问题，这个现象并不能改变 Sinology 的基本含义。①

将英文中"Chinese Studies"翻译成"中国研究"或"中国学"起源何时，谁第一个使用这个汉语概念，尚待研究。但要理解这个问题，则需要从梳理美国汉学的历史入手。

美国的汉学研究起源于传教士来华，1830 年 2 月 25 日，美部会（The American Board of Commissioners for Foreign Missions）的传教士裨治文（Elijah Coleman Bridgman，1801—1861）和雅裨理（David Abeel，1804—1846）到达广州，揭开了中美关系史和美国汉学史。在此期间最重要的事件就是裨治文创办的《中国丛报》（Chinese Repository），《中国丛报》前后发行了 20 年，它不仅成为当时西方，特别是美国了解中国的窗口，也成为当时欧美汉学界汉学研究的重要阵地，成为美国汉学的摇篮。1848 年《中国丛报》后来的主编、美国传教士卫三畏（Samuel Wells Williams，1812—1884）出版了他的代表性汉学著作《中国总论》（The Middle Kingdom，1848），1876 年卫三畏返回美国后在耶鲁大学创建了美国第一个汉学系。这个时期的美国汉学虽然在对中国研究的方法和关注的重点上与 18 世纪前来华耶稣会士有很大不同，但仍在传统汉学研究范围之内。

> 美国的汉学研究发生了重大的分化，最终使中国学研究彻底摆脱传统的束缚，从古典研究规范中分离出来。应当说，这种分离是一个过程，它始于 20 世纪 20 年代中期，其中最重要的标志之一就是 1925 年太平洋学会（Institute of Pacific Relations，简称 IPR）的成立。太平洋学会是美国中国学研究史上一个不容忽视的、具有学术转向标志的学术团体。由于它的出现，传统意义上的东方学、中国学研究开始走出古典语言文字、历史、思想文化的纯学术研究壁垒，转向注重现实问题和国际关系问题研究的新领域，从而揭开

---

① 参阅孟华《汉学与比较文学》，载《国际汉学》第 2 期（辑刊），大象出版社 2003 年版，第 1—8 页。

了地区研究的序幕。①

这里，我们看到不同于传统汉学研究的"中国学"的产生有以下几个要点：

第一，西方现代中国学诞生于美国；

第二，美国现代中国学起始于太平洋学会的成立，完成于1941年远东学会（The Association for Far Eastern）；②

第三，美国现代中国学产生于太平洋战争，应美国的国家需要而生，正像当年西方传统汉学是为了基督教的传播与葡萄牙、西班牙、法国等国家在远东地区的扩张而诞生一样，美国的现代中国学也"是由于帝国主义的需要而产生的研究"。③

第四，美国现代中国学研究和传统汉学研究，在方法上的重要区别是打破了传统汉学研究局限于文献、语言研究的狭小范围，把传统的汉学研究置于地区研究的框架之下，"将社会科学的各种理论、方法、手段融入汉学研究和中国历史研究之中，从而大大开阔了研究者的研究视野，丰富了中国研究的内容"。④ 正如美国中国学的创始人费正清所说："在哈佛进行对中国的分区研究（即地区研究—作者注）计划的结果：这一分区研究法运用了每一种社会科学，并使我自1936年以来在哈佛教的中国史能条分缕析。"⑤

---

① 侯且岸：《从学术史看汉学、中国学应有的学科定位》，载《国际汉学》第10期（辑刊），大象出版社2004年版，第6—7页。实际上，此时从欧洲各国，特别是德国的汉学家移居到美国生活，他们带去了欧洲汉学研究的传统，这说明在美国的中国学研究和欧洲的汉学研究之间并不是一个截然分明、毫无联系的两种学术传统，而是一个相互影响、相互联结的，而又逐步分化的过程。参阅柯马丁（Martin Kern）《德国汉学家在1933—1945年的迁移》，载张西平、李雪涛等主编《德国汉学：历史、发展、人物与视角》，大象出版社2005年版。

② 1956年该学会更名为"亚洲研究学会"（The Association for Asian Studies），出版《亚洲研究》（Journal of Asian Studies）。

③ [日] 安藤彦太郎：《日本研究的方法论——为了加强学术交流和相互理解》，卞立强译，吉林人民出版社1982年版，第26页。

④ 《从学术史看汉学、中国学应有的学科定位》，载《国际汉学》第10期（辑刊），第9页。

⑤ [美] 费正清：《美国与中国》，张理京译，世界知识出版社1999年版，第3页；参阅朱政惠《美国中国学史研究：海外中国学探索的理论与实践》，上海古籍出版社2004年版。

二 中国学术界对域外中国研究的应对

在汉语的传统中"汉学"指的是与注重义理的宋代理学相区别的发扬汉代经学中重训诂、考据、版本的清代乾嘉考据学派。刘师培写有《近代汉学变迁论》,江藩著有《国朝汉学师承记》,记述了明末清初中国思想与学术的变迁,说明了"汉学"兴起的原因、过程和主要人物基本的学术主张。长期以来,"宋汉轮回"成为我们研究中国思想史的一个重要内容,"宋学"重义理,"汉学"重考据①。其实以"尊德性"为其特征的"宋学"和以"道问学"为其特征的"汉学"有着内在理论的联系。思想史意义上的"宋学"和"汉学"之间的关系并不像我们以往理解的那样僵硬。同时,也揭示出在汉语里原本的"汉学"概念有两层含义:在狭义上指的是"清代以训诂、考据为其学术追求的乾嘉学派",② 在广义上指的是整个中国学术。③ 正如柳存仁先生所说:"汉学要包括义理,就是哲学史、思想史这些学问,是顺理成章的事。"④ "汉学"有了这两层含义,我们就可以理解在中国台湾出版的《汉学研究》和《汉学研究通讯》,以及中国大陆出版的《清华汉学》都是从广义上来理解"汉学"这个概念的。

在中国的学术传统中何时将"Sinology"称为"汉学"?《汉语大词典》在解释时说:"外国人研究中国的学问为汉学。清俞樾《茶香室丛钞·记日本国人语》:'日本之讲汉学,自伊藤仁斋始。'莫东寅《汉学发达史》七:'东来传教士及欧洲本土学者,相携并进,至19世纪,汉学(Sinology)于焉确立。'"⑤

---

① 朱维铮:《汉学与反汉学——江藩的〈汉学师承记〉、〈宋学渊源记〉和方东树的〈汉学商兑〉》,见朱维铮《求索真文明》,上海古籍出版社1996年版。
② "汉学"还有另一层含义,它与"蕃学"相对,在中国历史上的西夏,当时在中央设有"蕃学"和"汉学","这里的'汉学'是指我国境内少数民族对汉文化的称谓。"计翔翔:《十七世纪中期汉学著作研究》,上海古籍出版社2002年版,第1页。
③ 计翔翔:《十七世纪中期汉学著作研究》,上海古籍出版社2002年版,第3页。
④ 柳存仁:《从利玛窦到李约瑟:汉学研究的过去与未来》,载林徐典编《汉学研究之回顾与前瞻》,中华书局1995年版。
⑤ 汉语大词典编纂委员会:《汉语大词典》中卷,上海汉语大词典出版社1997年版,第3404页。

这里涉及两个问题：一是关于如何称谓日本对中国语言、文明、历史的研究的学问；二是谁首先将 Sinology 转换成汉语的"汉学"概念的问题。

我们先看第一个问题。日本对中国的研究在不同时期有不同的称谓，江户时期（1603—1867）是日本的传统汉学时期，日本近代文化产生以后，传统的汉学就已经终结，近代日本中国学研究开始形成。[①] 实际上不仅是在日本，在整个东亚对"汉学"的理解与解释都有着独特的历史文化含义。

在接触中华文明较早、深受儒家文化影响的日本、韩国、越南等亚洲国家，"汉学"在许多场合是儒学的代名词，还可以被广义地理解为中国学术研究的全部。在这些国家，"汉学"与其本国历史的发展进程紧密相连，长盛不衰，不仅是某些国家（如日本、越南等）某一历史阶段学术研究的全部，也是某一历史阶段这些国家的意识形态学说。[②]

第一个将"Sinology"翻译成"汉学"的可能是王韬，王韬在他的《法国儒莲传》一书中将儒莲（Stanislas Julien, 1797—1873）的 *Syntaxe nouvelle de la langue chinoise* 翻译成《汉学指南》。[③] 近来研究者指出："该书的中文名称应该是《汉文指南》，译成'汉学'显然是王韬之误。不过从王韬所译的'汉学'一词中可以看出他意识到了法国的'Sinology'所代表的欧洲的中国研究。"[④] 接着应是朱滋萃，在他所翻译的日本汉学家石田干之助（1891—1974）的《欧人之汉学研究》中将"Sinology"翻译为汉学，他在书中说：

> 以上概观寻道而来的欧西底中国研究，顺次进步；尤其以耶稣会教士作中心的在国中本地的研究底进展，以及建于这基础上的欧洲本国的学者探究的勃兴，此后随时表现光荣的成绩。在这潮流里，各以

---

① 严绍璗：《日本中国学史》，江西人民出版社 1991 年版；钱婉约：《从汉学到中国学：近代日本的中国研究》，中华书局 2007 年版。
② 何培忠主编：《当代国外中国学研究》，商务印书馆 2006 年版，第 2 页。
③ 王韬：《弢园文录外编》，中华书局 1959 年版。
④ 何培忠主编：《当代国外中国学研究》，商务印书馆 2006 年版，第 11 页。

天赋的才能，为欧洲汉学吐气。①

而后是1943年出版的莫东寅的《汉学发达史》一书，也将"Sinology"翻译成"汉学"。此书是国人所写的第一本西方汉学史，虽然书中多引用石田干之助的《欧人之汉学研究》一书，但也有自己的贡献。②

用"汉学"来表达"Sinology"时，它包括了有关最广义的"中国"的一切研究成果。其中，很重要的一部分是关于中国边疆和内地的"非汉族"的历史、语言、文化、宗教、风俗、地理等方面的探讨。所以，在笔者看来，这里的"汉学"既不是指乾嘉考据学派，也不是指一族，即汉族，或一代，即汉代之学问，而只是外国人研究中国之学问。将西方人研究中国的学问称为"中国学"，或许是从1942年唐敬杲在《东方杂志》上发表的《近世纪来西洋人之中国学研究》一文开始。③ 改革开放以来，学术界开始关注国外的中国研究成果。1981年孙越生先生主编的《美国中国学手册》，是20世纪80年代中国学术界对国外中国研究展开研究的代表性成果。1995年任继愈先生主编的《国际汉学》和1996年阎纯德先生主编的《汉学研究》先后创刊。由此可见，国内学术界在如何看待国外的中国研究上存在分歧。

第一种意见认为，用"汉学"称谓国外对中国历史文化的研究，这种意见以李学勤先生为代表。他说：

> "汉学"，英语是"Sinology"，意思是对中国历史文化和语言文学等方面的研究。在国内学术界，"汉学"一词主要是指外国人对中国历史文化的研究，有些学者主张把"Sinology"改译为"中国学"，不过"汉学"一词沿用已久，在国外普遍流行，谈外国人这方面的研究，用"汉学"较为方便。"汉学"的"汉"是历史上的名称来指中国，就像 Sinology 的语根 Sino- 来源于"秦"，不是指一代一族，

---

① ［日］石田干之助：《欧人之汉学研究》，朱滋萃译，北平中法大学1934年版，第240页。
② 莫东寅：《汉学发达史》，大象出版社2006年版。
③ 这里只是一个初步的判断，或许在今后的研究中还要进一步修订。

这是希望读者注意的。①

这里,李学勤先生讲外国人研究中国历史文化的学问称为"汉学",并对"汉"字做了明确的限定。任继愈先生也持这种观点。② 为了与国内的"国学研究"相区别,用"国际汉学""海外汉学"来加以限定,阎纯德先生认为"最好把'国际汉学''海外汉学'统称为'汉学','国内汉学'称谓'国学'"。③

第二种意见认为,国外对中国的研究统称为"中国学",最早的代表人物就是这个学科的奠基者孙越生先生,他所主编的《国外研究中国丛书》就是这个理解的产物。④ 朱政惠认为"传统汉学研究和现代中国学研究统称为中国学"。⑤ 何培忠对这样的认识表述得十分清楚,他说:

> 由于如今国外"中国学"不仅有关于现代中国政治、社会、经济、外交、环境等社会科学诸学科的研究,也有传统汉学高度重视的有关中国语言、文学、历史、哲学等人文科学诸学科的研究,因而,在这一意义上,可以说"中国学"是传统"汉学"在现代的延伸和发展。而使用"中国学"这一称谓,不仅可以包容所有有关中国问题的研究,也可以使人对历史的中国有更深刻的认识,对现代的中国有更好的理解。出于这些理由,我们认为我国学术界也应跟上时代的变化,将国外对中国的研究统称"中国学"。⑥

第三种意见以严绍璗先生为代表,他说:

> 我以为关于对"Sinology"所表达的意思,应该有一个历史事件

---

① 李学勤主编:《国际汉学漫步·序言》,河北教育出版社1997年版。
② 任继愈:《汉学发展前景无限》,载《国际汉学》第8期(辑刊),第1—8页。
③ 阎纯德:《我看汉学和汉学研究》,载《汉学研究》第4辑,中华书局2000年版。
④ 他在《世界中国学家名录》前言中明确指出,应将"Sinology"的翻译从"汉学"改为"中国学",见《世界中国学家名录》"前言",中国社会科学出版社1994年版。
⑤ 朱政惠:《不可忽视的另一面:对海外中国学研究的若干思考》,载朱政惠《美国中国学史研究:海外中国学探索的理论与实践》,上海古籍出版社2004年版,第45页。
⑥ 何培忠主编:《当代国外中国学研究》,商务印书馆2006年版,第12页。

的区分概念，例如把欧美日各国在工业文明建立之前所存在的对中国文化的研究，称为"汉学"，在各国的近代文化确立之后展开的对中国文化的研究，称为"中国学"，或许会更接近于他们的研究特征的实际。至于说 Chinese Studies，那是另一类的研究，即"现代中国的研究"，它们或许更接近于社会科学的范畴（例如当代政治、当代经济等等），而不是我们所十分注目的经典的人文学科（例如文学、历史、哲学、宗教、艺术、考古等等）。[1]

严先生的观点在一定意义上和较早做美国中国学研究的侯且岸先生接近，侯且岸在谈到这个问题时说，汉学和中国学相互连接，又有区别，以传统人文学科研究的为汉学，以地域研究为主要特征的社会科学各学科相互渗透而形成研究的为中国学。[2] 严先生所代表的这种观点和第二种观点的主要不同在于：他所讲的"中国学"只是"Sinology"，而朱政惠等人的观点认为，中国学包含了 Sinology 和 Chinese Studies 两部分。

21 世纪以来，随着"世界汉学大会"和"世界中国学论坛"的召开，出版界大量翻译海外中国研究的学术著作，无论是中国历史文化研究还是当代中国研究都如雨后春笋般大量出版，以海外中国学研究和汉学研究命名的学术集刊、著作也越来越多。[3]

同时，随着中国的快速崛起，国外研究中国的著作剧增，西方学术界在中国研究上也开始发生变化，欧洲传统汉学研究开始出现式微的征兆，

---

[1] 严绍璗：《我对国际中国学（汉学）的认识》，载《国际汉学》第 5 期（辑刊），大象出版社 2000 年版，第 8 页。

[2] 侯且岸：《从学术史看汉学、中国学应有的学科定位》，载《国际汉学》第 10 期（辑刊），大象出版社 2004 年版，第 1—12 页。

[3] 张良春全编：《国外中国学研究（第 1 辑）》，漓江出版社 1991 年版；李学勤主编：《国际汉学著作提要》，江西教育出版社 1996 年版；吴兆路主编：《中国学研究》，中国书籍出版社 1999 年版；陈学超主编：《国际汉学集刊》，中国社会科学出版社 2004 年版；朱政惠主编：《海外中国学评论》，上海古籍出版社 2006 年版；王荣华、黄仁伟主编：《中国学研究：现状、趋势与意义》，学林出版社 2007 年版；何培忠主编：《当代国外中国学研究》，商务印书馆 2009 年版；北京大学国际汉学家研修基地主办：《国际汉学研究通讯》，中华书局 2010 年版；程洪、马小鹤主编：《当代海外中国研究》，上海社会科学院出版社 2010 年版；韩强、梁怡主编：《海外中国学研究》，知识产权出版社 2014 年版；潘世伟、黄仁伟、周武编：《中国学》，第 2 辑，上海人民出版社 2012 年版。

对中国当代的研究开始日益成为海外中国研究的主力军。同时，中国学术界在如何理解国外对中国的研究上继续沿着"汉学"和"中国学"两条学术路线在发展。如何理解日益增长的国外中国研究，这已经成为一个需要思考和解决的问题。

三 海外中国学研究和汉学研究的统一性

西方对中国的研究经历了从游记汉学到传教士汉学，再到专业汉学的长期过程，每个发展阶段都呈现出不同的特点。一般认为从传统汉学研究转变为当代中国学研究是从以费正清为代表的美国中国研究开始的。实际上在费正清那里历史的中国和现实的中国仍是一个统一的研究整体，只是研究的目的和重点开始向现代倾斜。这点在他的一系列著作中可以看得十分清楚。

对中国历史文化研究的"汉学"和对当代中国研究的"中国学"在近几十年的快速分化有以下几个原因。

首先，中国是一个巨大的文明体，面对学术的中国、文化的中国、经济的中国、政治的中国，任何一个汉学家都没有力量全面把握，任何一个学者都只能从自己的学科出发来研究中国。这样对历史中国的研究和对当代中国的研究一定会以不同的学科成果形式表现出来，从而使国外的中国研究呈现出异常多样的学术形态。

其次，研究方法的多样化，也促使西方的中国研究向两个方向分化。一种是传统汉学的语文学方法，主要是通过对历史文本的解释研究，从语言学、历史学角度展开学问。对中国文化经典的翻译始终是传统汉学的基本任务。而美国中国研究尽管也有着对历史中国的研究，但已开始将社会科学的方法作为其研究的主要支撑。人类学、社会学、政治学、经济学、法学乃至自然科学的一些学科也开始运用到中国研究中。不同的学术方法开始运用于中国研究之中，从而在对现实中国的考察中，田野调查成为他们的基本功课。两种不同的研究方法使国外的中国研究呈现出不同的风格和特点，汉学研究和中国学研究的分野也越来越大。

当然，受到意识形态的影响，对中国的片面性认识也是造成国外中国研究分化的重要原因之一。他们认为历史的中国灿烂辉煌，但已经死去，它只是作为古代文明的木乃伊被陈放在历史博物馆中。很多汉学家对中国古代文明研究如醉如痴，著作等身。但他们对当代中国，尤其是中国共产党领导下的中国要么一无所知，要么持有很大的偏见。当代中国快速发展，财富不断增加，社会急剧变化，充满活力。但汉学家认为这是一种没有根基的发展，因为，历史的中国已经死去，当下的中国在他们看来是一个完全"异类"的国家，甚至国家的合法性也不给予承认。历史中国和当代中国在国外一些中国研究中完全被割裂了。

而当中国发生"文化大革命"时，现实的中国也似乎印证了这一点。改革开放后，中国将精力放在经济发展上，在社会发展上传统的血缘宗法社会在农村已经逐渐解体，金钱至上观念的流行也似乎在远离传统的儒家社会。现实的中国好像再次印证西方中国研究中的"汉学"传统和"中国学"的分离的合理性。

由此我们可以看到，在西方的中国研究中所呈现出来的"汉学形态"和"中国学形态"，表面上看是一个学术理解和学术方法问题，实际上它有着更为深刻的原因，这就是：究竟应该如何认识中国，这是一个历史与现实统一的中国？还是历史与现实断裂的两个中国？这是西方中国研究中历史中国研究和当代中国研究分野的根本原因。

究竟应该如何认识中国呢？2014年习近平主席在比利时欧洲学院讲话时非常清晰地说明了这个问题，他认为在认识中国时要看到它的五个维度。第一，中国是有着悠久文明历史的国家。"两千多年前，中国就出现了诸子百家的盛况，老子、孔子、墨子等思想家上究天文、下穷地理，广泛探讨人与人、人与社会、人与自然关系的真谛，提出了博大精深的思想体系。他们提出的很多理念，如孝悌忠信、礼义廉耻、仁者爱人、与人为善、天人合一、道法自然、自强不息等，至今仍然深深影响着中国人的生活。中国人看待世界、看待社会、看待人生，有自己独特的价值体系。中国人独特而悠久的精神世界，让中国人具有很强的民族自信心，也培育了以爱国主义为核心的民族精神。"第二，中国是经历了深重苦难的国家。"中国人民经过逾百年前赴后继的不屈抗争，付出几千万人伤亡的巨大牺牲，终于掌握了自己的命运。中国人民对被侵略、被奴役的历史记忆犹新，尤其珍惜今天的生活。"第三，中国是实行中国特色社会主义的国家。"1911年，孙中山先生领导的辛亥革命，推翻了统治中国几千年的君主专制制度。旧的制度推翻了，中国向何处去？中国人苦苦寻找适合中国国情的道路。君主立宪制、复辟帝制、议会制、多党制、总统制都想过了、试过了，结果都行不通。最后，中国选择了社会主义道路。"第四，中国是世界上最大的发展中国家。"所以，让13亿多人都过上好日子，还需要付出长期的艰苦努力。中国目前的中心任务依然是经济建设，并在经济发展的基础上推动社会全面进步。"第五，中国是正在发生深刻变革的国家。"随着中国改革不断推进，中国必将继续发生深刻变化。同时，我也相信，中国全面深化改革，不仅将为中国现代化建设提供强大推动力量，而且将为世界带来新的发展机遇。"

因此，历史中国和当代中国是一个完整的中国，正如习近平主席所说：

> 观察和认识中国，历史和现实都要看，物质和精神也都要看。中华民族5000多年文明史，中国人民近代以来170多年斗争史，中国共产党90多年奋斗史，中华人民共和国60多年发展史，改革开放30多年探索史，这些历史一脉相承，不可割裂。脱离了中国的历史，脱离了中国的文化，脱离了中国人的精神世界，脱离了当代中国的深刻变革，是难以正确认识中国的。①

有了这样的认识，我们就看到当我们面对国外的汉学研究和中国学研究时，就能以中国研究的统一性对国外的研究加以辨析，就能站在中国学术的立场对其展开我们的研究。

四　海外中国学研究与海外汉学研究的区别性

历史中国和当代中国的统一性是我们认识、辨析，并与国外研究者展开对话的出发点。但当我们具体展开学术研究时又要看到二者的区别。历史中国有着漫长的历史、丰富的内涵，在内容上涉及史学、哲学、宗教学、文学多个学科，这样的研究对象决定了海外的历史中国研究必然呈现

---

① 《习近平在布鲁日欧洲学院的演讲》，《人民日报》2014年4月2日。

出传统汉学研究的特点。中国学术界对海外汉学的研究只是在近三十年才开始的，虽然取得了重大的进展，但面对四百年的西方汉学史，面对上千年的东亚汉学历史，仍有大量的学术工作亟待展开。基础文本的翻译、主要流派的研究、重要人物的专题研究等等都有待展开。对海外汉学的这些研究基本是在传统的人文学科中展开的，并积累了基本的人文学科的研究方法。

以当代中国为研究对象的国外中国学，绝大多数学者的重点是放在新中国历史的研究和改革开放以后的中国研究上。由于中国当代的发展道路独特，经济体量大，国家制度有着自己的特点，国外这些研究大多数从社会科学学科领域展开，如政治学、国际关系、法学、经济学等领域。近十余年来，由于中国快速发展，逐步进入世界的中心，一些全球性问题也开始融入当代中国研究之中，并日益成为重要的方向。例如，对中国金融与世界金融关系的研究、对中国环境与全球气候变化之间关系的研究、中国企业在海外投资的研究、中国军事研究等。目前中国学术界的海外中国学研究远远跟不上国外的发展，尚不能全面对国外中国学整体发展进行研究。因此，国内学术界的海外中国学研究必须走专业化道路，按照不同的学科，使用不同的方法展开我们的研究。因此，无论是以汉学的概念还是以中国学的概念都已经无法概括、表达国外的中国研究。由此，国内学术界对海外中国研究展开的研究如果仅仅停留在"汉学"或"中国学"的概念上已经无法使研究深入，学科化是其必然的选择。从大方向来说，对域外汉学的研究基本在人文学科领域，对域外中国学的研究基本上在社会科学学科领域，从小方向来说，无论是对汉学的研究还是对中国学的研究都可以在更为具体的学科背景下展开。这样我们看到，海外中国学研究与海外汉学研究有着明显的区别性，认识到这种区别性是我们展开研究的一个基本出发点。当然，语言的使用和流行有其自身的规律和特点，并非仅靠学术的理解来决定。在目前情况下，以"汉学"和"中国学"来概括代表国外整体的中国研究仍会继续下去，在一定意义上也需要有一种整体把握国外中国研究的表达，我个人认为使用"国外中国研究"为妥。"北京外国语大学中国海外汉学研究中心"在2015年更名为"国际中国文化研究院"，就是为了能够统一表达国外对中国历史文化的研究，无论是其传统汉学研究还是以社会科学方法展开的中国历史文化研究，无论是日本江户时期的汉学，还是其后日本以"中国学"为自称的中国历史文化研究。目前由我主编的《国际汉学》仍然保留刊名不变，其宗旨仍是从整体上展开对国外历史中国研究的对话与研究。但一定要看到，学科化的研究将是未来展开对国外中国研究的基本趋势。正如没有分工就不会产生现代工业化生产体系一样，没有学科化就不会有现代学术，尤其是面对像中国这个庞大的文明体，学科化是展开研究的基本路径，无论是国内还是国外，大体一样。

当然，在我们按照不同学科，以其区别性特点展开对域外的汉学和中国学研究时，并不意味着我们忽略了汉学研究和中国学研究的统一性特点，从根本上说就是中国本土学者要始终站在历史中国和当代中国的统一性上来把握域外的中国研究。例如，从对域外的汉学研究来说，在欧洲的汉学研究中，西藏、蒙古、新疆这些研究均不在汉学研究之中，他们大都是将其放在中亚研究学科的。但在中国学者展开对他们的研究时就必须纠正这一点，将西藏历史文化研究、蒙古历史文化研究等纳入汉学研究之中。也就是说，在中国本土学术领域中展开的对域外汉学界的研究，所使用的"汉学"概念和西方所使用的"汉学"概念是完全不同的，我们的汉学概念是表示这门学问"非一族一代之学问"，是对国外整个历史中国研究的再次研究与评论。

同样，在我们展开对国外当代中国的研究时，也要从历史中国和当代中国的统一性出发，分析、鉴别、对话国外的中国研究。例如，研究中国的"一带一路"时，西方学者会很自然地用"马歇尔计划"来加以比较，其实"一带一路"是和马歇尔计划完全不同的。从西方的国际关系理论出发，他们完全解释不了中国提出的"命运共同体""文明互鉴"这些重大的新思想，实际上中国这些外交理论在当下的西方国际关系理论中是无法解释的，这需要对中国历史文化的深度了解。

因为，这是中国古老智慧在当代的发展，不了解历史中国是无法解释今日之中国的。因此，中国的统一性是我们从事海外汉学和海外中国学研究的根本出发点，而历史中国和当代中国既连接又不同的区别是我们按照不同学科展开的基本方法。

（原载《国际汉学》2017 年第 3 期）

从学术史看汉学、中国学应有的学科定位

侯且岸

随着中国对外开放的程度不断加深，中国进一步走向世界，近些年来，国外的汉学、中国学研究有了长足进展。与此相呼应，国内学者对国外汉学、中国学的翻译、介绍和研究，已呈异军突起之势，引起学界内外的广泛关注。

但是，学术的发展往往因受到种种不应有的制约而陷入困境，汉学、中国学也不例外。其中，最大的制约之一就是在国家现有的学科门类划分中，汉学、中国学的学科定位不明，在整体上没有明确的学科归属。而这一问题的存在，直接影响这门学科的发展。目前，在国家哲学社会科学基金资助项目的申报中，就存在着汉学研究"选题无据、申报无门"的现象；高校中，汉学也无法纳入研究生招生的学科目录，受到了不应有的轻视。对此，笔者认为有必要进行深入的探讨，以引起有关部门和学术界的重视，采取有效措施，保护汉学的生长。

一

那么，究竟应当如何给汉学、中国学进行学科定位呢？我以为，总体上看，它们是国外研究中国学术的总称，涉及有关中国社会、政治、经济、文化、历史等诸多研究领域。就其学科特性而言，它们不仅跨学科，而且跨文化。应该说，无论是跨学科，还是跨文化，都反映着当今世界范

围内的学术变化以及学术发展的趋势。为了能够更准确地从学科发展、中西文化交汇的层面来说明学科性质问题,着实需要认真地回顾一下该学科的学术史。通过对学术史的全面分析,来确认其基本的学科定位。

一般来说,汉学(Sinology)也称作中国学,它是指西方人从语言文字、历史、地理、哲学、宗教等诸方面系统地研究中国的学问,也是东方学的重要组成部分。在西方,主要是欧洲,严格意义上的汉学研究已经有四百多年的历史,最早可以追溯到16世纪。① 随着新航路的发现,中西之间的交通愈加便利。自16世纪中叶始,西方耶稣会传教士来到中国,形成了一股传教热。尽管这种宗教活动是同西方殖民主义对中国的掠夺和侵略联系在一起的,但它与此前唐代景教和元代基督教罗马教派在中国的传教有所不同。这次传教不仅促进了西学传入中国,而且增进了西方传教士对中国的了解,使得他们初步建立起欧洲汉学研究的雏形。此后,在相当长的一段时间里,传教士垄断了欧洲的汉学研究。这种状况直至法国资产阶级革命以后才逐渐有所改观,汉学研究开始进入学院式研究的时代。1814年,法国巴黎法兰西学院等高等学府创办汉学讲座,这"意味着汉学作为一种'学问'已为人们所承认"。"此前以传教士为中心的研究,或带有遵循耶稣会的主张的倾向,或对佛教只采取蔑视或不理解的态度,也伴有轻视中国文学等非学问因素的制约。但是以创设讲座为分界线,法国的汉学研究从此焕然一新。"②

相比较而言,美国的汉学研究的开先河者也是传教士,但他们起步很晚,直到19世纪30年代,基督教新教传教士才进入中国。如果说欧洲的汉学研究的兴起还多少包含有对于中国文化的向往,那么,美国的汉学研究的兴起则是出于对美国自身的战略利益的考虑。在欧洲,从事汉学研究的人一般不研究现实问题,这种状况同重视研究现实问题,强调研究的实用性的美国学术传统显然是不合拍的,这使得美国的汉学研究与欧洲的汉学研究呈现出迥然不同的特征。在欧洲,"汉学在传统上以文献研究和古

---

① 在此之前,在欧洲重商主义浪的推动下,13世纪末至14世纪初,有一些商人和游历者来华,曾经写过些"游记"和"通商指南"之类的介绍中国的书,这些书从一定意义上对欧洲汉学研究提供了借鉴。

② [日]福井文雅:《欧美的道教研究》,《道教》第三卷,朱越利、冯佐哲等译,上海古籍出版社1992年版,第225页。

典研究为中心，所以在研究历史较短的美国似乎感到 Sinology 一词有点过时的味道，一般称之为 Chinese Studies（中国研究）"。① 欧洲早期耶稣会传教士的汉学著作同美国早期新教传教士的汉学著作相比较，存在着很大的差异。前者不论是语言文学，还是历史学，都是"古典研究"，根本不涉及其他领域的研究；而后者讲求实用，注重现实性研究。这一点我们可以从欧洲最早的汉学研究著作西班牙人胡安·冈萨雷斯·德·门多萨（Juan González de Mendoza，1545—1618）的《中华大帝国史》（西班牙文本出版于 1585 年，法文本出版于 1588 年）和美国最早的汉学研究著作——卫三畏②（Samuel Wells Williams，1812—1884）的《中国总论——中华帝国的地理、政府、教育、社会生活、艺术、宗教及其居民概观》（1848 年出版）两本书中已可窥见其不同的学术路径的端倪。从学科划分的角度着眼，欧洲的传统汉学研究属于人文科学范畴，而美国的早期汉学研究已经超出了人文科学范畴，带有社会科学研究的特点。

由于时代的关系，始于 19 世纪 30 至 40 年代的美国的汉学研究，其产生和发展同美国资本主义对东方的掠夺、扩张和文化渗透，以及美国的国际战略和对华政策是联系在一起的，因而与欧洲的汉学研究不同。费正清在回顾美国的汉学史时曾经说过：在美国，有组织的汉学研究是由美国东方学会（American Oriental Society）发起的，美国东方学会"在美国代表了欧洲那种对东方学的文学兴趣，这种兴趣曾对启蒙运动有独创贡献"，"但是，美国东方学会从一开始就有一种与众不同的使命感"。③ 在我看来，这种"使命感"就体现为东方学要为美国的国家利益服务，为美国对东方的扩张政策服务。这当然是欧洲传统汉学所不具备的特征。

---

① [日]福井文雅：《欧美的道教研究》，《道教》第三卷，朱越利、冯佐哲等译，上海古籍出版社 1992 年版，第 221 页。

② 美国早期汉学家往往是多重身份，有的汉学家既是传教士，又是外交官。卫三畏就是典型一例。他初为传教士，后任美国驻华使馆参赞，晚年在耶鲁大学担任教授，讲授中国语言文学。

③ [美]费正清：《70 年代的任务：研究美国与东亚的关系》，载《费正清集》，天津人民出版社 1992 年版，第 399 页。为了与欧洲列强争夺东方，1842 年，美成立了第一个专门研究东方的、独立的、非营利性质的学术机构——美国东方学会。该学会以"传布关于东方的知识，增进东方语言和文学的研究"为宗旨，开展对以中国为主体的东方的古代文化、历史、语言、地理的学术研究活动。1851 年，正式创办了《美国东方学会杂志》（*Journal of the AOS*）（季刊）。

美国的汉学研究属于东方学范畴，它的起步也是和"福音传道"联系在一起的。1830年，美国第一个海外传教团体——"美国海外传教工作理事会"派出新教传教士来华。新教传教士进入中国以后，一方面进行宗教活动，另一方面也开始研究中国。然而，由于他们是以"武器和贸易力量为后盾的"，是"西方入侵的一部分"[1]，就使得他们"在形式上与16世纪末期利玛窦遇到的情况大为不同：当时耶稣会士避开了澳门的葡萄牙商人而依附于中国的士大夫阶层，而19世纪初期的传教士却得到中国港口的外国商人的支持，并在普通的中国下层文人中，而不是在统治阶层中寻找教徒。耶稣会会士通过温文尔雅的谈话传播福音，而早期的新教传教士由于在1842年以前和以后一段时间被禁止布道，只好求助于文字材料"。[2]"和巴黎、莱顿或剑桥最终成为'中国通'的那些汉学家不同，早期的传教士是在没有图书馆甚至实际上没有词典的况下开始传教工作的。"[3] 这样，他们无论是传教，还是研究汉学都面临着很大的困难。

美国的早期新教传教士曾经撰写了一些有关中国的书籍。1848年，卫三畏发表了《中国总论》一书。这本书比门多萨的《中华大帝国史》和鲁德昭的《中华帝国志》晚了200多年，三本书的内容和写作方法都有所不同。卫三畏试图把中国作为一个整体文明来研究，已经带有一些跨学科研究的性质。因此，费正清称卫三畏的书"颇像今日一门区域研究课程的教学大纲"。[4] 类似的著作还有卢公明（Justus Doolittle）的《中国人的社会生活》、麦都思（Walter Henry Medhurst）的《中国：现状与前景》、明恩溥（Arthur Henderson Smith）的《中国的特色》。他们分别从不同的角度对中国社会、中国文化和中国人的心理特征等做了描述和概括。与欧洲的传统汉学不同，新教传教士的著作在内容上偏重对中国做总

---

[1] ［美］费正清：《新传教士著作在中国文化史上的地位》，载《费正清集》，林海、符致兴等译，天津人民出版社1992年版，第241页。

[2] ［美］费正清：《新传教士著作在中国文化史上的地位》，载《费正清集》，林海、符致兴等译，天津人民出版社1992年版，第241页。

[3] ［美］费正清：《新传教士著作在中国文化史上的地位》，载《费正清集》，林海、符致兴等译，天津人民出版社1992年版，第241页。

[4] 参见［美］费正清《70年代的任务：研究美国与东亚的关系》，载《费正清集》，林海、符致兴等译，天津人民出版社1992年版，第399页。

体论的介绍，涉及的面很广，远远超出了古典文化范围。人们从他们的著作中完全看不到像欧洲启蒙思想家那样对古老的中华文明的赞美，也看不到像早期耶稣会士那样对中国较为真实的介绍，所看到的是在外部冲击下每况愈下的、落后的中国。他们鄙视中国的落后，试图以西方为榜样来改造中国。正如查尔斯·海福德（Charles Hayford）在分析《中国的特色》一书时所指出的那样，"早期传教士的主要传教目标使他们对中国产生了一成不变的看法；明恩溥来华的时间较晚，并且来自具有新的自我意识的美国，他曾考虑把社会进步和近代化也作为传教的目标。他的书从这个新角度描述了中国，发现中国在许多面都很匮乏"。① 早期传教士研究中国的这个新角度——近代化对于美国的中国研究产生了决定性的影响，甚至于在百年以后的今天，这种研究取向还在现代中国领域中有较大的市场。恐怕也正是这种以西方、以美国为中心的研究取向，将美国人的思维偏向引向极端，导致他们根本无视中国传统文化的思想价值和应用价值。这也就使得传统汉学在美国难以扎根，以至于"在这个专业性中国学领域中，美国落后于欧洲"。②

19世纪70年代，在美国的一些高等院校陆续设立了汉学的教学和研究机构。1876年，耶鲁大学在美国首先开设汉语课程，在卫三畏的主持下，建立了美国第一个汉语教研室和东方学图书馆。翌年，哈佛大学也设置汉语课程，并且设立东方图书馆。美国的汉学研究从草创时期开始步入学院式研究的时代。进入20世纪，美国的汉学研究有了一定的发展。最引人注目的就是哈佛大学与燕京大学合作，建立"哈佛燕京学社"和中国学图书馆。这项合作使哈佛大学成为美国研究中国的中心，形成了中国研究的学术传统。燕京大学是一所著名的私立教会大学，成立于1919年，当时的外籍校长为美国教育家、外交家司徒雷登（John Leighton Stuart, 1876—1962）。为了使燕大能够获得发展，司徒雷登主张，必须使燕大更加"中国化"，同时还要以燕大为基地，加强中西文化交流，努力把燕大

---

① 转引自［美］费正清《新传教士著作在中国文化史上的地位》，载《费正清集》，林海、符致兴等译，天津人民出版社1992年版，第252页。
② 转引自［美］费正清《新传教士著作在中国文化史上的地位》，载《费正清集》，林海、符致兴等译，天津人民出版社1992年版，第400页。

建设成为一所"国际性"高等学校。他认为,"新大学应牢牢地以中国生活为根基,与西方国家同中国签订的条约或任何别的外部因素都没有关系,仅享有中国人自己享有的,或他们愿意我们共同分享的权利"。[①] 新大学要以沟通中西文化为宗旨,"燕京的目的,在将中西学识,熔于一炉,各采其长,以求多获益处"。[②] 正是在这种教育思想的推动下,燕大和哈佛联姻,创办了哈佛燕京学社。

1928年1月4日,哈佛燕京学社本部在哈佛正式组成,确定研究领域集中于中国的"艺术、考古、语言、文学、历史、哲学和宗教史",设立基金和独立的出版机构。同年2月10日,在燕京大学的哈佛燕京学社宣告成立,著名学者陈垣担任主任。学社设有五人组成的教授会(faculty)进行学术指导,其中代表哈佛方面的是法国著名的中国学专家伯希和(Paul Pelliot)和叶理绥(Serge Eliss éeff)。哈佛燕京学社在燕京大学还设立了行政管理委员会(Administrative Committee)或称北平办事处(Peking office),内设执行干事(Executive Secretary)负责实际工作。

哈佛燕京学社为推动美国和中国国内的汉学研究,加强中西文化交流做出了重要的贡献。贡献之一,受哈佛燕京学社派遣来华学习、研究的研究生和研究人员学成归国以后,成为汉学和现代中国学研究领域的学科带头人。费正清和他的学生们就是其中的代表。贡献之二,该学社培养出一批能够运用西方学术理论治学方法研究中国的中国新一代学者,如齐思和、翁独健、黄延毓、郑德坤、林耀华、周一良、陈观胜、蒙思明、王伊同、王钟翰、杨联陞等。贡献之三,中美关系正常化以后,该学社继续为发展美国的中国学培养新一代研究者。但是,侧重点有所变化,从中国古代文化转向与地区研究相联系的近现代、当代中国问题。贡献之四,该学社出版古籍,编纂工具书,扩建哈佛大学、燕京大学图书馆。哈佛大学的汉学图书馆馆藏中文图书大幅度增加,使哈佛大学成为国际上著名的中国学研究中心。

---

① John L. Stuart, *Fifty Years in China*, p. 71, New York, Random House Press, 1954.
② 司徒雷登:《在燕大师生大会上的讲话》,1935年9月24日。

二

以第二次世界大战为契机，为了适应战时国际斗争的需要，维护美国的国家利益，美国的汉学研究发生了重大的分化，最终使中国学研究彻底摆脱传统的束缚，从古典研究规范中分离出来。应当说，这种分离是一个过程，它始于20世纪20年代中期，其中主要的标志之一就是1925年太平洋学会①（Institute of Pacific Relations，简称IPR）的成立。太平洋学会是美国中国学研究史上一个不容忽视的、具有学术转向标志的学术团体。由于它的出现，传统意义上的东方学、中国学研究开始走出古典语言文学、历史、思想化的纯学术研究壁垒，转向侧重现实问题和国际关系问题研究的新领域，从而揭开了地区研究的序幕。

太平洋学会最初是由夏威夷关心太平洋地区社会经济问题的商界、教育界、宗教界人士发起成立的区域性团体，其宗旨为"研究太平洋各民族状况，以求改进各民族间的相互关系"，在经济上受到糖业种植园主的资助。后来经过扩充，吸收了持有各种不同政治观点、来自世界不同地区的专家、学者以及政府官员，并且得到美国政府和一些财团的支持，发展成为一个国际性的学术团体，总部迁至纽约。在中国、美国、日本、韩国、印度、澳洲、菲律宾、加拿大、英国、法国和苏联等国均设有分会。总会有会刊《太平洋评论》（*Pacific Review*），美国分会有会刊《远东观察》（*Far Eastern Survey*）。

出于对第二次世界大战前错综复杂的远东局势的关注，太平洋学会的研究重心始终放在远东问题研究上，同时兼顾整个亚洲研究。在美国高等院校还未设立亚洲问题研究中心之前，它是美国"对于太平洋地区和远东的独立研究的最重要的唯一来源"。② 它的主要长期研究规划几乎涉及美国政府急需了解的各方面问题，例如人口问题、土地占有和农业技术问

---

① 对这个学术团体，中文译法很不规范，有好几种译法，如译做："太平洋问题调查会""太平洋关系学会""太平洋关系研究所"，本文采用"太平洋学会"的译法。

② ［美］弗雷德里克·范德比尔德·菲尔德：《从右到左：我的自传》，竞耘、芦狄生译，世界知识出版社1992年版，第155页。

题工业化问题、家庭问题、殖民机构问题、民族运动问题、劳工组织问题、国际政治关系问题、商业和投资问题等。太平洋学会着力培养亚洲研究专家，很重视语言训练。但学会的规划也十分明确，即"并不准备培养汉学家，而是使从事研究和活动的人们能够使用中文这个工具，因为不熟悉语言是一个严重的障碍"。[①] 太平洋学会的这些做法基本上被战时美国学院式的地区研究所效仿。1937年春，费正清在哈佛大学历史系首次开设了"近代远东史"，从而开启学院式地区研究之先河，为战后开展深入的东亚研究奠定了重要的基础。1947年，哈佛大学正式实施中国地区研究规划时又增加了东方文化课程，从而使地区研究和东方学研究得到了有机的结合。1955年，哈佛大学成立东亚研究中心，中国地区研究规划更名为中国经济政治研究计划，并且设立了攻读历史和东亚语言两个专业联合举办的博士学位课程，将地区研究推向更高、更深的学术层次。从1955—1975的20年间，先后有六十多人获得了历史和东亚语言联合专业的博士学位。[②] 这些人成为美国现代中国学领域中的中坚力量。太平洋学会还积极联系基金会，资助东方学家和汉学家深入远东、中国内地进行实地考察，以获取真实的印象和丰富的资料。20世纪30年代中期，学会负责人菲尔德（Frederick Vanderbilt Field）和欧文·拉铁摩尔（Owen Lattimore）曾经为当时受纳粹迫害的汉学家卡尔·A.威特福格尔[③]（Karl August Wittfogel）所从事的中国研究计划寻求资助。据菲尔德回忆，这是"一个宏伟的对中国的研究计划，包括中国社会、经济和文化历史的原始资料的翻译"，学会"为这个计划安排一个复杂的发起者的倡议起了重要的作用。发起人包括洛克菲勒基金会、太平洋学会等组织"。[④] 太平洋学会还曾经资助中国学者的研究。20世纪30年代，我国著名的马克思主义史学家、经济学家陈翰笙（陈当时在中央研究院经济研究所任职，同时

---

① [美] 弗雷德里克·范德比尔德·菲尔德：《从右到左：我的自传》，竞耘、芦狄生译，世界知识出版社1992年版，第157页。

② 参见 [美] 费正清《费正清对华回忆录》，陆惠勤等译，知识出版社1991年版，第435页。

③ 威特福格尔在20世纪50年代麦卡锡主义盛行时期与帮助过他的费正清等人反目，扮演了很不光彩的角色。

④ 参见 [美] 弗雷德里克·范德比尔德·菲尔德《从右到左：我的自传》，竞耘、芦狄生译，世界知识出版社1992年版，第166—167页。

也是太平洋学会的研究人员）等人就接受该会资助从事中国农村的社会调查，并出版了根据调查材料用英文写成的《广东农村生产力和生产关系》一书，以太平洋学会的名义在中国公开发行。

第二次世界大战特别是太平洋战争的爆发，使得美国更加需要熟悉远东事务的亚洲研究专家和有关远东地区的资料。而在美国国内，太平洋学会在远东研究上占有举足轻重的地位。因此，美国政府加强了与它的联系。于是，太平洋学会在美国政坛上的影响迅速提高，对战时中国问题拥有一定的发言权。学会中的许多中国问题专家在战时中国问题上倾向于美国接纳中国的共产主义势力，并且主张要了解长期被封锁的中国共产党和中国红军的真实情况。太平洋学会的美国分会董事、《太平洋评论》主编欧文·拉铁摩尔和《美国》（America）杂志编辑比森（T. A. Bisson）、贾菲（Philip J. Jaffe）曾于1937年夏访问了中共在陕北的根据地。在该会刊物上，还陆续发表了一些介绍和分析中国共产主义运动的论文，大多数人都认为，在中国，必须建立容纳中国共产党人的联合政府，美国不应再进一步介入中国。正如费正清所说，"1943年，我看到国民党的统治气数已尽，民心全失，如果我的预言正确的话，那么赫尔利大使在1945年罗斯福总统逝世后把美国的旗帜钉死在国民党战船的桅杆上，决心偏袒国民党到底的行为，可以说既是徒劳，又引起了灾难"。[①] 中国问题专家的见解对于罗斯福政府的对华政策确实产生了积极的影响，美国政府同中国共产党的关系在第二次世界大战期间曾经有所改善。

太平洋学会的学者还对美国的亚洲政策进行了反思，展望了战后亚洲发展的前景。作为东方学和中国学专家的拉铁摩尔对地区政治研究同样具有很深的造诣。在第二次世界大战刚刚结束之时，他就发表了《亚洲的出路》（"Solution in Asia"）一文，提出了利用战后国际形势和政治格局的变化，建立"亚洲自由区"以振兴亚洲的主张，并且告诫美国政府顺应历史发展潮流，采取新的亚洲政策，不要干涉亚洲各国的内部事务。日本学者毛里和子对拉铁摩尔的主张给予很高的评价，认为"拉铁摩尔关于'自由区'的设想是和'当今世界可以分成三个主要部分'的国际形

[①] 参见［美］费正清《费正清对华回忆录》，陆惠勤等译，知识出版社1991年版，第301页。

势观微妙地融合在一起的","他从第三世界,特别是其中可能自立的'自由区'中发现了战后亚洲的基本力量"。① 拉铁摩尔"站在边疆学的立场上,试图重新建立现代国际政治学的学说"。他把世界划分为三个国家群的设想体现出"他为反对当时占主导地位的、主张在意识形态上开展冷战的思想进行的理论探索"。②

太平洋学会中进步学者的思想主张代表着时代发展的潮流,因而遭到反对势力的无端攻击。特别是在20世纪50年代麦卡锡主义横行时期,太平洋学会遭到反共右翼极端分子的打击,拉铁摩尔、菲尔德等人被指控"在政治上和共产党有联系","是'出卖中国'的祸首",受到严重的政治迫害,被迫流亡国外。美国国会参议院司法委员会还专门调查太平洋学会如何左右美国的对华政策,迫使太平洋学会停止了活动。20世纪70年代,中美两国关系逐渐正常化,为了阻挠中美建交,台湾当局的反共势力又发起过一次"反对太平洋学会出卖中国"的批判运动。

尽管如此,太平洋学会在美国中国学研究史上的学术地位仍是不容动摇的。在传统汉学研究向地区研究演变的过程中,"是一个极其出色的学术机构"③,发挥了极为重要的作用。在填补美国学术界"对于太平洋知识的真空方面,比较任何其他美国团体担任更重要的角色"。它不仅是"激发研究远东区域各项问题的兴趣中心",而且也是"太平洋问题各种不同意见的论争场所"④。

如果把太平洋学会作为向地区研究转变的过程起点,那么远东学会的建立就是这个过程的终点。1941年,美国研究中国的一些青年学者对于美国东方学会着重古典研究的方针不满,在费正清等人的倡导下组织建立了远东学会(The Far Eastern Association)。该学会得到洛克菲勒基金会的资助,成为美国研究亚洲问题、中国问题的最重要的文化机构之一。1956

---

① [日]毛里和子:《论拉铁摩尔》,载《国外中国近代史研究》第5辑,中国社会科学出版社1983年版,第56页。

② [日]毛里和子:《论拉铁摩尔》,载《国外中国近代史研究》第5辑,中国社会科学出版社1983年版,第62页。

③ 参见[美]费正清《费正清对华回忆录》,陆惠勤等译,知识出版社1991年版,第392页。

④ [美]理查德·沃克:《美国国会调查太平洋学会的背景、经过与证据》,载《新领袖》,1952年。

年，该学会更名为亚洲研究学会（The Association for Asian Studies），出版刊物《亚洲研究杂志》（Journal of Asian Studies）。太平洋战争爆发后，美国的地区研究迅速发展，并且在战后直接进入了学院式研究时代。费正清以哈佛大学为基地，依靠远东学会，开始全面实施地区研究规划。自此，地区研究作为一项"教学研究活动"在美国的一些著名的大学里迅速地开展起来。从而进一步促使中国研究从古典汉学研究的规范中彻底分离出来，纳入"地区研究"（又称"区域研究"，即 Regional Studies）的轨道。这种分化一方面使汉学研究摆脱了几百年来形成的"重视传统、轻视现实"，"重视实证、轻视理论"的所谓"纯学术"研究框架的束缚，走上了一条革新之路；但是另一方面，这种"主要以现代为对象的新的地区研究"，适应了美国"建立世界战略，准备占领政策的需要"，"是由于帝国主义的需要而产生的研究"[1]，这又不能不对科学的研究产生制约作用。我们将这种具有双重性质的、区别于古典汉学的、新的中国学称为"现代中国学"。在现代中国学的发展过程中，它的双重性质始终规范着它的发展。

美国现代中国学属于地区研究范畴，是一门以近现代中国为基本研究对象，以历史学为主体的跨学科研究的学问。它完全打破了传统汉学的狭隘的学科界限，将社会科学的各种理论、方法、手段融入汉学研究和中国历史研究之中，从而大大开阔了研究者的研究视野，丰富了中国研究的内容。费正清在介绍自己的中国研究经验时强调，他的中国研究得益于在中国的实际经历，以及"在哈佛开创对中国的分区研究（即地区研究）计划的结果：这种分区研究法运用了每一种社会科学训练，并使我自1936年以后在哈佛所教的中国史形成更有分析特征的结构"。[2]

当然，作为地区研究的现代中国学与传统汉学并非完全脱节，从事地区研究的学者必须熟悉每一特定文化区域的特殊语言和传统思想文化。在美国，培养一名合格的中国问题专家大约需要花费7—10年的间。在此期间，他既要接受第一流的汉学训练，又要接受各种专科、专业的良好的学

---

[1] ［日］安藤彦太郎：《日本研究方法论——为了加强学术交流和相互理解》，卞立强译，吉林人民出版社1982年版，第26页。

[2] ［美］费正清：《美国与中国》（第四版），张理东译，商务印书馆1987年版，第3页。

术教育。在美国的高等院校,一般都将高级学位授予那些接受过多学科训练,从事以中国为地区研究的研究生,而不是专门从事汉学研究的研究生。费正清把地区研究看做是汉学研究和历史研究的完善结合,这种结合"是为了实现更为远大战略目标的一种战术",仅仅通过语言和文献研究中国乃至东亚远远不能取得最深刻的理解。"东亚和美国关系实际上是三位一体的综合性的研究","我们必须从两方面同时着手,打破这种狭隘的学科界限。我们总的战略要求是使我们的各种国际关系组织方式能站得住脚,它们在理论上一定要正视美国和东亚在思想和行为方式上存在的差异性"。[1]

美国现代中国学的发展是一个十分复杂并始终充满矛盾的历史过程。早在第二次世界大战以前,美国的汉学研究已经开始向地区研究过渡。第二次世界大战,尤其是太平洋战争,使美国更加意识到太平洋及远东地区对美国的战略价值。在美国政府的支持下,汉学研究最终完成了向地区研究的过渡。战后,费正清等很多学者由军事部门、政府部门回到高等院校执教,从事中国研究和东亚研究,[2] 促进了地区研究的初步发展。

然而,随着战后国际政治格局所发生的重大改变,"冷战"代替了合作,美国右翼势力猖狂反共、反苏,终于在20世纪50年代初导致了"麦卡锡主义"的出现,酿成了美国现代中国学的灾难,中国研究遂成为政治上的"雷区"、学术上的禁区。进入50年代末期,由于美苏之间的紧张关系有所缓,中苏关系趋向破裂,美国的对华政策也发生了一些细微的变化,现代中国学研究逐渐复苏,并且在60年代获得了长足的进展。在70年代,中美两国出于共同的战略需要实现了国家关系正常化,它为现代中国学的深入发展创造了条件。80年代以来,特别是"冷战"结束以后,美国学者对于现代中国学的发展做了认真的反思,开始摸索新的学术研究途径,开创"冷战"结束后新的研究局面,赋予地区研究新的形式和新的内容。美国现代中国学的发展过程既受到美国对华关系演变的制

---

[1] [美]费正清:《费正清对华回忆录》,陆惠勤等译,知识出版社1991年版,第488—490页。

[2] 很多知名学者曾经参与了战时的情报工作。费正清曾在情报协调局(战略情报局前身)工作,本杰明·史华慈(Benjamin I. Schwarts)在华盛顿的特种通信部门专门负责破译日文密码工作,欧文·拉铁摩尔曾担任蒋介石的私人政治顾问,并且为战略情报局工作。

约，也受到国际政治格局变迁的影响。

美国现代中国学的内容是相当丰富的，美国学者的研究涉及近现代中国政治、经济、人口、思想文化、法律、教育、文学艺术、外交等各个方面，比较重视从微观角度考虑研究课题。从我们的研究角度来看，有些课题既冷又偏，但如果我们把那些冷僻的研究课题逐一归类，加以汇总，或许能够从中窥见其特有的价值。正如一位中国留美学人所说，在"无数个显微镜下的'微观'可以拼接出一个星云图式的'宏观'来。美国学者们其实是最善于把自己最大的短处（遥距东方、语言有碍、资料有限），变成一个最有效率的长处——每人在一个小点上尽可能挖出一口深井，劳之以众，持之以恒，再加上有如费正清等'中国通'型学者在研究方向上作'宏观把握'，便终于可以获得一片'中国'的大海汪洋"。①

当然，在美国学者中也有相当一部分学者从事宏观的理论研究、思想文化史研究，尽管这方面的研究由于多种原因目前陷入"危机"。② 在这方面，比较突出的是对于非正统与马克思主义的中国化研究、对现代中国学研究模式的理论反思。关于非正统与马克思主义的中国化问题，是美国现代中国学史上最为重要的理论问题之一，美国中国学界优秀的学者都参与研究这问题。本杰明·史华慈和施拉姆（Stuart Schram）的毛泽东思想研究、迈斯纳（Maurice Meisner）的李大钊思想研究和中国马克思主义研究、德里克的中国无政府主义思想研究都是颇具特色的研究课题。关于对现代中国学研究模式的理论反思，是20世纪70年代中期到"冷战"终结以来，在美国中国学领域出现的反映时代潮流的学术思想主题。这一思想主题的出现，在美国现代中国学史上具有划时代的意义。从事这一思想主题研究的是美国新一代东方学和中国学的精英。保罗·柯文（Paul A. Cohen）倡导的"中国中心观"、爱德华·赛义德（Edward W. Said）"东方学批判"、德里克的"思想文化研究反思"、黄宗智的"中国研究规范认识危机论"等都是反映这一思想主题的代表性理论。在我看来，美

---

① 参见苏炜《有感于美国的中国学研究》，《读书》1987年第2期。作者专门分析了美国学者选题冷僻的问题。

② 参见［美］阿里夫·德里克《评美国的现代中国思想研究》，载《国外中国近代史研究》，第10辑。

国学者的这些"宏观分析"同他们所热衷的"微观研究"相比，对现代中国学的深入发展具有特殊的价值。它标志着美国的中国研究已经提高到一个新的层次，这些"宏观分析"和"微观研究"的紧密结合，将为中国研究开辟一条新的学术之路。

由于拥有数量可观的研究队伍、雄厚的研究经费、先进的研究手段和丰富的历史资料，因而现代美国的中国研究在西方国家中居于执牛耳之地位。美国的中国研究对于世界其他地区的中国研究的影响是多方面的。为了扩大自己的影响，费正清把"中国问题研究看做是一项世界性的事业"。[①] 美国帮助各国建立有关中国研究的机构、刊物，设在英国的著名的《中国季刊》（*The China Quarterly*）就是在美国中央情报局的资助下创办的。为了系统地收集中国研究资料，自20世纪50年代末起，美国将中国香港作为了解中国大陆的媒介，在中国香港成立了中国研究资料中心，为世界各国的中国问题研究提供信息服务。美国各著名高等学府的中国研究中心和图书馆编辑、出版了大量有关中国研究的书目、资料。美国的各大基金会大力资助世界各国（包括中国）的中国问题研究，为各国学者提供研究、进修经费，赞助出版优秀的学术著作。

三

从上述学术史的回顾，我们清楚地看到：西方（主要是美国）对中国的研究经历了从汉学到中国学（或者是"现代中国学"）的学术演变过程。在这一过程中，所涉及的学科领域的确在不断地扩大，从传统的人文研究到形成以地区研究为主要特征的社会科学研究的诸多学科的相互组合与渗透，其所遵循的研究范式亦随之发生了根本性的变化。可以说，汉学、中国学已经成为当今世界学术领域中跨学科与跨文化研究的典型范例。

[①] 很多美国学者明确表示：他们的研究就是要探寻差异性，他们不希望我们像他们。费正清就说过，尽管"中国革命已经在一种新的中国文化综合体中导致了中国和外国因素的某种共认。但是千万不要一下子就得出结论说，他们变得像我们了"。参见［美］费正清《伟大的中国革命1800—1985》，刘尊棋译，国际文化出版公司1989年版，第8页。

很明显，这种多元化的学科与多样化的文化的特殊构成是目前国内传统的单一学科门类所根本无法容纳的。与一般学科比，它的跨学科、跨文化研究的学科性质，随着研究的深入，亦更加清楚地凸显出来。但是，由于文化的差异和对学科体系认知的不同，中国国内的学者虽然看到了某些变化，但不可能自觉地认同国外所通行的知识体系、学科体系。至于中国国内的学术研究管理者，囿于传统的思维理念和学术管理体制，就更难以认清中间存在深层问题的根源所在。所以，造成前述汉学、中国学的学科发展困境就成为很自然的事情了。

因此，我郑重建议：无论从学术文化价值，还是从国家利益考虑，都迫切需要深入研究汉学、中国学。有鉴于汉学、中国学学科的特殊性，着眼于学术领域的扩大，充分考虑到跨学科、跨文化研究的发展需要，国家整体上关于哲学、社会科学的学科划分亦应适时地进行必要的调整、补充和完善。特别是在确立国家哲学社会科学基金资助项目指南时，要在扩大、保证自选项目的基础上，特别对扶植有关跨学科、跨文化的学科项目（例如国外汉学、中国学研究）做出明确的、专门的分类和规定，给予有力的支持。至于研究生教育，在基本的学科分类上，也要从学术发展需要出发，进行大致相同的调整。

（原载《国际汉学》2004年第1期）

改革开放以来"海外汉学/中国学研究"学科的自我建构

——基于文献计量结果的考察[1]

唐 磊

一 学科与学科化过程的一般理论

关于学科（discipline）这一舶来概念，西方学者给出过林林总总的意见。[2] 较为符合本文理论框架设定的一个定义出自《社会与行为科学国际百科全书》，该条目的撰写者德国学者鲁道夫·施蒂希韦（Rudolf Stichweh）提出："学科作为科学内部不同部类的基本单元划分是19世纪的产物。拉丁语 disciplina，意谓教导，早就是学校和大学出于教学目的进行知识组织时所使用的一个术语，但直到19世纪才真正建立起学科交流的体系。从那时起，学科开始在科学的社会体系中起着一整套结构构架的作用，而在高等教育体系中则作为学校教学的一个主题领域，最终则指向职业角色的安排。尽管科学领域的分化过程一直在进行，但学科作为一套基

---

[1] 本文曾在国际中国文化协会2014年泰国年会上宣读初稿，并得到张西平、何培忠等教授的鼓励和建议，本文的数据清洗和标引工作得到次雨桐、赵珊珊等同学的协助，在此一并表示感谢。

[2] 西方学界有关学科定义和学科性的讨论，可参见 Angelique Chettiparamb, *Interdisciplinarity: A Literature Review*, The Interdisciplinary Teaching and Learning Group, Subject Centre for Languages, Linguistics and Area Studies, School of Humanities, University of Southampton, 2007。

本的结构构架在现代社会中所具有的上述功能方面保持着稳定。"[①] 其实"discipline"的拉丁文源头不仅有"*disciplina*",还有"*discipulus*",指教导的对象,由此发展出在"discipline"现代的两重主要词义,即"学科"和"规训",这也恰恰反映出学科不仅是一套知识的分类体系同时也是具有约束力和引导力的社会建制的双重特点。

按照西方学者的一般意见,从认知的角度,学科需要具有如下一些要素。第一,学科要有独立的研究领域,由于自身边界的存在,我们才能勾勒出现代学科的地缘版图;第二,关于该学科研究对象的专门知识得以积累,这些专门知识并为其他学科所普遍共享;第三,学科有自己独特的概念和理论体系;第四,学科自洽于研究对象的陈述方式;第五,发展出一套与学科特殊需求相呼应的研究方法和手段。

另外,从社会建制方面来考察,学科的制度化过程往往产生一些明显的指征。例如,相对稳定的学科研究人群,即专业团体,进而发展出依托于专门协会、学会等形式而存在的学术共同体;拥有学科展示自身成果和取得话语地位的阵地,最主要的是刊物和定期会议;在高等教育体系中取得专门的建制地位,比如在大学中有专门的教席岗位,有专门的课程科目及学位,最成熟的形式是发展出专门的院系。[②]

上述种种,都是学科获得固定"身份"的重要指标。换句话说,栖身某一学科的研究者对该学科和自身作为学科研究者的身份认同,主要取决于上述指标的完满程度。

二 "汉学""中国学"学科的成立及其背景

现代学科意义上的"汉学"(Sinology),也始自学科"自主性"(autonomy)彰显的19世纪。雷慕莎(Jean-Pierre Abel-Rémusat,1788—1832)是促进汉学学科建制化的关键人物,他不仅于法兰西学院首开汉

[①] N. J. Smelser, P. B. Baltes eds, *International Encyclopedia of the Social and Behavioral Sciences*, Oxford: Elsevier Science, 2001, pp. 13727 – 13731.

[②] 见唐磊《理解跨学科研究:从概念到进路》,《国外社会科学》2011年第3期。有关学科与院系间的关系的论述,可参见[英]托尼·比彻、保罗·特罗勒尔《学术部落及其领地——知识探索与学科文化》,唐跃勤等译,北京大学出版社2008年版,第43、73页。

学讲席①，还与同道创立了亚洲协会，并创办了专业期刊《亚洲学报》；而中国学（China Studies）则在 20 世纪 60 年代前后走向学科独立②，呼应了学术发展史上的另一场现代化浪潮，即第二次世界大战之后兴起的、以美国为主导（以美国范式为主要范式）的社会科学的勃兴。社会科学在第二次世界大战后发展的最重要特征并非某种理论（诸如凯恩斯主义或结构—功能理论）或某种方法（诸如田野调查或定量分析）被提高到显著地位，而在于"战后的社会科学被铸成综合系统的理论"。③ 成长于美国的"中国学"不同于成长于欧洲的"汉学"，除却研究对象（不同内涵的"中国"）所发生的明显变化之外，更深刻的区别正在于美式社会科学的高度综合性。对此，中国学重要创立者之一的费正清就有过很好的总结，他在 1968 年美国历史年会上演讲时说："作为思维方式来观察，历史、社会科学和包括汉学在内的地区研究目前已交融渗透。它们不再分属彼此无关的知识渠道。我们在研究一门学科时不可能不涉及其他。"④

由此可见，汉学和中国学在现代学科意义上的成立均与近代以来的学术现代化过程有莫大干系。汉学和中国学所涉主题和领域甚多，在智识层面上很难总结出学科内部可普遍共享的范式或理论，但透过其融入学术现代化进程的大背景，仍可以寻得它们有别于传统学术的智识特点。

不过，值得一提的是，从汉学到（美式）中国学的转变不仅仅出于学术发展自身的动力，它一定程度上也是当时的国际政治格局和意识形态对抗的产物。费正清就曾道破这一层，而裴宜理（Elizabeth J. Perry）说得更明白："人们把当代中国学研究划为一个孤立的领域，这反映了把共

---

① 该院设立的汉语和鞑靼—满语语言与文学讲席是欧洲第一个汉学讲席，当然，从严格意义上讲，这是一个"东方学"或"亚洲学"讲席，但早期的汉学往往脱胎或受益于东方学/亚洲学，例如德国汉学的源起就直接受印度学的沾溉。

② 中国学走向独立也有一系列建制化的标志，例如从单纯的语言教学课程发展出专门的学位课程、大量独立的中国研究机构的涌现以及诸如"当代中国研究联合委员会"等专业协会的组建等。参见吴原元《隔绝对峙时期的美国中国学（1949—1972）》，第三章相关论述，上海辞书出版社 2008 年版。

③ [美] 西奥多·波特、多萝西·罗斯主编：《剑桥科学史》第七卷《现代社会科学》，大象出版社 2008 年版，第 198 页。

④ 费正清著，陈丕琮译：《70 年代的任务》，载王建华等译《现代史学的挑战——美国历史协会主席演说集（1961—1988）》，上海人民出版社 1990 年版，第 135 页；另可参见吴原元《隔绝对峙时期的美国中国学（1949—1972）》第五章相关论述。

产党的历史与前共产党的历史从根本上截然分开的概念，仿佛要体现1949年的戏剧性决裂，就要有一种崭新的、与纯汉学研究相反的社会科学的研究路径。"①

三 海外汉学/中国学研究的学科化过程——简要的描述

海外汉学/中国学研究作为新兴的研究领域，是对海外汉学/中国学智识成果及知识生产过程及其与社会、文化诸因素互动过程的再研究。它最初以介绍和简要的学术史梳理形态出现，发生于中国学术始与现代学术全面接轨的民国时期②，而真正集中的发展则始于"文化大革命"结束以后。关于其总体的发展史，已有较多概括，在此不拟展开。

在西方学术界，汉学和中国学产生于不同时代，有各自相对明确的内涵，总体的范式也有明显区别；相比而言，与它们分别对应的"海外汉学研究"和"海外中国学研究"则在研究对象、研究方法、学术共同体上多有交叠。有许多现象可以作为说明。例如，海外汉学研究的刊物或学术会议并不排斥海外中国学研究的文章，海外中国学研究机构也会从事海外汉学研究的课题，海外汉学研究和海外中国学研究的专门学者融于共同的专业协会（比如"国际中国文化研究协会"）。又比如，李学勤在2000年的《作为专门学科的国际汉学研究》一文中提出："国际汉学研究"应当关注的六大问题，包括"汉学如何起源，迄今走过了怎样的发展道路""汉学对中国历史、文化、艺术、语言等等方面已经作出了哪些研究""汉学家及其著作是在怎样的社会与文化背景中产生的""国际汉学对中国学术的演变发展起过什么样的影响""汉学对西方学术的演变发展又有着怎样的作用""国际汉学的现状以及在新世纪中汉学进展的趋势"③，稍

---

① 裴宜理：《中华人民共和国和美国的中国学研究：50年》，黄育馥摘译，《国外社会科学》2004年第2期。

② 西方汉学作为西方学术的组成部分，对中国学术之现代化也有丰富而复杂的影响，对此国内学术界研究尚不多，此种遗憾，张西平在《三十年来的中国海外汉学研究略谈》（收入《国际汉学》第十八辑）一文中已有指出。

③ 李学勤：《作为专门学科的国际汉学研究》，《中华读书报》2000年7月19日。

加概括，大概可以分为对汉学的学术情报研究、学术史研究（回顾与前瞻）以及与之相关的学术思想史、知识社会史研究；这完全可以适用于对海外中国学研究基本内容和方法的概括。

在学科建制化方面，二者经过三十余年发展，均具备了若干"学科化"的明显标志，比如固定建制的研究机构（北京外国语大学中国海外汉学研究中心、上海社科院世界中国学研究所）、有影响的专业期刊（《国际汉学》《世界汉学》等）、专门的学科和学位（从最早北京大学于1985年开始招收海外中国学研究硕士生到近年来层出不穷的此类学科点和学位点），等等。从建制层面看，海外汉学研究和海外中国学研究的学科性已比较完备，称它们为学科也不是没有理由。

对学科文化有深入研究的英国学者托尼·比彻等人指出："学科在某种程度上是由相关系科的存在来确定的，但这并不意味着每一个系科都代表一门学科。一门学科是否得到国际上的认可是一个重要的标准，即学术可靠性、知识的主旨和内容的恰当性等一套概念，尽管对它们没有严格的界定，但却是约定俗成的。"[①] 如果把专门的系科作为学科成立的一个必要指标，海外汉学/中国学研究的学科独立性还不完备，目前国内只有刚成立不久的北京外国语大学国际中国文化研究院是以海外汉学/中国学研究、教学为主业。如果再究之以对学科智识属性的认可这一更高标准，恐怕海外汉学/中国学研究的学科独立性就令人难以接受。也就是说，二者在学科化方面尚不具有完全的自足性，称之为中国学术界正在形成和可能形成的新兴学科大概更符合事实。

四　从文献计量结果看海外汉学/中国学研究的发展

不过，从中国社会科学院情报所国外中国学研究室的建立为起点，中国学术界在海外汉学/中国学研究领域的积累已有将近四十年的历程。无论它们是否会成长为中国自身学术体系中的独立学科，我们仍然可以考察

---

① ［英］托尼·比彻、保罗·特罗勒尔：《学术部落及其领地——知识探索与学科文化》，唐跃勤等译，北京大学出版社2008年版，第43页。

通过学术知识生产的累积，二者是否以及如何向着学科化的方向发展。至少，我们可以探索在学者队伍、学术平台、学术范式等方面的发展线索和特征，并且比较海外汉学研究与海外中国学研究在上述方面的共性和差异。

为此目的，我们对1979—2013年收录于CNKI文献库中的期刊论文、会议论文、学位论文按照主题关键词进行了检索，分别获得1811篇（汉学）和1141（中国学）条数据①，并对其进行标引和计量分析，最终形成如下一些初步的结论。需要说明的是，我们所采用的检索策略并不保证能检索到这段时间内大陆学术期刊上发表的全部海外汉学/中国学研究文章，许多文章因为在题名或关键词中不包含"汉学"或"中国学"而被排除在外。②

1. 从历年发文数看海外汉学/中国学研究领域的发展

我们根据1979—2013年历年发文数量绘制了折线图（图1和2），用以显示海外汉学研究和海外中国学研究领域文章数量（含期刊文章、学位论文和会议论文）的增长情况。

显然，改革开放以来，海外汉学研究和海外中国学研究经历相似的发展阶段，阶段特征也基本相同，即21世纪之前稳步发展，进入21世纪大步前进。总体来看，历年海外汉学研究的期刊文章多于海外中国学研究发文总数（1577∶1041），学位论文和会议论文数量也是如此。这说明，学术界对海外汉学的关注和研究参与要高于海外中国学。

但从总体规模来看，作为新兴的研究领域，二者都不算"太火"。2013年两个领域发文数量分别为208篇和106篇。笔者随手做了一个比较，用"国学"做主题词，仅2013年就检得超过7000篇（数据清洗前的结果），大概是1979—2013年以"中国学"为主题词所得文献总和

---

① 具体数据采集方法为，在CNKI高级搜索中，分别用"汉学"和"中国学"作为主题搜索项进行检索（采用主题检索而非关键词或篇名包含词检索是因为CNKI的主题检索包含了文章关键词和篇名包含词的检索策略），同时排除对外汉语教学研究、比较文学研究等一类明显不属于汉学/中国学范畴的文章。另外，考虑到数据回溯的周期问题，我们没有采集2014年的数据。

② 例如，用著名中国学家的"白鲁恂"作为主题词，搜索到的文章，很多就没有包括在此次考察范围内，此类情况是比较普遍的。要消除这种系统性误差的办法，需要通过穷举检索汉学家、中国学家名并排重才能大体实现，但这种工作量实在过大，只得暂时接受这种误差的存在。

214　/　学科定位篇

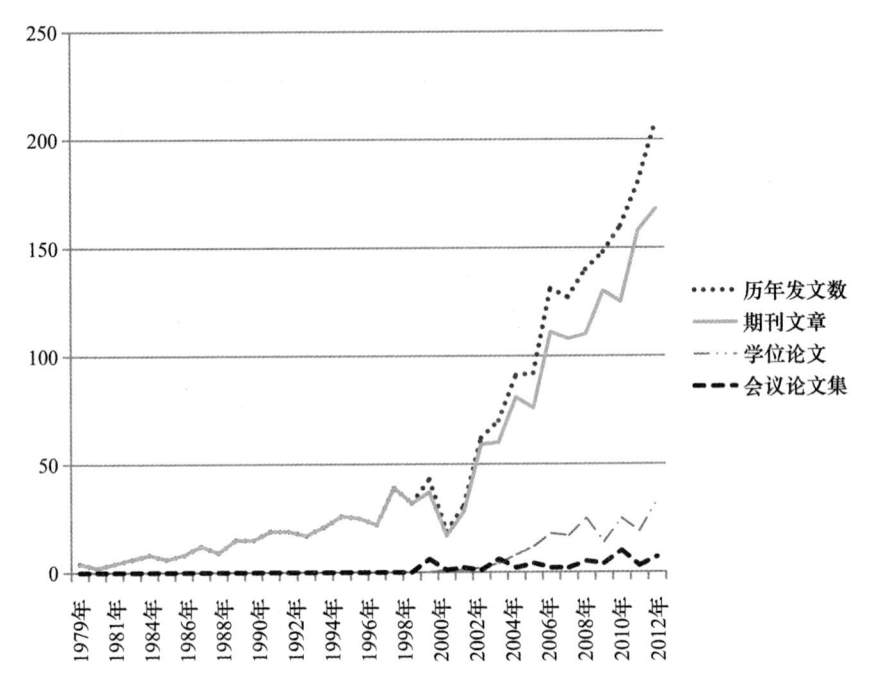

图1　1979—2013年海外汉学研究文章数量统计

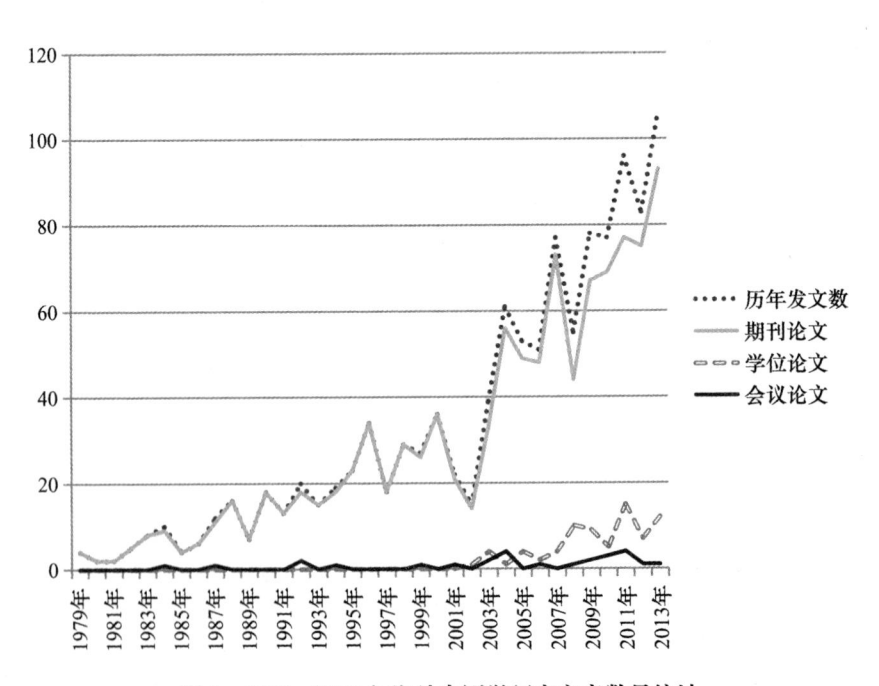

图2　1979—2013年海外中国学研究文章数量统计

（数据清洗前为接近3500条）的两倍。因此，从发文规模看，海外中国学和海外汉学研究还有较大的发展空间。

2. 主要发文机构与支持基金的统计与分析

1979—2013年间，发表过海外汉学研究文章的机构共有774个，其中，发文量为1篇的有627个，占比81%，接近94%的机构发文不超过3篇。这似乎说明，绝大多数机构学者从事该领域研究只是偶一为之的事情。发文量在前十位左右的机构按发文量达到9篇计算有11家（占全部机构数的1.4%），它们的发文数占全部发文数的比例为8.5%。排名第一的是北京外国语大学海外汉学研究中心，排名二、三位的分别是北京大学中文系和华东师范大学对外汉语学院。如果不细分到二级机构，则北京外国语大学居于榜首（79篇，含所属各二级机构，下同），北京大学、中国社会科学院依次排在二、三位（59和56篇）。

表1　　　　　海外汉学研究主要发文机构列表

排名	机构名称	文献数
1	北京外国语大学海外汉学研究中心	41
2	北京大学中文系	17
3	华东师范大学对外汉语学院	16
4	北京外国语大学①	13
5	北京语言大学人文学院	12
5	华东师范大学历史系	12
5	南京大学中文系	12
8	上海社会科学院历史研究所	10
9	中国社会科学院近代史研究所	9
9	中国社会科学院历史所	9
9	中国社会科学院文学研究所	9

海外中国学研究领域，发文机构众多且大多为"偶一为之"的现象也存在。1979—2013年间涉及的发文机构共有543家，其中，发文量为1篇的

---

① 发文机构排名完全按照CNKI录入的文献元信息中的机构名来统计，有的文献在作者单位一项未标示出具体院系的，也按一级机构来统计。

有436家，占比80.3%，接近95%的机构发文数不超过3篇。发文量较多（7篇及以上）的机构有12家（占比2.2%），其发文总数占全部发文数的比例为14.3%。主要机构发文的集中程度略微高于海外汉学研究领域。发文前三甲分别是中国社会科学院文献信息中心、华东师范大学历史系和该校社会科学部。如果不细分到二级机构，则华东师范大学（77篇）超越中国社会科学院（72篇）排名第一，北京大学（41篇）居于第三。

表2　　　　海外中国学研究主要发文机构列表

排名	机构名称	发文数
1	中国社会科学院文献信息中心	34
2	华东师范大学历史系	32
3	华东师范大学社会科学部	14
4	国家图书馆	13
5	北京外国语大学海外汉学研究中心	12
6	北京大学历史系	9
6	华东师范大学	9
6	上海社会科学院历史研究所	9
9	北京大学比较文学与比较文化研究所	8
9	北京大学中文系	8
9	北京语言大学人文学院	8
12	南开大学历史学院	7

按照地域来看，从事海外汉学/中国学研究的主要机构基本分布在北京和华东两地，尤以北京居多。进一步分析近三年的数据发现，这一趋势近来没有明显变化，北京仍然是海外汉学/中国学研究最重要的学术生产区域。

另外，我们对基金资助来源做了简要的考察，发现有21种基金资助了海外汉学研究，有13种资助了海外中国学研究。在两个领域，国家社科基金都是最大的资助方，在其资助下出产的论文数均超过了由其他基金资助所出产论文数量的总和。

3. 主要发文期刊平台的统计与分析

1979—2013年间，发表过海外汉学研究和海外中国学研究的期刊分别为632种和411种。这些期刊基本上都属于人文社会科学大类期刊。由于存在期刊更名、停刊等情况，我们无法精确计算所涉期刊占全部人文社科类期刊的比例。但有一个基数可以作为参考：2014年11月国家新闻出版广电总局公布了第一批认定的学术期刊5756种，其中人文社会科学期刊为2043种。① 据此估算，在中国大陆发行的人文社科类学术期刊中，分别有约三成和两成的刊物发表过海外汉学研究以及海外中国学研究方面的文章。

表3列出了发文量排名前十（含并列）的刊物，它们基本上都是所谓的"权威期刊"或"核心期刊"，唯一例外的《博览群书》也是在知识界、思想界有较大影响力的期刊。其中，《国外社会科学》和《国际汉学》分别是海外中国学研究和海外汉学研究最主要的发文阵地。同时，《国际汉学》也是海外中国学研究第二大发文平台。

值得注意的是，除了像《国际汉学》《世界汉学》这样的专业对口期刊外，一些传统上偏于人文学科的刊物如《中国文化研究》《读书》《中国史研究动态》和《中国图书评论》等，体现出对海外汉学研究和海外中国学研究"兼收并蓄"。不仅如此，文史类刊物尤其是史学类刊物在主要发文刊物中有较大比重，在海外中国学研究领域尤其如此，这可能说明海外中国学研究具有侧重学术史进路的特点。

表3　　海外中国学/汉学研究主要发文刊物统计②

海外汉学研究主要发文刊物	发文数	海外中国学研究主要发文刊物	发文数
《国际汉学》	148	《国外社会科学》	115
《中国文化研究》	45	《国际汉学》	53
《国外社会科学》	42	《读书》	24
《世界汉学》	41	《中国史研究动态》	19
《读书》	33	《世界汉学》	14
《中国史研究动态》	15	《当代中国史研究》	14

① 参见国家新闻出版署，http：//www.gapp.gov.cn/news/1663/231784.shtml。
② 有些本领域的著名刊物因为未被CNKI收录因此不在统计范围内，比如阎纯德教授主编的《汉学研究》。

续表

海外汉学研究主要发文刊物	发文数	海外中国学研究主要发文刊物	发文数
《中国图书评论》	15	《历史教学问题》	13
《清华大学学报》（哲社版）	14	《中国图书评论》	11
《中国比较文学》	12	《中国文化研究》	10
《博览群书》	11	《华东师范大学学报》（哲社版）	10
《文史哲》	11	《史学理论研究》	10
《文学遗产》	11	《史林》	10
《江西社会科学》	11	《探索与争鸣》	10
总计	409	总计	313
在全部期刊发文的占比	25.9% (1577)	在全部期刊发文的占比	30.1% (1041)

4. 高产作者群体及其分析

海外汉学研究1811篇文献涉及作者1398位（人均约1.3篇），而海外中国学研究1411篇文献共涉及作者961位（人均约1.2篇）。我们采用文献计量学中的"普赖斯定律"来确定所谓的"高产"作者，该定律认为，撰写全部论文一半的高产作者的数量，约等于全部科学作者的平方根（分别是37.4和31），据此，两个领域的计算结果都是，发文4篇以上的作者算作高产作者，他们（分别是43位和40位）组成海外汉学/中国学研究的核心作者群。（如表4、表5所示）。

表4　　　　　　　　海外汉学研究高产作者统计表

姓名	发文数	姓名	发文数	姓名	发文数
张西平	32	李新德	6	孟庆波	4
李明滨	13	钱婉约	6	张杰	4
李雪涛	12	马军	6	徐强	4
阎国栋	11	刘彩艳，孟庆波	5	朱仁夫	4
顾钧	10	李真	5	李学勤	4
任大援	9	王海龙	5	李明	4
阎纯德	9	钱林森	5	杨惠玉	4
柳若梅	8	陈倩	5	段洁滨	4

续表

姓名	发文数	姓名	发文数	姓名	发文数
程章灿	8	任增强	4	董海樱	4
乐黛云	7	刘东	4	谭树林	4
仇华飞	7	刘丽霞	4	郑天星	4
吴原元	7	叶农	4	陈珏	4
李逸津	7	吴涛	4	陈金鹏	4
蒋向艳	7	吴贺	4		
顾明栋	7	周发祥	4		

表5　　　　　　　　　海外中国学研究高产作者统计表

姓名	发文数	姓名	发文数	姓名	发文数
朱政惠	26	曹景文	6	周阅	4
吴原元	15	阎纯德	6	孙歌	4
张西平	14	顾钧	6	彭传勇	4
何培忠	10	任大援	5	李学勤	4
钱婉约	9	吕杰	5	杨静林	4
石之瑜	8	孟庆波	5	王晴佳	4
梁怡	7	张注洪	5	白云飞	4
王祖望	7	段洁滨	5	钱宏鸣	4
韦磊	7	黄育馥	5	阎国栋	4
严绍璗	6	刘彩艳	4	陈倩	4
仇华飞	6	刘招成	4	顾明栋	4
侯且岸	6	卢睿蓉	4	黄定天	4
崔玉军	6	叶坦	4		
徐浩然	6	周武	4		

在海外汉学研究领域，发文量排在前十位的学者其学术背景无一例外地出自传统文史学科，这一现象多少显示了海外汉学研究对于学者知识储备的要求和他们的学术路径依赖。其中，有几位学者如任大援、程章灿和乐黛云，他们的主要研究方向并非海外汉学研究，而只是兴趣使然的"兼治"。相比之下，在海外中国学研究领域，发文量排名前十的学者，

基本上都以该领域为主业或至少是主业之一，像石之瑜（台湾大学政治学系，主治政治学和社会科学方法论）、王祖望（中国社科院情报所，主治社会学和社科信息研究）这样的学者其学术领域则有明显的跨界性。另外，其中不少学者是以海外中国学的学术史研究见长，而这一领域本身就具有跨学科性，因此，海外中国学研究领域高产的作者，其学术研究都具有一定的跨学科色彩。或许还可以说，他们在学术界的被认可也更能够不依赖于传统的文史政社一类学科，而是在海外中国学研究的共同体内确立自身的被认同和地位。当然，由于学科属性和边界的相对模糊，要取得它们的风险与代价也可能更高。

5. 从研究文献关键词看学科研究热点及学科独立性

CNKI 提供的每篇文献均标注有主题词和关键词等元数据信息，我们将其中关键词信息抓取下来，然后将关键词及其出现频次通过在线词云软件 WordItOut 生成关键词云，如图 3 和图 4 所示。海外汉学研究领域 1811 篇文献共有 6257 个关键词，海外中国学研究领域 1141 篇文献共有 4222 个关键词，图中所示的关键词是出现频次较高的那一些。

图 3　海外中国学研究关键词云

关键词云（也称标签云）的方法常常被图情学界用以直观考察学科研究热点和研究趋势。考虑到文献关键词一般都是作者自己给定的，因此

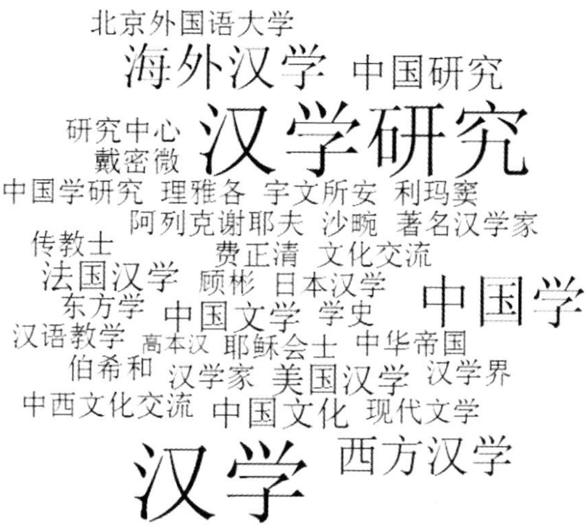

图4 海外汉学研究关键词云

关键词也大体反映出作者们对自身研究主题乃至研究领域的自我认同和自我定位。在此基础上，我们得出几条初步的分析结论：

（1）海外汉学研究和海外中国学研究存在相互认同和定位交叉。在海外汉学研究文献中，出现频次最高的关键词除"汉学研究"和"汉学"外，排在第三位的就是"中国学"，而在海外中国学研究文献中，紧接着出现频次最高的"中国学"的就是"汉学研究"。并且，两个领域拥有不少共同的高频关键词。另外，海外中国学研究更能容纳海外汉学研究而不是相反，这一点从前者的高频关键词中包括了传统海外汉学研究对象的中国文学、历史和哲学，而后者鲜有关于现当代中国和社会科学范畴的关键词可以窥见。

（2）从关键词出现频次看，美国、法国和日本的汉学/中国学受关注度较高，被研究较多的海外汉学/中国学家也主要来自这几个国家。

（3）海外汉学研究领域，传教士（耶稣会士）汉学、中西文化交流、现代文学、汉语教学与传播是较受关注的议题，而在海外中国学研究领域，除了包纳着海外汉学研究的主要热门领域外，也有像近现代史、毛泽东研究这样更符合"美国式中国学"范畴的对象领域。

（4）海外汉学研究领域，最受关注的前十位"汉学家"是伯希和、戴密微、理雅各、费正清、顾彬、利玛窦、阿列克谢耶夫、沙畹、宇文所安和高本汉；海外中国学研究领域，最受关注的十位"中国学家"是费正清、史华慈、伯希和、拉铁摩尔、戴密微、沙畹、列文森和沟口雄三。总体上，我们从这里看到了"汉学"和"中国学"比较的明显分殊，同样也看到了"中国学家"更大的包容性或者说不明确性。此外，从他们的国籍看，也能看出汉学与中国学各自不同的代表性学术传统，分别来自欧洲尤其是法国，以及美国。

6. 所涉国家的频次统计与分析

我们对每篇文献所涉的国家也进行了人工标引，如对史华慈及其学术的研究则标为"美国"，对于涉及多个国家的每个国家都算被涉及一次，而如果是讨论海外汉学研究学科性或学科发展一类的文章则归为"中国"。统计数据表明，在海外汉学研究领域，最频繁被涉及的国家依次是美国、德国、法国、俄罗斯、英国和日本。尽管涉及美国的文章数量最多（330篇），但是涉及德、法、英等欧洲国家的文献数量（不算排名较多的俄罗斯）总数（约650篇）要远超美国。在海外中国学研究领域，依然是涉及美国的最多（298篇），其后依次是日本和俄罗斯，其数量约为涉美国篇数的一半和三分之一，涉及欧洲诸国的文献总量（250篇左右）仍不及涉美国文献量。因此，我们可以说，中国学界对海外汉学的关注主要集中在欧洲，其次是美国，而对海外中国学的研究则主要集中于美国。

7. 对海外汉学/海外中国研究的研究层次与进路的分析

前面提到过，海外汉学研究/海外中国学研究的基本研究路数包括三种，即学术信息研究、学术史研究（回顾与前瞻）以及与之相关的学术思想史、知识社会史研究。我们对海外汉学研究1811篇文献和海外中国学研究1141篇文献按如下的分类方式（基于研究方法）做了最粗类别（粒度）的标引，目的是检查这两个领域总体研究层次处于何种水平。需要说明的是，述评（基本属于学术信息研究层次）和研究之间并无截然清晰的区分标准，我们的区分标准大体上遵照着原创性、思想性程度的原则，但事实上学问一事本来就是基于前人、踵事增华，评议、漫谈之类的文体也不见得限制思想发挥，因此这里的区分很难说完全严格执行了某一种科学严谨的标准，只能是为了实现分析而努力按照一贯的标准来进行标引聚类。最终结果如表6所示，加上时间维度后如图5和图6所示。

分类	收录标准
研究	对海外汉学/中国学方法论的总结和探讨、从学术史、思想史角度的发生学和接受史等考察、对海外中国学/汉学的反思和启示、对概念和问题的辨析、对中国学/汉学家观点的批评和回应
述评	述评、述论、概述、漫谈、展望、书评（含序跋）、评介、会议主旨发言、会议综述或纪要
简介/消息	机构、人物与新书的简介、会议消息等信息量不大的介绍性短文
访谈/对话	与域外学人进行的访谈和对话，或针对中国学/汉学研究展开的对话
翻译	翻译发表的域外学人有关具体问题的中国/汉学研究成果

表6　海外中国学/汉学研究方法及运用次数统计

海外中国学研究方法		海外汉学研究方法	
研究方法	发文数量	研究方法	发文数量
述评	637	述评	942
研究	373	研究	682
简介/消息	92	简介/消息	118
访谈	25	访谈/对话	55
翻译	14	翻译	14
总计	1141	总计	1811

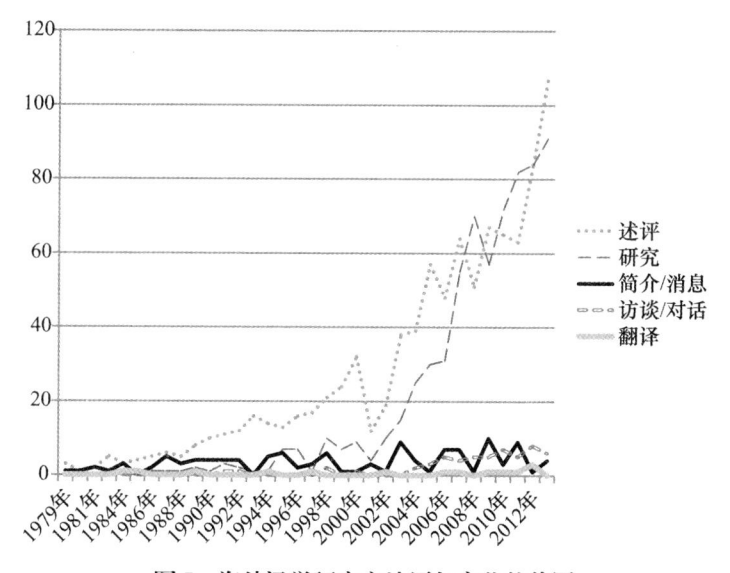

图5　海外汉学研究方法逐年变化趋势图

图6　海外中国学研究方法逐年变化趋势图

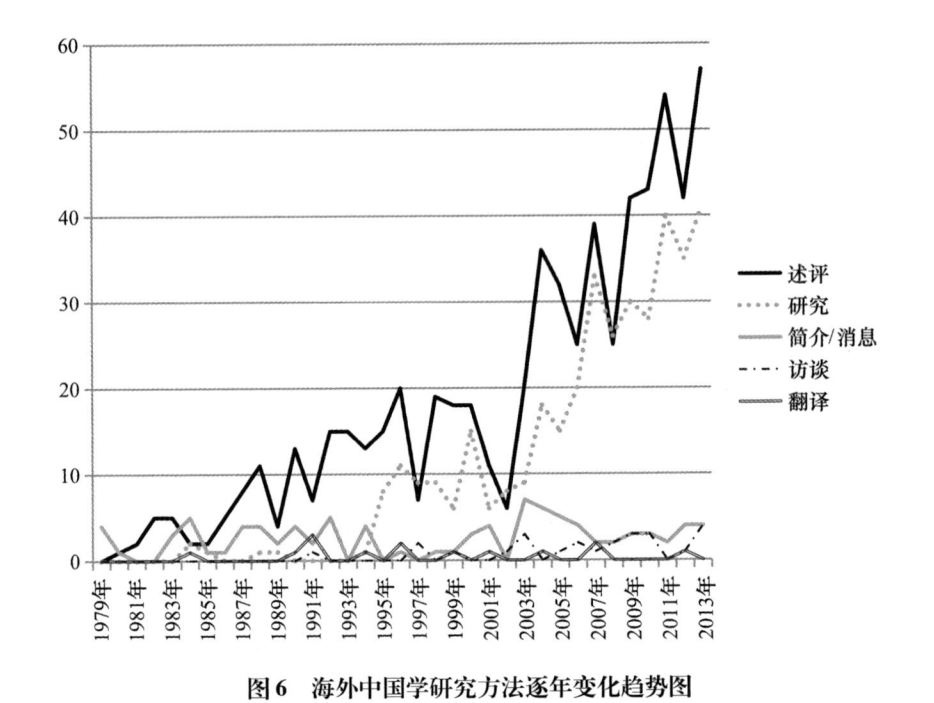

显然，在两个领域中，学术信息研究层次的述评都是主要的研究方式，但还达不到库恩意义上的"范式"，因为即使文献综述已经有成熟的规范和要求，那也是面向所有学科的，也没有观察到一套独属于海外汉学/中国学研究的特殊的综述体式/规范。因此，我们只能说，综述、述评形式的学术信息研究仍然是两个领域的最主要进路。

在研究类文献中，由于很难找到可以足够收敛的聚类方式，能够设想到的标准（比如研究主题、具体方法）都可能由于难以判断边界而无法明确分类，或是导致分类过细而失去统计分析上的意义，故而我们没有做出进一步的细分。但在清理数据的过程中，我们也直接观察到一些比较显著的现象，足以说明某些问题。

首先，研究类文献大多采取学术史研究以及与之相关的学术思想史、知识社会史研究的进路，其中，知识社会史或学术思想史又少于一般性的学术史研究。这大概是因为，前者对研究者本人的综合素养要求更高。通过对海外之学的研究和对话来反省、提升对本国问题思考的文章则更是少之又少。这不能不说是一种遗憾。

其次，进入 21 世纪以来，虽然海外汉学/中国学研究类文章生产数量大幅提高，但其中大量增加的是有关两个领域学科性、学科定位的研究和反思文章，粗略统计，这类文章的增长量几乎与前面所说的几种学术史研究类文章的增长量相当。这一方面说明海外汉学/中国学研究领域的学科自主意识在增强，自然就表现为对学科内涵、关于学科的种种身份属性（诸如研究对象、方法论/研究范式）的讨论在增多，另一方面，这种现象也体现出学术界尤其是主要从事这两个领域研究们的学者们（因为这类文章也主要是他们撰写的）对自身领域学科化的期待，以及他们对这两个领域学科独立性的焦虑。如果将这类文章剔分出来放在一起，仅看标题就能够感受到这一点。

再次，进入 21 世纪后，研究类文献中还有一类文章的增长显得突出，即有关汉学的"殖民性"和中国自身学术话语地位的探讨文章。最明显的例子就是围绕有关"汉学主义""中华学"的文章，前者在过去几年里引起了学术界广泛关注[①]，后者也曾在 2000 年前后一度被炒作。[②] 这两个例子尽管看似在问题意识和价值关切上没有太多关联，但都可以视作海外汉学/中国学研究学科化进程的危机呈现与自我解构。"汉学主义"通过对西方汉学话语背后的政治性（殖民性）的拷问对汉学以及国内的海外汉学研究的合法性产生冲击，"中华学"希望通过为本土的中国研究注入某种民族主义精神来对抗海外中国学的话语霸权，其"批判—建构"的过程也是将海外"中国学"赋予过多政治意味来完成的。[③] 此类文章的出现并累积出一定量级，说明海外汉学/中国学研究要实现学科化不仅需要确立起学科建制、研究范式等，还需要凝定出自身的价值关怀以及通往这种关怀的心智路线。

---

① 张松建教授曾在 2002 年发表《殖民主义与西方汉学》一文，厦门大学周宁教授则在 2004 年发表《汉学或"汉学主义"》一文，当时并未引发广泛讨论，直到 2010 年以后，这一话题受到关注，两三年间，仅被检数据中就有 10 多篇以汉学主义为主题的文章。

② "中华学"是由贵州大学萧君和教授提出的概念，被称作是"一门体现中华民族理性自觉的新学科"，体现出确立中国学术话语自身地位的渴望。被检数据中有 9 条相关文章，均发表于 1998—2001 年间，除萧君和自己的几篇外，其他均为推介、评介文章。2001 年后，"中华学"相关的讨论了无余音。

③ 参见姚朝文《中国学与中华学比较研究》，《中华文化论坛》2001 年第 4 期。

五　进一步的讨论

以上我们基于 CNKI 数据库中主题词为"汉学"和"中国学"的 1811 篇和 1141 篇文献，以文献计量的结果做了简要的分析，并用"学科化"的视角做了一定的阐发。关于海外汉学研究和海外中国学研究两个领域是否将发展为独立的学科，笔者还有些许不成熟的思考，放在本文最末，希望能为从事这两个领域研究者们进一步思考和行动提供些许参考。

首先，平心而论，海外汉学和海外中国学本身就是包容性很广的领域，其在海外学术界的学科化程度也因不同地域背景和现实处境而有不同，中国本土对它们的再研究是否能够从一门学问上升到一个学科也不是应然之事，更多的时候，相关的期冀和努力最终更多地成为争取学术资源的途径和手段。

其次，应当看到，海外汉学/中国学研究在自我发展的同时也不断面临各种挑战。其中最大的挑战可能来自于，固有学科内学者以自身学科背景为支撑和外语、信息获取能力为保障来从事相关研究时所体现出的优势。美国著名中国学家魏昂德（Andrew G. Walder）曾指出："中国研究这一领域依然存在，而且其繁荣程度前所未有，但是目前正在面临挑战，在某些方面被学科内的中国研究所取代。"[①] 这种现象也正发生在我国的海外汉学/中国学研究领域。因此，以这两个领域为主攻方向的研究者需要从研究范式、内在价值等方面确立不同于专业学科进路的独特品质。

再次，海外汉学/中国学研究除了因为争取资源的关系来发展自身的学科性外，终究更多表现出的是跨学科性（interdisciplinarity），如何立足于跨学科性来发展出自己的独立空间也许更值得思考。对此，本领域的当代先行者孙越生先生曾指出，无论中外的中国学，都应该以"在中国研究的核心课题上开展新的综合"为高标。[②] 海外中国学研究领域的重要学

[①] 魏昂德、严飞译：《当代中国研究之转型：1977—2002》，载程洪、张海惠主编《当代海外中国研究二集》，华东师范大学出版社 2013 年版，第 11—26 页。

[②] 唐磊：《筚路蓝缕，泽被后人——孙越生国外中国学研究之回顾》，载《国际中国文化研究年鉴》（1979—2009），外语教学与研究出版社 2013 年版，第 139—146 页。

者、2013年辞世的朱政惠先生也提出："海外中国学的外延很广，举凡中国历史、中国文学、中国哲学、中国政治、中国经济、中国社会、中国军事等，都在其研究范围之内，任何单位和个人都难以穷尽，只能通过具体学科的研究来各个击破。它们的研究会有交叉重叠，但又相对独立。海外中国学研究需要相关学科的方法论的借鉴，而海外中国学研究的很多经验，也会成为相关学科建设的有益养分，即使是谬误也会是一种借鉴。几十年的努力已使学者形成这样的研究工作愿景：对海外中国学的研究应该是一个学科群的建设，是学科在高度分化基础上的高度综合。当各个学科背景下的研究都深化了，全局意义上的对海外中国学研究的学科群大厦也会矗立起来。"① "高度综合"之说，确实能够激发出无穷的智识挑战欲，但如何综合还需要学者们不懈的探索。

最后，我认为，这两个领域的研究者其实有一个最低限度的共同纲领，用通俗的话讲，无非就是"他山之石可以攻玉"。换句话说，海外汉学/中国学研究要以提升中国本土的中国研究为宗旨，即以对海外之学的研究来鞭策、启迪、丰富、提升本土之学，以中外学问的相互砥砺来加深我们对中国历史的理解和对前途的把握。这样一种"道问学"本来就是海外汉学/中国学领域得以发生和发展的缘起和动力，也是它们展现自身价值和魅力的根本途径。

（原载《国际汉学》2016年第3期）

---

① 朱政惠：《中国学者对海外中国学研究的百年回顾——进程、特点和若干问题的思考》，《甘肃社会科学》2013年第5期。

新时代海外中国学研究需要
注重的几个问题

梁　怡

第二次世界大战后，费正清在美国的哈佛大学建立了东亚研究中心，在历史系开始了有关中国近现代历史的教学和研究。他的一大贡献是，在以研究中国传统文化为重点的"汉学"（Sinology）里，开创出一个以研究近现代中国现实问题为主的新领域，从而实现了汉学向中国学（China Studies）的延伸。通过开设相关课程，推出系列研究成果，培育中国学研究专家，开启了研究现实中国问题的工作新模式。在半个多世纪的发展中，特别是20世纪80年代中国实行对外开放的政策后，中国持续高效的发展变化进一步带动了海外学者对中国问题的研究，越来越多的域外人士加入了对近现代中国研究的行列。中国学成为各国智库的一个部门或单位，一些国家的高校纷纷成立与中国有关的研究机构，名称一般为中国研究中心、东亚研究中心、亚洲研究中心等。由此，中国学成为国际范围相关研究中一个走势渐高的领域，其重要性毋庸置疑，甚至一定程度上带动了东亚研究的发展。约翰斯·霍普金斯大学罗威廉（William T. Rowe）教授认为，"随着中国对外开放，以及此后中国经济和亚洲其他地区经济的大发展，美国学者对东亚研究的兴趣空前高涨"。[①]

海外中国学指的是中国大陆以外的人对有关中国近现代历史和现实问题进行研究的一个领域。其研究成果主要包括学术专著和论文、文献资料

[①] 褚国飞：《美国中国史研究模式呈现多样化》，《中国社会科学报》2010年7月29日。

以及对其的考证和辨析等。而我们所要开展的海外中国学研究，不是像大多数中国历史研究者那样，利用中文档案来研究近现代中国历史和现实的有关问题，而是在全球中国学的大环境下，对各国已经开展的近现代中国研究的状况进行全面梳理，从理论和宏观上把握各国研究近现代中国的进程和特点，并具体评述其使用的文献资料和研究成果，对世界各国相关的研究情况做历史考察和现状分析。其主要工作特点是：追踪海外对近现代中国历史和现实问题的研究情况；搜集海外对近现代中国历史和现实问题的研究资料和信息；评析海外对近现代中国历史和现实问题的研究成果和代表性观点，在此基础上，构建起科学的、有中国特色的分析框架和研究系统，适度开展对中外在近现代中国历史和现实问题的相关领域研究情况的比较与评析。它不是纯粹的理论研究或史料辨析，却又必须做相应的工作，是既有研究的学术价值，又有实际的利用价值的一项工作。在全球大变革的国际环境下研究中国问题，一定程度上也有世界意义。只有在了解了世界范围内同类研究总的发展趋势、把握了海外同行认识问题的角度及方法、掌握了海外最新材料的基础上，国内学术界自身的研究才更完整、更具有说服力和科学性。此外，国外学者在意识形态、研究思路和范式方面与我们不尽相同，有些成果对我们的研究可以起到借鉴、佐证、补充的作用。对其中的歪曲和误解之处，也必须及时予以批驳。因此，这是一项繁杂又具有很高学术价值和实际意义的研究工作。它不仅服从于我国国内政治学、历史学、社会学研究的学术需要，也有为党和政府提供资政的作用。

搞好海外中国学研究，要从基础做起。本文主要强调的是研究和评析海外中国学成果应具备比较扎实的史学理论，掌握一定的史料学方法，也就是说要有一定的技术路线做支撑。除了要全面分析对象国中国学研究的缘起、特点和意义，并对以往国内学者开展的信息跟踪、述评、评介、摘译、编译等情况进行系统的研究，还应特别重视从史料学的角度掌握搜集、考证、整理和编纂史料的多种方法。同时，在借鉴国外的中国学成果的过程中，亦应形成适合我们自身的理论和方法。具体来说，大致应该注意以下几个方面的问题。

一 了解有关研究海外中国学的资料来源和基本路径

在早期的研究中，我们对海外中国学研究信息资料的获取途径，主要是海外的学会公报，学术期刊上的论文和书评，图书馆、博物馆、纪念馆、档案馆的馆藏，研究专著，学位论文，海内外编撰的研究指南，百科全书，手册，学术数据检索等。随着网络的迅猛发展，近年来，各国的政府网站和研究机构、各研究中心网站、专题研究网站、大型图书馆网站、e-book 电子书网站和电子期刊、学者个人网站、各出版社网站等，因获取信息快而日益受到学者们广泛的青睐。这些也是我们了解海外中国学信息资料不可或缺的来源和路径。

关于研究信息和参考资料，主要指的是经过系统整理的综述性或专题性的资料，包括概述性的指南、全书和手册。这部分资料一般以综述性论文出现，虽已为第三手资料，但是因具有综合性、概览性，对于希望一般性了解国外的研究动态、查找一般性的研究信息的人，使用起来还是比较方便的。例如，《中共党史研究》发表的陈鹤、翟亚柳、乔君的《二〇〇九年国外中共党史研究述评》《二〇〇八年国外中共党史研究述评》《近十年来国外学者关于中国经济改革研究概述》等文章，以及一些国际学术研讨会的综述性报道，即属于此类。

在不同的历史阶段，海外中国学研究资料的搜集范围是有所变化的。20 世纪末，有外国学者预测：21 世纪的研究中，新民主主义革命时期的研究将逐渐退出，中国研究将主要以当代的问题、地方和个案研究为主，参与研究的学科、领域、范围、研究者成分都会扩大。从 21 世纪前十年的情况看，的确如此。像《剑桥中国史》那样的综合性大部头著作明显减少了。尽管如此，有分量的、内容丰富的研究成果还是陆续可见的，有些学者根据新解密的档案对自己以前的学术成果进行了更正，对一些研究结论提出了新的见解。受政治环境、政府和基金会对研究资助经费投放比例变化的影响，几十年间有的人放弃了以往的研究，有的人变更了研究方向，一定程度上影响了中国学研究的连续性和系统性。但是，随着新档案的公布和学术开放程度的扩大，新的研究领域还是在不断出现。总体来看，海外中国学尚存在着宽阔的研究空间。特别是近几年，对当代中国的研究用"势不可当"来形容其发展态势并不为过。只要我国学者秉着严谨治学的态度，在追踪海外中国学研究中运用好史料学的理论和方法，对于全面准确掌握国外的相关研究动态和成果，就会收到事半功倍的效果。

二 掌握有关搜集海外中国学文献资料的理论和方法

海外中国学的研究资料分为多种类型，及时追踪和掌握相关的资料信息，对掌握国际学术前沿和研究动态至关重要。

（一）直接搜集检索原始文献资料原始文献资料

俗称第一手资料，这里主要是指海外的学术团体、基金会、研究中心、学术期刊等直接发布的会讯、年报、会刊、大事记，学会会员提供的论文或论文摘要，公开发表的学术论文和研究专著等。特别是通过会讯、年刊、会刊、网络传媒上的学术活动和学术会议报道，可以直接知晓每一年海外对中国研究的最新动态，了解海外中国学界研究的发展和走势。

海外主要的研究机构和基金会有：美国哈佛大学费正清研究中心等智库类研究机构，富布莱特基金会、美中学术交流委员会等大型研究经费赞助源等；俄罗斯科学院的东方研究所、远东研究所；日本京都大学人文科学研究所等国际知名的中国研究机构；荷兰的莱顿大学、比利时的布鲁塞尔大学、印度的尼赫鲁大学等高校成立的关于中国、东亚、亚洲研究中心等。

学术期刊主要是英国的《中国季刊》，美国的《近代中国》《亚洲研究杂志》《美国东方学研究杂志》《中国书评》；苏联时期和俄罗斯的《远东问题》《中国问题汇刊》《苏维埃中国学》《亚洲人民》《历史问题》；日本的《东方学报》《近代中国》《历史评论》《史学杂志》《东洋文化》《东亚文化研究》（日、英文版）；澳大利亚的《中国研究》《远东历史研究》；荷兰的《通报》；比利时的《欧洲与中国》等。

域外的研究成果丰富，涉及面广。特别是20世纪80年代以来，学术论文和研究专著层出不穷，内容主要包括传统汉学研究、中国通史及断代史研究、中华民国史研究、中华人民共和国史研究等，以中国政治、经济、外交、文化为主，近30多年，有关当代中国社会、金融、商业、军事、环保等领域的研究陆续增加进来。

除了直接搜寻海外第一手原文研究成果和文献资料之外，中国香港和中国台湾的出版物值得关注。香港中文大学、台湾大学、中正大学等高校和研究机构，都有相关的综合或专题研究成果。中国社会科学出版社、中央编译出版社、中国人民大学出版社、江苏人民出版社、广西师范大学出版社等一些大陆出版社，近年陆续翻译出版了系列国外译著，有些刊物也刊登了学术论文的译文和编译文章。除了境外组织的国际学术会议，国内组织的国际学术会议论文集也越来越多地以中英文双语文字版本出现，其中有些海外学者的文章提出的真知灼见很值得关注。

（二）充分利用书目、索引、文摘等工具书

检索性的信息资料，属于对一手资料进行加工整理后、按照史料的编撰方法编排成系统的便于考察利用的二手资料。其最大的作用是便于研究者对国外相关研究资料的迅速查找，以及对研究信息的迅速分类。

工具书也可称为工具性资料，主要包括书目、索引、文摘等。书目的来源主要有各国大型出版社、亚马逊网站等直接公布的书目，中国图书进出口公司定期编印的外国新书征订目录，国家图书馆等大型公共图书馆和高校图书馆公布的进口新书目录，中国社会科学院近代史研究所编的《国外中国近代史研究目录》（1990年5月版）和一些学术期刊每年发布的国外论著目录，以及《国外中共党史研究述评》等学术专著附录的原版图书目录。其中，上海人民出版社出版的《国外出版中国近代史书目》在收录种类、语种及中外文对照编排体例方面，是非常便于使用的工具书。此外，中国社科院编辑的《国外社会科学索引》（月刊）收录了国外多种文字的论文题目。《史学情报》《国外理论动态》《国外社会科学》等学术期刊，越来越多地刊登了翻译的国外论文或文摘。这些工具性资料书刊，为研究者提供了及时和便捷的研究条件。

再有，就是《中国季刊》等重要的外文刊物、《中国现代史》等中文刊物中大量的书评和检索的文章目录，也是及时了解国外研究情况的主要来源。杜维运先生在《中国历史与世界历史》一书中，对国外学术论文中引用注解方面的规范性作了很重要的评价，很值得我们的研究者借鉴和学习。

三 加强有关海外中国学研究资料的梳理、考证、辨伪

对搜集到的信息资料准确地进行梳理、考证、辨伪和编纂，是搞好海外中国研究的必不可少的手段和方法。经过归类、梳理资料信息、考证和编纂史料等多个层面的工作，才能进入前面提到的对国外各种中国学研究动态的报道、研究成果的介绍、研究工具和研究信息的推出阶段。因此，经过考证或辨伪的方法，找出其中不实、不准、不正确的内容，提取对研究有补充、佐证意义的资料，是一个非常严谨缜密的阶段。在此，要求中国学者具备一定的考证、辨伪知识，同时，对国外研究的局限性应该有充分的了解，及时拨乱反正，扬善抑恶，还要增强自己的国学水平、专业知识，防止像"常凯申"和"念奴娇·昆仑同志"低级错误[①]的出现，更应以准确的史料为基础回击海外某些研究中的诬陷和不实之词。如，《剑桥中华人民共和国史》上下卷（即《剑桥中国史》第14卷、第15卷）是一部西方国家研究1949—1985年间中华人民共和国历史的权威性著作，该书在史料的运用方面存在失实不准以至于导致错误结论的现象。特别是对大跃进、"文化大革命"等问题的研究，偏颇种种。其中，部分原因受限于作者的世界观和方法范式，但有的则是作者使用了不实材料导致的。金春明教授在国家社科"九五"规划课题成果《评〈剑桥中华人民共和国史〉》一书中以史料为依据都做了相应的辨析和综合性分析。

海外中国学研究还应该注意一个问题，即是资料信息也受制于多方面的局限。首先，研究资料的局限。特别是在冷战时期，西方世界的研究者多从中国香港和中国台湾搜集资料。有些材料带有较重的意识形态色彩，而且其中一些转手的资料，准确性需要考证，由此得出的结论也是值得商

[①] 指把蒋介石译成"常凯申"，把毛泽东的词《念奴娇·昆仑》误译为作者的姓名之类的低级错误。

权的。其次，不同政治背景、研究范式、学术背景混杂卷挟的研究，有些看似是局外人的"旁观者清"，但是并不排除掺杂着较严重的政治偏见。有些西方国家的研究者侧重从西方学术研究范式和意识形态角度出发分析中国问题，如，在探讨党的两大理论体系与马克思主义之间内在联系方面，惯用西方的权力斗争说看待中共领导层的变化，而排斥革命领袖对党的发展和社会推动力整体作用的分析。至于张戎的《毛泽东》那种在国外受到热捧而真实性失实的书籍和《剑桥中华人民共和国史》这样国际影响较大的学术著作中出现的问题，就反映了他们在认识上的局限或偏颇，尤其需要拨乱反正。

四 重视有关海外中国学研究中新史料的来源和新技术的使用

中国学进入世界学术之林，除了要熟悉传统史学、史料学的理论和方法，还要对新史料的来源和与之相关的新技术有所掌握。

（一）了解新史料的形式和种类

传统意义上，使用比较多的是纸质版文字或图片类的史料，还有木质、石质材料的遗址或文物、以及加工后的缩微胶片等形式的文献。静态形式的比较多，录成影像的文献相对有限。除了新解密的文献档案，目前使用比较多的还有口述史记录、影视访谈节目、博客和微博等，都可归为新史料的类型。

新史料的特点是，来源广，但是比较杂；信息上传快，但是消失也容易；内容新，但是需要核实考证真伪的工作量大，技术要求更高。海德堡大学亚洲研究中心的瓦格纳教授曾经说过，他每天用两小时下载当天新发生的大事件及相关评论，以保存尽量全的、未被删改的信息，这样，才有可能为日后研究这一问题提供最准确的资料。

（二）用新技术处理新史料

由新技术处理的海外中国学研究资料体现在原始资料数字化和研究文献数字化，涉及电脑、网络（包括电子邮件、互联网和宽带）、录音、录影等随着信息技术发展而普遍被使用的载体。目前，在北美国家，已经可以将中国的古籍作大型数据处理，建立海外中国学数据库更是势在必行。新技术的特点是，需要经过一定的技术训练才便于应用。在这方面，国外、中国港台的获取手段和途径在有些情况下更为先进。因此，正视新史料，掌握新技术，应该是适应新史学发展需要的关键之一，也是海外中国学研究面临的新问题。

（三）电子资源利用中要注意的问题

电子资源（electronic resources；digital resources）是过去二三十年间对西方乃至世界学术界影响最为深远的发明之一，是新史料中人们最普遍重视和利用的工具资源，它们成为非常重要的获取资料的途径和手段。在人文社科出版界，尽管纸制书刊仍保持相当的重要性，但是电子资源的渗透程度也在与日俱增，而且被认为是大势所趋。21 世纪以来，中国学的电子学术书籍和期刊在美国、加拿大地区迅速普及，超星和方正公司以及中国台湾、中国香港、日本的电子刊物都陆续进入了他们的公共图书系统。这部分资源越来越丰富，使用越来越便利，同时也成为海外中国学研究亟需注意的问题之一。

泰勒·弗雷维尔（M. Taylor Fravel）在《网络与中国：信息时代的研究资料》（"Online and On China: Research Sources in the Information Age," *The China Quarterly*, No. 163. Sep. 2000）一文中谈到：研究当代中国，资料的有效利用被再次提出的观点，并提醒美国的中国学研究者："50—60 年代，学者们主要依靠的资料来源是通过美国政府翻译的中国政府公布的官方文献。到 60 年代中期，开始利用更为宽泛的信息渠道获取多方面的信息，特别是一些省、地级的资料，以及由大学研究机构和香港中文大学的大学服务中心安排的对一些难民和移民的采访。……近年来，中国学者的作品中已经可以提供新水准的细节和严肃的资料了，这是以前所不能够做到的。"他还说道：对于研究者来说，意味着对中国的研究资料进入到了一个新的阶段。数据库和信息库两种途径可以直接获取情报，主要是两个渠道：一是网上获取，包括中文报纸、有价值的数据、1949 年以前封存的资料、新公布的 1949 年以来的有用的内部资料；二是各级政府公布的材料。文章还介绍了研究中文资料需要的技术设备和技术要求，新资源的种类（报纸、西方的新闻摘编、新的索引、新综述）、中国政府资源、中外研究资源（图书馆、学术期刊）、数据资源（统计数字、官方文件、成套数据）、参考资料及近200个可利用的全球中文社科网的网址。作者特别向美国学者强调了注意信息的实效性、真实准确性等四个利用资源方面应注意的问题。

弗雷维尔是美国麻省理工学院政治安全研究项目的成员，侧重亚洲国家的研究。他在新世纪伊始向美国同行提出了网络新技术获取新资料这个严肃的问题，从一个侧面提醒我们关注对象国取材渠道和手段的问题。美国密歇根大学亚洲图书馆馆长杨继东博士在《电子资源在北美中国学界的利用和影响》一文中特别强调了电子资源对海外中国学的影响。他指出，20世纪90年代以前，学者们需亲身前往华盛顿特区至波士顿走廊、加利福尼亚州各地、中西部密歇根至芝加哥地区、加拿大的多伦多和温哥华以及一些零星分布的大学校园去查找第一手、第二手资料，这种情况正逐渐成为过去，网上检索（searching）正渐渐被阅读（reading）取代，成为研究过程中的主要行为。但是，"电子资源使用者阅读原文兴趣的减弱更有可能对整个中国学学科未来的健康发展构成严重威胁"。[①] 电子资源费用的昂贵也不利于中国学的发展。互联网上免费直接阅读研究成果的"开放获取（open access）"方式的推进，也要求海外中国学研究的学者需要有持续跟踪外部新的发现以获得比较全面信息的思想准备。因此，利用新技术、获取新情报、开展新研究的过程中，资料的真实性和技术处理的重要性应该是一个与海外中国学研究理论和方法需要同样重视的问题。

除了上述外国研究机构的相关网站，一些国内的海外中国学研究机构的网站也是很好的信息渠道，如华东师范大学海外中国研究中心、中国社会科学院信息中心等，也有相当数量研究信息和资料的收集。在利用这些便捷工具提供的新信息资料时，要注意的就不只是技术处理问题，还夹杂着技术处理后新史料的辨伪，这更是关键。掌握辨伪的新、老技术，是使用真实确切史料的重要前提。不管时代发生了什么样的变化，学术研究使用一手原始资料是最主要的保证，掌握好史

---

① 张海惠：《北美中国学——研究概述与文献资源》，中华书局2010年版，第871页。

学研究的理论和方法,并能够使用好与时代发展同步的新技术,对于搞好海外中国学研究有益而无害。

(原载《北京联合大学学报》2020年第2期)

理论与方法篇

汉学家的洞见与偏见

葛兆光

最近读吉登斯（Anthony Giddens）的著作《民族—国家与暴力》，凡是读到与中国有关的段落，总不免多看上几眼，当然也是因为自己关心的面向是中国思想文化的缘故，遇到西洋人的书中有讨论中国事情的，总是格外留意。吉登斯在这本书中多次提到中国，想来是讨论全球问题与普遍理论的西方学者视野中，已经有了"中国"的存在，尽管他们常常是带着西方人的居高临下，或者是把中国作为映射自身的"他者"，不过西洋那些顶级理论中，中国总算成了他们叙述中的世界的一部分，不再是可有可无。不过，当我读到下面一段文字的时候，却大吃一惊，突然让我想起了一个疑问："他们说的是中国吗？"或者真的是本书译校者王铭铭先生所说的，中国只是他们理论书写时的一个"想象的异邦"？

这一段文字是这样的：

> 唐时期的中国，相对来说就不存在来自外部攻击的严重威胁，那时对老百姓的控制也是相当成功的。……社会秩序依次划分为五个等级，其中，军队同土匪、盗贼、乞丐均居于社会的低层，士绅集团居于上层，其他等级依次为农民、工匠和商人。通常并不会给予军队首领以政治职位，而且为了防止部队及其指挥者之间的联合，还对他们进行轮番调动。[①]

[①] ［英］吉登斯：《民族—国家与暴力》（*The Nation-state and Violence*），胡宗泽等译，三联书店1998年版，第60页。

据注释，这里的依据除了张仲礼的《中国绅士》（*The Chinese Gentry*）之外，有艾伯哈特的《中国史》（*A History of China*）、费正清的《中国的思想与制度》（*Chinese Thought and Institutions*）。这两位当然是权威，著作当然是名著，不过，如果翻译没有问题的话，吉登斯从这两部著作中得到的结论却是让我觉得不怎么对：首先，唐代并不是不存在外部的攻击和威胁，在安史大乱之后，外患尤其令人忧心如焚，不要说相对处于弱势时的代、德宗时期，就是渐渐强盛的宪宗时代，也免不了种种骚扰和进攻。其次，且不说唐代的军人是否如此下贱还是值得考虑的，就是"士农工商"的等级差异，在唐代是否真的还像传统时代一样天经地义，这些出自汉学家之手却又不是专门研究的汉学著作，并没有对当时社会阶层的异动有深入的研究。最后，是谁说的唐代军队首领不能得到政治职位？难道唐代历史上的藩镇都是自封的么？所谓军队的互相调动究竟是对当代中国的了解，还是对唐代历史的想象？而皇帝的军事决策权究竟有多大，那个时候，各路藩镇无视王朝的权威，竞相比赛似地向中央挑战，难道不就是因为他们拥兵自重么？如果考虑到中晚唐的情况，大多数军队恰恰不能依从皇帝的旨意随意调动，而大多数地方军队的首领恰恰应当说都拥有很高的政治职位。

吉登斯不懂中文，虽然他来过中国。他对于中国的叙述，其实是借了另一些懂中文的西洋汉学家的叙述，在西方，很多由汉学家表述的关于"中国"的知识在支持着各种各样关于世界的理论，只要这些理论家希望他们的论述是关于"世界"的理论，他们就只好凿壁偷光式地向汉学家挪借关于中国的知识。可是，他们一不留神就出了纰漏，这应当怪谁呢？

其实，这一类情况很多。在我们学术研究界，对于使用第二手资料的鄙夷一直是很厉害的，不过对于这些来自西洋的顶级理论家，口气就似乎软了下来，人心里在想，谁叫他们是洋人呢？仿佛是外国人就可以网开一面。谁叫他们是讨论全球普遍性理论的呢？似乎口气很大的人就可以不拘小节。近来对国人的批评风气渐渐弥漫，彼此针尖麦芒的火气也颇不小，不过，碰上洋人洋著作就采取了双重标准，仿佛洋人就可以拥有"治外法权"似的。仔细想想，信口雌黄的其实并不仅仅是国人。就以被列入经典的为例，不必提曾经是争论焦点的黑格尔《哲学史讲演录》、韦伯的《儒教与道教》，仅仅在我的记忆中，比如有名的布留尔《原始思维》，据说他关于原始人的思维的想法，是读了沙畹译的《史记》后才产生的，不过他的很多材料却来自格罗特（J. J. M. Groot）的《中国宗教系统》（*The Religious System of China*）六卷本，且不说他的西方视角与观念，就是对于中国事情的判断，他也不得不接受格罗特的说法，于是，对于"四"这个数字的论证中，他引述了格罗特关于中国的四方、四季、四色、四神，但是，偏偏这些中国例证可以说明的并不是四而是五，所谓的"联想关系"的根本恰恰是"五行"①，只取四而不取五，其实并不能理解中国古代人对于宇宙时空的"立场"；同样，他所相信并用来论证世界普遍性的原始祈雨风俗的一个支持例证，就是格罗特说的中国某些地区人们完全负担寺院的开支，因为他们相信寺院能够调节风雨，可是，这种说法即使有一些根据，却也不是普遍性的，根据何兹全、谢和耐等人对古代中国寺院经济的研究，寺院在很早以前就已经形成了自己的经济支持系统，而在二十世纪之初也就是格罗特在中国调查的时候，寺院的主要功能中，祈雨大约也只是很小的一部分。说起来，格罗特的书虽然是以"中国"为名的，但是实际上他只是以他在厦门的调查为基本依据的，特别是他的著作虽然出版于1892年至1910年，然而他不仅没有注意这个古老的空间世界的广袤，也没有注意更新的时间流逝的加速度，于是，听信了他的话的布留尔才会下这样一个判断："要让中国弃绝她的那些物理学家、医生和风水先生却很难"②，可是，正是在格罗特出版它的六卷本的时候，主流中国社会已经开始对自己的传统以及"物理学家、医生和风水先生"弃如敝屣。甚至一些相当专门而且精彩的著作中，也有着因为无法判断汉学家的研究，而使一些中国论述出现问题的地方，像我非常佩服的爱里亚德的《世界宗教史》，根据他自己的文献解题，我们知道关于中国宗教，他参考了相当多汉学家的著作，如格罗特、沙畹、葛兰言、马伯乐、康德谟、芮沃寿等，不过，我们知道，这些人的研究取向是很不同的，比如格罗特是传教士式的实地考察，多是目治之学，虽然凿实不免有区域性限制，而葛兰言的研究则近乎涂尔干、斯特劳斯的社会学，不免有一些迁就结构分析的想象与虚构，而还有一些汉学家则不免从欧洲一直注意着的印

---

① [法]列维－布留尔《原始思维》，丁由译，商务印书馆1985年版，第206—207页。
② [法]列维－布留尔《原始思维》，丁由译，商务印书馆1985年版，第447页。

度学那里得到启示,在追溯历史的时候,好发表一些奇怪的想象性意见。因此,爱里亚德在关于中国道教和道家的论述中,在尚无确凿证据的情况下,就把道教以呼吸与保精为中心的性技术,说成是在印度瑜珈影响下形成的,可是,如果他知道后来在马王堆出土的《合阴阳》《十问》,知道早期中国自己也曾经有过发达的性知识和性技巧,他还会这样说吗?[1]

不是在批评这些理论家的论述,更不是在否定汉学家的研究。其实我一直很钦佩"异域的眼睛",有时,即使是偏执中也有深刻,毕竟他们有不在此山中的优越处,所以我在一篇评论爱里亚德《世界宗教史》的评论中用了一个文学性的题目,叫"隔帘望月也是洞见"。不过,也让人感到忧虑的是,为什么西方人常常是"隔帘望月",而西方关于全球普遍性理论的建构中,一说到中国,总有这么一些作为"洞见"的"偏见"?

最近有人在批评《剑桥世界近代史》中的"世界"二字,"世界"由于缺少了中国甚至东亚而名不符实,那么,如果不缺少中国或东亚是否就名符其实地成了"世界"?其实也不尽然。现在一本很热门的书《东方学》说的一个道理很对,就算是关于"世界"的叙述中包含了中国,但是那"中国"也不是这"中国",正如萨义德(Edward Said)所说的那样,它可能只是在学院中被研究,在博物馆中被展览,在各种关于人类和宇宙的学术著作中被理论表述出来的一个想象的"中国",而且关于这种"中国"的知识还是"或多或少建立在高高在上的西方意识"基础上的[2],而汉学家们也确实常常是用西方人的视角在好奇地审视、用西方价值观念在选择与评价,用不自觉的西方背景在理解中国的,当这些建构世界普遍性理论与历史的学者一旦借用他们的成就,就不自觉地接受了这种"想象的中国"并把这个想象的中国加入他那个论述中的"世界"或者在印证"中国"与"世界"(其实是西方)的一体性,或者在凸显"中国"与"世界"的差异性,当然无论是一体还是差异,在这种或浑融或对立的描述中,他叙述了涵盖东西的整个"世界"。

不过常常遗憾地出现误读。因为汉学家有深刻的洞见,也有不可理解的偏见,像近来刚刚出版的《剑桥中国先秦史》是集中了西方相当杰出

---

[1] 爱里亚德:《世界宗教史》日文本,第二卷,东京:筑摩书房,1992年,第32页。
[2] [美]萨义德:《东方学》,王宇根译,生活·读书·新知三联书店1999年版,第10页。

的汉学家共同合作的成果，可是倪德卫（David Shepherd Nivison，1923—2014）所撰写的第十一章《古典哲学著作》中把中国学者通常认为伪书的《子华子》与杨朱并列，作为叙述公元前四世纪思想的资料，不免让我感到诧异。另一本杰出汉学家谢和耐所撰，已经被译成中文的《蒙元入侵前夜的中国日常生活》，在一连串的精彩论述之后，却在"总结性描述"的第七章中说到"13世纪的中国人似乎比唐代的中国人在行为举止上更自由随意，而较少矜持拘谨"[1]，这也让我不可理解，因为我不知道究竟这里所说的"中国人"是贵族、士大夫、城市市民，还是所有的中国人？至少这种结论和我所看到的文献记载相当不合，可是，倘若有一个正急于讨论"全球文明一体化进程"的理论家看到这一结论，他会不会因此写入什么"全球个性解放普遍性进程"之类的理论中呢？记得张隆溪曾经以福柯（Michel Foucault）的《事物的秩序》（The Order of Things）的序文中所引的博尔赫斯的"小说家言"为例，[2] 指出博氏自称出自《中国百科全书》的动物分类表，居然能够成为福柯用以表达对世界的深刻思考的象征，并用它来"瓦解我们（西方）自古以来对于同与异的区别"，想象的虚构成了福柯的利器，不过，这种郢书燕悦的幸运并不是每个人都可以碰上的，常常出现的倒是上面我们说到的那种情况，汉学家的"失之毫厘"导致了理论家们的"差之千里"，汉学家们偶然的一个疏忽，弄得没有能力检验每个证据的理论家们仿佛秦二世遇到赵高指鹿为马，如果这个错误只是局部的证据倒也无妨，如果像福柯那样犯上一个幸运的错误倒也罢了，不过，如果这个错误不幸成了判断"世界"的"普遍"的问题的基本依据，这个错误就仿佛南辕北辙了，这并不是危言耸听，因为在西方思想世界中对于现在这个世界的整体判断中，"中国"常常是一个重要的"异教"，论全球政治格局也罢，论东西文化差异也罢，论现代后现代也罢，论意识形态冲突也罢，论民族国家与文明冲突也罢，哪一处也少不了想象的异邦"中国"，可是却很难见到真正的实存"中国"。

---

[1] ［法］谢和耐（Jacques Gernet）：《蒙元入侵前夜的中国日常生活》，刘东译，江苏人民出版社1995年版，第190页。

[2] 张隆溪：《汉学与中西文化的对立——读于连先生访谈录有感》，《二十一世纪》1999年6月号，香港中文大学文化研究所。

于是，仅仅靠汉学家们提供的所谓"中国形象"，有时恐怕就是透过西方人的蓝眼睛看到的，仿佛眼镜上蒙了一层蓝色透明纸看到的异域风情画，所谓"中国事情"，有时恐怕就是透过西方人的逻辑价值的筛子过滤的异邦奇事录，这种场面我们已经经过《图兰朵》在太庙的演出看到过了，尽管有了一个天才的中国导演，尽管有了真正中国建筑的背景，尽管有了五彩缤纷的中国服饰，可在很多中国人看来，那一场在中国中心演出的，毕竟是一场异域之梦幻剧。

在中国研究中，有一个可以从侧面判断其对中国学术的关心度的例证，这就是学术刊物所允许使用的其他刊物缩略号（简称），如 *Journal of American Oriental Society* 可以简称 JAOS，《支那学》（*Shinagaku*）可以简称 SG，被允许用缩略号意味着它已经司空见惯，常常被引用则表明它在学界中人心目中的分量，可是在 *Harvard Journal of Asiatic Studies* 开列出来的 46 份这类杂志中，日本占了 12 份，而中国大陆的只有 4 种：《考古》《历史研究》《文史哲》和《文物》，其中《历史研究》的官方身份自然确立了它的权威性，《文史哲》被列入其中，也许是因为它的历史，而《考古》与《文物》则是洋人无可奈何地需要我们提供的资料，从这份清单上也可以看出大陆学术界在西方中国研究中的角色，仿佛与经济特区中所谓加工区的地位相似，出口的大约都是"初级毛坯"，至于进一步的"精致论述"，大约洋人并不需要。无疑，这是由"权力"与"话语"的关系决定的，在 20 世纪学术世界中，民族与国家的地位常常与学术声望和说话声音大小密切相关，我曾经看到不少欧美中国学研究者竟然远到日本去留学，我在日本著名的京都大学和东京大学都遇到过这些留学生，问到原因，当然主要的是因为有丰厚的奖学金，不过，把中国研究正宗算在日本的人也大有人在，一个研究中国禅宗的美国学者在日本访问，在东京的一个小酒店的榻榻米上他说了一句让我噎气的话："中国禅还是日本人研究得深入"，还有一个研究中国的大胡子欧洲人在京都见到我，我发现他的日本话要比中国话说得还好，他说"每年都到日本一次"，可是问到他是否到中国时，他也尴尬，"不多，去过一两次吧"，可他的专业却是中国思想史。于是，浮到我心头的一句话，就是陈寅恪当年的诗句："群趋东邻受国史，神州士子羞欲死。"

毫无疑问，我们应当认真检讨自己，用英文法文德文同步出版的学术杂志和学术论文很少，不像日本那样，自己想了方法出了钱，巴巴地翻译成洋文给他们看，还说这是"学术国际化"（当然"国际化"总是我们化过去，他们不化过来），也没有用心地研究课题、方法与叙述语言有什么样的"通识"，总是怀着闭门造车出门合辙的心理，甚至在研究中国文史的学者中，至今还残留着"天下中央"的感觉，觉得在中国文史这一亩三分地里，似乎少了那个西洋农夫，也不会长不出庄稼来，反正自给自足。至今我这个历史悠久的行业中，还有很多人对外面精彩的世界一无所知，尽管在二十世纪二三十年代中国对西洋人的中国研究已经很熟悉，尽管八九十年代中国学者要伸头了解西洋研究已经容易，可是确实是很多人仍在"画地为牢"，反正山中无老虎，猴子称大王。

我没有这么强烈的民族主义，也不想与洋人，无论是西洋人还是东洋人去争夺中国的解释权，解释总是解释，一个"中国"作为文本，怎么解释也都不过分，谁叫现在据说已经是确定性瓦解的"后现代"了呢？何况他们的解释有着他们特别的心情与背景。只是有些不服气的是，为什么那些号称讨论世界普遍性真理的理论家们，在他们讨论"世界"中的"中国"时，总是没有多少来自中国的学术和思想资源？在那里仿佛"中国"是一个缺席者，空出来的那个座位总是有异邦人在李代桃僵地对理论家们进行"中国的叙述"，而中国学者却总是心有不甘却满脸无奈地看着这个缺席的座位。也许，一个原因是在学术界已经被西方话语笼罩的情况下，表述的语言也只能是西方的，衡量的标准也只能是西方的，不用西语便不成"世界"的学术，或者说想进入世界学术语境就要用西语书写，用中文写作的人总是拿不了诺贝尔奖，害得国人跌足了好久，后来听说实在不能用西语，用容易译为西语的中文也凑合，于是，要拿奖，就只能让作家先考 GRE，学术研究也差不多，自己失落了评判权力，就只好借助 SCI 什么的当一把尺子，不用英文法文德文写作的文史学界，就只好看着西方那些未必高明的汉学家越俎代庖。我想问的是，有没有人想过这样一个道理，如果要研究世界普遍真理，为什么理论家们不好好先学习汉语？或者说，为什么一个涵盖了中国、亚洲和西方的顶级世界理论，中国人不可以发明？

（原载葛兆光《域外中国学十论》，复旦大学出版社2002年版）

国外中国学再研究：问题意识、知识立场与研究进路[*]

唐 磊

国外中国学，最笼统的理解就是外国人研究中国的学问。中国学者对这异域的学问进行反向研究，常被通俗地称为国外中国学（再）研究。此种学术活动发端于民国时期，民国学人的成绩近年来得到了不少关注。[①] 中国学术界（主要是大陆地区）系统开展国外中国学的引介与再研究，一般认为以中国社会科学院于1978年成立的"国外中国学研究室"为标志。[②] 该室的成立恰与当代中国的改革开放同步，本文的写作即同时受到这两种因缘的触动。

国外中国学研究发展至今，已成为国内学术界一个颇受瞩目的领域。尤其是习近平总书记在2016年"哲学社会科学工作座谈会"上的发言中专门提到"推动海外中国学研究"，而反向研究国外中国学正是推动它的一种重要方式，由此也鼓舞了学界对于国外中国学再研究的热情进一步高涨。不过，平

---

[*] 本文系国家社科基金重大项目"境外智库中国研究数据库及专题研究"（14ZDB163）以及国家社科基金一般项目"当代美国的中国观及其历史成因"（18BGJ045）阶段性成果。

[①] 据吴原元统计，1949年前被译介过来的国外学者研究中国的论文逾800篇，见吴原元《走进他者的汉学世界：美国的中国研究及其学术史探研》，上海人民出版社2016年版，第2页；李孝迁编有《近代中国域外汉学评论萃编》（上海古籍出版社2014年版）；此外可参朱政惠《中国学者对海外中国学研究的百年回顾——进程、特点和若干问题的思考》，《甘肃社会科学》，2013年第5期；李孝迁《域外汉学与中国现代史学》第八章，上海古籍出版社2015年版。

[②] 据该室创立者之一的孙越生先生（成立后任副主任）自己的文章，该室正式成立于1978年。见孙越生《介绍两种关于外国研究中国的连续出版物》，《出版工作》1979年第12期。

心而论，这一学术领域仍处于开放发展中的，对于它的研究对象、问题意识、方法论等，学术界还缺乏比较清晰和一致的认识。此前已有严绍璗、张西平、朱政惠等学者在改革开放30年前后对上述问题予以讨论。① 本文中笔者尝试接续前贤之论进一步探讨，希望对本领域的发展贡献绵薄之力。

一 作为研究对象的"国外中国学"

对于中国文化的好奇与探究，是一个具有悠久历史和世界性的现象。今天英语中的一些固有词汇如"Sinomania"（中国热）、"Sinophile"（喜爱中国文化者）等，从侧面展示了历史上西方世界对于中国文化的持久热情。对于中国文化的专门研究，则在不同历史阶段，形成了"游记汉学""传教士汉学""专业汉学"等学术形态。

在第二次世界大战以前，以伯希和、马伯乐、葛兰言等为代表的"法式汉学"（Paris-based type of Sinology）仍是世界范围专业汉学的主流。② 但随着第二次世界大战以后全球知识生产重心从欧洲转至美国和"区域研究"的兴起，出现了从"汉学"向所谓"中国学"的范式转变。

范式更迭使得原本属于"东方学"（Oriental Studies）范畴的"Sinology"不再适合用来描述新的知识领域和知识传统，"Chinese studies"被用来作为新传统的表述，这种情况先是出现在英语世界，随后也出现于欧洲各国。③ 然而，新旧两种传统的竞争与整合，至少在学术体制层面于美

---

① 严绍璗：《中国（大陆地区）国际中国学（汉学）研究三十年》，见严绍璗主编《国际中国文化研究年鉴（1979—2009）》，第1—18页；张西平《三十年来的中国海外汉学研究略谈》，《国际汉学》2009年第2期；朱政惠《近30年来中国学者的海外中国学研究：收获和思考》，《江西社会科学》2010年第4期；朱政惠《海外中国学研究的学科建设刍议》，《海外中国学评论》（第五辑），上海辞书出版社2015年版，第1—26页。

② Harriet Thelma Zurndorfer, *China Bibliography: A Research Guide to Reference Works About China Past and Present*, Brill, 1995, p. 32.

③ 欧洲主要国家也出现了"Chinese studies"一类的概念，如法语中的Sinologie与études chinoises、德语中的Sinologie与Chinastudien以及西班牙语中的Sinología与Estudios Chinos。俄语中的情况稍微复杂，китаистика与китаеведение都可以被译为"汉学"但同时理解为"中国学"也不错，并且从苏联到今天俄罗斯，其关于中国的学术研究自成传统，并没有明显接受西方学界的影响；参见弗·雅·波尔加科夫《汉学在俄罗斯——俄罗斯科学院远东研究所副所长弗·雅·波尔加科夫访谈录》，张帅臣译，《俄罗斯语言文学与文化研究》2018年第3期。

国和欧洲有不同的表现，比如美国的"Sinology"研究大多被归整到"区域研究"的系里①，而在"Sinology"传统更悠久的欧洲，"Chinese studies"出现在"Sinology"系里是十分常见的情况。②

中国学者在对欧洲传统的"Sinology"和美国传统的"Chinese studies"进行反向研究时，一般用"汉学"和"中国学"分别对译以示区分，但同时又时常希望用一个单一的概念来统合处于不同时代、置身不同传统、拥有不同形态的国外中国研究，于是造成汉学与中国学的种种名实之争。笔者看来，这些争议对于推动本领域学术发展意义不大。重要的是，当我们致力考察外国人研究中国的学问时，首先有必要意识到它的时代和文化传统特征。作为研究对象，不存在"单数的"国外中国学，只有"复数的"国外中国学。不同文化传统对于复数中国学的影响，有学者总结为："作为它的核心成分并不是'中国文化元素'，支撑这一学术的核心即潜藏的哲学本体价值，在普遍的意义上判断，则是研究者本国的思想乃至意识形态的成分。"③

另有必要指出，在指称本领域研究对象的"中国学"（包括"汉学"）时，我国学者习惯加上"国外""域外"或"海外"的定语，以有意识强调其作为外来的知识（extraneous knowledge）的本质④，但在语义上，"国外""域外""海外"等说法并无差异，所指皆落脚于"外"（abroad）。

有趣的是，对于外国人而言，中国学本来就是外国学，例如沟口雄三就说过"中国学是日本人的外国学"。⑤ 如此一来，国外中国学再研究就

---

① ［美］孙康宜：《谈谈美国汉学的新方向》，《书屋》2007年第12期，第35—36页。
② 例如第二次世界大战后（1948）年成立的德国柏林自由大学的汉学（Sinologie）系主要的科研和教学实际围绕着"中国研究"（Chinastudien）展开。另外，从世界范围看，只有美国高校系统大规模地组织对各国的区域研究，见 Szanton D. L., *The Politics of Knowledge*: *Area Studies and the Disciplines*, Berkeley: University of California Press, 2003。
③ 严绍璗：《我对"国际Sinology"学术性质的再思考——关于跨文化学术视野中这一领域的基本特征的研讨》，《中国比较文学》2011年第1期。
④ 中国一些学者曾明确指出"中国学"作为"外国学"（西学）的本质，见葛兆光、盛韵《海外中国学本质上是"外国学"》，《文汇报》2008年10月5日；刘东《狭义的汉学和广义的汉学》，《国际汉学》2014年第1期。
⑤ ［日］沟口雄三：《日本人视野中的中国学》，李甦平等译，中国人民大学出版社1996年版，第103页。

成了对"外国人的外国学"的研究。有时候，人们会奇怪这种学术的必要性，其实它既是国人砥砺自身学术进步的一种途径，也是我们"开眼看世界"的一个特别窗口。这里面也许还有一些地域文化特点的影响。从世界范围看，对于外国人研究自家的学问特别感兴趣并不是一个普遍现象，稍可与中国学界从事国外中国学热情高涨相比拟的，以笔者粗浅了解，似乎只有日本、韩国等亚洲邻国。[1] 在这个意义上，作为一个知识领域的国外中国学研究，本身就可以作为比较文化的考察对象。

二 问题意识与知识立场

学术研究中的问题意识并非指向具体的课题，而是源于对现实世界的深切观察与思考所形成的对具有根本性和深远影响的议题的敏感。这种敏感力既取决于学者们对于现实世界的感知能力，也受制于自身学术积累的路径依赖。知识立场就仿佛物理学向量中那个"方向"，我们认知的成果不仅取决于"数量"也取决于"方向"。问题意识与知识立场相互影响，又共同决定着学术研究成果的"向量"大小。

（一）危机意识与学习立场

在百余年来中华民族曲折的现代化进程背景下，中国学人借国外研究中国文明的智识成果以反观和自励，大体根源于一种"现代化转型"的冲动与焦虑；而对国外的中国研究自觉予以关注、译介乃至再研究，如严绍璗所说，"是随着20世纪初我国人文学术近代性的发展而得到逐步形成的"。[2]

当我们仍将"现代化"作为一个合理的目标而暂且悬置"中国文明

---

[1] 日本学者对于国际日本研究的再研究成果略多，如东京外国语大学大学院日本学研究院、法政大学国际日本学研究所都曾有关于"海外日本研究"的专书出版；此外还有一些大学设立专门的研究机构和博硕士课程，如筑波大学、明治大学，前首相中曾根康弘发起成立的国际日本研究中心已有31年历史。韩国西江大学开设了"全球韩国研究"（Global Korean Studies/in English）的本科专业。

[2] 严绍璗主编：《国际中国文化研究年鉴（1979—2009）》，外语教学与研究出版社2013年版，第1页。

自身是否蕴含足够的现代化内生动力"这类问题,就不得不承认包括学术现代化在内的中国现代化进程的全面开启和加速发展,与近代以来特别是"鸦片战争"后西方文明给中国带来的整体性冲击有莫大干系。这一冲击的后果表现在学术现代化上,就是对本民族学术传统的深刻反思和对"西学"的高度仰慕和汲汲以求,并由此造成中西学术交流事实上的不对等。"中国中心观"的提出者、哈佛大学柯文曾指出:"一个多世纪以来,中西之间知识交流有一个基本模式:西方的兴趣主要在于了解中国,而中国则主要着眼于学习西方。造成这种差异的原因部分程度上是由于西方人自己的优越感,部分程度上是非西方人对这种情况的认可"。①

仰慕西学的倾向在晚清学界曾一度格外严重,其情状被梁启超描述为:"光绪间所为'新学家'者,欲求知识于域外,则以此为枕中鸿秘。盖'学问饥饿',至是而极矣。"② 这种倾向直到民国时期才有所矫正。彼时学界重拾"旧学商量加邃密,新知培养转深沉"的精神,以西学之昌明砥砺国学之不足,由此方奠定出国人严肃对待国外中国研究的心智基础。此时的危机意识又往往表现出赶超先进的民族主义情结。一方面感慨民族学术正统流失,如史学家陈垣对胡适说的:"汉学正统此时在北京呢?还是在巴黎?"③ 另一方面则希望中国本土学术能"超乾嘉之盛,夺欧土之席"。④

总体而言,民国学者对国外汉学界的接受与借鉴主要在于其视野与方法。如语言学家张世禄所言:"外国学者有研究中国学术的,我们必须予以重视。因为他们所运用的工具,所采取的途径,尝足以为我们绝好的借镜,他们研究的结果和获得的成绩,也往往足以开拓我们所未有的境界,以作我们更进一步的探讨的基础。"⑤

---

① [美] 柯文:《20世纪晚期中西之间的知识交流》,《文史哲》1998年第4期。
② 梁启超:《清代学术概论》,上海古籍出版社1998年版,第93页。
③ 语出《胡适日记》(手稿本)1931年9月14日),引自柏桦《对失去汉学中心的焦虑》,《北方论丛》2005年第1期。此处"汉学"为泛指中国文化的研究。
④ "超夺"之说语出傅斯年:《致陈垣》(1929年),见陈智超编《陈垣来往书信集》,三联书店2010年版,第407—408页。
⑤ 张世禄:《西洋学者对于中国语音学的贡献》,原载《文化先锋》第9卷第1期(1948年7月15日),引自李孝迁编校《近代中国域外汉学评论萃编》,上海古籍出版社2014年版,第250页。

从 20 世纪 50 年代到 70 年代，正是以美国中国学为代表的国际中国研究突飞猛进的时期，同时又是中国大陆学术界相对封闭的时期，待到改革开放以后，孙越生不禁对中外学术相对落差之大生出如此感慨："如果说，海外中国学对于我们自己的中国研究来说已经是一个严重的挑战的话，那么，它对于中国的海外研究来说，就更是一面使国人相形见绌的镜子了。"[①] 以此为背景而出现四十年来中国大陆学界新一轮的学术译介大潮，这股潮流此起彼伏至今仍未停歇，也暗示着中国学术的现代化进程仍在继续。"超乾嘉之盛，夺欧士之席"的志愿则转化为"构建中国学术话语体系""争夺学术话语权"一类的表述。

更深一层的意义上，学术现代化往往被知识界当作中国作为一个文明整体进入"现代性"的基石和入口。胡适提出"新文化建设"的原则为"研究问题、输入学理、整理国故、再造文明"，正彰显了这层意念。[②] 到了改革开放时代，"海外中国研究丛书"主编刘东对于国外中国研究的镜鉴意义也做了同理阐发："我们不仅必须放眼海外去认识世界，还必须放眼海外来重新认识中国"，"因为只要不跳出自家的文化圈子去透过强烈的反差反观自身，中华文明就找不到进入到其现代形态的入口"。[③]

由此，背景于 20 世纪 80 年代"文化热""西学热"的国外中国研究的译介活动，应放在知识界对现代化转型（包括学术现代化）的渴望与焦虑这一更大背景下去理解；而忧患意识和学习立场也因迄今仍在继续的"现代化强国"建设进程，始终是一大批学者对国外中国学进行再研究的出发点。

然而，到 20 世纪 90 年代后，知识界在关于什么是"现代性"、中国需要怎样的"现代化"问题上发生从存在基本共识到形成多元立场的重大变化，[④]"后现代/反现代性的现代性"话语以及"民族主义""文化保

---

① 孙越生：《世界中国学家名录》，"编者前言"，社会科学文献出版社 1994 年版。
② 胡适：《新思潮的意义》，《新青年》1919 年第 7 卷第 1 号。
③ 刘东：《序"海外中国研究丛书"》，引自该丛书最早出版的一本，[美] 吉尔伯特·罗兹曼主编《中国的现代化》，江苏人民出版社 1988 年版。
④ 关于此问题，可参看汪晖《当代中国的思想状况与现代性问题》，《文艺争鸣》，1998 年第 6 期；陶东风《从呼唤现代性到反思现代性》，《二十一世纪》1999 年 6 月号，第 15—22 页；徐友渔《1990 年代以来中国知识/思想界的分化和对立》，《中国图书评论》2008 年第 3 期，第 17—23 页。

守主义"等思潮纷纷涌现并与20世纪80年代占据主导的"启蒙的现代性"话语相抗衡。在此背景下,学术界对于如何看待本质上属于"西学"(或"外国学")的国外中国学有了新的理论工具和认知立场。后文将谈到,近年来,中国本土学界对国外中国学的"欧洲中心主义"进行了多方位的批判,这些批判性研究很大程度上正是源于对西方启蒙主义的"现代性话语"以及进步主义的"辉格史观"的反思,同时也是对西方理论界后现代、后殖民思潮的响应。

(二)批判立场:历史情境与学理根源

与民国学者以振兴国学为目的主动参引欧美汉学成果的不同,20世纪50年代以后,中国大陆学界对于西方中国学的态度和立场"一边倒"地转向批判。例如1961年出版的《外国资产阶级是怎样看待中国历史的——资本主义国家反动学者研究中国近代历史的论著选译》一书前言对资本主义国家"反动学术"大加挞伐,如:"现代外国资产阶级研究中国历史的几个学派都力图使中国人民安于帝国主义的统治,忍受帝国主义的剥削,都在为帝国主义侵略进行辩解,并诽谤和污蔑中国人民的革命和社会主义建设事业。"[①] 仅从学理上看,此类批判理论根源于马克思的"知识社会学"立场或者说"意识形态分析方法"——他将"经济基础(生产关系)决定上层建筑"的立场贯穿到知识论领域,形成知识的"阶级性"(受阶级利益所支配)主张。[②]

20世纪90年代以后,大陆理论界逐渐兴起对西方"后现代"与"后殖民"思想的引介和研究热潮,并在新世纪以后波及到国外中国学(汉学)研究领域。萨义德的"东方主义"、福柯有关权力与话语关系的理论、葛兰西的文化霸权理论等成为对国外中国学(汉学)进行批判的新

[①] 中国科学院近代史研究所资料编译组编译:《外国资产阶级是怎样看待中国历史的——资本主义国家反动学者研究中国近代历史的论著选译》(第1卷),商务印书馆1961年版,第8页;另参雷颐、杜继东《60年来的海外中国近代史研究著作译介》,《兰州学刊》2014年第10期。

[②] Goff Tom, "Marx and mead: Contributions to a sociology of knowledge", *Ethics*, 7 (2), 1980;[美] 罗伯特·K. 默顿:《社会理论和社会结构》,唐少杰、齐心译,译林出版社2015年版,第600—602页。

利器。其结果之一就是在 21 世纪的头十年里引发了一场围绕"汉学主义"展开的论争。我们不妨以其为代表来考察对这种新型的国外中国学批判背后的知识立场与学理根据。

在"汉学主义"主张者看来,"与东方主义一样,汉学主义'从文化甚至是意识形态来看,表达并展现为一种话语模式,伴有支撑性的惯例、词汇、学术、意象、教条,甚至殖民官僚主义和殖民主义风格'。"①

持相对激进立场的学者认为,"西方汉学从来就有浓重的意识形态色彩,广义的汉学本身就是'汉学主义'",假如西方汉学的意识形态性无法抹除,"中国译介与研究汉学,就必须在后现代主义、后殖民主义文化批判语境中进行;如果文化批判将汉学当作西方扩张的权力话语,所谓'借镜自鉴'的假设就必须重新审视,否则中国学术文化就可能'自我汉学化',无意识助成'学术殖民',使中国现代学术文化建设陷入虚幻"。② 立场相对温和的学者则提出是要借"汉学主义"这一理论主张来"探询可用于解释关于中国知识产生过程中存在的认识论和方法论方面的理论问题"。③ 但无论激进还是温和,"汉学主义"的主张者都认为全部的西方中国研究智识成果都建立在某种西方社会的意识形态基础上,是"被异化的知识"。中国学术界如果不能以"反殖民"的立场予以批判,就会造成认识论上的偏差甚至陷入"自我殖民"(自我参与建构"汉学主义")的困境。

以"汉学主义"为代表,近年来中国学界对西方的中国知识进行整体批判似乎成为了一种潮流。这股潮流的共同特点是,将中国研究的知识客观性放置一边,着力考察中国研究知识生产活动的社会情境并将之解释为一种受支配的话语建构过程。例如潘成鑫在批判西方"中国威胁论"和"中国机遇论"时这样分析两种话语的虚妄之源:"西方自我想象的核心是其作为一种现代认知主题。这种自我认同默认存在着一个确定的、客观可知的的'自在'世界,这给了西方信心和责任去认识和领导这个世

---

① 顾明栋、钱春霞:《汉学与汉学主义:中国研究之批判》,《南京大学学报》(哲学·人文科学·社会科学) 2010 年第 1 期。
② 周宁:《汉学或"汉学主义"》,《厦门大学学报》(哲学社会科学版) 2004 年第 1 期。
③ 顾明栋:《汉学主义:中国知识生产的方法论之批判》,《清华大学学报》(哲学社会科学版) 2011 年第 2 期。

界。当有关某些'客体'（比如说中国）的确定只是没有如期实现的时候，西方自封的认知主体就会诉诸某些情感补偿，比如用恐惧和幻想来填补确定性的缺失。"①

围绕国外中国学（"西方的中国知识"）进行的此类批判似乎是坚持了一种与马克思主义一脉相承的"知识社会学"立场，又与中国经济崛起后的不断增强的文化自主性意识相呼应，但其导向的认识论困境也是明显的。首先，一种激进的知识社会学立场会认为，"中国知识归根结底还是一种社会知识和道德性知识，一种没有固定的外部现实可以依傍的知识"。② 在这种认知框架下，知识的客观性、学术现代化的合理性无从谈起，围绕国外中国学的价值评判也容易"变为一场阶级斗争、政治辩论或文明冲突"。③ 其次，也是更重要的，把认知能力的能动性推向一个极端（即不能产生真实的知识），实际上也违背了马克思主义辩证唯物主义认识论的基本原则。

大体而言，学习与批判构成了国人面对国外中国学两种基本又方向不同的认知取向。两种看似截然不同的取向背后都隐隐流露出国人对于近代以来中西方学术乃至文明间的某种"不平等"（事实上的或建构出的）的焦虑和抵御心态。两种取向往往纠结并存。

不过，我们仍可以从历史视角来考量国外中国研究的"异化"程度及其是否使这一知识领域丧失其有效性。孙越生先生多年前的一段话仍不失为持平之论："十八世纪以前对中国的研究，是以好奇和赞美的心情为主要特征，十九世纪以来的中国研究，是以侵略的需要和歧视的态度为主要特征……本世纪六、七十年代以来的中国研究，除了以上两种旧的倾向有不同程度的继续外，总的来看，则是越来越倾向于要求科学地重新认识

---

① ［澳］潘成鑫：《国际政治中的知识、欲望与权力：中国崛起的西方叙事》，张旗译，社会科学文献出版社 2016 年版，第 261 页。

② ［澳］潘成鑫：《国际政治中的知识、欲望与权力：中国崛起的西方叙事》，张旗译，社会科学文献出版社 2016 年版，第 274 页。

③ 例如，张西平指出"用汉学主义将西方汉学的客观性和在知识上的进步抹杀掉，这不符合中国研究的历史事实，任何一个熟悉西方汉学史的人都不会接受这个结论"。见张西平《关于"汉学主义"之辨》，《上海师范大学学报》（哲学社会科学版）2015 年第 2 期；张伯伟《从"西方美人"到"东门之女"》，《跨文化对话》（第 28 辑），生活·读书·新知三联书店 2011 年版，第 221 页。

中国。"①

三 主要研究进路：文献学、学术史、知识社会学与比较文学

国外中国学研究作为一个学术领域，算上民国时期的初步发展已有近百年的历史，其获得某种建制化的支持力量（例如专门机构、专门学科或课程等）而得以系统开展，也有四十年时间之久。这为该领域形成若干相对稳定的研究方法提供了周期。② 概括起来，在国外中国学（汉学）研究领域，最为普遍为学者们践行的研究进路可以归结为四种，即文献学进路、学术史进路、知识史进路和比较文学进路。

（一）文献学进路

我们将对国外中国学成果的翻译、目录整理、述介这一类基础性工作归入文献学进路。③ 笔者曾对1979—2014年CNKI文献数据库中国外中国学和国外汉学的研究论文进行定量分析，从结果看，这一类工作代表了国外中国学研究中最具普遍性的研究进路。④

四十年前中国社会科学院成立的国外中国学研究室立足于当时的情报研究所，该室的学术活动实际是在"情报工作"的框架下展开，使得国外中国学研究从起步阶段具有朦胧的"情报学"意味。⑤ 20世纪80年代初孙越生领衔编制的《美国中国学手册》（1981）及严绍璗编著的《日本的中国学家》（1980）以及后来陆续涌现的《俄苏中国学手册》（1986）、

---

① 孙越生：《前言》，中国社会科学院情报研究所编：《美国中国学手册》，中国社会科学出版社1981年版，第3页。
② 像社会学这样的学科从早期孔德的"社会物理学"到19世纪末该学科的基本成熟也不过半个多世纪时间，因此四十年对于一个学科的发展来说并不算太短。
③ 作为学科的文献学其实也是舶来品，其内涵本身也有变化，参见钱寅《"文献"概念的演变与"文献学"的舶来》，《求索》2017年第7期。
④ 唐磊：《改革开放以来"海外汉学/中国学研究"学科的自我建构——基于文献计量结果的考察》，《国际汉学》2016年第3期。
⑤ 有关情报学的内涵及其与文献学的关系，可见张新华《情报学的学科内容、学科地位和学科性质》，《情报学刊》1993年第6期。

《北美汉学家辞典》(2001)、《欧洲中国学》(2004)等工具书性质的著作，胪列著作、人物、机构基本信息，究其体例，与传统中国学术的"目录之学"（今天也归入文献学范畴）颇为相近。

文献学进路传递了中国学术强调"文献占有"的优良传统。像目录之学，被清代学者王鸣盛称为"学中第一要紧事，必从此问途，方能得其门而入"（《十七史商榷》）。20世纪90年代中期李学勤、葛兆光等知名学者参与编撰的《国际汉学著作提要》(1996)为中国学（汉学）史上的重磅作品"钩玄提要"，也是一种目录学的工作。比较而言，国内学术界在汉学研究领域所做的文献学积累更加丰厚，特别是古代汉籍的海外流传和所谓"域外汉籍"的清理，21世纪以来出现了一批重磅成果。[①] 国外中国学研究成果因存量更大且随时更新，在文献目录层面的工作方向却不能像是穷尽收集，而必须是分类梳理、捡精剔芜。好在大数据时代借助发达的文献数据库和数据分析技术，这样的工作不是不可能，而是方法恰当与否。[②] 因此，针对国外中国学成果的"数字文献学"应该是本领域文献学进路的一个重要发展方向。

至于翻译工作，主要是为语言不通的本土学者阅读之便。就治学而论，最好还是直接阅读一手材料，即如严复所说："学术之事，必求之初地而后得其真，自奋耳目心思之力，以得之于两间之见象者，上之上者也……最下乃求之翻译，其隔尘弥多，其去真滋远。"[③] 由于涉及语种众多，没有学者能做到对各国中国学成果都直接阅读，学术翻译的价值正在于此。然而，现阶段对国外中国学成果的翻译引进有两方面问题。首先是激励问题。早在20世纪40年代，本领域先行者之一的梁绳祎就感慨过："通西文者多鄙弃汉学，而治国学者亦忽视西文，其或力足任此，亦视为劳而少功之业。"[④] 这种状况在今天"不发表就完蛋"的学术评价体系中

---

① 如严绍璗的《日藏汉籍善本书录》（中华书局2007年版）、沈津的《美国哈佛大学哈佛燕京图书馆藏中文善本书志》（广西师范大学出版社2011年版）以及"域外汉籍珍本文库"的陆续出版。
② 这方面，特别需要倚重新兴的情报学方法，如文献计量学、知识计量学方法。
③ 严复：《论世变之亟——严复集》，胡伟希选注，辽宁人民出版社1994年版，第173页。
④ 梁绳祎：《外国汉学研究概观》，载李孝迁《近代中国域外汉学评论萃编》，上海古籍出版社2014年版，第34—50页。

只能是愈发严重,总体不利于国外中国学译事的进步。其次是被译介过来的作品仍以美国和英语作品为主,这也许是由于美国和英语在学术世界各自的优势地位,另外也限制了我们从更广阔和比较的视野了解国际中国学发展的丰富面貌。

(二) 学术史进路

历史学者如李学勤、朱政惠等特别提倡对国外中国学(汉学)采取学术史研究的理论与方法。这与上述学者原本的学科背景有直接关系。朱政惠说"我们对于海外中国学的研究,立足于史学理论与史学史这一学科土壤",[①] 而他在美国中国学史方面的贡献很大程度受益于原有学科的扎实训练。

李学勤曾列举"国际汉学研究"作为专门学科需关注六大问题,即(1)汉学如何起源,迄今走过了怎样的发展道路;(2)汉学对中国历史、文化、艺术、语言等等方面已经做出了哪些研究;(3)汉学家及其著作是在怎样的社会与文化背景中产生的;(4)国际汉学对中国学术的演变发展起过什么样的影响;(5)汉学对西方学术的演变发展又有着怎样的作用;(6)国际汉学的现状以及在新世纪中汉学进展的趋势。[②] 其中第二项可归为文献学进路,也可算作为史学研究基础的"史料学"——在中国的学术传统里,目录学本身就是一种形式的学术史。[③]

学术史进路要以文献学进路为基础,文献掌握充分自然会催生出学术史写作的冲动。孙越生为《俄苏中国学手册》撰写的概况、为《美国中国学手册》撰写的前言,已经是学术史的路数。四十年国外中国学研究成果最显著的方面正是学术史,但比起汉学史的成就又明显不足。阎纯德主编的"列国汉学志"书系已出版与规划出版的著作基本覆盖了汉学传统较为发达的国家与地区,而中国学史领域的代表性著作仍屈指可数,当

---

① 朱政惠:《我们对海外中国学研究的探索》,载朱政惠主编《海外中国学评论》(第三辑),上海辞书出版社2008年版,第54页。
② 李学勤:《作为专门学科的国际汉学研究》,《中华读书报》2000年7月19日。
③ 余嘉锡认为:"目录者,学术之史也。综其体例,大要有三:一曰篇目,所以考一书之源流;二曰叙录,所以考一人之源流;三曰小序,所以考一家之源流。三者亦相为出入,要之皆辨章学术也。"余嘉锡:《目录学发微》,巴蜀书社1991年版,第27页。

然也为后来者填补空白奋起直追留下了空间。

李学勤还曾指出学术思想史研究对于国外中国学研究的重要性："我认为研究国际汉学，应当采用学术史研究的理论和方法，最重要的是将汉学的递嬗演变放在社会与思想的历史背景中去考察……尤其要注意，汉学家的思想观点常与哲学、社会学、文化人类学等学科存在密切的联系。"①

学术思想史除了考察学术思想编年意义上的历史，更要考察逻辑脉络中的历史，既要论证其内在脉络的演进过程，又要阐释造成学术思想、体系演变的时代背景，特别是思想史和社会文化史背景。② 国外中国学的发展期恰值现代社会科学走向成熟且学术思潮不断转变的时期。若按李学勤所提示的思路进行学术思想史研究，就需对上述背景有清晰的把握。诸如"中国中心观"的出现、"新清史"运动的兴起，都要放在广阔的美国人文社会科学发展史中去理解，才能知道它们如何作为不同学科、思想体系、方法之间互动的结果，才能更加准确地把握其得失，才能避免简单地将"中国中心观"视为中国本位而将"新清史"研究视为"帝国主义学术"。

（三）知识社会学进路

无论学术史、思想史还是近来开始引人关注的知识史，都有内外两种取向的研究进路。③ 内在进路偏于研究不同体系和派别的学说（思想、知识）彼此之间的关系，外在进路则偏重考察学说（思想、知识）的社会因素。知识社会学把广义的知识（意识形态、思想、学说）当作研究对象，考察其生产和传播过程的社会情境。

前文已谈过知识社会学进路一种相对极端的实践。对于这种现象，其实也可以站在知识社会学的立场予以分析。美国知识社会学代表人物罗伯

---

① 李学勤：《序》，《国际汉学著作提要》，江西教育出版社1996年版。
② 杨国荣：《学术思想史的研究：一种值得关注的进路》，《文汇报》2006年9月17日。
③ 关于知识史的概念，限于篇幅无暇展开解说，可参 Gordon P E, "What is Intellectual History? A frankly Partisan Introduction to a Frequently Misunderstood Field", The Harvard Colloquium for Intellectual History, 2012, http://history.fas.harvard.edu/people/faculty/documents/What%20_is_ Intell_ History%20PGordon%20Mar2012.pdf。

特·默顿（Robert K. Merton）曾说过，"知识社会学的发展是与社会条件与文化条件的总体状况相关联的"。他指出，一个冲突日益增加的社会导致该社会各群体在价值观念、思维模式和思想高度上的差异日益扩大，以至于共识难以形成，各种理论观点不断涌现且彼此挑战各自的有效性与合法性，最终导致"思想被功能化，人们开始从心理的、经济的、社会的、种族的根源以及功能上对其加以解释"。① 这一论断用来形容和理解今日中国的社会思潮也是有效的。

同样可以归入知识社会学进路的是以中国台湾学者石之瑜所主持的"中国学的知识社群研究"。该计划以对各国中国学家进行访谈的口述史文本为基础展开个案的以及跨知识社群的比较研究，十余年来累计超过300位各国中国学家接受访谈，在此基础上形成的研究著作和论文也颇为壮观。② 石之瑜解释说："对中国学家知识生涯口述史的研究，旨在促进中国学研究过程中，能免于将知识生产过程客观化，因而采取个人化的知识史在线方式，通过个人知识史的整理与比较研究，最能说明知识意义的多元性，因时空与人心而有不同。"③ 在这项研究计划中，他特别强调探究研究者与研究对象之间的关系，这是由于，"中国研究所涉及的是关于中国的论述及其如何从既定的脉络中形成的可能性，故而是在已有的知识中，透过研究者的选择而开启的另一种知识生产"④。换言之，由于不同社群的知识生产活动反映着同时也改造着其生存状态，于是这些社群乃至每一个体在面对研究对象时所做的种种选择（身份、话语等）以及中国研究的知识生产过程都有着相对性。⑤

石之瑜将这样的立场和方法称为"知识人类学"（有时他也将研究

---

① ［美］罗伯特·K. 默顿：《社会理论和社会结构》，唐少杰、齐心译，译林出版社2015年版，第684—685页。
② 参见该研究计划的网页 http://www.china-studies.taipei/act01.php。
③ 石之瑜：《中国研究专家口述治学史的知识意义》，载何培忠、石之瑜主编《当代日本中国学家治学历程——中国学家采访录（一）》，中国社会科学出版社2011年版。
④ 石之瑜：《中国研究专家口述治学史的知识意义》，载何培忠、石之瑜主编《当代日本中国学家治学历程——中国学家采访录（一）》，中国社会科学出版社2011年版。
⑤ Chih-yu Shih (ed.), *Producing China in Southeast Asia Knowledge, Identity, and Migrant Chineseness*, Springer, 2017, p. 3.

对象称为"中国学的知识史"①），这显然受到20世纪70年代以后兴起的"新知识社会学"的影响。② 他在研究中着重考察的那些影响研究者身份选择和知识产出的变量，如宗教信仰、殖民背景、地域文化等，也是知识社会学研究中反复被关注的那些"知识的社会情境"。所以仍将这一种路数归入知识社会学进路中。

对于知识社会学进路，笔者的意见是，考察"知识的社会情境"仍然需要建立在较为坚实的学术史研究基础上，毕竟，"科学史是科学社会学的学术准备与必要前提"。③ 另外，知识社会学进路的特别价值在于它提示出不同国家（区域）、不同群体中国学知识的可比较性。

（四）比较文学（文化）进路

比较文学研究者周发祥曾对国外汉学（中国学也同理如此）的再研究这样总结："我们勾故实，辨轨迹，品学人，评名著，述创见，说方法，天空海阔，无所不及。不过，无论以哪种途径进行反馈，有一点显然是不可忽视的，那就是国外汉学所固有的比较性质。"④ 这种比较性质，金惠敏认为："汉学既非纯粹的西学，亦非纯粹的中学，其特点不是'纯粹'，而是'混杂'，是对象与观看的混杂，如此而言，其方法必然就是'比较'了。"⑤ 对于国外中国学的比较本质，严绍璗说得最为通透，他甚至特别提出"国际中国学"的概念来凸显之："'国际中国学'首先不是'中国的学术'，而是研究者所属国家文化的组成部分的一种表述形式……'国际中国学'是一门跨文化的内含多重文化元素的国际性的学

---

① Chih-yu Shih etc. (eds.), *From Sinology to Post-Chineseness Intellectual Histories of China, Chinese People, and Chinese Civilization*, China Social Sciences Press, 2017.

② 新知识社会学重视微观层面的研究，具有人类学的特征，因此有"知识人类学"的说法，参见[英]彼得·柏克《知识社会史：从古腾堡到狄德罗》，贾士衡译，麦田出版2003年版，第37页。

③ 尚智丛：《科学社会学——方法与理论基础》，高等教育出版社2008年版，第5页。

④ 周发祥：《国外汉学与比较文学》，《国际汉学》（第七辑），大象出版社2002年版，第7—11页。

⑤ 金惠敏：《汉学文化理论：一个有待开发的学术领域》，《东岳论丛》2016年第7期。

问。"① 换言之,"非本土的研究中国的学问"在各国绝非表现为一种可以识别的单一传统,而是出于各国自身的文化传统和学术传统呈现出多元性。

前述李学勤所说的有关国际汉学六项研究任务里,第4、5两项属于影响研究,如果将跨国学术影响也视为跨国文化影响的一种形式,那此类进路天然易与比较文学尤其是"法国学派"(偏重实证和影响研究)一路的比较文学结盟。② 待到后现代主义思潮尤其是后殖民主义思潮兴起后,"自我"与"他者"的关系成为比较文学学者青睐的话题,"跨文化形象学"也随之成为比较文学的热门课题。正如形象学研究当代重要的奠基人巴柔(Daniel-Henri Pageaux)所说的:"一切形象都源于对自我与'他者',本土与'异域'关系的自觉意识之中……形象即为对两种类型文化现实间的差距所作的文学的或非文学且能说明符指关系的表述,而使用了'差距'这个概念,我们就又回到了异国的层面,这是一切比较文学思考的基础。"③

跨国中国形象研究经过比较文学界的孟华、周宁等人的开拓,已经成为国内学界一个炙手可热的研究主题,从 CNKI 文献数据库的统计结果看来该主题文学与传播学领域的学者贡献最多。④ 在该领域用力最勤产出最多的大陆学者周宁那里,一切异国对于中国形成的知识都成为中国形象的研究文本,也成为西方现代性文化霸权扩张与渗透的重要证据和中国自我形象认同"自我东方化"的重要媒介。⑤

石之瑜等学者所致力于开拓的中国学知识社群或者说中国学知识史的研究展示了趣味不同的比较意蕴。在已发表的菲律宾、越南等国的案例研

---

① 严绍璗:《我对"国际 Sinology"学术性质的再思考——关于跨文化学术视野中这一领域的基本特征的研讨》,《中国比较文学》2011 年第 1 期。
② 张西平:《比较文学视野下的海外汉学研究》,《中国比较文学》2011 年第 1 期。
③ [法]达尼埃尔-亨利·巴柔:《比较文学意义上的形象学》,孟华译,《中国比较文学》1998 年第 4 期,第 79 页;刘东:《跨国形象与国际认知》,《江苏师范大学学报》(哲学社会科学版)2010 年第 3 期。
④ 根据 CNKI 提供的文献可视化分析工具,"中国形象"主题的研究论文从 20 世纪 90 年代中期开始增多并快速增长,近年来每年产出量超过 800 篇。文学与传播学(算上影视、语言、文化等邻近学科)贡献了近半成果。
⑤ 周宁:《跨文化形象学的观念与方法——以西方的中国形象研究为例》,《东南学术》2011 年第 5 期。

究中，石之瑜通过中国研究者的文化遭遇和身份策略（identity strategies）尝试在不同的文化区域和社群内寻找"中华性"或"华人性"（Chineseness），使得"中华性"成为一个可以进行比较的多面体。[1]

四 余论：国外中国学再研究的智识挑战

2016 年，习近平总书记在哲学社会科学座谈会上专门提到"推动海外中国学研究"（笔者体会就是指海外的中国研究）。对国外中国学进行再研究，正构成我们推动它发展的智识基础。

国外中国学的再研究作为一项智识活动或知识领域，其魅力很大程度上在于，它同时包含着知己和知彼的意味，并且是通过知彼（他者的学术、认知）来知己（发现自身的特性与可能）或是通过知己（以中国人自身的体验和认知）来知彼（衡鉴他人学术、品味他种文化）。

对于学者而言，这一领域的智识挑战主要来自三方面。第一，根据定量分析，国外中国学和国外汉学研究的高产机构和高产作者，其学科背景都集中于文史哲领域，尤以历史学、比较文学为多。[2] 历史学出身的学者更倾向认同国外中国学的知识客观性，如朱政惠说："海外中国学研究的成果，总是积极的面大于消极的面，客观大气的观察多于龌龊抹黑的诬陷。"[3] 另外，诸如"汉学主义"一类的话题一般不受历史学者的重视，参与讨论的主要是文学背景的学者。[4] 薪火相传的过程也会让不同知识立场得以代际传递。因此，在可预见的将来，我们仍然会不断面对领域内部的立场之争，即是将中国学作为一个具有客观性的知识领域还是一种具有

---

[1] Chi-yu Shih, "China watching and China watchers in the Philippines: an epistemological note", in Tina S. Clemente & Chih-yu Shih（eds.）, *China Studies in the Philippines*, Routledge, 2018, pp. 123–146; Chi-yu Shih, "Understanding China as practicing Chineseness: Selected Cases of Vietnamese Scholarship", *Inter-Asia Cultural Studies*, 19（1）, 2018, pp. 40–57.

[2] 唐磊：《改革开放以来"海外汉学/中国学研究"学科的自我建构——基于文献计量结果的考察》，《国际汉学》2016 年第 3 期。

[3] 朱政惠：《海外中国学研究的学科建设刍议》，《海外中国学评论》第 5 辑，2015 年，第 1—26 页。

[4] 顾明栋、周宪主编的《"汉学主义"论争集萃》（中国社会科学出版社 2017 年）所收文章，其作者几无例外具有文学学科背景或主要从事文学研究。

情境性的知识生产活动。

第二，由于从事国外中国学（汉学）研究的学者主要来自史学、文学、国际关系等其他学科，使得本领域主要是方法论的"消费者"而非"生产者"。对过往四十年大陆地区开展国外中国学再研究的观察可以发现，文献学和学术史进路始终是本领域研究的基本方法，但20世纪90年代中期以后，比较文学（文化）和知识社会学进路逐渐兴起——这显然也与新知识立场的加入有关。国外中国学再研究是否能够发展出独立的方法论而非完全依靠其他学科的研究进路，将持续挑战本领域学者的智识能力。

第三，对于国外学术界而言，20世纪至今的中国研究所面对的最大课题莫过于自1978年改革开放以来渐次孕育和展开的"中国崛起"现象，对于国内从事国外中国学再研究的学者而言，如何因应国外学者对于"中国崛起"的种种解读，特别是扭曲的"捧杀"和"棒杀"，则是未来相当一段时间本领域学者无可回避的任务。

（原载《国外社会科学》2018年第6期）

中国知识的归类：脉络的拼凑、累读与开展[*]

石之瑜

一 知识论问题的几个层次

在中国研究的领域中，关于知识性质的探讨并不多见，多数研究都是有具体课题的，有的是事件导向，也有的是理论导向。然而，将中国研究这个领域本身当成对象来反省则颇少见，所谓将中国研究领域当成研究对象的意义有两层，一是将既有的中国研究文献搜集，进行文献的比较分析，既比较问题意识与研究方法，也比较理论角度、历史分期与议题种类等。另一层是比较研究者的身份与位置，反省研究者所从出的历史脉络、生活经验与专业训练对研究活动的影响，并追问研究者所属机构的性质和研究经费的来源。必须对中国研究本身进行研究，才有可能更全面、更深入地体会中国研究者所提出的相关知识，具有什么样的意义。[①] 中国相关知识的意义体系为何，是本篇以下两章的关注。

本章将区分几个相联结的知识步骤，逐一简述学界已零星出现的反省角度。第一是问，关于中国作为研究对象，是什么意义的对象？亦即本体论的探究，可大别之为无本体论与有本体论。第二是在有本体论的预设下问，关

---

[*] 本章初稿首讲于辅仁大学中国文化研究中心；复讲于暨南大学东南亚研究所。
[①] 比较接近的尝试，参见 David Shambaugh, *American Studies of Contemporary China* (Armonk: M. E. Sharpe, 1993); Richard Madsen, *China and the American Dream* (Berkeley: University of California Press, 1995)。

于本体的知识是主观的或客观的？第三，是在客观知识的默认下问，中国相关知识是属于普遍性知识的一环，或是不可与其他知识共量的特殊性或相对性知识？第四，是在普遍性知识的默认下问，这个知识是否具有历史终极目的与通往目的之单一途径？第五，是在线性历史目的论的默认下问，取得中国知识的方法论依据，是自由经济制度主义的问题意识或唯物阶级史观？第六，是在自由经济制度主义的方法论预设下问，采用归纳的历史方法或演绎的理性抉择方法之间有何实践意义上的差别？（见图1）本文亦将触及研究组织与研究环境的问题，并试拟一套关于知识论的研究议程。

二 中国研究的本体论：实践或存在？

中国作为一个有特定（或固定）存在形式的本体，鲜少为研究者所质疑。但中国作为一个合理的研究对象，并非亘古不变地贯穿于不同时代的研究之中，只是多数中国专家并不质疑把中国当成外在客观对象的研究理性。历史学家与文学家视中国为一个文化体，社会科学家则视中国为行为结构的代称，他们之间分享了某种中国之内具有共通特性的前提，至于特性的内容也许言人人殊，[①] 且对于是否与中国以外的行为结构相通，彼此看法容或不同，然而对于存在某种中国人之间的共通性，则均不质疑。则对中国的研究，或是以发现此一共通性何在为目标，或是运用某个已经认定为中国内在通性的理论，来说明一个具体的现象为何发生。同样重要的是，此一内在共通性具有不变的本质性，不会随着时间、地点、事件或研究者身份的差异而有不同。[②]

相对于此，极少数的中国研究者有意识地反省以中国作为研究本体的流行前提。凡反省者，多半质疑将中国预设为固定形式的本体。对他们而

[①] 所以即使认清了所谓中国疆域之内的庞大差异，却对于中国这个范围本身没有质疑，其实，此时的中国已经成为中央的同义辞，见 William G. Skinner, *The City in Late Imperial China*, Stanford: Stanford University Press, 1977。

[②] 即使旨在解构时，中国仍然是本体上的预设，关于如此前提之下的研究，例如 David Goodman and Gerald Segal (eds.), *China Deconstructs: Politics, Trade and Regionalism*, London: Routledge, 1994；另参见 Harry Harding, "The Study of Chinese Politics: Toward a Third Generation of Chinese Politics," *World Politics* 36, 2 (1984); R. David Arkush, *Fei Xiaotong and Sociology in Revolutionary China*, Cambridge: Council on East Asian Studies, 1981。

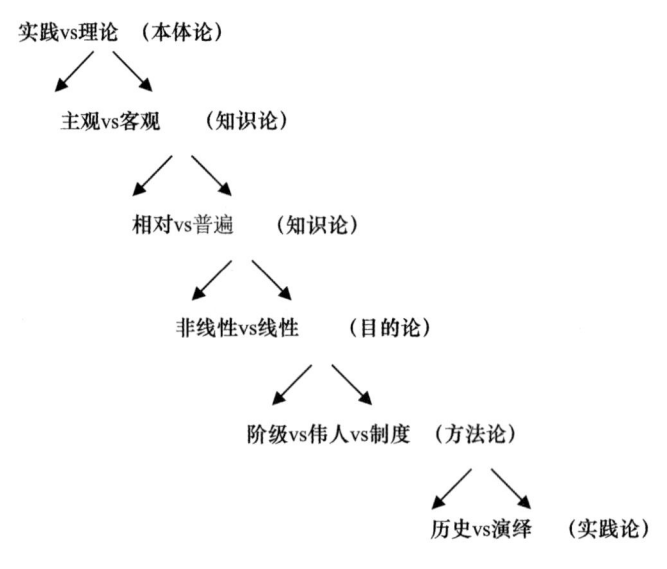

```
实践vs理论   （本体论）
   ↙    ↘
主观vs客观   （知识论）
     ↙    ↘
  相对vs普遍   （知识论）
       ↙    ↘
    非线性vs线性   （目的论）
         ↙    ↘
      阶级vs伟人vs制度   （方法论）
             ↙    ↘
          历史vs演绎   （实践论）
```

图1　本文脉络

言，中国这个概念的内涵是不确定的，其意义不断地被所谓的中国人所改变，[①] 故中国研究不是中国研究者在研究中国是什么，而是中国研究者透过理论在建构中国，而中国人在有关理论的导引之下实践生活，从而又影响理论进一步发展的方向。[②] 故中国研究者与他们所研究的中国人，透过理论与实践的相互辩证，在每一个人都或多或少参与的情况下，不断地发展出中国这个概念的新内涵。没有任何一个时空点上的中国是内在一致的，[③] 也没有任何一种中国可以不变地横跨不同的时空点。这时的中国概念，不涉及本体，而成为一种过程，姑可名为无本体论或流动本体论。

中国作为过程的无本体论，容许中国研究者与被研究的中国人，在知识建构的过程中各有所影响，承认研究者与研究对象都具有能动性，以致中国是一个不能定义的概念，它只能被实践或被理论建构，故中国的内涵

[①] 参见 Tu Wei-ming (ed.), *The Living Tree: The Changing Meaning of Being Chinese Today*, Stanford: Stanford University Press, 1994。

[②] Guo Jian, "Politics of Othering and Postmodernization of the Cultural Revolution", *Postcolonial Studies* 2, 2 (1999): pp. 213 – 229.

[③] 参见 Merle Goldman and Elizabeth J. Perry (eds.), *Changing Meanings of Citizenship in Modern China*, Cambridge: Harvard University Press, 2002。

中国知识的归类：脉络的拼凑、累读与开展 / 269

兼具有不可垄断性和不可固定性。[1] 在无本体论下的中国研究，其目的不是去发现中国内在的通性，而是去追溯中国概念在理论与实践辩证下的轨迹，了解中国概念之发生与演化，并进一步参与当代中国概念内涵的协商。[2] 透过研究活动影响那些具有中国身份的人，或其他那些研究具有中国身份的研究者，让有关的人在直接与间接的互动中，决定当下此一身份的情感与行为意义。[3] 于是，中国成为一个进行争辩的概念领域，凡进入此一过程者，皆参与促成了中国存在形式的不断流动。

来自不同位置的研究者，对中国概念的贡献必然不同，由地理位置差异形成的小区意识，[4] 和由不同社会位置形成的阶级、性别、部门及族裔意识，[5] 各自形成对中国概念不同的牵引。不同的时间点也对中国概念带来不同意义，故位于同一个位置的人，往往因为在不同时间点上与不同的人互动，所以使得中国的意义出现演化或循环的现象。[6] 故革命行动对于不同的人，如农民、官僚、女性或汉族各有意义，人们在面对军阀、买办、洋人、遗老或革命军时所实践出来对中国的情感，总是处于随时可能发生变动的状态。中国研究者的位置，不论是教授、官员、女性或白种人，均影响关于中国的理论，[7] 而研究者在向不同的对象阐述研究成果时，不断有基于沟通需要所衍生的新内涵，就好像研究者正在参与协商于

---

[1] 参见 David Campbell and Michael J. Shapiro, *Moral Spaces: Rethinking Ethics and World Politics*, Minneapolis: University of Minnesota Press, 1999。

[2] 参见 Prasenjit Duara, *Rescuing History from the Nation: Questioning the Narratives of Modern China*, Chicago: University of Chicago Press, 1995。

[3] 参见 David Der-wei Wang, *Fin-de-siècle Splendor: Repressed Modernities of Late Qing Fiction, 1849–1911*, Stanford: Stanford University Press, 1997。

[4] 从而发展出多地点（Multisite）研究方法，参见 George Marcus, *Ethnography through Thick and Thin*, Princeton: Princeton University Press, 1998。

[5] 参见 Tani Barlow (ed.), *Formations of Colonial Modernity in East Asia*, Durham: Duke University Press, 1997; Stevan Harrell (ed.), *Cultural Encounters on China's Ethnic Frontiers*, Seattle: University of Washington Press, 1995; Lisa Rofel, *Other Modernities: Gendered Yearnings in China after Socialism*, Berkeley: University of California Press, 1999。

[6] 参见 Jun Jing, *The Temple of Memories*, Stanford: Stanford University Press, 1996; Ann Anagnost, *National Past-Times*, Durham: Duke University Press, 1997; Chih-yu Shih, *Negotiating Ethnicity in China: Citizenship as a Response to the State*, London: Routledge, 2002。

[7] 参见 Lily H. M. Ling, *Postcolonial Learning between Asia and the West: Conquest of Desire*, London: Palgrave, 2001。

其中，则研究者自己所涉及中国研究的部分，当然不断影响研究者的身份意识。[1] 这种影响不是包括研究者本人在内的任何人所能事先预知的，影响的方向与内容更是在不能捉摸的一念之间所参透。

三　中国研究的知识论：主观或客观？

在绝大多数中国研究文献中，关于中国作为具有某一种固定形式的存在本体，受到基本的认可。所以多数研究者将中国当成一个外在客观的对象，则中国研究文献所得出的知识，便是将此一外在客观实存再现的工具或途径，故知识乃为研究者的认知与中国的实存两者之间的中介。一方面，这种主客二元对位的知识观点，确立了研究者外于中国的主体地位；另一方面，又因为赋予知识一种媒介地位，使得研究主体可以掌握客观对象运行的法则。知识既然只是工具，因此不会因为研究者身份与价值的不同，就呈现出不同的客观法则。同时，既然知识不受研究者主体意识影响，掌握知识意味着对客观实存进行操弄的能力，则研究者主观价值就获得了加以推动的可能。主观价值与客观实存的分合，就是透过知识完成的。[2]

依照早期科学哲学家的反思，[3] 关于中国的知识无所不在地反映了研究者本身的认知，亦即知识不能看成是主客二元之间的媒介，知识充其量是主观认知活动。他们并不否认中国是外在客观的实存，但知识的意义不

---

[1]　参见 Wang Gungwu, *The Chineseness of China: Selected Essays*, Hong Kong: Oxford University Press, 1991。

[2]　故不同价值的社会得到知识的途径有异，但仍皆属于客观知识的一种呈现，参见 Joseph Needham, *The Grand Tradition: Science and Society in East and West*, Toronto: University of Toronto Press, 1969。

[3]　包括 René Descartes, Thomas Hobbes, David Hume, Immanuel Kant 与 Karl Popper。此外，根据 Werner Heisenberg（海森伯格）的"不确定原则"（uncertain principle）及 Niels Bohr（布尔）的"互补原则"（principle of complementary）所发展的量子机械体系的未决定性原理，物质无法同时拥有确定的位置及确定的运动量，因二者的特性是随时相互影响的。由此，海氏及布氏建议未决定性是所有现象的特性，但此只在次原子层次中较为明显。同时，他们发现，在研究次原子层次的现象时，研究行动是不可能不影响到研究对象的，而且所观察到的结果是"被观察现象"与"观察工具及模式"交互影响的产物，因此这个观念打破了科学家可以置身于其研究现象之外的想法，科学家并不能自研究结果中发现外在客观的知识，而是发现自己参与外界互动后的知识。因此，由研究所得之科学知识是同时有关研究者，以及他所研究现象二者的知识。夏林清、郑村棋译，《行动科学：在实践中探讨》，台北：张老师出版社 1989 年版，第 8—9 页。

在于客观地呈现中国的实存，而是协助研究者处理自己与中国的互动关系，因此是与研究者的问题意识息息相关。不同的研究者基于自己的理由，而感到有对中国进行研究的需要，因此他们各自所发展的知识，只可能是主观活动的产物。这种知识态度使中国研究者与中国之间出现一个知识鸿沟，主客之间不再有媒介，但因为研究者的主观认知活动带动他们对中国的行为，因此其行为是否符合客观实存，仍将影响尔后关于中国知识的生产，[1] 只是这些知识本身仍不能单纯视为媒介。

比如不同国家的中国研究者出现十分不同的知识风格，英国与中国的研究者重视长期的趋势，前者重视长期趋势对理论的意涵，后者则重视政策原则的掌握。相对于此，日本与美国则经常关注于短期事件，但前者重点在事件对于政策方向的影响，后者则偏好把任何短期现象迅速归纳为某种结构性理论的指针。[2] 各国的中国研究多有其在不同阶段的学术辩论，这些不同焦点反映了知识是中国研究者主观认知的产物，不等同于实存的中国。

这个问题在具有中国人身份的中国研究者身上十分尴尬，因为中国人自己照理是不能透过研究自己所处的国度，就客观地掌握中国的客观知识。中国人对中国的研究经常透过超过一种以上的角度，或将中国视为外在客观实存，[3] 或将中国视为安身立命的身份认同。[4] 尽管具有中国身份的研究者所从事的研究活动，就属于一种对中国如何作为中国的实践，且研究者通常主观相信自己的知识活动具有建设中国的意义，可是他们之中鲜有人愿意反省，这个中国是在他们的实践中不断演化的，并不是外于他们研究活动的客观实存。这时对于中国的意义，经常座落在以主权疆域为核心的现代国家论述中。如此而得的中国知识，是反映了主观信仰与实践导向的知识，但研究者似乎并不愿意否认中国作为外在客观实存

---

[1] 参见 Harry Harding, "From China, with Disdain: New Trends in the Study of China", *Asian Survey* 22, 10 (1982)。

[2] 参见 Harry Harding《和何汉理对谈〈当代中国研究〉》，《中国大陆研究教学通讯》。

[3] 中国身份者研究民族主义时最尴尬，将之视为一种反映与反应国际的政治现象最能满足客观主义的要求，例见 Yongnian Cheng, *Discovering Chinese Nationalism in China: Modernization, Identity, and International Relations*, Cambridge: Cambridge University Press, 1999。

[4] 关于过去中国人自己的中国知识生产，例见 John K. Fairbank, *The Chinese World Order*, Cambridge: Harvard University Press, 1968。

的预设。①

四　中国研究的知识论：相对或普遍？

认为知识可以成为主客媒介的客观主义，在当前中国研究界还是暂居主流，不过，在客观主义之下与中国相关的知识，在多大程度上与其他社群的知识是共性共量的，则又可分为两种知识论，分别可以谓之为普遍主义与相对主义。根据普遍主义的主张，关于中国的知识与关于任何其他国家的知识，都同属于一个宇宙体系，其知识结构也是互通的，即中国本身不能作为一个行为解释的变项，而只能代表其他具有普遍意义的变量，这些变量多半可以透过操作性的定义，取得跨越国界的比较性。② 普遍主义向来是社会科学界追求的境界之一，其成功与否就在于能否发展出理论主张，同时在不同国度通过检定。依照普遍主义，中国人与美国人之不同，无关中国或美国的身份识别，而在于其他如经济发展、教育、资源、科技、组织、地理等方面之不同，这种不同可以放在同一组量表上比较，并与行为之间得出相关性，却为客观普遍知识之雏形。③

相对主义的知识论并不推翻客观主义，但相信中国人具有与其他地区的人所不具备的迥异特质，这些特质不能够用某种普遍性的变量来测量，因为它们是经由特殊的历史环境形塑而来，没有哪两个国家具有相同的历史文化轨迹，这些不同的轨迹各自形成特有的行为制约法则，只有身在中国的人才会感受到这些法则的约束。研究者不应该借用由其他社会发展出来的分析概念，来套用到中国社会。④ 中国社会自己的语言应当用来表述研究对象熟悉的概念，语言系统的迥异，使得翻译几乎必然带来

---

① 见 Chih-yu Shih, "A Postcolonial Approach to the State Question in China", *The Journal of Contemporary China* 17, 7 (1998): pp. 125 – 139。

② 参见 Harding, "The Study of Chinese Politics"。

③ 参见 Andrew Nathan, "Is Chinese Culture Distinctive? —A Review Article", *Journal of Asian Studies*, November 1993, pp. 923 – 936。

④ 坚定的立场见于 Lucian Pye, *The Mandarin and the Cadre: China's Political Culture*, Ann Arbor: Center for Chinese Studies, University of Michigan, 1988。另见 Chih-yu Shih, *The Spirit of Chinese Foreign Policy: A Psychocultural View*, London: Macmillan, 1990。

扭曲,[1] 所以研究中国必须靠中国自己的理论。

相对主义的知识论几乎必然涉及两方面,一方面是中国的历史,即中国人的行为法则如何形成,要在中国历史里找答案。[2] 历史研究涉及价值,因此相对主义知识论无可避免引出相对主义的价值观,造成在美国认为是最富规范的人权价值,在中国文化下表现出来,就无法产生同样的规范力。历史、法则与规范是界定相对主义范围的指标,决定相对主义可以适用于哪些小区。换言之,在中国之内仍有不同的小区,是否可能构成小范围的相对主义知识基础? 以中国为合理相对主义范围的主张,便会视中国之内次一级的地区或小区为多元一体的结构,亦即某种号称不变的中国本体存在形式,贯穿了各个民族地区,这种多元一体的法则或规范,被认为是历史发展所形成的客观制约。[3]

另一方面则是中国人的心理。相对主义知识通常重视由历史文化形成的中国人心理素质。这种心理特性影响了各方面的行为表现,包括政治领导、经济发展、外交决策等。其中"文化大革命"尤其成为相对主义知识生产的重要对象。以心理分析来阐述"文化大革命"的文献迄今仍受到重视,不但涉及"文化大革命"产生的原因,社会响应的动机,以及运动参与者的心理历程,更涉及"文化大革命"对中国社会所造的心理影响荡漾数十年不息。心理分析同时具有普遍主义与相对主义的可能性,[4] 因为是以个人为分析对象,因而有了跨文化比较的可能性,[5] 但若形成创伤的原

---

[1] 强行翻译的结果就会被视为是伪装,参见 Lucian Pye, "China: Erratic State, Frustrated Society", *Foreign Affairs* 69, 4 (1990), pp. 56 – 74。

[2] 有关辩论请参见 Suisheng Zhao (ed.), *China and Democracy: Reconsidering the Prospects for a Democratic China*, London: Routledge, 2000; Michael Jacobsen and Ole Bruun, *Human Rights and Asian Value: Contesting National Identities and Cultural Representations in Asia*, Richmond, Surrey: Curzon, 2000; Daniel A. Bell, *East Meets West: Human Rights and Democracy in East Asia*, Princeton: Princeton University Press, 2000。

[3] 对于这种制约的学理主张,例见费孝通等:《中华民族多元一体格局》,中央民族学院出版社 1989 年版。

[4] 故谓既有普遍性,又有特殊性,例见 Robert Lifton, *Revolutionary Immortality: Mao Tse-tung and the Chinese Cultural Revolution*, New York: Random House, 1968。

[5] 例见 Bruce Mazlish, *Revolutionary Ascetic: Evolution of a Political Type*, New York: Basic Books, 1976; 另见 Kwang-kuo Hwang, "Face and Favor: The Chinese Power Game," *American Journal of Sociology* 97, 4 (1987), pp. 944 – 974。

因与性质具有历史独特性,则对于情感与精神状态加以表达的概念,可能无法与描述美国人精神病态的概念置于共性共量的指标中比较。

五 中国研究的目的论:非线性或线性?

中国研究文献中固然有不少相对主义的主张,但在主流社会科学影响之下,普遍主义理论模式的建立,甚至被认为是最新一代中国研究的主要贡献。① 普遍主义式的思维之下,有的研究倾向接受中国历史进程是线性的通往某个历史目标,一言以蔽之,即现代化的自由经济政治体。但也有许多学者主张通往这个历史终点的过程,不必是遵循西方的既有路径,而可以有中国自己的发展途径。依照线性史观,研究者将研究焦点放在中产阶级的壮大,市场机制(财产权私有化与利润导向)的成熟等课题上。② 问题意识分为两大方向:一是判断中国是否已经进入自由化的历史阶段,因此重点在界定指标;二是研究历史进化的条件有哪些,则重点在厘清阻挠进化的因素并提出相应政策。

但近年出现许多反省,纷纷从不同角度指出,中国的历史进程不必追循固定的模式,中国有自己的历史发展动力。这一类反对线性史观的研究,无不反对隐藏在多数政治经济史分析中的"冲击—回应"模式。③ 根据此一模式,中国近代史的发展基于各种因素而无法进化,这些因素可以是普遍主义式的,也可以是相对主义式的,前者比如人口、积累、制度,后者如文化、宗教、心理等。故中国的进化仰赖西方影响的输入。④ 多元史观则批评线性史观是一种帝国主义史观,因此看不到中国近代史有自己本身的动力,它既不是如线性史观所假定的是静滞的,也不是如帝国主义

---

① Harding, "The Study of Chinese Politics".
② Kevin O'Brien, *Reform without Liberalization*, Cambridge: Cambridge University Press, 1990; Steven Cheung, "Will China Go Capitalist? An Economic Analysis of Property Rights and Institutional Change", *Hobart Paper* 94, The Institute of Economic Affairs, Norfolk: Theford Press, 1982.
③ James Peck, "The Roots of Rhetoric: The Professional Ideology of America's China Watchers", *Bulletin of Concerned Asian Scholars* 2, 1 (October 1969), pp. 59–69.
④ 参见 Ramon Myers and Thomas Metzger, "Sinological Shadow: The State of Modern China Studies in the United States", *The Washington Quarterly* 3, 2 (1980), pp. 87–114; Franz H. Michael and George E. Taylor, *The Far East in the Modern World*, Hinsdale, Ill.: Dryden Press, 1975。

逻辑所以为的是没有能力迈向近代化,① 甚至不是多数人都相信的那样迟早会发生西方意义的近代化。②

中国近代史发展动力何在的问题,可以分为两个方面。第一方面的研究认为,其实中国近代史已经有商品化与近代化的发展;③ 第二方面的研究认为,中国在接受西方的冲击并产生回应之前,早就有了不断的变化,是中国历史本身所孕育的变化,容许西方的影响可以发挥作用,甚至变化的主要动力是来自于线性史观所不关心的领域,西方的影响充其量只是恰巧发生在变化的关键点上。④ 换言之,中国近代史文献中已经有近代化的实证研究,同时还有关于促成中国近代化因素的历史研究及理论研究,它们共同挑战线性史观。在关于近代化所需的心理素质方面,有不少研究东亚发展模式与亚洲价值者,⑤ 也会从文化模式中梳理出中国人内在超越的价值基础。⑥ 他们都意在证明,中国的现代化途径不必然与西方经验重复。

多元史观通常并不挑战以自由经济为终点的历史观,所以什么叫近代化或现代化,其判准仍旧未脱欧洲的经验。⑦ 更重要的是,他们对于现代化的价值基本接纳,所以他们力图证明中国有自己的现代化途径,因此尽

---

① Paul A. Cohen, *Discovering History in China: American Historical Writing on the Recent Chinese Past*, New York: Columbia University Press, 1984.

② 参见 Philip C. C. Huang, "The Paradigmatic Crisis in Chinese Studies: Paradoxes in Social and Economic History", *Modern China* 17, 3 (July 1991), pp. 299 – 341。

③ 参见 Susan Naquin and Evelyn S. Rawski, *Chinese Society in the Eighteenth Century*, New Haven: Yale University Press, 1987。

④ [日] 沟口雄三:《作为方法的中国》,林佑崇译,台湾编译馆1999年版。

⑤ 例见 Hung-chao Tai (ed), *Confucianism and Economic Development: An Oriental Alternative?* Washington, D. C.: Washington Institute Press, 1989; Ronald Dore, *Taking Japan Seriously: A Confucian Perspective on Leading Economic Issues*, Stanford: Stanford University Press, 1987; Roy Hofheinz, JR. and Kent E. Calder, *The Eastasia Edge*, New York: Basic Books, 1982; Peter Berger and Hsin-huang Hsiao (eds.), *In Search of an East Asian Model*, New Brunswick: Transaction Books, 1988。

⑥ 参见 Thomas Metzger, *Escape from Predicament: Neo-Confucianism and China's Evolving Political Culture*, New York: Columbia University Press, 1977; 另见 Max Weber, *The Religion of China*, New York: Free Press, 1951。

⑦ 即使是黄宗智这样对近代化概念高度警觉的学者,他的问题意识仍不脱离中国为什么生产率不提高或人均生产量有提高,以及这些生产函数的变化算不算近代化的发生,见 Philip C. C. Huang, *The Peasant Economy and Social Change in North China*, Stanford: Stanford University Press, 1985。

管看起来有相对主义的影子,但实则是将普遍主义的理论模式更加完善的努力,故反对西方中心的近代史观的知识目的,不再否定有普遍通行的行为法则,为了更广泛地搜集与理解普遍行为结构的内涵,他们多半会主张要在中国发现历史,这个历史并非否定现代化的历史阶段,而是更充分地了解现代化发生的不同路径。[1] 故这种多元史观在知识论上甚至是反对相对主义的,起码在历史阶段的区分上,中国知识与普遍知识是共性的。

六　中国研究的方法论:阶级或制度?

线性史观下的理论取向颇有不同,主要的分歧在于方法论是否采纳个人主义主张。个人主义的方法论将研究对象个人化,假定行为者具有理性,追求利益的最大化。[2] 在自由经济的目的论之下,中国相关知识的获知,是透过界定被个人化的研究对象的行为法则而取得,行为者的理性使之受制于自己的偏好与其他行为者的偏好,这些偏好之间互动的方法,会引导行为者在既定的互动规范中,追求对自己最大的好处。这些既定的规范,在一般研究文献中名之为制度。对于制度的定义由狭而广,或谓国家组织,[3] 或特指财产权,[4] 或包括任何模式化的行为规范。[5] 制度主义方法学重视个人行为诱因,制度既可以影响偏好,也可以影响满足偏好的方

---

[1] 参考 Joseph Levenson, *Confucian China and Its Modern Fate*, Berkeley: University of California Press, 1964。

[2] 参考 Chih-yu Shih, "New-institutionalism in China Studies: Reflection on Literature with a Special Attention to the English Work by Chinese Writers", *The Journal of Post-communist and Transition Studies* 15, 2 (June 1999)。

[3] 例见 Susan Shirk, *The Political Logic of Economic Reform in China*, Berkeley: University of California Press, 1992; Yasheng Huang, *Inflation and Investment Controls in China: The Political Economy of Central-Local Relations during the Reform Era*, Cambridge: Cambridge University Press, 1996。

[4] 例见 David Granick, *Chinese State Enterprises: A Regional Property Rights Analysis*, Chicago: Chicago University Press, 1990; Keun Lee, *Chinese Firms and the State in Transition: Property Rights and Agency Problems in the Reform Era*, Armonk: M. E. Sharpe, 1991。

[5] 例见 Jean Oi, *State and Peasant in Contemporary China: The Political Economy of Village*, Berkeley: University of California Press, 1989; Dali Yang, *Calamity and Reform in China: State, Rural Society, and Institutional Change Since the Great Leap Forward*, Stanford: Stanford University Press, 1996; Andrew Walder, *Communist Neo-traditionalism: Work and Authority in Chinese Industry*, Berkeley: University of California Press, 1986。

式。线性史观下的制度分析,除了观察制度对个人诱因的制约,也对既有制度与自由经济制度之间的差异很敏感,故涉及制度改革的知识。①

在文献中不以个人主义方法论为基础的线性史观有两种,一种是属于政治保守主义的伟人史观,重视精英的作用,所以研究者从领袖个人、小团体、派系或党干部的角度切入研究,运用访谈、党史与情报资料,时而借助心理分析,② 其中一个有名的争执焦点在于有几条路线。③ 至于中国研究文献里伟人史观或路线史观的分析内容,则仍聚焦于理性发展路线胜出或湮灭的机缘。于是,执政者的政策风格成为流行的切入点,有的认为其中带有理性的经济策略,④ 有的则着重对于发展带来的限制,⑤ 从而忽略了在党的领导圈之外,社会文化与历史背景所起的制约作用。⑥ 但它们辩论的焦点皆复颂了自由经济的历史目的。

另一种则是激进主义阶级史观,主要运用的则是演绎方法。阶级史观的问题意识在于,资产阶级为何在近代中国没有出现,农工大众的能动性如何发生,世界资产阶级如何制约中国的政治经济发展。⑦ 因此在方法论

---

① 例见 Keith Griffin (ed.), *Institutional Reform and Economic Development in the Chinese Countryside*, London: Macmillan, 1984; Yu-shan Wu, *Comparative Economic Transformations: Mainland China, Hungary, the Soviet Union, and Taiwan*, Stanford: Stanford University Press, 1994。

② 例见 Lucian Pye, *The Dynamics of Chinese Politics*, Cambridge: Oelgeschlager, Gunn & Hain, 1981; Martin King Whyte, *Small Groups and Political Rituals in China*, Berkeley: Unviersity of California Press, 1974; Ramon Myers, "Wheat in China: Past, Present and Future", *The China Quarterly* 74 (June 1978), pp. 297 – 333。

③ 两条路线的代表作是 Roderick, MacFarquhar, *The Origins of the Cultural Revolution*, I: *Contradiction among the People*, 1956 – 1957, New York: Columbia University Press, 1974; 三条路线的代表作是 Dorothy Solinger (ed.), *Three Visions of Chinese Socialism*, Boulder: Westview, 1984。

④ 例见 Alexander Eckstein, *China's Economic Revolution*, Cambridge University Press, 1977。

⑤ 例见 John M. H. Lindbeck (ed.), *China: Management of a Revolutionary Society*, Seattle: University of Washington Press, 1971。

⑥ 参见 William L. Parish and Martin King Whyte, *Village and Family in Contemporary China*, University of Chicago Press, 1978; Dwight H. Perkins (ed.), *China's Modern Economy in Historical Perspective*, Stanford: Stanford University Press, 1975。

⑦ 参见 Mark Seldon, *The Yenan Way in Revolutionary China*, Cambridge: Harvard University Press, 1971; Lucien Bianco, *Origins of the Chinese Revolution*, 1915 – 1949, Stanford: Stanford University Press, 1971; Jean Chesneaux, Francoise Le Barbier, and Marie-Claire Bergere, *China from the 1911 Revolution to Liberation* (trans.), Paul Auster, Lydia Davis and Anne Destenay, Hassocks, England: Harvester Press, 1977。

上，阶级线性史观不分析个人的偏好，而分析个人的阶级属性。阶级属性并非个人本身内在的特质所决定，而是由个人处于主要生产关系中的位置所决定。生产关系取决于主要生产工具的所有权分配，个人的偏好是被生产关系所决定的。阶级史观对于中国的历史终点以及当下所处的历史阶段，都必须提出判断的依据，并对于阻挠中国进入资本主义社会与社会主义社会的因素，进行带有强烈实践意义的批判性分析。①

在阶级史观之下，其他的研究方法或与阶级分析看似无关的中国知识，都属阻挠受剥削阶级开展能动性的桎梏，是一种扰乱受剥削阶级的阶级意识的手段。他们否认有所谓完全自由的人，而认为人的意识受制于生产关系，因此他们不同意用市场来解决中国近代问题，因为市场参与者表面自由的个人化身份，受到某种文化霸权的宰制，使他们以为自己是以个人的身份参与市场。同理，中国作为国家在参与世界政治时，也不是单纯以一个国家的身份在与其他国家折冲，因为中国在世界生产关系中的位置，② 制约中国外交决策的选项及执行选项的能力。同时，中国这个国家身份也有混淆跨国阶级意识萌芽的作用，使被剥削阶级效忠于国家，而非阶级利益。

对于采用其他研究方法的研究，阶级史观保持高度的警戒及批判。他们不同于其他方法论者之处，在于他们也批判阶级分析之外的研究议程。其研究资源从何而来？这些其他研究者的资源出自什么结构，将说明该研究是为什么阶级服务。③ 他们与无本体论者及相对主义者分享同一种质疑，即制度主义与个人主义方法所生产的中国意识，是片面的知识或扭曲的知识。但阶级史观绝非相对主义者，更非无本体论者，相反的，他们的

---

① 参见 John G. Gurley, *China's Economy and the Maoist Strategy*, New York: Monthly Review Press, 1976; Victor Lippit, *The Economic Development of China*, Armonk: M. E. Sharpe, 1987; Samir Amin, *The Future of Maoism*, New York: Monthly Review Press, 1983; Maurice Meisner, *Mao's China: A History of the People's Republic*, New York: Free Press, 1977; John Collier and Elsie Collier, *China's Socialist Revolution*, New York: Monthly Review Press, 1973。

② Angus McDonaald, Jr., "Wallerstain's World-Economy: How Seriously Should We Take It?", *Journal of Asian Studies* 38, 3 (May 1979).

③ 详见 Bruce Cummings, "Boundary Displacement: Area Studies and International Studies during and after the Cold War", *Bulletin of Concerned Asian Scholars* 29, 1 (Jan-Mar, 1997)。

普遍性知识号称科学的社会主义,① 从而指控无本体论者不自觉地在协助统治阶级,让他们懂得透过各种装扮,掩饰阶级剥削的事实。② 以阶级利益为出发的方法论,是他们将其他研究者与研究对象置于共同的分析架构中,他们当然不会号称自己的研究为中立,但却会相信自己是站在历史的主流中。

七 中国研究的实践论:演绎或历史?

在当前自由经济制度主义文献中,强调市场分析的新古典学派并非专擅,③ 而另有两种研究方法相互竞争,一种是历史研究方法,另一种是演绎研究方法。采纳历史研究方法的实践意义,在于不相信人文的制度变革可以主宰行为;而采纳演绎方法的实践意义,则是相信制度可以有效引导行为。在演绎方法之下的中国知识,主要是指产权制度对个人行为诱因产生的引导,④ 因此中国并非任何特殊性的概念,个人行为受到利润的驱使,会利用特定制度来谋求利润的最大化,⑤ 从而导致整体利益的受限。正确的制度是将个人产权明确化,则所有个人的行为的外部效果都成为内部效果。如此,所有行为的结果都导引出效率最大,利润最高的总体成效。在演绎方法之下的实践论里所关心的是,现行产权制度如何造成不当的外部效果,或提供市场竞争机制之外的寻租行为皆可一一分析,同时对

---

① 参见 Anne M. Bailey and Josep R. Llobera (eds.), *The Asiatic Mode of Production: Science and Politics*, London: Routledge & Kegan Paul, 1981。

② 参考 Arif Dirlik, "The Postcolonial Aura: Third World Criticism in the Age of Global Capitalism", in A. McClintock, A. Mufti and E. Shahat (eds.), *Dangerous Liaisons: Gender, Nation and Postcolonial Perspectives*, Minneapolis: University of Minnesota Press, 1997。

③ 参见 Jan S. Prybyla, *Reform in China and Other Socialist Economies* (Washington, D. C.: AEI Press for the Amrican Enterprise Institute; Lanham, MD: Distributed by University Press of America, 1990; Victor Nee, "A theory of Market Transition: From Redistribution to Markets in State Socialism," *American Sociological Review* 54, 5 (1989), pp. 663 – 681。

④ 见 Jean Oi, "Rational Choice and Attainment of Wealth and Power in the Countryside," in D. Goodman and B. Hooper (eds.), *China's Quiet Revolution: New Interactions between State and Society*, New York: St. Martin's Press, 1994, pp. 64 – 79。

⑤ 例见 Andrew Walder, "Evolving Property Rights and Their Political Consequence," in Goodman and Hooper; Zhang Boshu, *Marxism and Human Sociobiology: The Perspective of Economic Reforms in China*, Albany: State University of New York Press, 1994。

于如何改变制度，设计新的产权制度，也在分析之中直接或间接得知。演绎方法一方面以人的主观偏好为前提；但另一方面又以市场利润为唯一主要的偏好内涵，因此认为人的行为可以经由制度重新设计所改造。

在演绎方法下所看到的无效率，能否经由制度再设计而获得立即的改善，引起知识界的争议。演绎方法不认为人的认知在变革中有独立的作用因此对于行为法则的适用，是由产权制度直接联系到行为本身，不经过认知。但是行为者的认知固然受到制度条件所制约，却不能假定制度的变迁纯粹只是逻辑上的操弄，这时人的认知作用凸显出来，亦即制度变迁的发生就算真的是起于逻辑的设计，但仍必须通过行为者学习之后才可能完成，而制度所涵盖的与适用的行为者何其多，因此制度变迁的完成需要相当时间的学习，而且改革不可一步到位，否则将带来意想不到的灾害，此历史方法之引进不可或缺。

根据历史方法，中国知识的内涵当然也包括既有制度对行为产生的引导，但中国具体的制度史不能忽略。历史制度主义特别承认行为者的能动性，故一项制度的适用，并不会依照制度设计者的愿望获得政策效果，因为行为者会因应制度条件而调整行为，以保护自己的利益。故在历史方法之下，任何制度都是透过学习而产生作用，因此既有游移性，[1] 又有滞留效果。[2] 历史制度主义对产权制度主义的批评，犹如后者对新古典主义的批评。运用演绎方法的产权制度主义者，认为完全竞争市场不会发生，因而强调制度的重要性；历史制度主义则认为制度改革不会依照制度设计就自己发生，因而强调既有制度与行为者认知之间的相互作用。[3] 历史制度主义是以个人主义方法论为依归，但认为人受认知限制的现象，是属于理性这个概念的内容，所以实践上除了强调产权明确的重要性外，也更注重分析既有制度形成的认知包袱。

---

[1] 参见 Brett George Sheehan, *The Currency of Legitimation: Banks, Bank Money and State-society Relations in Tianjin, China, 1916 – 1938*, Ph. D thesis, University of California, Berkeley, 1997。

[2] 参见 B. R. Tomlinson, "Productivity and Power: Institutional Structures and Agriculture Performance in India and China, 1900 – 50", in J. Janet, H. Harris and Cc. M. Lewis, *The New Institutional Economics and Third World Development*, London: Routledge, 1995。

[3] 既有历史的条件可以用小区或空间的特性来表述，见 Jay Chih-jou Chen, *Markets and Clientelism: The Transformation of Property Rights in Rural China*, London: Routledge, 2002。

研究方法上应该重视历史，还是以强调演绎为主，回答这个问题会具有政策实践上的效果，因而成为目前中国研究文献中一项重要的分梳，这个分梳在各种议程上出现，比如有关改革的进程，是作为过程导向的历史纪录，还是作为结构导向的演绎比对?[1] 或政治意识形态对产权改革的限制有多大?[2] 这些争论鲜少在目的论上检讨线性史观，即改革之前的历史路径，是否必然不能产生近代化，而必须改采商品化、私有化的唯一手段；或在知识论上检讨客观主义或普遍主义，即制度主义是政策上的操弄或客观行为法则的呈现；或在本体论上检讨本体的存在，即制度主义所解释的行为有多大程度是制度主义者教会的。

八　中国研究社群的环境

中国研究学界对于研究机构、研究资金、研究人事与知识社群等因素对于知识生产的影响迭有反省。[3] 研究机构的种类繁多，国家出资的政策分析部门及研究机构与私人资助的高等教育机构及智库，显然有不同的目的，则知识生产过程中的问题意识起点就各有特色。政策分析时提问的方式与理论探讨时的提问方式也有差异，虽然官方机构附设或赞助的政策机关必须顾及执政当局的意识形态，但因为资金来源稳固，研究者反而因为功利倾向相对低，而能容许动机强的研究者更为不受时空拘束，但也可能因为收入稳定造成研究动机不能持久。民间智库的财源容易决定研究方向，如果靠政府研究计划而生存的话，往往研究结论在问题意识阶段即有默认，如此产生的知识具有高度的实践意义。[4] 如果委托计划来自民间居多，则所生产的知识显也具有实践意义，但与官方的政策便可能有所抵触。

---

[1] 参考 Kuen Lee 与 Yu-shan Wu。

[2] 例见 J. Hong, "The Internationalization of Television in China: The Evolution of Ideology, Society, and Media Since the Reform," *Communication Abstracts* 23, 1 (2000); Feng Chen, Joseph Fewsmith, *Economic Transition and Political Legitimacy in Post-Mao China: Ideology and Reform*, Albany, NY: State University of New York Press, 1995。

[3] 参见 Shambaugh。

[4] 参见 Kuo and Myers。

政府机构经由民间基金会提供研究资金时，虽然影响看似间接，但所产生的影响不可忽视，只要运用得宜，有主导知识社群问题意识的深远效果。民间基金会以公开招标方式，推动特定的研究议程，延揽主流大学知名教授主持，主导风潮，使得学界边陲或后起之秀群起效尤，则某一种用来组织知识的新概念，或某一种意识形态所预设的问题意识，就不知不觉地散播开来，成为中国研究中取而代之的知识典范。同理，由宗教组织公开招募研究者的研究计划，也必然带有政治目的。没有资金提供者是无辜的，所以也没有任何知识没有政治效果。①

知识传播受到研究体制的影响，关于中国的知识终日充斥在我们周遭，透过各类媒体散布在大众之间，则对媒介的掌握就成为知识是否能被接受的关键。在知识界，出版机构是最受重视的媒介，包括学术期刊、出版社、大众传播等。大众传播追随的是事件与名气，名气越高越容易被咨询，而经常被咨询的人就更容易被找到，故凡有事件出现时，也最快被大众媒体所追逐。在大众媒介上谈论中国的人，未必是最受学界尊重的人，因为他们的言论不曾事先受学术同侪的审核。不过，这并不构成任何人的困扰，因为大众媒介本来也不能深入探讨，故在国际媒体上讨论中国的人，介绍的多半是已经在学界上获得认可的知识，因此什么知识在学界上获得认可，才是更关键的。

不论是学术期刊还是出版界，对中国研究宿有威名的机构，大家原本都有一定程度的共识，但近年来新兴的期刊与争夺中国研究市场的出版社大幅增加，他们都是以英文为其主要语言，则不能有效转换为英文的知识，就不能成为国际传播媒介依赖的中国知识来源，这意味着中文的中国研究将不是中国研究学界的思考基础。出版界的激烈竞争松动了原本学术审核机制，使得原本中国学界所抵抗的研究角度，都有了更多元发展的机会，但对于非英语世界的中国知识，甚至非美国生产的中国知识，他们获得重视与大量传播的机会都相对受到限制，一方面他们必须同时花时间用在自己的语言社群，或面对自己的国人而写作与研究；另一方面，他们用英语的能力或与美国出版界对话的能力有限制。②

---

① 参见 Madsen。
② 参考石之瑜《大陆问题研究》，台北：三民书局1995年版，第227—232页。

出版涉及对研究者的评价。近年中国香港与中国台湾都大量依赖 SSCI 作为评价的主要依据，因此在 SSCI 所列期刊以外发表的研究，被排列在对知识有贡献的范围之外。于是，港、台的研究者必须试图以英文来研究中国，这里已经预设了主客体对立的本体论与某种普遍主义知识论，因为语言的种类在此与知识的内涵已经被强迫脱钩，SSCI 之内与之外的英文学术期刊多数都采用同侪审核（即使 SSCI 期刊中，也有不需同侪审核者），各期刊有自己的人脉与知识重点，但同样一篇文章、一本书或一个观点，提出的人不同，影响就不一样。

知识社群中领导地位的维系与攀附是十分复杂的，有的是结党成派，相互引述，彼此录取对方的学生，通过对方的计划经费申请；有的采取联名发表策略，攀附在号称大师者的名下，并通过其他方式拉拢，取得在学术领域中快速窜升的机会。论文发表体制涉及此一领导地位的内涵与维系。期刊订购价格昂贵，且因图书馆多有收藏，个人订户少，以致期刊订购以图书馆为主，因此个人的阅读与理论偏好，不能反映在期刊市场上，这就是期刊论文的发表受到审核人的学术偏好影响至巨的原因，学术体制若特别重视期刊发表记录，等于是巩固既有学术研究的主流议程。相对于此，因为专书的收藏向来为学者个人所重视，因此商业出版社在利润诱因下，会出版向主流挑战的专书，使得广大对主流研究议程不满的学者，有所依据，有所发抒。往往向主流挑战的观点，是由商业出版社的产品中开始流行的。

人脉的政治在中国研究学界特别敏感，1989 年之后美国的中国学界研究者的华裔比例快速上升。各校赶搭中国热，藉由招聘华裔学者来建立与中国的交换关系，终于引起美国主流中国学界的警惕，在美中关系日益复杂的 21 世纪，中国裔学者散见各校的状态，使人不知是喜是忧，以至于若干名校竞相争取少数中生代白人学者，以确保中国学界的领导性质不至于发生目前尚难以判断其意义的变化。[1] 近十年来中国裔学者除了往美国，也往英、德、法、荷等国，亚太地区的澳、新西兰、日同样吸纳华裔

---

[1] 华裔美籍教授赵全胜多次在不同研讨会中口头报告此一现象。

教授。某种跨国的华裔知识结盟正在酝酿之中,① 这对于以英语为主导的中国研究,有何知识意涵,值得特别注意。

九　中国研究者的身份意识

中国研究学界对知识的反省,大多集中在中国作为研究对象,而对于研究者在知识生产过程中所起的作用,缺乏充分的反省。研究者是从什么小区、历史文化脉络、意识形态的背景环境中成长,应当也是关于中国研究知识论的重要内涵。② 唯有如此,研究者才能够认真反思,是否存在一套科学主义所假定的普遍性的中国知识。这种知识论的反省,首先要求研究者认知到,除了英语的中国研究之外,尚有其他语言的中国研究。不能否认的是,非英语的中国研究文献,相当程度地受到英语的影响,但在深入了解各地中国研究的知识史之前,不宜骤下结论认为其中并没有超出英语文献的问题意识。事实上,世界各地的中国研究者在互动中,确实对研究者身份影响问题意识,已经有相当体会。③

特别值得探讨的是,具有中国人身份的研究者所生产的关于中国的知识,与英语文献中的中国有何异同。大量中国赴欧美的留学生以研究中国作为专业,他们所研究的中国很难停留在一个客观外在对象的层次,他们经常性地利用寒暑假返乡研究、探亲并接受各级政府与各部门的咨询。平常他们加入中国海外教授的知识与联谊组织,对于国内的形势不仅关心,还发表评论。这些活动与欧美的中国研究者在知识领域之外的生活实践,有十分不同的关注。在1999年发生美军机炸毁中国驻南斯拉夫大使馆的事件中,中国裔的教授与专业人士在美国工作单位中互动时处境尴尬,迄今知识界就这一个极为敏感的经历,并未作深入的知识探讨。

---

① 比如以研究中国问题为主要活动内容的华人政治学家论坛,网址:www.inta.gatech.edu?china。
② 程念慈:《中国大陆研究的感性思索》,《中国大陆研究教学通讯》1994年6月,第17页。
③ 例见叶启政:《社会学与本土化》,台北:巨流图书公司,2001年;杨中芳:《如何研究中国人:心理学研究本土化论文集》,台北:巨流图书公司,2001年;石之瑜:《政治学的知识脉络》,台北:五南,2001年。

中国身份的欧美中国研究者有两个对话对象，一个是他们在欧美的同事，另一个是他们在国内的听众，后者成分复杂，包括教授、官员、媒体、乡亲、学生、自由派。游移在不同社会角色之间所造成的知识内涵差异，只有处在同样多重角色的人才能体会。在中国之内的研究者没有要被欧美同仁检证审核的压力，对于外来的分析与概念能用则用，且用法显然与原作者或传播者的理解有出入，但这些国内知识生产与消费者，也很难体会欧美的华裔教授的处境。这表示华裔教授的尴尬处境，不是因为他们的中国身份引起的，而是因为他们吸收了欧美的中国知识，并站在此一欧美化的知识角度，来观察自己参与中国的生活实践。在欧美时兴的主客二元对立的本体论与知识论之下，华裔研究者主客混淆的研究经历容易令他们自己感到不安。[①]

21世纪的中国研究将遭逢前所未有的身份混淆，不但大量的华裔学者留在欧美，欧美的学者也开始大量流窜。华裔学者遍及各国中国学界的现象已如前述，欧美学者远赴中国、日本，乃至于整个亚洲就业的做法日益普及，可以说中国学界在英语一统天下的表象之下，正在发生极为大量的跨界流动。同时，作为研究对象的中国，也面临不断漂流的论述情境，[②] 因为中国在海外的移民从经济、文化、政治各方面与中国疆域之内的人相互交流，使得具有中国身份这件事，和具有中国身份的研究者，两个身份的内涵都益加模糊化，主客二元对立的知识论，越来越不能在移民大量且加速的时代背景中屹立不拔。[③] 这个现象促成主导20世纪下半叶的中国研究风气的转变，使研究者的反思不再限于方法论与实践论。

十　在地的中国知识生产条件

全球化的脚步在四方面颠覆了区域研究的前提。首先，大规模的经济交流，模糊了客观的区域界线，以地理疆域界定的研究对象，已经溢出了

---

① 参考李英明《后现代与后殖民语境下的台湾社会科学的出路》，载李文志、萧全政合编《社会科学在台湾》，台北：元照出版2001年版，第39—57页。
② 参见石之瑜《后现代的政治知识》，台北：元照出版2001年版。
③ 参考徐振国《政治学方法论偏颇发展的检讨》，《政治与社会哲学评论》第二期，2002年9月，第123—178页。

疆界，难以捉摸。国际学术关注的对象不得不随之改变，迫使研究课题由国家行为者转向低层次的行为者。[①] 其次，频繁流动的各国侨民，混淆了社会科学家的主体意识，异教徒可以在欧美取得博士，有的比谁都更鄙视自己所从出的地区，勉力维护科学家的尊严以示自己摆脱了落后，跻身先进；有的则深刻反思，巨幅修正并挑战主流的理论与方法，赋予区域中的被研究者前所未见的主体位置。再次，研究资源的多元化与跨国化，使得原本区域之内本土的课题，可以堂而皇之成为国际的课题。最后，上述种种接触培养了新一代的欧美学者，他们不少人同情各个区域的本土视野，冲击着过去要求区域研究者在情感上保持距离的规范。

中国研究是区域研究中的大宗，向来是欧美社会科学家适用既存社会科学理论的地方。但自改革开放以来，中国所提供的具体的或潜在经济机会，使更多的人必须从中国人的角度了解中国人，才能有助于他们在洽谈商机、管理工人、设计产品的时候拿捏得体。中国人前往海外成为劳工、专家、富豪、学生、配偶，逐步瓦解人们对中国的单一刻板印象。这个过程，对于仰赖以中国为区域对象来彰显自己优越的人来说，情何以堪，故必欲将中国定位而后已，从而有了大中国区域的说法，力求能将满溢出大陆的中国人，再放回一块看似客观的地域空间中去。[②]

中国近代史的解读让当代中国人不能忍受这种新的歧视。中国身份的人对于来自欧美的品首论足极度敏感，即使研究者已经认识到，越来越多的外在研究者已经开始努力学习中国观点，研究者的情绪受那些仍抱有欧美优越意识的人影响最多，[③] 即使同情中国的人所习得的中国观点，也充满了虚构性。其实，不论是来自欧美的友人（其中不少是传教士、异议知识分子、姻亲），或是大陆自己的研究者，他们对中国特色的同情或执着，多少是在表达对西方的反弹。

---

① 最明显的是，近十年来对于乡镇村级的研究近乎泛滥。
② 例见 Samuel Huntington, *The Clash of Civilizations and the Remaking of World Order*, New York: Simon & Schuster, 1996; Larry Diamond and Ramon Myers (eds.), *Election and Democracy in Greater China*, Oxford: Oxford University Press, 2001。
③ 参见李希光、刘康《妖魔化中国的背后》，台北：捷幼1996年版。

十一　流动中的中国研究典范

中国研究者即将面临革命性的冲击，尽管这个冲击在多数中国研究文献中还未展现，但冲击已经出现在一些其他的研究领域中。对整个社会科学界而言，九十年代以降浮现的认同问题，以及相伴随的流血冲突，无时无刻不会成为人们身边突如其来的威胁，这些基于身份政治的能动力，绝大多数与历史移民及当代移民有关，因此移民作为社会科学研究内涵，恐将逐渐成为21世纪主要问题意识来源。中国研究面临的移民现象，在研究者与研究对象身上都看到，因此某种典范转移的趋势已经极为明显。不同于过去典范转移之处，转移的压力不仅来自于既有研究议程（包括问题意识、方法论）处理不了生活世界中的现象而已，更同时在于因为研究者对自己身份有了重新体认，或产生了新的身份意识，或失去了原本对身份所具有的安定感。这种源于研究者身份流动而出现的典范转移，是本体论层次上的根本变动。

所以，中国研究者对知识的反省，正开始往不同层次蔓延，及于线性史观与多元史观之间的取舍，与普遍主义与相对主义之间的对立。这两种反省在20世纪最后二十年萌芽且与政策界的关切有所呼应。这些反省背后所预设的主客二元对立与知识作为主客之间媒介的主张，已经在若干社会科学领域中爆发。中国研究者也应该认真检讨：到底自己所生产的知识，是否为无本体论者的信仰那样，是与研究对象相互构成的，即理论既建构了也解释了中国为何，而具备中国身份者实践、服膺也引导了知识界的理论？

（原载《开放时代》2005年2月，本集有删节）

国际中国文化研究的哲学本体

——关于这一学术的几个问题的思考

严绍璗

在当前中国文化大发展的时代,在把建设"文化大国"作为我们"强国梦想"的主旋律之一的社会生态中,"国际中国文化研究"和"比较文学研究"从来也没有像现在这样获得社会高度的关怀,学术本体也获得了空前的繁荣,以前似乎是很"边缘"的学科,现在已经进入文化运作的"核心"之中。这对于我们这些数十年来一直在这个"学术范畴"中运作和生存的群体来说,当然感到来自内心的喜悦。回想20世纪90年代初期,北京语言大学阎纯德先生创办《汉学研究》、任继愈先生携北京外国语大学张西平先生创办《国际汉学》、中国艺术研究院刘梦溪先生创办《世界汉学》,这三个刊物开张的时代,筚路蓝缕,我们曾经站在人行道上讨论文稿。而今天,它们成为了我国人文学科中的重要刊物,这是何等的光辉!

时代在不断地进步,学科当然也在迅速地拓展。在这个时候,我们定下心来,汇聚经验,提升认知,推进发展,我想是极为必要的。我个人依据自己的认知和阅读的体验,觉得在国际中国文化研究这一学术的发展中,有几个层面的问题可以提出来研讨,希望在认知状态中达到基本的共识。

第一,我们在推进"国际中国文化研究"的过程中,究竟有没有预设的"终极性"目标?假如存在这样的目标,那么它究竟是什么?也就是说,这一学术的"文化的本质特征"究竟是什么?

国际中国文化研究作为一门学术，它事实上存在着两个工作群体：一个是对象国学者进行的"中国文化研究"的群体；另一个是中国学者对对象国学者的研究做出相应研究的群体。因而，这是一门命中注定的"国际型学术"。它的内容既是丰厚的，也是诡谲的。

如果我们"以史为鉴"，举一个研究者几乎共知的文化事实——这就是17世纪时代日本和西欧的学者对于中国儒学的研究。在这个时代中，经过日本学者的研究，儒学中的相应成分成为日本德川家康幕府政权主流意识形态的有价值的成分；但同时，经西欧启蒙主义中的一些学者的解读，儒学中的相应成分则组合到了他们理性主义的体系中，写在了他们召唤近代社会到来（我们姑且称为资本主义社会到来）的战旗上。中国儒学在相同的时期中，既可以经过研究阐发而成为维护封建专制政治的有价值成分，又可以经过相应的解读成为推翻封建专制的呐喊的精神武器。

那么，中国的儒学究竟是什么？中国的研究者将如何来评审他们的价值形态？当今的研究者，究竟应该向哪一方欢呼？又向哪一方诅咒呢？

这样复杂的状态，我觉得它很生动地显示了"世界文化互动"的真实状态。"文化互动"的"内在动能"就存在于世界各个民族、各个国家文化运作中深刻的"内在需求"。这种"文化内需"则来自于他们自身的价值观念，其核心则是他们内聚的哲学本体及其衍生的多元的价值观念。正是在这样和那样的"哲学本体"的作用中，中国文化经由转播通道到达对方，"转播通道"使得一种文化因为"对象"的需要而被解构，在对象国形成"变异形态"而进入他们的文化之中。一旦中国文化被具有与中华文化不相同的"哲学意识者"言说，则中国文化就从"本源形态"转化为"变异形态"。

正是在这样的文化运作中，几乎可以肯定地说，国际中国文化研究不是一种"单边文化"，而是与比较文学学术的基本定位相一致，即属于"跨文化研究体系"。依据我的体认，只有这样的理解，研究者才有可能真正把握国际中国学的价值本质。我国学术界常常喜欢使用"他山之石，可以攻玉"来评价"国际中国学"的学术价值。尽管比喻很形象化，但是把"国际中国学"定位为一种"学术性的工具"，而这样的"工具论"定位则是建立在以自我的人文价值为评价标准上的，这在事实上对"国际中国文化研究"作为一门具有世界性意义的"学术的本体"，即对它的真正的学术内涵，会忽视了、失却了更有效和更深刻的理解与相应的把握，由此而使我们的研究者在这一学术的阐释和表述中难免显得薄弱、片面，出现虚拟的幻影。

第二，在我们中国学者研究阐发对象国的"中国学文化研究"的价值时候，应该努力建立起世界性的文化视野，应该在总体的"文化的世界性网络"中把握各国的"中国文化研究"价值意义。

我以自己较为知道一点的"日本的中国文化研究"为实例来表述我的思考。我们在审视和接纳"日本中国学"的学术成果的过程中，逐渐意识到世界近代进程的一个显著特征，便是"文化的世界性网络"的形成。国际中国文化研究本身就是一门世界性的学科，我们只有在逐步把握各国中国学之间的相互的精神观念渗透的过程中，才能更加准确与清晰地把握对象国"中国学"的本质特征。

对于日本中国学而言，我个人体验，欧洲近代文化思想与欧洲中国学的传人，已经构成日本中国学形成与发展的一个"文化语境"层面。所以，我们应该把日本对中国文化研究放置在相关的世界性文化视野中考察。世界近代进程的一个显著特征便是"文化的世界性网络"的形成。我在《日本中国学史稿》中特别设立一章，表述了我的看法。

19世纪中期之前的"日本汉学"时代，日本学者们的治学之道几乎完全依靠从中国传入的文献。他们伏案读书，皓首穷经，偶有所得，则撰写成篇。他们之中几乎没有人到过中国，更遑论其他。其视野所及就是以中国文献所提供的"文化框架"，再融入以"神道"为核心的本土文化，依凭个人的积累与智慧，自成一家之说。

"日本中国学"作为日本近代研究世界文化的一部分，从这个学科形成的时候开始，它的主要的、重要的学者相应地都逐步养成了把自己对中国文化的认知和研究与"世界"构成融通状态的习惯。

"日本中国学"体系中某些主要观念与方法论的形成，不仅取决于日本本土文化语境，而且也是他们接受欧美文化，特别是欧洲文化而变异的结果。

我们体察到一些可以思考的线索，像"日本中国学"中"新儒家学派"的主要学者，把儒学的道德规范解释为"爱国之主义"，以确立对天皇的忠诚的井上哲次郎、把"儒学"归纳为"孔教"的服部宇之吉等，几乎都在德国学习和研究过。他们几乎都热衷于德国俾斯麦（Otto Fürstvon Bismarck-Schönhausen，1815—1898）、施泰因（Loreng von Stein，1815—1890）、盖乃斯德（Heinrich Rudolf Hermann Friedrich Gneist，生卒1816—1895）等人的国家集权主义学说。顺便说一句，我做了一个简单的调查，结果显示：现在放置在靖国神社的日本第二次世界大战战犯中有大致 1/3 的人在德国担任过军事武官等军事职务，而其中似乎没有在其他欧美国家担任过军事职务的军人。这是不是构成日本近代思想文化中的一个值得思考的课题，是一个很有趣味的事情。

至于白鸟库吉的"尧舜禹抹煞论"则与他接受法国哲学家皮埃尔·拉菲特（Pierre Laffitte，1823—1903）关于"人类文化进程三阶段"的理论密切相关。皮埃尔·拉菲特是法国实证主义哲学家孔德（A. Comte，1798—1857）指定的学派第一继承人。他认为，人类启始的文化是"物神偶像崇拜"（fetishism）文化，其特点是创造偶像，由此进化到"神学理论"（theologism）阶段，这一时期的文化便是社会开始具备"抽象性的观念"。文明社会的文化则是"实证主义"（postivism）文化，人类能使外界的经验与内心的经验达到统合一致，出现高度和谐。

白鸟库吉从拉菲特这样的文化史观中获得了他批判儒学的近代性话语。他把中国古史和儒学定位为人类文化的第一阶段，即"物神偶像崇拜"阶段。他认为，"尧舜禹崇拜"所表现出来的偶像性的观察是显著的、发达的，"尧舜禹崇拜"缺乏有价值的抽象的理论，这是文化蒙昧的必然结果。

白鸟库吉的中国古史观具有特定时代的近代文化所具有的批判性——这种批判性，使白鸟库吉事实上重新审视了传统的"儒学的史学"的观念，试图重新看待中国历史和评价中国文化。但所特别意指的"耳目口鼻之欲"是否可以看作"人性中的道德异常状态"？如果参考前文对"性相近"的讨论，应该可以确定"耳目口鼻之欲"应该是他所谓的"复杂的现实化的人性"中的重要部分，而在译解"性相近"时，理雅各也曾明确指出，这种复杂的现实化的"性"往往会将本善之性引入歧途，[1] 那么这"耳目口鼻之欲"就显然偏离了本善之性，偏离了道德本心，因而

---

[1] James Legge, *The Chinese Classics*. Vol. I, 1869, p. 318.

是"人性中的道德异常状态"。

由此，理雅各又通过对"克己复礼"中的"己"的译解，进一步确认了现实之恶的重要来源。有意思的是，这"耳目口鼻之欲"也被孟子看作不合乎本善之性的欲望："口之于味也，目之于色也，耳之于声也，鼻之于臭也，四肢之于安佚也，性也，有命焉，君子不谓性也。"（《孟子·尽心下》）

结　语

历史上诸多传教士和学者往往都将基督教原罪论与中国古典思想中的性恶论相提并论，鲜有人认为孔子的性善论会与基督教原罪论有何关联和可连通之处。有着基督新教信仰背景的理雅各却将孔子的"一贯之道"归结到"心"，进而归结到"性"，从而将孔子的性善论肯认下来；而且在由此引出的现实之恶的基础上与基督教原罪论进行疏通，发现了两者相互连通的"禀受—失去（或者污染）—恢复"的历时性结构。这些连通意义重大：正是由于那些易于将本善之性引入歧途的现实之恶寓居于每一个体身上，所以每一个体在面对着赐予自我本善之性的"天"的责任、对于禀受天命之性的自我的责任，便显得更为重大，也更为艰难，"任重而道远"；还可以进一步思考的是，基督教中"上帝的形象"的恢复必然是一个渐进的过程，而且尽管在一般的基督教观念中其恢复虽然最终可以完成，但是这种完成也被置于人永远无法预知的终末，因而对于每一个个体来说，更新和恢复永远是未完结的过程。那么通过理雅各建立起来的对应结构来看，显然儒家思想中人的复性也必然是一个永不完结的过程。这也是为何理雅各会将"人之生也直"译为"Man is born for uprightness"，会将《孟子》的"人性之善也，犹水之就下也"译为"The tendency of man's nature to good is like the tendency of water to flow downwards"。不过，这需要另外撰文来详细探讨了。

（原载《国际汉学》2015 年第 2 期）

比较文学视野下的海外汉学研究

张西平

一

对域外汉学的研究是近代以来中国学术界一直关心的问题，因为从 1905 年晚清政府废除科举制度以后，中国传统的知识分子已无法按照几千年来的传统来表述中国的知识和思想。此时，已经有百年历史的西方汉学家在中国的活动极大地启示了当时的中国知识分子从传统的治学方式转向按照西方的现代学科分类来做自己的学问。例如，瑞典汉学家高本汉（Klas Bernhard Johannes Karlgren，1889—1978）的《中国音韵学研究》（*Études sur la Phonologie Chinoise*）作为一部重新构拟古代汉语语音系统的奠基之作，受到赵元任、李方桂等中国现代语言研究的代表人物的高度评价，并由此而使中国语言学的研究走出了传统小学研究的路数，开启了中国现代语言学研究之路。又如，法国汉学家伯希和（Paul Pelliot，1878—1945）1909 年来到中国，他将其在敦煌发现的部分敦煌写本精品，出示给在京的中国学者罗振玉等人，中国学术界由此知有敦煌遗书。罗福苌和陆翔分别在《国学季刊》与《国立北平图书馆馆刊》上翻译发表了伯希和编制所获部分敦煌汉文写本的目录（Catalogue de la collection de Pelliot manuscrits de Touen-houang），由此开启了中国敦煌学的研究。近代以来，中国学术界对域外汉学的研究，无论是对日本汉学的研究还是对欧美汉学的研究，都是与近代中国学术体制和学科建设分不开的，因此，此时的对域外汉学的研究主要集中在知识论上。

20 世纪 80 年代以来，对海外汉学研究的兴起与整个学术界对传统教条主义学术体系的反思是联系在一起的,对汉学的热情几乎和清末民初时有着很大的相似之处,即对域外汉学的介绍是同中国现代学术体系和观念的重建联系在一起的。但此时,如果和清末民初时对西方汉学的介绍学习相比,最大的一个不同就是比较文学学科的发展对从事海外汉学研究的学者产生了重大的影响,并自觉地将对汉学的研究纳入了比较文学研究的领域,由此,对域外汉学的研究已经走出了主要在历史学中展开的局面,从而开启了多学科对域外汉学的研究,并开始走出单纯的知识论的范围,用跨文化的视角审视这个发生在中国以外的关于中国的知识和文化系统。

二

比较文学与海外汉学研究紧密相连可以用两个基本事实来证明。其一,乐黛云先生早在 1996 年和 1998 年就主编了《北美中国古典文学研究名家十年文选》和《欧洲中国古典文学研究名家十年文选》两本书,将海外中国学的研究直接纳入比较文学研究的领域之中;其二,我们可以从当前中国学术界关于海外汉学研究最有影响的学术辑刊的有关文章,看出比较文学与海外汉学研究的内在关系。

《国际汉学》是 1995 年在商务印书馆创办、由已故的中国著名学术大师任继愈主编的当代中国第一份专门介绍域外汉学并对其展开研究的杂志。《国际汉学》第七辑上,已故的中国当代比较文学研究者周发祥先生发表了《国外汉学与比较文学》一文,文中提出"国外汉学所固有的比较性质"是中国比较文学界可以展开研究的重要领域。《国际汉学》第九辑上,孟华教授发表了《汉学与比较文学》,她在文章中指出:"汉学家的工作(译作、评论、研究文章)为比较学者提供了研究中国文学、文化在异域流播的基本资料。作为翻译者、介绍者或研究者,他们都是中国文化的第一接受者。从这个意义上讲,一部汉学史,往往就是一部中国文学、文化在他国的流播史。"从比较文学的角度来看,汉学研究的成果代表了一种"他者"的视角。所以,孟华认为,汉学是比较文学天然盟友,"甚至可以毫不夸张地说,自从我踏上比较文学学术之路起,汉学研究就始终伴随我左右，成为我学术生活中不可或缺的一部分。"① 张西平在《国际汉学》第十二辑发表的《汉学研究导论》，开始系统关注比较文学方法对汉学研究的价值。严绍璗先生在《国际汉学》第十四辑所发表的《我对国际 Sinology 的理解和思考》一文，更是从比较文学的角度全面阐释了汉学研究的立场、方法。严绍璗认为，从比较文学和跨文化的角度来看，对域外汉学的研究应该有四个方面："首先需要掌握中国文化向域外传递的基本轨迹和方式"；"其次，则需要掌握中国文化在传入对象国之后，在对象国文化语境中的存在状态——即对象国文化对中国文化的容纳、排斥和变异的状态。""再次，则需要探讨世界各国（对具体的学者来说当然是特定对象国）在历史进程中不同的政治、经济和文化条件中形成的'中国观念'。""最后，则需要研究和掌握各国'Sinology'在其自身发展中形成的各种学术流派，并由此而研究掌握各个国家'Sinology'的学术谱系。"② 这四点现在已经成为中国当代学术界展开域外汉学研究的基本原则。乐黛云先生在《国际汉学》第十六辑发表了《文化自觉与国际汉学新发展的一点思考》一文，作者高屋建瓴，从当前发展的中国形势出发，认为随着中国的崛起，中国知识界一定要走出西方中心主义，树立文化自觉的观念。她认为，"将中国文化置于全球化的语境之中，研究它与其他文化的关系，使其成为正在进行的全球文化多元建设的一个组成部分，这是我们过去从未遭遇，也全无经验的一个崭新的领域。"③ 乐先生认为，相对于对"西学东渐"的研究，从反方向，即从"东学西传"的角度展开研究，特别是中国文化对于西方文化影响角度的著述还很少，而这个领域正是比较文学得以大展身手的地方。

中国当代比较文学界自觉地将对海外汉学研究的领域纳入其学术研究的范围，从而在中国比较文学领域开始涌现出一批较有影响的关于域外汉学的研究，成为近 30 多年来中国比较文学界的一道独特的风景线。

当前中国比较文学界把握海外汉学研究大体从两个角度展开：一是从

---

① 孟华：《汉学与比较文学》，《国际汉学》（第九辑），大象出版社 2000 年版。
② 严绍璗：《我对 Sinology 的理解和思考》，《国际汉学》（第十四辑），大象出版社 2006 年版。
③ 乐黛云：《文化自觉与国际汉学新发展的一点思考》，《国际汉学》（第十六辑），大象出版社 2007 年版。

传播史的角度展开，一是从影响史的角度展开。

从传播史的角度展开的研究著作首推严绍璗的《日本中国学史》，这本 1991 年初版的著作直到今天仍是学者案头必备之书。作者采取原典实证的方法，清晰地梳理了中国文化在日本传播的途径、阶段，日本汉学发展演进的历史过程。在其影响下，张西平的《中国与欧洲早期宗教和哲学交流史》《欧洲早期汉学史》大体走的也是传播史的研究路线。周发祥主编的"中国古典文学走向世界丛书"中《西方文论与中国文学》《国外中国古典文论研究》，王晓路的《西方汉学界的中国文论研究》，钱林森的《法国汉学家论中国文学：古典戏剧和小说》《法国汉学家论中国文学：古典诗词》《法国汉学家论中国文学：现当代文学》基本上都是从传播的角度，侧重汉学的维度展开研究的。这样一个研究路向，已经被许多青年学者所熟悉，钱婉约的《内藤湖南研究》、刘萍的《津田左右吉研究》、张哲俊的《吉川幸次郎研究》已经把对日本汉学史的研究深入到个案，从人物研究入手。这种专人、专书的研究，使比较文学对中国文化在域外的传播历史梳理进入了一个很深的程度，从而为比较文化的展开奠定了一个非常扎实的史学基础。

从影响史的角度展开研究的首推孟华 1992 年出版的《伏尔泰与孔子》，这本书篇幅不大，但选题重大，它开辟了在影响研究中注重原始文献、注重思想文化史历史背景的研究，作者较好地显示了其法国比较文学学派训练的特点。1996 年出版的卫茂平的《中国对德国文学影响史述》，1998 年钱满素的《爱默生与中国》，2000 年吴泽霖的《托尔斯泰和中国古典文化思想》都是不可多得的好书，这些书的出版大大推进了影响史的研究。

对当代比较文学研究领域的域外汉学研究产生重大影响的，有两本书不能不提，一本是萨义德（Edward Wadie Said, 1935—2003）的《东方学》（1999），一本是孟华主编的《比较文学形象学》（2001）。前者使研究者获得了一种后殖民主义的立场，后者使研究者有了一个超越传播史和影响史的新的研究角度。试图将这两个角度揉为一体的代表学者是周宁，他的系列出版物《中国形象：西方的学说与传说》以及专题研究《天朝遥远》，都可以看出他对形象学和后殖民主义理论的吸收。秉承后殖民主义的理路，他对国内学术界研究西方汉学提出了十分尖锐的批评，认为这是一种"汉学主义",一种自我的殖民化。他的批评也同样遭到了反批评,张西平认为萨义德的后殖民主义在对待包括西方汉学在内的东方学的研究,有着自身的不足。① 孟华的形象学理论得到了学术界较好的回应,在对中国文化在域外的传播影响研究中得到较为广泛的应用。例如钱林森主编的《跨文化丛书:外国作家与中国文化》,姜智芹的《文学想象与文化利用:英国文学中的中国形象》,欧阳星的《表现他者:澳大利亚小说中的中国人(1888—1988)》,卫景宜的《西方语境中的中国故事》、宋伟杰的《中国·文学·美国:美国小说戏剧中的中国形象》、吴其尧的《庞德与中国文化:兼论外国文学在中国文化现代化中的作用》,都是对特定国家文学作品中的中国形象的研究。

从1996年季羡林先生主编的"东学西渐丛书",到2006年乐黛云先生主编的"中学西渐丛书",相隔10年,但研究的视角都聚焦以汉学为中心的中国文化在域外的传播和影响这个主题上。同时,这两套书都是将中国文化在西方的影响研究从单纯的文学界扩展到整个文化思想界,显示了汉学研究和比较文学研究的密切关系和内在的联系,显示了比较文学界对域外汉学研究的关注。

三

从20世纪80年代逐步发展起来的对海外汉学的研究,标志着中国学术界已经开始将中国文化的研究扩展到全球范围,这是20世纪80年代以来中国学术界在学术观念上的重大提升。对域外汉学的研究极大地扩展了比较文学研究的范围,并已经成为中国比较文学界最为活跃的一个领域。由于对域外汉学研究的跨文化属性,从比较文学的角度来看,无论在基础建设还是在理论建设上都亟待深入和提高。

从基础建设来说,我们仍需回到乐黛云1996年编辑《北美中国古典文学研究名家十年文选》和《欧洲中国古典文学研究名家十年文选》这个思路上来,没有对中国文化在域外传播历史的基础性研究,没有对域外

---

① 参见周宁《汉学或"汉学主义"》,《厦门大学学报》(哲学社会科学版)2004年第1期。

汉学基础性文献的翻译和整理，如若从比较文学的角度展开对汉学的研究几乎是不可能的。严绍璗提出的原典实证的方法仍是展开汉学研究的基本方法。中国文化在域外的传播如果从传播到日本算起已经有近千年的历史，如果从传播到欧洲算起已经有400多年的历史，而中国学术界对它的研究不到百年，真正学术性的展开不过30余年。至今，我们仍不能完整拿出中国文化在任何一个国家传播的基本书目，① 仅此就可以说明一切才刚刚开始。沉下心来，克服中国迅速崛起带来的那种使命感所产生的学术冲动，集中精力做好基础文献的翻译和整理，精心做好国别汉学史的研究，做好专书、专人的研究仍是汉学研究领域一个长期的任务。

域外汉学或中国学研究的领域也亟待扩展，目前中国学术界对中国文化在域外的传播研究几乎将全部的精力放在了东亚和欧美，对这两个地区之外的汉学或中国学研究我们所知甚少。近百年来欧风美雨、以日为师几乎成为知识界的主流，但在中国迅速成为一个世界性大国的时刻，在中国的国家利益遍及全球的时刻，我们已有的知识显然已经不够。从另一个角度来说，这种知识范围的扩展也不仅仅是一个国家的利益问题，这种知识和视野的扩展也包含着一个大国的知识界应该具有的全球精神视野和整个人类文明的情怀；正像在语言研究上如果没有对埃及古文字的研究，没有两河流域楔形文字的研究你就很难称得起语言大国一样。如果把对海外汉学的研究仅仅局限在东亚和欧美，我们就很难说清中国文化在全球范围内的影响和价值，很难在多元文化的视角下展开跨文化的对话与研究，从而真正在多元文化的对话中创造出中国自己的跨文化研究理论，对世界的比较文学研究有所贡献。

从理论建设的角度来看，以域外汉学为中心的研究视域对比较文学原有的理论提出了多重挑战。域外汉学在学术形态上几乎涵盖了中国学术和文化的所有方面，中国文学只是其中的一个部分，中国的历史、宗教、哲学、科学常常是汉学的重要内容。比较文学所常用的平行研究或影响研究，实际上都无法说明汉学学术形态的复杂性。如何解释作为知识系统的汉学成就？这些仅仅在比较文学的领域都无法说清。这是一种全球化后知

---

① 严绍璗的《日藏汉籍善本书录》代表了中国学术界对汉学研究基础性工作的一种努力，应沿着这个方向展开中国文化海外传播目录的编制工作。

识和思想的交融与会通，你中有我，我中有你，这里既有思想的误读，也有知识的传播。域外汉学在不同的地域和国家有不同的形态，在一个国家不同的时期又有不同的特点，如何综合考察汉学的文化形态与特点、其形成的规律与本质，仍是一个未定论的问题，似乎到目前为止尚无一套较为全面的跨文化理论对其做总体的说明。这是其一。

其二，形象学和后殖民主义理论对域外汉学的研究无疑是重要的方法，① 但将其运用到域外汉学的研究中就凸显其理论的不足。在"我"与"他"的对应关系中，汉学对"他者"的"社会集体形象"是如何产生影响的？知识和想象之间的关系、汉学与"关注主体"认知结构的关系等等都有待讨论。"社会集体想象"如果只是在"意识形态"和"乌托邦"两种方式下转换，显然有着不足，它无法很好地说明知识的真实和解释的主观性问题，也无法说明"关注者"和"被关注者"互动的复杂关系。正如我在一篇文章所说的："形象学和萨义德的'东方学'对早期欧洲汉学的研究提出了一个根本性的问题：作为东方学一部分的欧洲汉学如果是意识形态的产物，是帝国主义早期殖民主义扩张的产物，那么它的真实性何在？或者进一步扩大，在历史研究中，如何确立'历史事实'和意识形态的关系。如果像后现代主义者巴特（Roland Barthes）所说的'历史推论在本质上是意识形态经营下的一种形式，或者更正确一点，是想象的惨淡经营'，那么历史学还有存在必要吗？"②

其三，汉学研究的复杂性还在于中国文化和历史作为"他者"传入了不同的国家，被不同文化背景的汉学家解读、说明、研究，成为其"异邦"知识和文化的一部分。但同时，这个在"异邦"所形成的汉学，又返归中国，参与了中国文化和学术的建构之中。此时的域外汉学又作为一种异邦的"他者"，呈现在中国文化和学术面前。汉学参与中国近代学术与思想建构的深度是很多人不可想象的，我在文章开头就指出了这一点。这样，域外汉学作为一种异邦的"他者"并不完全外在于"我"，并

---

① 参见孟华《试论汉学建构形象之功能——以19世纪法国文学中的"文化中国"形象为例》，《北京大学学报》（哲学社会科学版）2007年第4期。

② 张西平：《基歇尔笔下的中国形象——兼论形象学对欧洲早期汉学研究的方法论意义》，《中国文化研究》2003年第3期。

不是仅仅成为我们关注的对象。中国近代学术的形成，乃至中国当代学术的转型，都和我们对汉学的研究与理解密不可分，这个"他者"几乎已经内化到"我"之中。中国当代学术和思想重建的首要之事，就是如何从中国原本的文化传统梳理出自身基本的理路，如何从中国近代思想和学术的转变中梳理出已经"内在于我的汉学概念和思想"，剥离出"外在于我的汉学概念和思想"。这实际上已经超出了比较文学的范畴。实际上对域外汉学的研究并不能完全纳入比较文学研究的范围，如孟华所说，汉学只是比较文学研究的天然盟友。因为，对汉学的考察与反思已经成为中国当代学术和文化重建的重大问题，对其的把握需要在更大的学术范围内加以考察。至今，我们在把握这个研究领域时仍不能从理论上对汉学作一种整体的说明，揭示其复杂的特性。

天地玄，寰宇变。当代中国经过30年的发展，以超出任何人的想象力而骤然崛起。面对这种历史的巨变，几乎中外所有的知识分子和思想家都哑然。中国发展到世界一流大国已经指日可待，汉唐盛世也即将在不久的将来再现于中华大地。在这三千年未有之变局的重大历史转折关头，抖搂掉晚清以降的悲情，走出百年殖民后的被殖民心态，在其无与伦比的辉煌历史文化传统之上，重建中国人的精神世界，吸取百年来所融合西学的思想和知识传统，重建中国思想和学术的重任已在召唤我们。通过对中国文化在全球的传播和影响的研究，通过对域外汉学的研究，探求中国文化的普遍价值和全球意义，已经成为我们这代人的使命。显然，无论在学术的基础建设上还是在理论建设上，我们离这个目标还相差很远、很远。路漫漫其修远兮，吾将上下而求索。

（原载《中国比较文学》2011年第1期）

跨文化形象学的观念与方法

——以西方的中国形象研究为例

周 宁

一 基本问题与知识立场

跨文化形象学有关中国形象的研究主要包括"三组问题"[①]：一、西方的中国形象作为一种知识与想象体系在西方文化语境中生成、传播，以一种话语力量控制相关话题并参与西方现代性实践的问题；二、世界的中国形象与全球化的中国形象网络形成，与此相关的是西方的中国形象的跨文化霸权以及不同国家地区的中国形象中流露的"自我东方化""自我西方化"的问题；三、域外的中国形象，主要是西方的中国形象，影响或塑造现代中国的自我形象或自我想象，中国自我形象认同的"自我东方化"与"自我西方化"，如何影响中国现代性文化自觉与文化重建的问题。三组问题相互关联，在理论上指向中国现代性自我认同与文化自觉问题，在实践上关注中国的文化软实力与地缘政治战略的文化背景问题。其中西方的中国形象研究是跨文化形象学中国问题的起点，在全球化进程中，世界范围内西方现代性文化霸权渗透到各个领域，其中西方的中国形象也随着西方现代性思想扩张，或多或少地控制着世界不同国家或文化区的中国叙事。

[①] 具体论述参见笔者为《世界的中国形象研究》丛书（人民出版社2010年6月版）写的导论。

西方的中国形象是跨文化形象学研究的起点性问题。西方的中国形象研究又具体化为三个层面上的问题：一、西方的中国形象是如何生成的。在理论上，它必须分析西方的中国形象作为一种有关"文化他者"的话语，是如何结构、生产与分配的；在历史中，它必须确立一个中国形象的起点，让西方文化中中国形象的话语建构过程，在制度与意义上都可以追溯到那个原点。二、中国形象的话语传统是如何延续的。它考察西方关于中国形象叙事的思维方式、意象传统、话语体制的内在一致性与延续性，揭示西方的中国形象在历史中所表现出的某种稳定的、共同的特征，趋向于类型或原型并形成一种文化程式的过程。三、中国形象是如何在西方文化体系中运作的。它不仅在西方现代性观念体系中诠释中国形象的意义，而且分析西方的中国形象作为一种权力话语，在西方文化中规训化、体制化，构成殖民主义、帝国主义、全球主义意识形态的必要成分，参与构筑西方现代性及其文化霸权。

这三个层面上的问题规定的研究对象，既包括个别文本表述的中国形象，又包括不同文本相互参照、相互引证构建的作为一般社会文化想象物的"集体表象"。因此，我们可以分析个别文本中的中国形象，不管这个文本是虚幻的文学作品，还是严肃的学术著作；我们还发现，这些思维与表述方式完全不同的文本，经常重复表述同一种中国形象，构成某种形象类型；而这种类型化的中国形象一旦形成，又可能为个别文本的表述提供想象素材、思考框架、确立主题及其意义。根据中国形象本身的特征，《天朝遥远：西方的中国形象研究》（周宁，2006）在三个层面上展开研究：即形象、类型、原型，关注话语的知识与实践两方面的问题及其相互关系：即中国形象在知识层面上是如何构成的，在实践层面上是如何发挥的。跨文化的中国形象研究有两种知识立场：一是现代的、经验的知识立场；二是后现代的、批判的知识立场。这两种立场的差别不仅表现在研究对象、方法上，还表现在理论前提上。现代的、经验的知识立场，假设西方的中国形象是中国现实的反映，有理解与曲解，有真理与错误；后现代的、批判的知识立场，假设西方的中国形象是西方文化的"表现"（representation）①，自身构成或创造着意义，无所谓客观的知识，也无所谓真实或虚构。在后现代的、批判的理论前提下研究西方的中国形象，就不必困扰于其是否"真实"或"失实"，而是去追索其作为一种知识与想象体系，在西方文化语境中是如何生成、如何传播、如何以一种话语力量控制相关话题，又如何参与西方现代性实践的。这里有关"形象"的理解是结构的，非本质主义的，它并不否认"真实"，只是不将建立在所指与能指之间的关系上的"真实"的意义当作研究的问题，因为对话语结构的反思并不否定也不取代对真实性的反思。

跨文化形象学不同于汉学研究，也不同于比较文学，在研究对象、前提、观念与方法上，均有所不同。数年之后检讨这项研究，更感到清理其理论前提、学科意义与研究范型的必要性。② 值得注意的是，最近学界研究西方汉学者，也频繁使用"中国形象"。实际上这种有意无意地混淆概念的做法，在研究中是有危险的。西方汉学的意义在于假设它是一门学科或知识体系。如果使用中国形象研究取代汉学，那就假设汉学的意识形态化，其知识包含着虚构与想象，协调着权力，因此也无法假设其真理性。笔者曾写过《汉学或"汉学主义"》③ 一文，从后殖民主义文化批判角度质疑汉学学科的合法性并尝试进行解构性批判，希望学界警惕学科无意识中的"汉学主义"与"学术殖民"的危险，基本用意也正在于此。西方汉学研究关注的是知识问题，而西方的中国形象研究，关注的是知识与想

---

① 阿尔都塞研究意识形态的意义时使用"想象"（Imaginary）以避免传统的认识论的真假之分，他说意识形态是"表现系统，包括概念、思想、神话或形象，人们在其中感受他们与现实存在的想象关系"。霍尔（S. Hall）研究文化的意义时使用"表现"，他认为"表现"是同一文化内部成员生产与交换意义的基本方式，它将观念与语言联系起来，既可以指向现实世界，也可以指向想象世界。参见 Stuart Hall（ed.）, *Presentation: Cultural Representations and Signifying Practices*, London: The Open University, 1997, Chapter Ⅰ, "The Works of Representation"。

② 笔者在《中国形象：西方的学说与传说》（学苑出版社2004年版）出版后，曾与宋炳辉做过一次笔谈，提出清理西方的中国形象研究的理论前提、学科意义与研究范型的必要性（见周宁、宋炳辉：《西方的中国形象研究——关于形象学学科领域与研究范型的对话》，《中国比较文学》2005年第2期）。日后写作《天朝遥远——西方的中国形象研究》时，自觉到研究的观念与方法，但由于该书内容丰富篇幅庞大，有关研究框架的反思往往被繁杂的论述淹没，基本思路只在该书的前言与第三编中有所体现。

③ 参见周宁《汉学或"汉学主义"》，《厦门大学学报》（哲学社会科学版）2004年第1期。

象的关系以及渗透知识与想象的权力运作方式。

　　跨文化形象学不同于比较文学，而更多与文化研究相关，揭示形象隐含的文化政治意义。西方的中国形象研究在一般社会观念意义上研究中国形象问题，涉及不同类型的文本，从一般社会科学著作中有关中国的论述、专业的汉学研究，诸如新闻报道、游记、传教报告、日志等关于中国的纪实作品、有关中国的外交等官方文件，一直到虚构的文学艺术作品，诸如小说、诗歌、戏剧、电影，在研究对象上已经超出比较文学形象学的范围。比较文学形象学只关注文学作品中的异国想象，而跨文化形象学研究，关注一般社会观念或一般社会想象与无意识中的异国形象，该异国形象是由不同类型的文本相互参照、相互渗透、共同编织成的形象"织品"。比较文学形象学大多只满足于描述某部作品或某一时期某些作品中的中国形象特征，意识到研究什么，没有反思为什么研究，缺乏问题意识。比较文学形象学是没有问题的学科，而跨文化研究形象学是没有学科的问题。比较文学形象学仍然是文学研究，而跨文化形象学则首先是文化研究。

二　形象、类型、原型：三个研究层面

　　跨文化形象学研究西方的中国形象，理论分析在形象、类型、原型三个层次上展开。首先是形象，包括形象的概念与方法。"中国形象"是流行于社会的一整套关于"中国"的"表现"或"表述"系统，其中同时包含知识与想象、真实与虚构的内容，具有话语的知识与权力两方面的功能。从知识与想象方面看，中国形象包含着三层意义：一是西方对现实中国在一定程度上的认知与想象；二是西方对中西关系的自我体认、焦虑与期望；三是对西方文化自我认同的隐喻性表达。中国形象作为西方文化自我认同的"他者"，与其说是表现中国，不如说是表述西方；与其说是认识中国，不如说是认同西方。它随着西方文化自身的变化以及中西关系的变化而变化，并非决定于中国的现实。从话语实践方面看，中国形象作为一种表述体系或话语，一旦形成，就以某种似是而非的真理性左右着西方关于中国的"看法"与"说法"，为不同场合发生的文本提供用以表述中国的词汇、意象和各种修辞技巧；体现出观念和文化中的某种权力结构，

并开始向政治、经济、道德权力渗透；在现代历史的不同时期，成为西方自我批判与自我扩张的象征，参与构建西方现代性的观念与实践。

"形象"作为一种文化隐喻或象征，是对某种缺席的或若有若无的事物的想象性、随意性表现，其中混杂着认识的与情感的、意识的与无意识的、客观的与主观的、个人的与社会的经验内容。我们分析不同时代西方的中国形象的变异与极端化表现，并不是希望证明某一种中国形象错了而另一种就对了，一种比另一种更客观或更真实，而是试图揭示西方的中国形象的意义结构原则。西方的中国形象，真正的意义不是认识或再现中国的现实，而是构筑一种西方文化必要的、关于中国的形象，其中包含着对地理现实的中国的某种认识，也包含着对中西关系的焦虑与期望，当然更多的是对西方文化自我认同的隐喻性表达，它将概念、思想、神话或幻象融合在一起，构成西方文化自身投射的"他者"空间。

其次是类型。在七个世纪的漫长过程中，西方文化将无数连续性的个体经验，包括探险、传教、商贸与军事活动中零星地积淀下来的有关信息，创造转化为具有某种特定特征与意义的中国形象，而特定形象在特定历史时期重复表述，便出现某种类型化趋势，最后形成类型，为表述中国形象提供观念、意象和词汇体系。[①]《天朝遥远》对西方的中国形象的研究重点，不是个别文本中的中国形象，而是超越个别文本的、作为话语出现、拥有规训力量的形象类型。文学研究关注形象的创新意义，文化研究则关注形象的仪式性或套语性，也就是看不同文本是如何重复表述同一形象的并建构形象类型的。中国形象不再是关于中国的知识，而变成一种西方现代性想象中的象征物，一个可讨论发挥的主题、一个观念群或特征群，一种虚构性叙事，而决定该叙事的并不是作为话语对象的中国，而是某种西方关于中国主题叙事的共同的历史、传统和话语体系。

类型是跨文化形象学的关键概念，是分析西方的中国形象史的基本功能单位，中国形象史就表现为一系列形象类型的形成、更迭、演变的历

[①] 类型概念类似于比较文学形象学中使用的"套话"（stereotype）。"套话"是一种文化用来描述异域文化的反复使用的一系列词组与意象，它意味着一套固定的、似乎理所当然的看法，是该文化"理解"外部世界的最基本的"先入之见"或"先在的形象"，它往往具有多语境性与延续性，可以普遍使用，经久不衰。笔者之所以不使用"套话"而使用"类型"，是想避免"套话"中包含的僵硬的程式化意义，形象类型是活跃的，富于意义的丰富性和创造力。

史。我们可以研究单一文本中的中国形象，也可以研究历史中某一断代的中国形象，而单一文本中的中国形象，往往是特定断代的中国形象的表现。因为从根本上讲，所谓异域形象多是一种"集体表象"，是社会文化心理无意识的表征。《天朝遥远》在一般意义上或社会文化总体想象意义上研究西方的中国形象，个别文本提供文献基础，但理论分析的合理范畴却是形象的类型。形象是在社会化过程中获得的，是该社会关于异域的总体神话的一部分。在社会总体想象的层次上讨论西方的中国形象，基本问题就呈现为不同领域的人士如何在不同类型的文本中表述中国；各类文本如何相互参照、对应、协作、共同传播；如何形成一整套言说中国的词汇、意象、观念或话语，该话语又如何支配西方的中国形象的生产，使个别表述受制于这一整体或类型。

跨文化形象学直接分析个别文本中的中国形象，但研究问题却是个别形象在总体形象类型中是如何程序化的，如何受制于特定时代西方关于中国的一般形象表述，又如何参与那套言说中国的词汇、意象、观念或话语的生产的。跨文化形象学从个别文本出发，基础是对形象本身进行语义学层面的分析，然后深入符号学层面，分析其类型形成的结构与意义。分析任何个别文本中的中国形象，不管是《曼德威尔游记》还是《大中华帝国志》《历史哲学》或《中国人的性格》，都必须指向其符号功能，揭示其类型化意义，也就是它们分别在不同类型的中国形象，诸如"大汗的大陆""大中华帝国""孔夫子的中国"或"停滞的帝国""专制的帝国""野蛮的帝国"中的意义。在西方文化的不同历史阶段内，中国形象形成某种具有套话性的类型。比如说，文艺复兴早期西方关于中国财富的传说、启蒙运动之后关于中华帝国专制与停滞的论说、帝国主义时代以来关于中国国民性的各种描述，都已经成为某种超越时间与历史、超越个人表述的类型。

《天朝遥远》的基本理论架构，就建立在中国形象研究的类型层面上。西方的中国形象在七个多世纪的历史中形成了一个完整的、具有一定连续性与关联性的象征系统。这一象征系统主要由六种形象类型构成，分为前启蒙运动时代三种类型"大汗的大陆""大中华帝国""孔夫子的中国"与后启蒙运动时代的三种类型"停滞的帝国""专制的帝国""野蛮的帝国"。前三种类型相互递接，其中有断裂与转型，但更多表现出一种美化的、乌托邦化的一致性与连续性；后三种形象类型相关平行，不仅素材是相互渗透交织，形象特征与观点也相互关联，而且表现出越来越多的丑化的、意识形态化的随意性与概括性。《天朝遥远》的上卷在乌托邦概念基础上集中讨论前三种类型，下卷在意识形态概念基础上讨论后三种类型。

最后是原型。"中国形象"作为一种话语方式或思维方式，有着自身的历史以及传统，特定形象不断重复表述，形成类型，一系列相互递接、不断重复的类型，又可能深入某一种或几种原型。原型表明形象谱系自身的继承与关联关系，是西方的中国形象史中最基本的、超越个别文本与时代的、深入集体无意识心理中的普遍可交流的领悟模式。有关中国形象的任何一篇具体的文本，都既是个人经验的陈述，又表现出某种集体无意识层面上共同的文化心理原型。原型是普遍意义上的，又寓于不同形式的文本中，从通俗文学到政论、新闻报道到学术著作，跨文化形象学的研究方法兼顾演绎性分析与归纳性总结：选择典范性文本进行分析，并在不同文本之间寻找某种协作与互证的关系，最后抽象化为某种普遍性的意义模式。

以 1250 年前后为起点，西方历史上首先出现的是一系列美化中国的形象类型。大汗的大陆、大中华帝国、孔夫子的中国，三种形象类型在不同层面上，从物质到制度到观念，不断美化中国，使中国成为西方现代性社会期望中的理想国。然而，这种持续美化的趋势，大约在 1750 年前后达到顶峰，并开始衰落与转折。1750 年前后伏尔泰写作《风俗史》，称赞中国历史悠久、政教清明的时候，孟德斯鸠的《论法的精神》正风靡欧洲。在《论法的精神》中，开明君主与哲学家们统治的中华帝国，被证明是棍棒统治的专制帝国。如果说 1750 年前后西方的中国形象出现转折，明暗优劣并存；矛盾的态度可以出现在一位作者身上，如狄德罗既称赞中国智慧高贵，又贬斥中国人邪恶堕落；也可以出现在同时代的不同作者身上，如伏尔泰与孟德斯鸠；还可以出现在同一时期欧洲不同的国家，如英国更倾向于丑化中国，而法国则倾向于美化中国。那么，到 1750 年之后，西方的中国形象，却明显被丑化了。虽然其中也有些不愿随波逐流的人与意见，但绝大多数西方人，从英国、法国、德国到俄罗斯、美国，从传教士、哲学家到一般商人、水手、士兵，对中国的印象都很恶劣。让研究者吃惊的是，不出一个世纪，"西方关于中国文化的各个方面的印象都发生了激进的彻底的改变"。① 西方丑化中国的形象类型从此开始，而且逐渐加强，一直到 21 世纪初，这一趋势或主流，都没有彻底的改变。

特定中国形象在不同文本中相互交织、在历史中反复出现并表现出意义的一致性，就暗示着某种原型。原型在共时性维面上表现为互文性，在历时性维面上表现为一致性。就共时性维面上表现的互文性而言，我们发现同一时代不同形式的文本经常表述同一种类型化的中国形象，比如说，柯勒律治的诗《忽必烈汗》、德昆西的自传《忏悔》建构出同一种令人迷醉、交织着幻美与恐怖的"鸦片帝国"的中国形象，中国是超过所有东方其他地区、"最东方甚至比东方还东方的地方"。同样的表现着极端东方性的中国形象，还出现在传教士的传教报告与哲学家的历史哲学中。② 就原型在历时性维面上表现的一致性而言，西方曾在文艺复兴与启蒙运动时代开放的现代性叙事中赞美中国，又在殖民主义与帝国主义自足的现代性叙事中批判中国。

西方的中国形象在启蒙运动前后各三种形象类型中，包含着明显的、两种截然相反的意义原型：一种是美化中国的形象原型，它将中国理想化为幸福与智慧的乐园，成为超越、批判、颠覆不同时代西方社会意识形态的乌托邦；另一种是丑化中国的形象原型，它以排斥、贬低、仇视的态度构筑低劣、被动、堕落、邪恶的中国形象，成为西方现代意识形态的一种"精心谋划"的"他者"。

跨文化研究在形象、类型、原型三个层次上研究中国形象，从庞杂的史料中建构出六种形象类型，最后再落实到两种原型上：即美化中国的乌托邦原型与丑化中国的意识形态原型。两种原型在西方现代文化史中反复出现，西方现代不同历史时期出现的中国形象，都可以追溯到这两种原型，成为其不同的表述方式。原型层面上跨文化形象学思考的核心问题就在于：乌托邦化与意识形态化的两种中国原型在西方的中国形象史上如何

---

① Gregory Blue, "China and Western Social Thought in the Modern Period", in T. Brook and G. Blue (eds), *China and Historical Capitalism Genealogies of Sinological Knowledge*, Cambridge University Press, 1999, p.70.

② 参见周宁《鸦片帝国：浪漫主义时代的一种东方想象》，《外国文学研究》2003 年第 5 期。

呈现、如何转折、如何反复、如何结构西方的中国形象史的历史脉络与逻辑框架。问题不是如何美化或丑化，而是为什么美化或丑化，其在西方现代性精神结构中的意义与功能何在。西方以1750年前后为界，构建出肯定与否定两种中国形象，这是大历史时段中我们看到的中国形象演变的轨迹，套用艾田蒲《中国之欧洲》下卷的标题，就是"从爱慕中国到仇视中国"（De la sinophilie à la sinaphobie）。然而，艾田蒲提出，许多人重复的"爱慕中国"与"仇视中国"，只能说明西方对中国的态度的转变，并不能深入分析其内在精神结构与功能的变化，研究的关键还要找出这两类相互对立否定的中国想象的逻辑起点。

曼海姆对人类知识进行的社会学分析发现，一切知识，不管是自然科学还是社会科学，或多或少，都不可能是纯粹客观的，其想象性的内在逻辑起点，或者是乌托邦的，或者是意识形态的，其差别只在于知识与现实秩序之间的关系。乌托邦是否定现实秩序的，而意识形态的功能是维护现实秩序的；乌托邦指向未来，而意识形态巩固过去。乌托邦与意识形态，在历史过程与逻辑结构中，都是一对相互对立而又相互依存转化的范畴，与现存秩序一致的统治集团决定将什么看作是乌托邦（一种不可能实现的思想）；与现存秩序冲突的上升集团决定将什么看成意识形态（关于权力有效的官方解释）。如果上升集团随着社会历史的变动成为统治集团，它曾经拥有的乌托邦在一定程度上就变成意识形态；在具体的历史过程中，乌托邦可能转化为意识形态，而意识形态也可能取代乌托邦。

知识社会学中的乌托邦与意识形态概念，可能为解释两种对立相反的中国形象提供逻辑起点。作为一般社会想象，美化的中国形象是乌托邦性的，丑化的中国形象是意识形态性的。曼海姆只在"知识"意义上分析乌托邦与意识形态，保罗·利科尔则直接将乌托邦与意识形态的分析运用到"社会想象"中。因为知识本身就在表述人们与现实存在的想象关系，直接用"社会想象"可以避免传统的认识论的真假之分，就像阿尔都塞用想象定义意识形态（意识形态是"表现系统包括概念、思想、神话或形象，人们在其中感受他们与现实存在的想象关系"）。利科尔指出，社会想象实践在历史中的多样性表现，最终可以归结在乌托邦与意识形态两极之间。乌托邦是超越的、颠覆性的社会想象，而意识形态则是整合的、巩固性的社会想象。社会想象的历史运动模式，就建立在离心的超越颠覆与向心的整合巩固功能之间的张力上。①

　　跨文化形象学视野下的中国形象,既具有形象的个性与丰富性,又具有原型的普遍性与一致性。乌托邦化与意识形态化两种意义原型,为诠释西方的中国形象提供了基本的意义模式,同时也对应着西方中国形象的历史演变过程。笔者以 1250 年前后为西方的中国形象的起点,以 1750 年前后为一个根本性的转折点或分界点,将西方的中国形象史分为两段,前段从 1250 年前后到 1750 年前后,中国形象总体上是倾向乌托邦化的,后段从 1750 年前后开始,基本上转向意识形态化。跨文化形象学研究,既需要对个别的、典范性的文本进行具体分析,又需要对整体历史与意义原型进行抽象化总结。中国形象原型到 19 世纪已经基本奠定,在以后的日子里,不管世界格局、中西关系乃至中国的现实如何变化,乌托邦化与意识形态化的两种原型,始终主宰着西方的中国形象叙事。20 世纪西方的中国形象摇摆不定、变幻莫测,几乎每 25 年,就有一次大的变化。② 然而,万变不离其宗,在这些形象背后,都有两种原型的影子。直到 21 世纪初,西方流行的"中国威胁论"与"中国崛起论"中,依旧可以发现意识形态化与乌托邦化中国形象原型的力量。

　　原型的意义是非凡的,往往表现出强大的话语生产力。作为集体文化心理动机,乌托邦化与意识形态化的两种中国形象原型,并不表现在指涉形象之外现实世界,而在自身结构通过观念与形式的关系创造意义丰富的形象。2009 年,马丁·雅克出版《当中国统治世界》,畅销一时。③ 佩里·安德森认为它不过是西方两种中国形象传统的延续,属于"惊悚文学"(scare literature)。《当中国统治世界》主要讲了两个问题:一是中国经济的飞速发展使中国在不久的将来必将"统治世界",第二个问题是中国的崛起是儒家文化的崛起,儒家文化不仅在今天依旧维系着这样一个庞

---

① 参见[德]卡尔·曼海姆《意识形态与乌托邦》,黎鸣、李书崇译,商务印书馆 1999 年版,第四章;又 Paul Ricoeur, *Lectures on Ideology and Utopia*, edited by George H. Taylor, New York: Columbia University Press, 1986, pp. 194–197.

② 参见周宁《龙的幻象》,"导言",学苑出版社 2004 年版。

③ Martin Jacques, *When China Rules the World: The End of Western World and the Birth of a New Global Order*, New York: The Penguin Press, 2009. [英]马丁·雅克:《当中国统治世界——西方的没落和世界新秩序的形成》,张莉、刘曲译,中信出版社 2010 年版。

大的"文明—国家",而且未来也将"统治世界"。佩里·安德森这位左翼评论家不难从"中国崛起论"中辨识出"孔教乌托邦"的影子。乐钢的分析更进一步:"'威胁论'与'崛起论'在观念史上同源互补,前者现已成为后者的一个重要构成部分。有眼光的西方学者就指出,尽管雅克本人的初衷是为中国的崛起叫好,但是他所论述的那个由中国统治的世界只会令普通的西方读者心惊肉跳,好像'黄祸'将又一次降临。"①

我们在双重意义上讨论中国形象的原型,它既是一种存在于社会文化心理深处的"集体表象",赋予中国形象以特定的形式与意义,在思想与观念上主控着西方的中国叙事;又是一种跨文化认知的创造动力,具有概念结构力,西方现代性大叙事中的重要概念,往往需要以中国形象为"最佳他者"表征,西方的世界观念体系在发生确证危机、建构或重构的时刻,中国形象起到启发、记忆确认和模式识别的作用,② 中国形象的两种原型也就表现出非凡的活力。"中国崛起论"与"中国威胁论"的想象分别可以追溯到 19 世纪已经形成的乌托邦化与意识形态化两种中国形象原型,而且两种话语是交织在一起的,有着共同的文化心理动机。

乐钢提到"中国威胁论"背后的"耶利米情结",而不论是"中国崛起论"还是"中国威胁论",共同的文化心理动机都是西方的现代性自我意识。"中国崛起论"隐含着对"西方衰落"的担忧,他们满怀忧虑与忧伤地复活"孔教乌托邦",似乎"中华帝国正在原有的架构上重建"。乐钢在另一篇文章《地理想象与地缘政治:崛起与衰落的世界版图》中,分析罗伯特·卡普兰最近发表的《地理的报复》和《中国实力的地理版图》。他发现从孟德斯鸠到卡尔·魏特夫的地理—环境决定论在东方主义意识形态原型基础上复活到后冷战时代的地缘政治神话中。卡普兰直接引述麦金德的"黄祸"说,将麦金德假想的沙皇俄国换成今天的中国。③ 原

---

① 参见乐钢《文化泡沫与国族焦虑》,《读书》2010 年第 11 期。引文见第 37 页。原文发表时有所删节,笔者引用的一部分见《人文国际》(厦门大学出版社 2011 年版)发表的全文。

② 笔者在"Archetypes"与"Prototype"双重意义上使用"原型",与荣格的集体无意识心理学中的原型概念和列维·布留尔《原始思维》中的"集体表象"相关(参见 Carl Jung, *Archetypes and the Collective Unconscious*, Princeton 1977, p. 30;列维 - 布留尔:《原始思维》,丁由译,商务印书馆 1986 年版);亦参见 E. H. Rosch 等人认知心理学中的原型学说(Prototype Theory)。

③ 参见乐钢《地理想象与地缘政治:崛起与衰落的世界版图》,《国外社会科学》2010 年第 6 期。

型的意义是非凡的，具有极强的自我复制或再生产力。

三 原型：意识形态或乌托邦

在跨文化形象学框架内研究西方的中国形象，首先需要明确的是我们从什么角度提出问题，在什么深度上分析问题。我们从形象学的角度提出问题，研究形象的构成与意义、形象的类型化特征与原型；我们在西方现代性的深度上分析问题，讨论中国形象的生成在西方现代文化中的功能。跨文化形象学不能只满足于描述分析中国形象的特征与历史演变，还要在特定知识框架中解释其意义。研究的学理化提升需要从繁茂芜杂的形象史中找出思想的结构，建立一种或几种抽象化的、工具性的、可以将个别现象联系起来的统一的分析结构，犹如马克斯·韦伯所说的"理想类型"。[①]十五年前笔者开始西方的中国形象研究时，国内还很少有人关注这个问题，如今中国形象已经成为热点话题。中国形象研究从冷到热，一时涌现出许多相关著作与论文，但其中大多数谈不上"研究"，至多只是时事评论与政策思考。学术面对时代重大问题，必须以"学术的方式"，学理性是关键；必须具有系统的理论与方法，概念明确逻辑清晰，发掘当下问题的历史深度与思想结构。

中国形象在西方现代精神结构中生成，只有在西方现代性想象中，中国形象的意义才能够得到系统深刻的解释。西方文化中最初出现的中国形象，是传奇化的、世俗乌托邦化的"大汗的大陆"。"大汗的大陆"表现的是欧洲中世纪晚期萌芽中的世俗资本主义精神，其中包括一种对商业财

---

① 韦伯首先在《社会科学和社会政策中的"客观性"》（1904）一文中提出"理想类型"（ideal types）的概念，以后又在《经济与社会》等诸多著述中不断论述这一概念及其对社会科学研究的意义。"理想类型"是研究者思维的一种主观建构，韦伯提出"理想类型"概念，试图为社会科学研究提供了一种可操作性的方法，它建立一种"统一的分析结构"，将散漫复杂的个别现象联系起来，抽象化整理到超越经验描述的精神结构中，理想类型的基本特征表现在两个方面：首先，这种类型是一种理念，是研究者"通过单向突出事物的一点或几点，通过对大量弥散的、孤立的、时隐时现的具体个别现象的综合形成的……"（M. Weber, *The Methodology of the Social Science*, New York: The Free Press, 1949, p. 90.）它存在于人的观念而不是现实中；其次，这种类型又具有典型意义，它代表并接近某种或某类现象又从现象中抽象出来，具有概括力，体现着特定时代社会文化现象的内在逻辑和规则。

富、王权统一、感性奢侈的生活风格的向往。中国形象可能成为欧洲资本主义萌芽精神的表达式，也正是这种萌芽中的资本主义精神，解构了最初的中国形象的象征意义。通过这种象征，西方文化不仅能够审视、体认自身，而且能够将本土文化无意识深处某些微妙隐曲的感受、想象、欲望与恐惧表现出来。就后一点而言，我们的研究关注两方面的内容：一是中世纪晚期西方人在什么观念视野下塑造中国形象；二是这种形象一旦形成，将如何改变西方中世纪晚期的社会生活，如何启发西方现代文化。中国形象不能说是文艺复兴、资本主义产生、西方进入现代的决定性的必然原因，但至少是诸种原因之一。没有对东方异域与西方古典的发现，没有世俗热情与新教精神，西方现代性精神是不可能出现的。

我们在西方现代性语境中开展中国形象研究，关注的问题是跨文化公共空间中西方利用中国形象完成现代性自我奠基。在西方从中古进入现代的分化复杂、开放变动的精神结构中，早期三种中国形象类型作为文化他者，究竟具有什么意义？如何表现了西方近代出现的城市观念、君主国家观念、世俗资本主义精神、自然意识与科学意识、理性哲学与政治哲学、历史思想与艺术灵感？如何作为西方文化自我批判与自我超越的乌托邦力量，参与构筑西方现代性经验？这是出现在早期西方的中国形象的历史深度与思想结构中最重要的问题。

从文艺复兴到启蒙运动，西方现代性想象建构出的三种中国形象类型，分别强调中国形象的不同意义侧面，从物质财富、制度文明到思想信仰；标志着中国形象正面构筑西方现代性经验的三个阶段：器物阶段、制度阶段、思想阶段。启蒙运动高潮是一个分界点，后启蒙运动时代西方的中国形象逐步被丑化，出现了另外的、完全相反的中国形象类型：停滞的中华帝国、专制的中华帝国、野蛮的中华帝国。三种形象类型经过启蒙思想家政治家的叙述，到黑格尔的历史哲学中被充分"哲理化"并获得完备的解释，从而作为标准话语定型。后启蒙时代西方大叙事中出现的三种中国形象类型是帝国主义殖民主义时代西方现代性自我认同的"他者"。中国形象作为西方现代性主导价值——进步、自由与文明的被否定的"他者"，既为西方现代性自我认同提供想象的基础，又能为西方殖民扩张提供有效的意识形态。

西方的中国形象研究属于一种跨学科的深度观念史研究，而且是对西方现代观念史的研究。它建立在"异域形象作为文化他者"的理论假设上，在西方现代性自我确证与自我怀疑、自我合法化与自我批判的动态结构中，解析西方现代的中国形象；在跨文化公共空间中，分析中国形象参与构筑西方现代性经验的过程与方式。其中"他者"是一个重要概念。跨文化形象学研究的"形象"，都源于特定文化对自我与"他者"、本土与"异域"的关系的自觉意识，个人与社会是通过确立"他者"来认同自身的。巴柔在形象学理论中一再强调"他者"的意义。形象就是对作为文化"他者"的异域进行的描述，通过自我与"他者"的差异对立，确认自身的身份及其社会文化与意识形态空间。①

跨文化形象学在话语的知识/权力层面上研究西方"文化他者"体系中中国形象的功能。作为西方现代性的文化他者的中国形象，不仅帮助西方在现代性观念体系中确认自身的身份，也帮助西方现代性确认西方中心的世界观念秩序。

为认同自身，西方文化在不同历史阶段不同文化视域内构筑了不同的"他者"，古希腊时代是波斯、中世纪以后是伊斯兰世界、现代是所谓古代东方。中国形象出现在现代东方主义视野内，成为西方现代性想象的重要"他者"；"他者"的功能建立在文化自我与他者的差异对立关系上，而这种差异对立关系，又被结构到一种整体性想象的世界秩序中。西方现代文化构筑中国形象，确立中国形象在西方的世界观念秩序中的位置以及中国形象与西方文化在西方自我认同过程中形成的差异对立的关系。

中国形象的功能不是某种程度上反映或认识中国的现实，而是作为他者帮助确认了西方有关地缘文明的观念秩序。比如说，中国形象作为他者，帮助西方完成了自我认同与东西方二元对立的世界观念秩序。黑格尔认为，中国与欧洲代表着世界地理（空间）的两极——东方与西方，也代表着人类历史（时间）的两极——起点与终点，世界秩序就体现在中国与西方代表的一系列对立范畴中，如奴役与自由、停滞与进步、愚昧与

---

① 巴柔："一切形象都源于对自我与'他者'、本土与异域关系的自觉意识之中……事实上，形象是对一种文化现实的描述，通过这一描述，塑造（或赞同、宣扬）该形象的个人或群体揭示出并表明了自身所处的文化、社会、意识形态空间。"［法］达尼埃尔－亨利·巴柔：《形象学理论研究：从文学史到诗学》，蒯轶萍译，载孟华主编《比较文学形象学》，北京大学出版社 2001 年版，第 202 页。

文明。这种中西方二元对立同时也意味着一种价值秩序，中国是否定面，以西方为代表的人类文明将在历史的进步过程中，最终克服东方性。德里达说过，二元对立同时也意味着一种等级与价值关系。确立中国作为他者的意义，也就是在文化中建立起差异系统上的世界秩序，赋予思想以权力。

《天朝遥远》在西方现代性观念纵深处研究中国形象，分析启蒙运动前后西方现代性观念中的中国形象类型，试图规划西方的中国形象研究的历史意义域与逻辑框架，进一步反思中国形象参与构筑西方现代性经验的过程与方式。面对七个多世纪西方的中国形象史，《天朝遥远》以1750年前后为转折点，在大量历史素材的基础上，建构出此前不断乌托邦化的中国形象的三种类型和此后系统意识形态化的三种类型，为在现象描述基础上进行进一步的抽象化的理论研究提供思想结构与分析框架。

思想结构与分析框架一旦确立，问题与解释也就有了历史与逻辑的依据。提出中国形象研究的解释性问题并尝试解释性分析，是西方的中国形象研究理论自觉的标志。我们使用类型与原型作为研究必需的分析结构或"理想类型"，只是为了进行理论分析与意义解释而采取的一种抽象化的知识手段，它探讨形象特征的内在合理性，强调推论逻辑上的完善，不求史料单纯且尽量面面俱到的描述，无法概括也不试图概括特定时代出现在不同文本中的中国形象的所有特征。

跨文化形象学研究，在形象、类型、原型三个层次上研究中国形象，最终落实在文化心理深处富于表现力与创造力的原型上；关注作为西方现代性话语实践的中国形象中包含的知识与权力问题，最终体现在现代性世界观念秩序中跨文化交流的话语霸权上。在西方现代思想史上，中国形象曾经三度被西方文化以不同的方式理想化为人间乐园，尽管意义不同，有社会现代性期望的，亦有审美现代性期望的，但乌托邦化的基本模式与其中隐含的知识分子立场相同。我们称这种被西方理想化处理的中国形象为"孔教乌托邦"。

从文艺复兴到启蒙运动，西方文化持续不断地美化中国，把对异域文明的想象与热情，先后投注到中华帝国的物质财富、制度文明与思想信仰方面，"孔教乌托邦"成为西方现代性社会期望的象征。启蒙运动高潮过后，西方社会现代性期望中的"孔教乌托邦"形象黯淡了，"孔教乌托邦"转入审美现代性视野,在浪漫主义、现代主义文学文本中,政治清明、道德纯正的"孔教乌托邦"变得唯美、神秘、奇幻,甚至具有颓废的特征。西方现代性想象中"孔教乌托邦"的意义,从投入的、干预并改造现实的社会乌托邦变成超脱的、逃避现实的审美乌托邦。现代性包括两个层面的意义,一是社会层面的,包括理性精神、民主政治、市场经济等内容;二是审美层面的,包括浪漫主义到整个现代主义美学运动对社会现代性的反叛与超越。社会现代性确立于启蒙运动中,作为"分裂性概念"的审美现代性则出现于浪漫主义运动。

西方现代的"孔教乌托邦"先后表现出三种意义类型,经历过从社会现代性期望到审美现代性期望、复由审美现代性期望回归社会现代性期望的两次转型。20世纪"孔教乌托邦"从西方审美现代性期望回归社会现代性期望,成为西方左翼文化运动的旗帜。激进知识分子在新中国发现了世界历史范围内人类进步的榜样,他们抱着政治朝圣的心理将"红色圣地"想象为"生活在未来光明中"的物质进步、道德完善的"理想国"。他们这种未经反思的"纯真的热情",不仅让西方激进思想传统激动,也让中国现代知识分子感动。

"孔教乌托邦"为西方现代激进思想提供了批判的立场,也暴露出中西跨文化交流与现代性文化批判的乌托邦根基。分析"孔教乌托邦"的话语谱系,可以理解中西跨文化交流的观念特点、西方的中国形象的内在结构与生产机制,而且,对现代知识分子文化批判的乌托邦立场以及"文人政治"的天真与危险,亦有一定的警示作用。

在西方现代性的纵深处研究西方的中国形象,问题是现代中国在进入西方中心的现代世界体系的同时,也进入西方中心的世界观念体系。启蒙运动是"文化大发现"的时代。以"古今之争"与"东西之争"为起点发动的启蒙哲学,构建了启蒙大叙事中的世界"观念秩序":世界的空间分为东方与西方,二元对立;时间从过去穿过现在通往未来,三段发展。"古今之争"确立现代优于古代的观念,现代胜出,确立了西方现代性的时间秩序;"东西之争"确立了西方优于东方的观念,西方胜出,确立了西方现代性的空间秩序。而决定现代性时空秩序的,又是一种价值观念。在"古今之争"中赢得"现代"的,是"进步"价值观,在"东西之争"中赢得"西方"的,是"自由"价值观。

西方启蒙大叙事中主要有三种中国形象类型：停滞衰败的帝国、东方专制主义帝国、野蛮或半野蛮帝国，作为"文化他者"①，它们出现在古代与现代、东方与西方的二元对立的世界观念秩序中，确认西方现代性核心的进步秩序、自由秩序与文明秩序。进步大叙事构筑的停滞衰败的帝国形象，确认西方现代的进步主体；自由大叙事构筑的东方专制主义帝国的形象，确认西方现代的自由主体；文明大叙事构筑的野蛮或半野蛮帝国的形象，确认西方现代的文明主体。作为"文化他者"真正能够全面表现西方现代性价值与意义的，还是野蛮或半野蛮的帝国这一形象。因为与笼统的文明概念相对的"野蛮"，可以同时包含着历史停滞、经济落后、政治专制、习俗败陋、精神奴役等多方面的内容，也能够确证西方现代性的整体意义。如果说西方现代文化表现为一个认同于文明的同一体，那么，只有通过塑造一个"野蛮东方"作为他者，才能完成自我确证。

当然，在西方现代性精神结构中研究中国形象，跨文化形象学经常面对着复杂的问题。曾经出现的形象与类型，可能积淀成集体无意识的原型，在历史不同时期交替、反复出现，甚至可能两种对立原型下的中国形象，可能同时出现在同一时代，并构成某种既冲突又互补的关系。比如，西方现代化早期历史上的中国形象在乌托邦化的同时，并非没有意识形态化的议论，只是意识形态的功能是由基督教信仰完成的。笔者注意到当时欧洲的中国形象中包含着一种内在的焦虑或冲突，他们往往在赞美中国的

---

① 文化研究中的"他者"概念主要来自于福柯与萨义德（E. Said）的理论，指一种文化为确立以自身为中心的价值与权力秩序并认同自身，而塑造的一个与自身对立并低于自身的文化影像。"他者"作为与"自我"或"主体"相对的概念，可以追溯到黑格尔的欲望主体理论，他者是主体认识、扩张自身的外化疆界。萨特的二元本体论假设他者为分裂的主体追求与其世界统一的欲望对象。在拉康的精神分析理论中，他者又成为无意识领域与自我相对立并确认自我的一种象征秩序或象征性的地点，它以话语的形式表现出来，确定主体所缺失的与主体所必须追求的东西，从而引导着主体的欲望与命运。德里达（Derrida）假设他者向无限"延异"，是永远无法认同的异己性，到列维纳斯（Levinas）那里，同一与他者构成一对最基本的概念，同一指世界的整体性，他者则是不可能被包容到同一中的、高于主体自我的东西。参见 Andrew Edgar & Peter Sedgwick, *Key Concepts in Cultural Theory*, Routledge, 1999 与 Peter Brooke, *A Concise Glossary of Cultural Theory*, Oxford University Press, 1999 中"Other"辞条的解释，以及 Judith P. Butler, *Subjects of Desire: Hegelian Reflections in Twentieth-Century France*, Colombia University Press, New York, 1987；又 Emmanuel Levinas, *The Problem of Ethical Metaphysics*, Edith Wyschogrod, Martinus Nijhoff, Hague, Netherlands, 2000。

世俗财富与政教制度的同时,又从基督教正统角度贬抑中国人的精神生活,异教的中国潜藏着某种不可原谅的罪恶。后启蒙时代意识形态化的中国形象主宰着西方的中国叙事,但乌托邦化的中国形象并没有断绝,而是从社会现代性期望转移到审美现代性期望,曾经的现代性意义转化为现代主义。两种相互对立相互否定的原型下的中国形象,可能在不同历史时期反复交替地出现,也可能在同一时代或隐或显地同时存在,构成西方的中国形象的内在丰富性与活力。

四 两种东方主义:超越后殖民主义文化批判

意识形态化的中国形象包含着东方主义文化霸权。萨义德开启的后殖民主义文化批判已使其"精心策划"的危险结构暴露无遗。但一种激进的理论,往往在有所揭示的同时,也会有所遮蔽。后殖民主义文化批判揭示了东方主义中隐藏的文化帝国主义阴谋:构筑低劣、被动、堕落、邪恶的东方形象为西方的殖民扩张奠定意识形态基础。然而,后殖民主义文化批判也遮蔽了东方主义中开放的、积极的、仰慕东方并自我批判的一面。这样不仅误解了西方现代性文化精神,也误导了中国的现代性自我构建。同一理论在不同文化语境中可能表现出不同的意义。在西方现代文化语境中,后殖民主义文化批判体现的是自我怀疑与自我批判的开放精神;而在中国现代文化语境中,后殖民主义文化批判则有可能表现出一种偏狭的、民族主义的怀疑批判异己、自我封闭的精神。这是需要我们警惕的。

西方文化中有两种东方主义,一种是否定的、意识形态性的东方主义;一种是肯定的、乌托邦式的东方主义。两种东方主义,一种在建构帝国主义的政治经济与文化道德权力,使其在西方扩张事业中相互渗透协调运作;另一种却在拆解这种意识形态的权力结构,表现出西方文化传统中自我怀疑自我超越的侧面。两种东方主义,构成西方现代世界性扩张的两个精神侧面。这两个精神侧面:一个表现为霸道的、偏狭的、傲慢的沙文主义与种族主义态度;一个表现为谦逊的、开放的、反思的相对主义与怀疑主义态度。西方现代文明的真正活力,也就在于这种相互对立相互包容的文化结构中。后殖民主义文化批判遮蔽了另一种东方主义,也就遮蔽了西方现代性的一个重要精神侧面。西方文明的扩张性格的物质与精神两个侧面，经常表现出相反的倾向，一方面贪婪地掠夺征服；另一方面谦逊地仰慕借鉴。表面上看，这两种倾向相互矛盾，实际上在西方文明的有机结构中，却相辅相成。肯定的、乌托邦式的东方主义，使西方文化不断扩张不断调节改造自身，赋予西方文化一种虔诚热情、博大谦逊的精神；否定的、意识形态性的东方主义，使西方在动荡变革中不至于迷失自我，始终充满自信与尊严，表现出西方文化坚守自定、完整统一的文化传统。相互矛盾而又相辅相成的两种东方主义，才构成西方文化的全面的东方态度甚至世界观。后殖民主义文化批判，已经过分关注西方否定的、意识形态性的东方主义，我们希望提醒人们注意那个肯定的、乌托邦式的东方主义侧面及其在西方文化整体结构中的意义。

乌托邦化与意识形态化两种中国形象原型，分别指向两种"东方主义"。笔者从两种中国形象原型出发，反思后殖民主义文化批判在中国语境中的意义，警惕民族主义片面肤浅或别有用心地套用后殖民主义文化理论，误解西方并误导中国。在西方文化中，西方与世界的关系可以分为两个层次，相互关联又彼此不同。一种关系表现在最广义的政治经济军事领域中，可以用政治、军事、社会经济有时甚至教会传教的术语表达。另一种关系完全出现在人的头脑中，它的领域是想象的领域，充满着西方文化关于非西方的人与世界的各种形象，这些形象存在于西方文化无意识深处，具有一种超越现实的价值与神话般的力量。西方现代文明的扩张，在政治经济文化领域全面推进，起初是贸易与传教，启蒙运动之后的扩张，又自命肩负着传播推行现代文明的使命。这种扩张是自我肯定与对外否定性的。外部世界是经济扩张军事征服政治统治的对象，也是传播基督教或推行现代文明的对象。但同时，西方文明在观念与心理上，还存在着另一种冲动，这是一种自我否定与对外肯定的心理倾向。他们在征服美洲的时候，虚构出"高尚的野蛮人"形象，用它来批判欧洲的堕落，在向亚洲殖民的时候，不断叙述所谓的东方神话，将东方想象为一个出现天堂的地方。

在西方与世界的关系上，现实层次与观念层次的倾向完全相反，但又相互促进。我们应该研究西方扩张史的文化心理动机与背景，那种对异域的近乎狂热的向往。为什么西方人在政治经济层面上扩张征服外部世界的同时，在文化上却敬慕颂扬这个正不断被他们征服的世界。对海外世界的想象、渴望、仰慕，为最初的扩张提供了灵感与精神动力。西方的世界性扩张开始走向高峰的时候，西方关于美洲高尚的野蛮人与亚洲开明君主的仰慕，也在启蒙运动中达到高峰。对世界的向往与仰慕促动政治经济扩张，扩张丰富了财富与知识，又在推动已有的扩张热情。物质扩张向外在世界推进，与其相应出现的文化批判向内在世界推进，批判可以缓解或消解扩张造成的文化紧张，在改变世界结构的同时改变心灵结构。只有充分的文化自信，才能产生并容纳这种否定性的自我批判；只有容纳这种自我批判，才能保存精神的自由与文化的健康；只有通过这种文化忏悔机制，才能达成并维持一种道德平衡，使扩张造成的文化紧张不至于崩溃。西方现代文明最有活力的结构，可能就是这种包容对立面的结构，从政治民主的自我监督到文化批判的自我否定。

误解西方可能进而误导中国。肯定的、乌托邦式的东方主义与否定的、意识形态性的东方主义，划定了西方的东方主义疆域，而两种东方主义两极之间形成的张力，赋予西方文化扩张发展特有的活力，这才是我们非西方文化在现代化文化进程中应该认真思考的问题。傲慢征服与谦逊求知，自我扩张与自我批判，西方走向世界的两种心态及其构成的充满活力的文化性格，是最有借鉴意义的。中国的现代化性格，在文化观念上向往与仰慕西方，在政治经济上却受西方扩张力量的压迫与侵略，对外的向往仰慕往往伴随着对内的自卑与轻贱心理出现，文化心态与社会结构失衡，从而走向另一个极端，在政治经济上以封闭表现反抗，在文化上以自大表现仇外，在观念与现实之间，不但没有形成一种健康的内向与外向的张力关系，还造成文化精神的偏狭，或极端仰慕或极端仇视，或极端自卑或极端自大。这也是第三世界或整个东方的现代化历程中共同面临的问题。

后殖民主义文化批判在中国，有理论思考本身的问题，也有理论思考的缺陷引起的一般文化思想上的问题。20世纪90年代中期开始，后殖民主义文化批判理论被介绍到中国，成为一时显学。首先是理论介绍，然后研究应用，最后是批判超越。这三个阶段均表现出某种未完成性或缺陷：理论介绍多集中在萨义德的理论，对此前或此后的理论与理论家关注不够也没有持续研究的兴趣；研究应用流于简单搬用或比附西方后殖民主义理论，不仅理论前提与方法是西方的，甚至研究的问题与个案也是西方后殖民主义的；最后是批判超越的问题，中国学者并未关注后殖民主义理论的中国问题的特殊性，后殖民主义文化批判关于国民性问题的再讨论，就表现出理论思考的轻率与浅薄。在发展与超越西方后殖民主义文化批判这一点上，不论印裔、阿拉伯裔甚至非洲裔的学者，都比中国学者更有成就。后殖民主义理论在中国是未经消化与发展的，而理论思想本身的不成熟将引发文化思潮上的幼稚与偏激。

　　理论本身的不成熟直接导致相关文化思想的浅薄与缺陷。后殖民主义文化批判在不同的文化语境中，有不同的意义。在它产生的西方文化语境中，后殖民主义文化批判意味着西方文化自身的开放与包容性以及自我反思与批判的活力。而在那些后殖民或后半殖民的社会文化中，却可能为偏狭的文化保守主义与狂热的民族主义所利用，成为排斥与敌视西方甚至现代文明的武器。学人们忙着搬弄理论，却忽略了知识分子应有的现实关怀。在中国的现代化文化语境中一味批判那种否定的、意识形态性的东方主义，很容易培育一种文化自守与封闭、对立与敌视的民族主义情绪，甚至使前现代或反现代的狂热愚昧的本土主义与后现代新锐奇幻的民族主义理论，在后殖民主义文化批判热潮中不伦不类地结合起来。[①]

（原载《东南学术》2011 年第 5 期）

---

　　① 参见周宁《另一种东方主义：超越后殖民主义文化批判》，《厦门大学学报》（哲学社会科学版）2004 年第 6 期。

编后记

"国外中国学",也被称为"海外中国学",指外国学者以中国尤其是当代中国为对象开展的学术研究。从学术传统上,西方世界的中国学包括了欧洲"汉学"(Sinology)和美国"中国研究"(Chinese Studies)两条主要支流。日本的中国研究有着更悠久的历史,明治维新以前的"汉学",第二次世界大战前的"支那学"和战后的当代"中国学"有不同的名目和时代特征。在中文世界里,用"中国学"这一概念来统摄不同国家不同时代对中国开展的学术研究,是一种更能形成共识的权宜。

中国学者对"国外中国学"进行反向观察、研究乃至对话,是中外知识交流史的组成内容,也是中国学术现代化进程中的一份景观。近代以来,中西之间的知识交流存在明显的不对等,即如美国中国学家柯文(Paul A. Cohen)所说:"一个多世纪以来,中西之间知识交流有一个基本模式:西方的兴趣主要在于了解中国,而中国则主要着眼于学习西方。"[①]这种不对等,造成本国学者面对外国"中国学"的两种基本取向。一方面,后发现代化国家普遍对于先进国家具有浓厚的学习兴趣,在学术领域形成"求知识于域外"的"学问饥饿"(梁启超语),期望"他山之石可以攻玉";另一方面,既然现代民族国家建构要以国族认同为基础,国族主义思想就不可避免地渗入本土文化(包括本土学术)认同的过程,对外国"中国学"的批评、解构和拒斥则成为本土学术自觉、自立的一种经常策略。因此,从某种意义上,国人对国外中国学的反向研究,构成了

---

① [美]柯文:《20世纪晚期中西之间的知识交流》,陶飞亚译,《文史哲》1998年第4期。

一份相对独立于"中国学"的智识场景。

改革开放后,以孙越生、李学勤、严绍璗、耿昇、阎纯德、许明龙、张西平、朱政惠、忻剑飞、何培忠、刘东、孟华、石之瑜、周宁等为代表的一批学者,或系统引进、介绍国外中国研究的智识成果,或致力于考察国外中国研究的学术史,或从中国观、中国形象角度考察中外文化交流过程;在他们的开拓下,一个以海外中国学为对象的研究领域逐渐形成,并持续吸引不同学科学者的参与。由于这一领域天然的跨文化和比较色彩,更多是具有跨语言、跨学科能力的学者受其吸引、投身其中。

在较早开始系统译介中国学的学者那里,所谓的"海外中国学研究",更多像是一个"工作方向"。孙越生先生称其一生经手加工过不下五千万字的学术资料,涉及哲学、政治学、社会学、海外中国学、情报学等十余个学科,海外中国学只是其中一种。由于这方面成果在"为了知己知彼,为了洋为中用"[1] 上对于改革开放初的中国尤其重要,故而孙先生格外重视,并推动在中国社会科学院情报所下成立了当时国内唯一的"国外中国学研究室"(1978年成立)。[2]

随着改革开放的扩大与深入,到了20世纪80年代中期,有学者提出"可以把对国外中国学的研究提到对外开放和东、西方文化交流的高度来认识",由此,"中国研究外国,外国研究中国,中国再研究外国人对中国的研究,变得十分自然而迫切,不可避免而需要自觉"。[3] 甚至,北京大学严绍璗先生已经开始构思"国际中国学"这一专门学科的性质。他在1987年提出:"国际中国学是以中国文化向世界传播为基础而形成的一门独立学科。这一学科包括中国文化向世界传播的轨迹和方式,受容国在接受中国文化后本民族文化内在层次上所发生的诸种变异,国际范围内形

---

[1] 语出孙越生:《介绍两种关于外国研究中国的连续出版物》,《出版工作》1979年第12期。

[2] "中国社会科学院情报研究所于1978年专门成立了一个国外中国研究室,1979年该室与其他研究室合并改组为第一研究室。在此期间,出版了两种连续出版物。"参见:《介绍两种关于外国研究中国的连续出版物》,《出版工作》,1979年第12期。关于该研究室成立的具体时间,原情报所的陆象淦研究员回忆是在1977年,当时情报所按地区划分工作范围,有"欧美""苏东""亚非拉"三个研究室,只有"国外中国学研究室"是按领域划分,这一说法与孙先生此处的说法不一致,暂时以孙先生说法为准。

[3] 忻剑飞:《重视国外"中国学"》,《读书》1985年第2期。

成的'中国观'及其内容、特点和变迁，从对中国文化的具体研究中形成的学派及其特征，研究中国文化的各自独特的方法论，对中国文献资料的收集、整理和保藏等。"[1]

严绍璗先生提出的"国际中国学"这门学科，包含了国外中国学的文献学与学术史研究、中国文化跨国跨文化传播研究、异国的中国形象和中国观研究。十余年后，李学勤先生也提出了"国际汉学研究"应该成为专门学科，着重研究国际汉学的学术史、知识社会史和知识交流史。[2] 过去四十年里，围绕上述方面的研究，一边在比较文学、专门史、传播学、比较政治、国际关系等固有学科中作为新兴学术生长点得以展开，一边被一群主要从事"海外中国学研究"的学者所实践。

目前，国内高校和社科院系统，研究"海外中国学"的专门机构已有数十家，大多数是研究中心一类的虚体存在，也包括像上海社会科学院世界中国学研究所、北京外国语大学国际中国文化研究院这样的实体组织。专门刊物已有《国际汉学》《汉学研究》，以及开设"海外中国学研究"专栏的《国外社会科学》《国外理论动态》等。这些学术平台联结着数以千计专心或兼及从事该领域研究的学者。

从一个工作领域到研究方向再到学科建设，经过了两三代人的努力。很长时间内，"海外中国学"需要栖身在其他学科下，借助研究方向的形式得以存续，并为自身培育后续人才。1985年经教育部批准，北京大学成立了"北京大学比较文学研究所"，该研究所成为全国第一个"比较文学硕士学位培养点"，1993年成为全国第一个"比较文学博士点"，该所成立伊始就设置了中国学硕士课程，后又有博士课程，成为海外中国学研

---

[1] 参见侯占虎:《北大深大联合举办国际中国学研讨班》，《古籍整理研究学刊》（季刊）1988年第1期。严绍璗先生在《国际中国学（汉学）的范畴与研究者的素质》（《中华读书报》2000年7月19日文史天地版）一文中，明确指出："'国际中国学（汉学）'是一门学科，具有确定性的学术内容。具有如下的学术层面：第一，本学科需要研讨中国文化向域外传递的轨迹和方式；第二，本学科需要研讨中国文化在对象国文化语境中的存在状态即对象国文化对中国文化的容纳、排斥和变异的状态；第三，本学科需要探讨世界各国（对具体的学者来说，当然是特定的对象国）在历史的进程中在不同的政治、经济和文化条件中形成的'中国观'；第四，本学科需要研讨世界各国学者对中国文化的各个领域中进行研究的具体成果和方法论。"

[2] 李学勤:《作为专门学科的国际汉学研究》，《中华读书报》2001年9月19日，第23版。

究领域发展历程中重要的标志性事件。在1985到2015年的30年间，从这个研究所走出了124位硕士、84位博士。90年代中期以后，北京外国语大学和华东师范大学两所学校在张西平、朱政惠两位教授的努力下，分别在外国文学（后来是中国文学）和历史学博士点下设立海外汉学和海外中国学研究方向，这里培养的博士生已经成为今天该领域的中坚人才。

进入21世纪，中国社会科学院在2009年的新一轮学科建设计划中，将"国外中国学研究"列为"特殊学科"，接着又于2017年设立"学科登峰计划"，将"海外中国学研究"列入"优势学科"予以支持。国务院学位委员会、教育部分别于2009年、2010年印发了《学位授予和人才培养学科目录设置与管理办法》《授予博士、硕士学位和培养研究生的二级学科自主设置实施细则》，为高校自主设立二级学科开放了空间。上海外国语大学于2015年在政治学一级学科下自主设立"中国学""区域国别研究""汉语国际教育"三个二级学科博士点。根据教育部最新公布的高校自主设置学科清单，北京大学、山东大学和暨南大学将"中国学"列为自主设置的交叉学科门类下的二级学科，华东师范大学、中国海洋大学和上海社会科学院在中国史一级学科下分别自主设置"海外中国学""中国学"和"世界中国学"二级学科，浙江大学则将"中国学"设在中国语言文学一级学科下。尽管名目尚不统一，但以研究外国的中国学、中国观为基础，以"讲好中国故事"为目标的一个新兴学科正在成为学科目录里的事实。

"海外中国学研究"成为专门的学科，似乎实现了孙越生、李学勤、严绍璗等前辈的期望。但目前这一进展的取得，与其说是"海外中国学研究"作为专门学问的进步，不如说是它作为工作领域的加强，就像近来势头甚劲的新兴交叉学科"国家安全学""纪检监察学"那样。

作为新兴学科，"海外中国学研究"的独立性甚至还不如上述学科。首先，它的研究对象还不如"国家安全"和"纪检监察"那般清楚、稳定。大略地看，包括国外的中国学、中国观和中国形象，但这是一个求合集的结果，并非研究者的共识。第二，该研究领域属于跨学科范畴，它的研究方法主要来自于历史学、比较文学、传播学、国际关系等成熟学科，对于该领域，我们只能说"跨文化""比较思维"是其固有要求，至于什么是它固有的方法，还没法说清。第三，研究对象和学科的名称尚不一致。前面有些高校将"中国学"列为二级学科,主要是从教学角度,打包一组有关中国政治、经济、社会和文化的国际化课程(外语教学),有点像是国外高校的"中国研究"学位项目的本土翻版。将"海外中国学"和"世界中国学"作为二级学科的机构,大致沿着严绍璗先生的思路开展研究型人才的培养和学科建设。这两种路径彼此并没有必然联系,对海外中国学开展学术史或知识史研究的人才不一定能胜任中国学的国际化课程的要求。一个包含所有以中国为对象的学术大集合不是学科范畴所能容纳的。另一方面,国人对"本质是外国学的中国学"(葛兆光语)的再研究或者其他形式的认知互动,直观上是某种"知识的次生过程"(刘东语),专门史(如学术史、中外文化交流史)的框架就足以包容现有的大多数学术实践,它有何种理由要成为专门学科?

基于以上考虑,我们认为,"海外中国学研究"尽管一定程度上为自己开辟了国内现行学科体系的容身之所,但离成为一个稳定的学科还有很长的路要走。它在多大程度上能够摆脱现实需要的推动和从业者的争取资源的努力,决定了它成为专门学科的潜力。

过去四十年里,围绕海外中国学研究是否应该以及如何成为专门学科,国内学术界进行了一些探索。对于致力于该领域工作的学者和教师而言,无论其作为学科的必然性和成熟度是否已经充分,相关讨论还是有价值的。出于推动该领域健康发展的考虑,我们遴选了其中一些具有代表性的文章汇集成册。在这一过程中,得到了参与讨论的学者们慷慨的支持,同意我们收录其文章作品。我们谨对他们,包括张注洪、严绍璗、张西平、葛兆光、刘东、侯且岸、梁怡、石之瑜等诸位教授表示诚挚的感谢,也对故去的孙越生、李学勤、朱政惠教授表达深切的怀念。在文集编辑过程中,中国社会科学院历史理论研究所黄畅博士提供了许多无私帮助,缺少她的帮助,本书可能还要延宕许久。中国社会科学出版社喻苗女士为本书的出版付出了很多心血,也一并表示感谢。

中国社会科学院国际中国学研究中心

唐 磊 何培忠

2021 年 11 月于北京